JLPT 일본어능력시험

적중 모의고사

5회분

저자 JLPT 연구모임

N1

시사일본어사

머리말

일본어능력시험은 일상적인 장면에서 사용되는 일본어의 이해도를 측정하며, 레벨 인정의 목표는 '읽기', '듣기'와 같은 언어 행동의 표현입니다. 언어 행동을 표현하기 위해서는 문자 · 어휘 · 문법 등의 언어 지식도 필요합니다. 이에 따른 시험의 인정 기준이 공개되어 있지만 매년 시험이 거듭될수록 새로운 어휘나 소재를 다루고 있는 문제가 출제되고 있어, 그에 맞는 새로운 훈련이 필요합니다.

본 교재는 일본어능력시험이 개정된 2010년부터 최근까지 출제된 기출 문제를 철저히 분석하고 문제 유형과 난이도를 연구하여 실제 시험에 대비할 수 있는 문제를 수록하고 있습니다. 또한, 각 회차를 거듭할수록 난이도가 조금씩 올라가도록 구성되어 있어 단순 합격만이 아닌 고득점 취득을 위한 학습도 가능합니다.

본 교재를 통해 다량의 문제를 학습하다 보면, 어렵게만 느껴졌던 일본어능력시험에 자신감이 생겨나고, 그 자신감은 합격으로 이어지리라 생각합니다.

일본어능력시험을 준비하는 모든 분들이 합격하시기를 진심으로 기원합니다.

JLPT 연구모임

목차

이 책의 구성

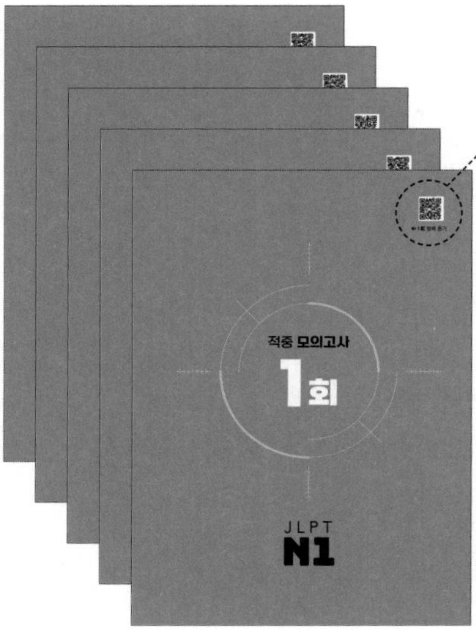

• 청해 영역 음성은 QR 코드로 간편하게 확인!

총 5회 실전 모의고사

총 5회분의 실전 모의고사를 통해 실전 훈련을 합니다. 회차를 거듭할수록 높은 난이도의 문제를 수록하고 있어 실력 향상에 도움이 됩니다.

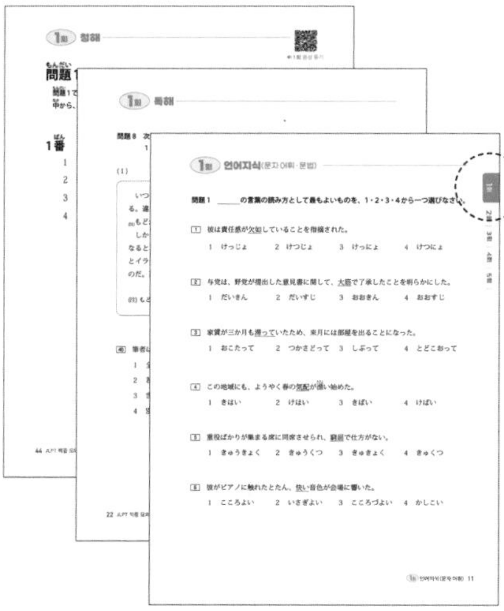

• 인덱스로 간단하게 회차를 확인할 수 있어요!

실전과 동일 형식의 시험 문제

- 실제 시험과 동일한 형식의 문제로 철저히 실전에 대비합니다.
- 청해 파트 음원은 QR코드 스캔을 이용하거나 시사일본어사 홈페이지에서 다운로드하실 수 있습니다.
  www.sisabooks.com/jpn

청해 음성 듣기

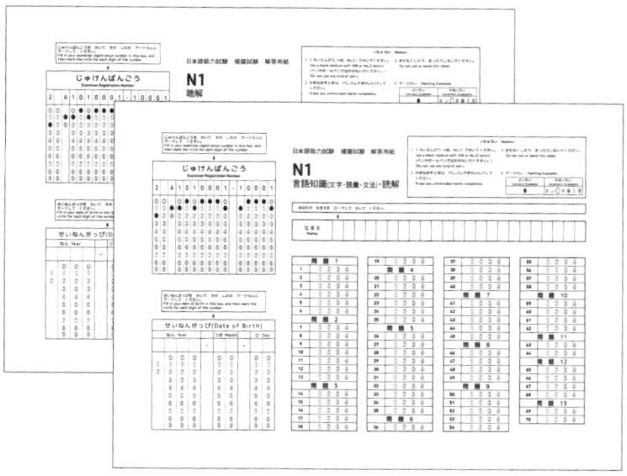

시간 배분 연습을 위한 OMR 카드

시험에서는 문제 풀이뿐만 아니라 답안지 마킹을 위한 시간 배분도 중요합니다. 실제 시험과 유사한 답안지로 시험 시간 관리 연습까지 한번에!

부록

해당 문제의 페이지가 있어
문제와 함께 확인 가능해요!

본문 해석을 보며 집중 학습

- 정답과 문제 해석 확인을 통해 부족한 부분을 집중 학습합니다.
- 청해 파트는 음원을 들으며 스크립트를 확인할 수 있어 내용 이해도를 높여 줍니다.

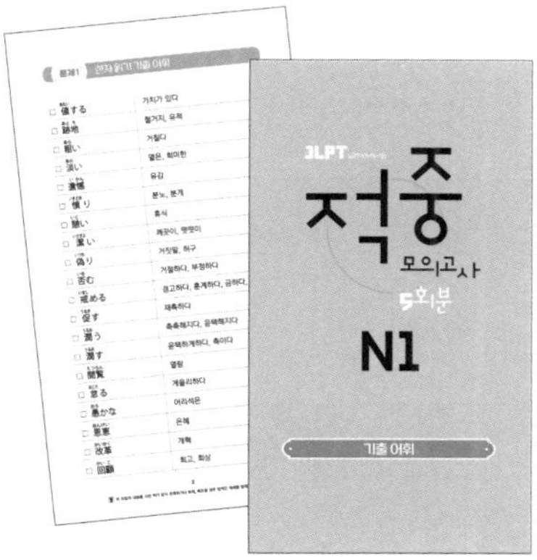

기출 어휘 PDF

- 2010년부터 최근까지의 기출 어휘 리스트로 필수 단어를 한번에 체크할 수 있습니다. PDF 파일은 QR코드 스캔을 이용하거나 시사일본어사 홈페이지에서 다운로드하실 수 있습니다.

기출 어휘 보기

일본어능력시험 개요

1 시험 과목 및 시험 시간

레벨	시험 과목(시험 시간)		
N1	언어지식(문자 어휘·문법) · 독해 [110분]		청해 [60분]
N2	언어지식(문자 어휘·문법) · 독해 [105분]		청해 [55분]
N3	언어지식(문자 어휘) [30분]	언어지식(문법) · 독해 [70분]	청해 [45분]
N4	언어지식(문자 어휘) [25분]	언어지식(문법) · 독해 [55분]	청해 [40분]
N5	언어지식(문자 어휘) [20분]	언어지식(문법) · 독해 [40분]	청해 [35분]

2 시험 점수

레벨	시험 과목	득점 범위
N1	언어지식(문자 어휘 · 문법)	0~60
	독해	0~60
	청해	0~60
	종합 배점	**0~180**
N2	언어지식(문자 어휘 · 문법)	0~60
	독해	0~60
	청해	0~60
	종합 배점	**0~180**
N3	언어지식(문자 어휘 · 문법)	0~60
	독해	0~60
	청해	0~60
	종합 배점	**0~180**
N4	언어지식(문자 어휘·문법) · 독해	0~120
	청해	0~60
	종합 배점	**0~180**
N5	언어지식(문자 어휘·문법) · 독해	0~120
	청해	0~60
	종합 배점	**0~180**

3 합격점과 합격 기준점

레벨별 합격점은 N1 100점, N2 90점, N3 95점, N4 90점, N5 80점이며, 과목별 합격 기준점은 각 19점(N4, N5는 언어지식 · 독해 합해서 38점, 청해 19점)입니다.

4 N1 문제 유형

시험과목		문제 구분	예상 문항 수	문제 내용	적정 예상 풀이 시간	파트별 소요 예상 시간	대책
언어 지식 · 독해 [110분]	문자 어휘	문제1	6	한자 읽기 문제	1분	문자 어휘 10분	총 100분 중에서 문제 푸는 시간은 95분 정도 걸린다 보고, 마킹에 5분 정도, 나머지 10분 동안 최종 점검하면 된다. 문자 어휘 문제를 빨리 끝내고, 비교적 시간이 걸리는 문법 문제에 시간을 할당하여 당황하지 말고 문제를 풀도록 하자. 독해 문제도 마찬가지이다. 종합 이해, 정보 검색 등 복잡한 구조의 지문에 당황하지 말고 침착하게 문제를 풀어나간다면 좋은 결과를 얻을 수 있을 것이다.
		문제2	7	문맥에 맞는 적절한 어휘를 고르는 문제	2분		
		문제3	6	주어진 어휘와 비슷한 의미의 어휘를 찾는 문제	2분		
		문제4	6	제시된 어휘의 의미가 올바르게 쓰였는지를 묻는 문제	5분		
	문법	문제5	10	문장의 내용에 맞는 문형 표현 즉, 기능어를 찾아서 넣는 문제	5분	문법 15분	
		문제6	5	나열된 단어를 문맥에 맞게 나열하는 문제	5분		
		문제7	5	글의 흐름에 맞는 문법 찾아내기 문제	5분		
	독해	문제8	4	단문(200자 정도) 이해	10분	독해 70분	
		문제9	9	중문(500자 정도) 이해	15분		
		문제10	4	장문(1000자 정도) 이해	10분		
		문제11	2	같은 주제의 두 가지 이상의 글을 읽고 비교 통합 이해	10분		
		문제12	4	장문(1000자 정도의 논평 등) 이해	15분		
		문제13	2	700자 정도의 글 읽고 필요한 정보 찾기	10분		
청해 [60분]		문제1	6	과제 해결에 필요한 정보를 듣고 나서 무엇을 해야하는지 찾아내기	약 9분 (한 문항당 약 1분 30초)	청해는 총 60분 중에서 문제 푸는 시간은 대략 48분 정도가 될 것으로 예상한다. 나머지 시간은 문제 설명과 연습문제 풀이 시간이 될 것으로 예상된다. 문제5는 긴 문장을 듣고 난 다음 그 내용을 비교하며 문제를 풀어야 하므로 꽤 까다로운 문제가 될 것이다. 평소에 뉴스 등을 들으면서 전체 내용 파악을 하는 훈련을 해두면 그다지 어렵지 않게 풀어나갈 수 있을 것이다.	
		문제2	7	대화나 혼자 말하는 내용을 듣고 포인트 파악하기	약 12분 25초 (한 문항당 약 1분 45초)		
		문제3	6	내용 전체를 듣고 화자의 의도나 주장을 이해	약 10분 (한 문항당 약 1분 40초)		
		문제4	14	짧은 문장을 듣고 그에 맞는 적절한 응답 찾기	약 7분 (한 문항당 약 30초)		
		문제5	4	다소 긴 내용을 듣고 복수의 정보를 비교 통합하면서 내용 이해 하기	약 8분 (한 문항당 약 2분)		

• **문항 수는 매회 시험에서 출제되는 대략적인 기준으로 실제 문항 수와는 차이가 있을 수 있습니다.**

◀) **1회** 청해 듣기

적중 **모의고사**

1회

JLPT

N1

1회 언어지식(문자 어휘·문법)

1회

2회 | 3회 | 4회 | 5회

問題 1　＿＿＿の言葉の読み方として最もよいものを、1・2・3・4から一つ選びなさい。

1 彼は責任感が<u>欠如</u>していることを指摘された。

1 けっじょ　　2 けつじょ　　3 けっにょ　　4 けつにょ

2 与党は、野党が提出した意見書に関して、<u>大筋</u>で了承したことを明らかにした。

1 だいきん　　2 だいすじ　　3 おおきん　　4 おおすじ

3 家賃が三か月も<u>滞って</u>いたため、来月には部屋を出ることになった。

1 おこたって　　2 つかさどって　　3 しぶって　　4 とどこおって

4 この地域にも、ようやく春の<u>気配</u>が漂(ただよ)い始めた。

1 きはい　　2 けはい　　3 きばい　　4 けばい

5 重役ばかりが集まる席に同席させられ、<u>窮屈</u>で仕方がない。

1 きゅうきょく　　2 きゅうくつ　　3 きゅきょく　　4 きゅくつ

6 彼がピアノに触れたとたん、<u>快い</u>音色が会場に響いた。

1 こころよい　　2 いさぎよい　　3 こころづよい　　4 かしこい

問題２　(　　　　)に入れるのに最も よいものを、１・２・３・４から一つ選びなさい。

7　この法案は多くの人が(　　　　)を要求している。

1　改修　　2　改正　　3　改訂　　4　改革

8　遠慮して(　　　　)表現を使いすぎると、意思が伝わりにくくなることがある。

1　円滑な　　2　円満な　　3　婉曲な　　4　大胆な

9　日本に住む者であれば、誰でも基本的人権を(　　　　)しているはずだ。

1　享受　　2　甘受　　3　享楽　　4　甘味

10　消費者のニーズを(　　　　)ためには、もう少し価格の検討をしなければならない。

1　満たす　　2　急かす　　3　設ける　　4　授ける

11　社会で起きている(　　　　)問題に関して、政府は具体的なアプローチを開始した。

1　質　　2　諸　　3　疑　　4　良

12　それは既存の概念を(　　　　)とは違った角度から見直すことにより生まれた。

1　元来　　2　従来　　3　根本　　4　原本

13　彼女の様子では、(　　　　)彼が嫌いでもないようだ。

1　ろくに　　2　まんざら　　3　めっきり　　4　てっきり

問題 3 ＿＿＿＿の言葉に意味が最も近いものを、1・2・3・4から一つ選びなさい。

14 1か月間の合宿を終えた子供たちは以前よりたくましさを増したようだ。

1 頑丈さ　2 無邪気さ　3 純粋さ　4 賢明さ

15 A国は私たちの訪問を歓迎し、盛大にもてなしてくれた。

1 援護して　2 支援して　3 接待して　4 招待して

16 予算は辛うじて議会の承認を得た。

1 すんなり　2 どうにか　3 まことに　4 そくざに

17 飛行機の到着する時間を見計らって、空港に向かった。

1 予測して　2 守って　3 聞いて　4 確認して

18 今日は、面接のマナーと心構えについてお話します。

1 気配り　2 覚悟　3 気遣い　4 態度

19 彼はきちょうめんで細かいことによく気がつく性格です。

1 繊細で　2 冷静で　3 真面目で　4 親切で

問題４　次の言葉の使い方として最もよいものを、１・２・３・４から一つ選びなさい。

20　誇大

1　経済産業省は、誇大広告を行った企業に対して業務改善を命じた。

2　CO_2の排出規制はもちろん、植林などの森林の増加も環境保全には効果誇大だ。

3　明日の朝、全社員を集めて、社長から誇大発表があるそうです。

4　今回の敗北の原因はチームの攻撃力を誇大評価したことにある。

21　欠陥

1　消防庁は、ガスストーブの欠陥が原因で火災が発生したと発表した。

2　彼は時間とお金に対する感覚が完全に欠陥している。

3　ビタミン欠陥の症状は、不足するビタミンの種類により様々だ。

4　通信販売は便利だが、商品を手にとって見ることができないという欠陥もある。

22　漠然

1　汚染処理の現状は漠然として厳しいものがある。

2　仕事をしなければいけないのだが、はかどらなくて漠然と過ごす。

3　漠然と捉えるのではなく、もう少し具体的に考えてみてください。

4　私だけが何も知らされていなかったことに漠然とした。

23　まかなう

1　この香水は、パリへ行ったときにまかなったものだ。

2　父は、一家４人の家計をまかなっている。

3　彼女のために、20万円まかなってやった。

4　彼は食品をまかなう店に勤めている。

24 おびただしい

1 年末になり、新年の準備などでおびただしい毎日を送っている。

2 おびただしい数の渡り鳥が空を飛んでいった。

3 事務室の前はボディーガードらが交代しておびただしい警備を広げた。

4 おびただしい色の車が、高速で走り抜けた。

25 ちょくちょく

1 店長と知り合いになってから、この店にちょくちょく顔を出すようになった。

2 消防検査も無事終わり、内装工事がちょくちょく進んでいる。

3 ほとんど安物(やすもの)しか買わないけど、ちょくちょくブランド物も買っている。

4 休みの日くらい、ちょくちょくしたい。

問題5　次の文の（　　　　）に入れるのに最もよいものを、1・2・3・4から一つ選びなさい。

26　いくらおなかがすいても、こんなまずいものを食べる（　　　　）、食べないほうがましだ。

1　とあって　　2　だけあって　　3　くらいなら　　4　ためなら

27　もっと早く病気に気が（　　　　）、こんなに長い間入院しなくてすんだのに。

1　ついていると　　2　ついていれば
3　ついたにしても　　4　ついたにしては

28　林さんは、まだ若い（　　　　）、なかなかしっかりした考えを持っている。

1　つつも　　2　ながらも　　3　ばかりに　　4　どころか

29　天気のいい日は、ストレス解消のために、どこへ（　　　　）ふらりと散歩に出かけたりする。

1　行くともなく　　2　行くことなく
3　行くことなくて　　4　行くともなくて

30　電車が止まってしまったのだから、しかたがない。家まで歩いて（　　　　）。

1　帰るわけには行かない　　2　帰るまでのことだ
3　帰らないわけには行かない　　4　帰らないまでのことだ

31 私が子供の頃は、ご飯やおかずを（　　　　）、食べ物を粗末にするなと怒られたものだ。

1　残すものなら　　2　残そうものなら
3　残そうことなら　　4　残すことなら

32 A「昨日、映画見に行くって言ってたよね。どうだった？」
B「うん、不治の病の息子と旅に出る母親の物語なんだけど、親子のあり方について（　　　　）。」

1　考えさせられちゃった　　2　考えされちゃった
3　考えられちゃった　　4　考えさせちゃった

33 （電話で）
A「弊社は、細い道を入った場所にあり、（　　　　）と存じますので、駅までお迎えにあがります。」
B「ありがとうございます。では、駅に着いたらお電話します。」

1　お分かりにくい　　2　お分かりしにくい
3　お分かりにしにくい　　4　お分かりになりにくい

34 どんなに高くて性能のいいパソコンでも、壊れて（　　　　）。

1　しまえばこれだけだ　　2　しまえばそれまでだ
3　しまったらこれまでだ　　4　しまったらそれだけだ

35 何か１つのことを極めてみたいのだが、何をやっても１年も（　　　　）。

1　続いたためしがない　　2　続くためしがなかった
3　続いたためしほどもない　　4　続くためしほどもなかった

問題６　次の文の＿★＿に入る最もよいものを、１・２・３・４から一つ選びなさい。

（問題例）　きのう ＿＿＿ ＿＿＿ ＿★＿ ＿＿＿ はとてもおいしかった。

1　母　　2　買ってきた　　3　が　　4　ケーキ

（解答の仕方）

1.　正しい文はこうです。

きのう ＿＿＿ ＿＿＿ ＿★＿ ＿＿＿ はとてもおいしかった。
　　1　母　3　が　2　買ってきた　4　ケーキ

2.　＿★＿に入る番号を解答用紙にマークします。

（解答用紙）　（例）　①　●　③　④

36　実力が ＿＿＿ ＿＿＿ ＿★＿ ＿＿＿ 昇進できない社員がいる。

1　悪い　　2　ありながら

3　上司の評価が　　4　ばかりに

37　不景気になって ＿＿＿ ＿＿＿ ＿★＿ ＿＿＿ 会社をやめさせられている。

1　貢献した　　2　長年会社に

3　からというもの　　4　人でさえ

38　試験の日に ＿＿＿ ＿＿＿ ＿★＿ ＿＿＿ といったらなかった。

1　妹の　　2　あわてよう　　3　した　　4　寝坊を

39 窓から差し込む ＿＿＿ ＿＿＿ ＿★＿ ＿＿＿ 部屋全体を幻想的に見せている。

1 華やかな色彩　2 壁の　3 光が　4 とあいまって

40 彼女の実力を ＿＿＿ ＿＿＿ ＿★＿ ＿＿＿ にあたらない。

1 驚く　2 受賞も　3 今回の　4 考えると

問題７　次の文章を読んで、文章全体の趣旨を踏まえて、［41］から［45］の中に入る最もよいものを、１・２・３・４から一つ選びなさい。

動物や昆虫の中には、成長するにつれて脱皮(だっぴ)を繰り返すものがいる。そのような生き物にとっては、脱皮(だっぴ)を行わなければそれ以上の成長も見込めず、［41］成長なしといっても過言ではない。

それと同じように、我々の人生にも脱皮(だっぴ)の瞬間がある。昔読んだ本に出てきた言葉を何年も経ってから思い出し、「ああ、あの言葉の本当の意味はこういうことだったのか」と、あらためて気づかされたことはないだろうか。 分かったつもりになって見過ごしてきた言葉の真意を、時を超え、経験を通して理解するのである。［42］、人は脱皮(だっぴ)するのだ。記憶の片隅(かたすみ)に残っていた言葉が、経験に［43］、深い理解と共に確かな知識として定着する。そして、これが幾度(いくど)となく繰り返されることによって、人は成長していくのだ。

こうした脱皮(だっぴ)の助けとなるものには色々あるが、読書はその最(さい)たるものと言えるだろう。我々の思考は様々な言葉を使って組み立てられ、表現されるからだ。言葉の積み木はなるべくたくさんあったほうがいい。また、あらゆる形のものが欲しい。そのために、若いうちからできるかぎり多くの言葉を［44］。そして、その蓄積の上に年齢を重ね、多くの経験を積むことで、人は表現の幅を広げ、人生はより豊かになる。読書はそれを可能にしてくれるのだ。

若いうちはとかく経験にとぼしく、頭の中に多くの言葉が詰まっていても、なかなかそれを上手く表現できないものだ。［45］、何も心配することはない。それでよいのだ。いつか必ず脱皮(だっぴ)をする時がくるのだから。

41

1 脱皮(だっぴ)ながらに　　2 脱皮(だっぴ)なくして

3 脱皮(だっぴ)でなくて　　4 脱皮(だっぴ)ないでは

42

1 この間　　2 あの際　　3 この時　　4 あの度

43

1 裏打ちされて　　2 裏腹になって

3 裏表になって　　4 裏返しされて

44

1 蓄えるというものでもない　　2 蓄えることになっている

3 蓄えないわけにはいかない　　4 蓄えておくことが望ましい

45

1 だからといって　　2 したがって

3 その一方で　　4 にもかかわらず

問題8　次の(1)から(4)の文章を読んで、後の問いに対する答えとして最もよいものを、1・2・3・4から一つ選びなさい。

(1)

いつの時代にも世代間のギャップというのは存在する。社会は常に変化している。違う価値観が支配した時を生きた以上、年長者が若者を、若者が年長者を(注)もどかしく感じることは当然のことである。

しかし不思議なことに、それが自分が生きている時代ではない相当な昔の話になると、昔の人はスゴイという感想が出る。同じ時に生きている違う世代を見るとイライラするが、自分とは関係のない時代になると良いイメージができあがるのだ。面白い現象である。

(注) もどかしい：思い通りにならずいらいらする

46　筆者は、世代間のギャップをどのように考えているか。

1　全く違う価値観のなかで生きてきた年長者は、やはり立派だ。

2　若者を見るたびに社会は常に変化しているのだと感じて面白い。

3　世代ごとに価値観が違うのは当然であって、イライラするのは良くない。

4　別の時代の人なら、考え方が違っても尊敬の気持ちになるから不思議だ。

(2)

なぜ山に登るのか？との問いに「そこに山があるから」と答えた話は有名だが、なかなか(注)理(り)にかなった言葉ではないか。仕事があるから働き、家があるから帰る。非常に簡単なことなのだ。「なぜ自分だけがこんな思いをするのだろう」と思ったときは、少し立ち止まって単純に考えてみよう。つらく思うことはない。山があれば登ればいいのであり、悩みがあれば克服すればいいのだ。目の前の課題に必死に向き合うというのは、意外と素晴らしいことである。

(注) 理(り)にかなう：道理に合う

47 筆者は、課題に向き合うときにはどのように考えればいいと述べているか。

1 課題に対して難しく考えず単純な見方をする。

2 単純に考えるようにすれば必ず克服できる。

3 少し立ち止まって山に登ってみるといい。

4 克服する力があることは素晴らしいことだ。

(3)

厳しい寒さの中では言葉も表情も硬直化する傾向があるようだ。青森県に(注1)津軽弁という方言がある。津軽弁でとても有名な会話に「どさ」「ゆさ」というものがあるが、これは、「どこへ行くのですか？」「お湯（＝風呂屋）へ行くんです」という意味である。お笑い芸人のように(注2)ベラベラしゃべることはこの地方では苦手とされ、短い会話でやり取りされる。そして、冬の寒さに耐える気持ちが夏になると爆発し、夏祭りのにぎやかさとなる。言葉や性格、態度には、気候との深い関わりがあるものだ。

(注1) 津軽弁：方言の1種類

(注2) ベラベラ：勢いよくしゃべる様子

48 筆者は、方言についてどのように述べているか。

1 短い会話には、人の性格との深いかかわりがある。

2 方言ではベラベラしゃべることができない。

3 言葉づかいの違いは気温と関係があるようだ。

4 寒さを我慢する気持ちが爆発して表現される。

(4) 以下は、ある会社が取引先に出したメールである。

レインボー株式会社
総務部　松本　美幸　様

株式会社チャンピオン
営業部長　岩崎　悠輝

新年会の参加について

貴社ますますご清栄のこととお喜び申し上げます。

この度は、貴社の「新年会」にご招待いただき誠にありがとうございます。ぜひ参加させていただきたかったのですが、誠に残念ながら出張の予定を調整することが難しくなってしまいました。代理出席をお認めいただけるようであれば、別の者が伺わせて頂けると幸いです。お返事をお待ちしております。

なにとぞ宜しくお願い申し上げます。

49 この文書で伝えたいことは何か。

1　別の者が新年会に参加するかどうかを後で返事すること
2　予定が調整できればぜひ新年会に参加してほしいこと
3　新年会に参加できるように予定を調整していること
4　新年会には参加できないので別の者を参加させてほしいこと

問題９　次の（１）から（３）の文章を読んで、後の問いに対する答えとして最もよいものを、１・２・３・４から一つ選びなさい。

（1）

　映画を見るために映画館に足を運ばなくなって久しい。わざわざ遠いところまで映画館を探していくのが面倒になったこともある。だが、今は家の中でテレビの画面から映画チャンネルを探せば見たかった映画をいつでも見られるし、通勤の電車の中でスマホを操作すればミニシアターが楽しめるという①環境の変化が大きいだろう。音楽も同じことだ。高い入場料を払って、なかなか手に入らないコンサートの切符を求めるより、音楽配信を受ければ無限にあらゆるジャンルの音楽をその場で楽しめる。

　今は大勢の人たちと、一つの目的のためにどこかに集まるという文化が次第に衰退しつつあるように見える。社会があまりにも複雑になりすぎて、多様な人々の千差万別の要求を集約して一度に提供するような方法が機能不全に陥ってしまったのかもしれない。もっと拡大解釈を試みるなら②「人間は社会的動物である」といったアリストテレスの時代から2400年もたった現在では、文化領域にとどまらず社会のあらゆる領域で集合から分散へ、全体から個別へと行動のパターンが変化をとげつつあるという見方もある。

　だが果たしてそれは妥当な見解だろうか。地震などの自然災害の頻繁な日本では大災害に見舞われた時、少人数では生存が難しい状況でも、様々なネットワークを通じて「助け合う」ことで初めて生き残れることを本能的に知っていると言われる。人が一つの場所に集まることで生まれる共感や高揚感は、一人では決して味わえない文化的価値に他ならない。私たちはより豊かな生活のためにあえて個別化を選択するが、同時に集団行動の意味を忘却してはいない。それを上手に使い分けるのが現代を生きる文化人なのだと思う。

50 筆者がいう①環境の変化はどんなことをさすか。

1 映画館より家でテレビを見た方が料金が安くなったこと

2 映画館やコンサートに行かなくても映画や音楽を楽しめるようになったこと

3 他の人と一緒にいるのが苦手な人も映画や音楽を楽しめるようになったこと

4 スマホが普及して今までより生活が便利になったこと

51 ②「人間は社会的動物である」という例を筆者はどう説明しているか。

1 大勢の人が一つの目的のために集まる。

2 社会が複雑でも多様な要求を集約して提供する。

3 文化領域から社会の全領域まで変化が起きる。

4 全体化と集合より個別化と分散が進む。

52 筆者は今後文化の楽しみ方がどうなると考えているか。

1 社会の多様化が進むため文化も個人によって違う楽しみ方に変化する。

2 自然災害の多い日本では集団化が進んで文化を共に楽しむ方に変化する。

3 今より豊かな生活を求めて多くの人が個別化を選択するようになる。

4 集団行動と個別行動を場合によって使い分け、多様な楽しみ方を求める。

(2)

単調な仕事は貴重である。朝になれば日が昇り、夜になれば日が沈む。この地球上の全てが一定のパターンで動いているのだ。私たちの生活もまた、常にパターンによって成り立っている。朝起きて顔を洗い、出勤する。仕事が終わったら家に帰って寝る。単調なパターンの繰り返しである。それを自然に続けられるというのは①実はすごいことなのである。顔を洗うことにさえ脳を使わなければならないとしたら、朝から疲れてしまって仕方がない。

1つのことを習得しようとするとき、脳は一生懸命に働く。しかし慣れてくると体が勝手に動くようになるため、脳は頑張らなくてもよくなる。そのおかげで脳は、別のことに集中することができるのだ。野球選手を見ていると、バッターボックスに立った時の動作が毎回ほぼ同じであるという。そうしようと頭で考えているのではなく、体が自然に動いているようだ。無駄(むだ)な部分に②脳のエネルギーを使う必要がないため、全集中を球を打つことだけに向けられるということだ。

単調な仕事には頭を使っていない。それは、他の部分で力を発揮できるという意味だ。毎日が単調でつまらないと感じるのは良いチャンスなのである。単調な仕事はそのまま続けながら、集中すべき何かを見つけよう。

53 ①実はすごいこととあるが、何がすごいのか。

1 単純な動きを反復しながら生活していること

2 単調な仕事にも不満を感じずに生活していること

3 自然界のパターンに合わせて生活していること

4 リズム正しい行動を心がけて生活していること

54 ②脳のエネルギーを使う必要がないと述べているが、それはなぜか。

1 何かを習得するためには、まずは体で覚えるのが効果的だから

2 一度身につけたことは、頑張らなくても自然にできてしまうから

3 何かに集中しようとするとき、その準備のために脳が一瞬休むから

4 脳が自然に動いてくれるため、無駄なエネルギーを使う必要がないから

55 単調な仕事について、筆者が最も言いたいことは何か。

1 単調な仕事を自然に繰り返していれば、良いチャンスが訪れる。

2 単調な仕事を続けているのは、自然と調和して生きている証拠だ。

3 単調な仕事こそ貴重なものなのだから、つまらないと思う必要はない。

4 単調な仕事を疲れずにできるのは、眠っている力があるということだ。

(3)

青は「精神の色」と言われる。

青色には、気分を落ち着かせ、精神を集中させる働きがあるため、インテリアとして勉強部屋に使われることが多い。寝室に使うとぐっすり眠れる効果もある。青は知性と精神に関する重要な色であり、創造性や心のコントロールを高める①不思議な色である。

また、いつも遠くにあるのも青の特徴だ。海の青は、手ですくうと消える。空の青は、どんなに近づいても(注)透き通っていてつかめない。どんなに欲しくても届かない、すぐに消えてしまうはかない青。理想や幸福の象徴として「青い鳥」が描かれたことや、不可能の象徴であった「青いバラ」の開発に成功し、花言葉が「夢かなう」になったことも②偶然にしてはとても印象的だ。逆に、憂鬱(ゆううつ)な気分を「ブルー」と表現したり、「青春」「(人間的に)まだ青い」といった、「若さ」や「未熟」なイメージが伴(ともな)うのもやはり、目的地までにはまだまだ遠い夢のような青だからだろうか。

届かない夢に向かってそれでも努力し続ける精神力こそ、幸福というものなのかもしれない。精神の力とは、理想に向かって絶対にあきらめない力ということだ。濃くて深い青には、「高貴」「名誉」というイメージがある。精神力が深まったとき、高貴さや名誉という言葉がふさわしい人間になっているのだろう。

(注) 透(す)き通る：透明(とうめい)で向こう側が見える

56 筆者はどのような点で①不思議な色だと述べているか。

1 青色が夢をあきらめない力を引き出してくれる点

2 青色が精神力を深め、人間を成長させてくれる点

3 青色は勉強や睡眠で悩む人に人気があるという点

4 青色が人間の精神に大きな影響を与えるという点

57 ②偶然にしてはとても印象的だとあるが、何が印象的なのか。

1 精神を集中させる青色が、逆に憂鬱(ゆううつ)な気分にもさせること

2 青いバラが開発されたことで、夢がかなったこと

3 海や空の色は透明なのに、青色に見えること

4 自然や芸術における青色のイメージに共通点があること

58 筆者が青色を通して最も強く感じたことは何か。

1 青色を見ると幸福について考えさせられる。

2 青色は心を落ち着かせてくれるから好きだ。

3 青色が象徴している夢を、はかなく感じる。

4 青色にふさわしい人間になっていると思う。

問題10　次の文章を読んで、後の問いに対する答えとして最も良いものを、１・２・３・４から一つ選びなさい。

「(注)ひらめく」というのはとても不思議な現象である。今までいくら考えても分からなかったことが、ある時ふっとひらめく。特に芸術家にはそんな瞬間がよくあるようだ。音楽家が急に曲を書き始めたり、画家や作家が作品を一気に書き上げるという姿がそれである。会社で資料を作成するときなどに、同じような経験をした人もいるだろう。それは「アイディアが天から降りてきた」とも表現される。自分で考えたという実感よりも、アイディアのほうから降りてきてくれたような不思議な感覚なのだ。自分で生み出したものでありながら①その正体は自分では全く分からない。一体なんなのか。

様々な人の話を聞いてみると、そこにはある一定の法則があることに気づく。それは、何も考えずに、散歩や家事などの関係ないことをしているとき、ひらめくというものである。必死で考えても分からなかったことが、考えることをやめた途端に出てくるのだ。②これが１人や２人の話ではなく、全世界、あらゆる時代で言われているとなれば、もう偶然とは言いがたいのではないか。日本語では「降りてきた」という表現のほかに、アイディアが「浮かんだ」というが、こちらの表現のほうが適切かもしれない。意識の底に沈んでいたものが浮かび上がってくるイメージだ。意識の底とは無意識である。

実は、無意識も思考しているといわれている。普段は意識が邪魔をしてそれが見えないのであるが、意識上での思考がストップし、意識という邪魔がなくなったときに、無意識の思考が顔を出してくる。そう考えると、気分転換をしているときにひらめくという現象は必然であるともいえる。もちろん、何も考えずに遊んでいればいいということではない。考えに考えて疲れたとき、リラックスをする。それが「ひらめく」ための最良の状態なのだ。何かを生み出す必要性がないときには、当然、無意識も思考する必要がないからである。

企画の仕事をしている人が、「企画は記憶の複合だ」と言った。自分が見たことや聞いたこと、経験した数々の「記憶」が結びついて企画が生まれるのだと。アイディアが浮かぶといっても、やはり無の状態からは何も浮かばないのだろう。蓄えた知識と経験が結びついたときに初めて創造性となって生まれ出てくる。知識を増やし、考え抜いた後にパッと考えることをやめてみる。それが無意識の思考を揺り動かすことになる。

(注) ひらめく：考えや思いが瞬間的に思い浮かぶ

59 ①その正体(しょうたい)は自分では全く分からないとはどういう意味か。

1 不思議な物体が天から降(お)りてきて、とても混乱しているということ
2 心の中から出てきた思いが、自分で意識したものではないということ
3 外から与えられたアイディアなので、自分では実感できないということ
4 何が正しいのか、考えているうちに分からなくなるということ

60 ②これとは何を指すか。

1 考えることに疲れ果てて分からなくなり、何も考えられなくなること
2 考えることをやめようと努力していると、急にアイディアが出ること
3 目標としているものを忘れ去っているときに、不意に思いつくこと
4 考えることに疲れたときは、散歩や家事が良い気分転換になること

61 筆者は、「ひらめく」ための最良の状態はどのような状態だと述べているか。

1 無意識が思考しやすいような知識を増やしておく。
2 無意識が思考しやすいように何も考えないでおく。
3 意識を全力で働かせた後、少し休んでからまた働かせる。
4 意識を全力で働かせた後、心も体もゆっくりと休ませる。

62 筆者は、「ひらめく」ことをどのようにとらえているか。

1 自分の記憶と記憶が結合したときに生まれる無意識の思考

2 自分の感覚と知識が合致したときに生まれる無意識の思考

3 知識と経験に頼らない、無から生まれる無意識の思考

4 知識と経験が豊富な人のみ生み出せる無意識の思考

次のページに問題11が続きます。

問題11　次のAとBの文章を読んで、後の問いに対する答えとして最もよいものを、1・2・3・4から一つ選びなさい。

A

人を外見や容貌で差別しないという言葉は誰でも口にする。人を評価する基準は見た目ではなく、その人の人間性や能力に置かなければならないという考え方だ。もちろんそれに異論を唱える人はいないだろう。だが現実には就職や進学など、人生の重要な選択の場面で、「見た目」が相手の判断に影響を与えているのも事実だ。一方で人に評価される容姿を得るためには、隠れた努力と投資が必要であって、それも評価基準の一つにしてもいいのではないのかという考え方もある。人に好印象を与えるために地道な努力を重ねることは、体力、知力を養うのと同様にその人を輝かせる素質として評価してもいいのではないか。しばしば批判の的になる「ミスコン」も単に容姿だけの審査ではなく総合的な人格評価であることは否定できない。

B

「おきれいですね」と男性の口から出る女性への賛辞を聞いて誰もが喜ぶと思い込んでいる人が多い。だが実際にはその隣で悔しい思いをかみしめている人がいるのも現実だ。人の容貌に関する表現がインターネットの見出しにあふれるほどその言葉がある人にとっては呪いの呪文になっておそいかかる。このように人を外見で評価する社会の風潮を「ルッキズム」と言うが、それは単に個人の好みや意識の問題でかたづけられないように思える。社会が「おきれいですね」を強要するのは、そのために化粧品やファッション、美容業界など関連する産業に多大の利益をもたらすからに他ならない。今後、社会が押しつける一方的な価値観から自由でありたいと願う女性たちの行動に、私たちはもっと注目する必要があるだろう。

63 AとBが共通して述べていることは何か。

1 人を容貌や外見だけで判断するのではなく能力や人間性に注目すべきだ。

2 現実社会では「見た目」によって人を評価する場合が少なくない。

3 人を評価する基準は時代によって違うが社会の要求を反映している。

4 すぐれた容貌を得るために投資することは社会に利益をもたらしている。

64 人を「見た目」で判断することについてAとBはどのように考えているか。

1 Aは「見た目」は良い印象を与えるために必要だと考え、Bは「見た目」を気にして傷つく人が多いと考えている。

2 Aは「見た目」に投資ができる人が有利だと考え、Bは投資ができない人には不公平なことだと考えている。

3 Aは人間を能力や人間性で評価する人が少ないと考え、Bは「見た目」で人間を評価するのは間違いだと考えている。

4 Aは「見た目」のために努力する人は評価できると考え、Bは「見た目」を重視するのはそれで利益を得る企業があるためだと考えている。

問題12　次の文章を読んで、後の問いに対する答えとして最もよいものを、1・2・3・4から一つ選びなさい。

日本にはイチョウ並木がたくさんある。街路樹として植えられている木としてはイチョウが最多だ。春には若草色、秋には金色で街を彩(いろど)ってくれ、人の心に美しい思い出を残してくれる。落ち葉を拾い、恋人とデートをし、疲れた精神に安らぎをくれる。そんな並木道としてとてもポピュラーなイチョウだが、「生きた化石」と呼ばれていることはあまり知られていない。

「生きた化石」とは、人類が地球に誕生するより前から現代に至るまで、その姿をほとんど変えずに生息し続けている生物のことをいう。人類の祖先が誕生したのは約２０万年前。イチョウは何と約２億年前から繁栄していた。それは恐竜(きょうりゅう)が生きていた時代である。アジアだけでなく北米やヨーロッパでも化石が見つかっており、イチョウ科としての種類も１７種類はあったようだ。氷河期(ひょうがき)によってそのほとんどが姿を消していったが、かろうじて１種類のみが中国に生き残った。現在見られるイチョウは、イチョウ科の中の唯一のものである。

中国に生き残ったイチョウは、(注1)鎌倉(かまくら)時代にその種が日本に持ち込まれた。日本では種を銀杏(ぎんなん)と呼んでいるが、それは中国語からきたもので、イチョウという名前もまた中国語に由来している。アヒルの足という意味の「ヤーチャオ」が変化した言葉だ。銀杏(ぎんなん)は仏教とともに伝えられたため、神社やお寺に次々と植えられていった。樹齢(じゅれい)８００年ほどの古いイチョウが今もお寺に残っているのは、このためである。そして(注2)江戸(えど)時代に入ると、長崎に出入りしていたドイツ人により日本の銀杏(ぎんなん)がヨーロッパに伝えられることになる。現在、ヨーロッパに繁栄しているイチョウの木は、実は日本からもたらされたものなのだ。当時の日本では栽培への関心が強く、植物の育成や改良技術は世界的にも高いレベルにあったという。日本の(注3)浮世絵(うきよえ)が西洋文化に与えた影響よりも園芸植物の与えた影響のほうがはるかに大きいと言う学者もいるほどである。鎖国(さこく)時代の日本の文化が、世界の町に黄金(おうごん)の秋の風景を作り出していったのだ。

イチョウの木は加工しやすいうえに丈夫で耐火性もあるため、将棋盤(しょうぎばん)やまな板、建築材、家具材にも広く使われている。そして公害にも強いため街路樹としても多く植えられた。関東大震災や第二次世界大戦によって東京一面が焼けた際にも、生き残ったイチョウが多いという。

このようにイチョウは、幾多(いくた)の危機を乗り越え、生き残り、今も堂々とした姿を見せている。試練に鍛えられた者ほど人の気持ちに寄(よ)り添(そ)い優しくなるものだ。並木道を歩くとホッとした気持ちになるのはそのためだろうか。それを知れば、並木道を歩く感動がさらに深まってくる。

(注1) 鎌倉(かまくら)時代：日本で1185年～1333年の武士の時代
(注2) 江戸(えど)時代：日本で1603年～1867年の鎖国(さこく)の時代
(注3) 浮世絵(うきよえ)：江戸(えど)時代に発展した、日本の伝統的な絵画

65 イチョウが「生きた化石」と呼ばれているのはなぜか。

1 人の心にいつまでも美しい思い出を残してくれる大切な木だから
2 はるか昔から現代まで、ほとんど同じ姿で生き続けているから
3 北米やヨーロッパで絶滅したイチョウが中国に残っていたから
4 人類が誕生してから現代まで、常に人類に役立つ木だったから

66 筆者によると、古いイチョウが今もお寺に残っているのはなぜか。

1 唯一生き残ったイチョウが、唯一の教えである仏教を象徴しているから
2 当時は仏教が保護されていたため、お寺に優先して植えられたから
3 仏教が中国から日本に伝わったのと同時にイチョウも入ってきたから
4 日本で仏教が盛んになってから８００年という歳月が経(た)ったから

67 鎖国(さこく)時代の日本の文化が、世界の町に黄金(おうごん)の秋の風景を作り出していったとは、どういうことか。

1 鎖国(さこく)の時代だったため、日本人は世界の町を想像して絵に描いたこと

2 日本では園芸の技術が高く、世界では町作りの技術が高かったこと

3 イチョウの木を加工して作った日本の家具材がヨーロッパに伝わったこと

4 ヨーロッパの並木道は、日本の栽培技術から学んで作ったものであること

68 イチョウについて、筆者が最も述べたいことは何か。

1 人間が誕生する以前から生息し、今も私たちの目の前にあることが不思議だ。

2 様々なことに耐えてきた強さが、周囲に安心感を与える風格を作ったようだ。

3 並木道を歩くときは、イチョウの歴史を考えて感動を深めるようにしている。

4 イチョウが「生きた化石」と呼ばれていることを多くの人に知ってほしい。

次のページに問題13が続きます。

問題13　右のページは、日本在住外国人写真コンテストの募集案内である。下の問いに対する答えとして最もよいものを、1・2・3・4から一つ選びなさい。

69　次の人のうち、このコンテストに応募できるのは誰か。

名前	国籍	日本滞在理由	撮った写真	その他
マーク	イギリス	会社員	京都の町並み	6か月後に帰国予定である
パク	韓国	大学院生	富士山	大切な写真なので返却希望
ダニエル	フランス	2泊3日の旅行	日本の立ち飲み屋	フランスで写真の勉強をしている
ラン	中国	アルバイト	砂漠	アメリカ旅行に行ったときの写真

1　マークさん

2　パクさん

3　ダニエルさん

4　ランさん

70　ドイツ国籍で日本の大学に在学中のソフィアさんは、ホストファミリーの休日の様子を撮った写真を応募したい。ソフィアさんが応募する際に必ずしなければならないことは何か。

1　日本にはないドイツの習慣を別紙に書いて添付する。

2　ホストファミリーに応募することを伝える。

3　大学から在学証明書をもらってコピーを添付する。

4　写真の裏に、留学先に日本を選んだ理由を記入する。

❖ 日本在住外国人写真コンテスト ❖
― 募集案内 ―

1. **コンテストの目的** 写真を通して国籍や文化の違いを超えた多文化共生の社会づくりを目指します。
2. **テーマ** (1) 旅行：日本を旅行して、一番印象に残った場所
(2) 驚き：日本の文化、ファッション、習慣で、驚いたもの
(3) 私の国：日本にはない母国の姿
3. **応募資格** 日本に長期在住している、または、する予定の外国籍の方
※短期滞在の方は対象外　※年齢、男女不問
4. **対象写真** テーマに添った写真
※テーマに合わないものは失格、作品の展示もしませんのでご注意ください。
5. **応募枚数** 応募者１人につき、写真１枚のみ応募できます。
※複数枚を送った場合は失格　※写真のサイズは自由
6. **応募方法** ホームページから応募用紙をダウンロードし応募写真（ファイル形式はJPEG、PNGのみ）を添付して送付してください。応募用紙の下欄に氏名、国籍と、いつ、どこで撮ったか、この写真を選んだ理由を記入してください。合わせてビザまたは在留カードをスキャンして添付してください。またこの写真に関するエピソードがあれば備考欄に書いてください。
※郵送でも受け付けます。その場合写真店でプリントしたもの（L版～2L版）で厚紙で保護されたものを送ってください。上記応募用紙をプリントアウトして必要事項を同様に記入して写真を入れた封筒に同封してください。
7. **賞品** 最優秀賞：１泊２日温泉の旅
優秀賞：デジタルカメラ
ユニーク賞：日本食レストランの食事券
8. **審査結果** 入賞者にのみ直接、連絡します。
9. **作品の展示** 応募された作品は、イロハ図書館において展示します。
10. **その他** 応募された作品は返却しません。
応募者は、特定の人物や建物を写した写真を応募する場合、権利者の許可を得たうえで応募してください。
※万一、問題が発生した場合には応募者の責任により解決するものとします。

1회 청해

🔊 1회 음성 듣기

問題1

問題1では、まず質問を聞いてください。それから話を聞いて、問題用紙の1から4の中から、最も よいものを一つ選んでください。

1番

1　ミルクの量を増やす

2　ミルクの量を減らす

3　部屋の温度を上げる

4　部屋の温度を下げる

2番

1　取引先に招待状を送る

2　受付の服をそろえる

3　資料の内容を書き足す

4　あいさつする人に連絡する

3番

1　若者の好みを調査する

2　40代の女性にアンケートをする

3　男性を対象にした試食会を開く

4　販売価格を設定する

4番

1　家族を紹介する

2　２年間の契約をする

3　コースを変更する

4　契約を３か月継続する

5番

1　会社内の見学をする

2　マナー講習を受ける

3　食堂の利用方法を覚える

4　先輩社員に質問をする

6番(ばん)

1　内装(ないそう)デザイン

2　新人教育(しんじんきょういく)

3　外回(そとまわ)りの営業(えいぎょう)

4　改装工事(かいそうこうじ)

問題2

問題2では、まず質問を聞いてください。そのあと、問題用紙のせんたくしを読んでください。読む時間があります。それから話を聞いて、問題用紙の1から4の中から、最もよいものを一つ選んでください。

1番

1 防犯ブザーを持ち歩くこと
2 犯人にスプレーをかけること
3 荷物をしっかりと持つこと
4 携帯電話に集中しないこと

2番

1　肌に合わなかったから
2　違う商品を買ってしまったから
3　強くマッサージしてしまったから
4　10分待たずに洗い流したから

3番

1　人気が続く見込みがないため
2　力を注いでいる部門ではないため
3　開発する費用と時間がかかるため
4　会社の設備が十分ではないため

4番

1　デザインがシンプルなところ

2　画面が大きくて見やすいところ

3　値段が手ごろなところ

4　新商品で機能が多いところ

5番

1　人気ランキングコーナーを設置する

2　スタッフのコメントを添える

3　有名人のコメントを添える

4　違う視点でキャッチコピーを書く

6番

1 迫力のある演技ができること

2 皆の前で自己主張ができること

3 役の意味を理解して演技できること

4 他の人にはない存在感があること

7番

1 当たり前のことに感謝したいから

2 お年寄りが住みやすい町にしたいから

3 思いやりの心を忘れたくないから

4 自分の将来のことを考えたいから

問題3

問題3では、問題用紙に何も印刷されていません。この問題は、全体としてどんな内容かを聞く問題です。話の前に質問はありません。まず話を聞いてください。それから、質問とせんたくしを聞いて、1から4の中から、最もよいものを一つ選んでください。

— メ モ —

問題4

問題4では、問題用紙に何も印刷されていません。まず文を聞いてください。それから、それに対する返事を聞いて、１から３の中から、最もよいものを一つ選んでください。

― メ モ ―

問題 5

問題５では、長めの話を聞きます。問題用紙にメモをとってもかまいません。

1番、2番

問題用紙に何も印刷されていません。まず話を聞いてください。それから、質問とせんたくしを聞いて、１から４の中から、最もよいものを一つ選んでください。

3番

まず話を聞いてください。それから、二つの質問を聞いて、それぞれ問題用紙の１から４の中から、最もよいものを一つ選んでください。

質問1

1　串カツコーナー
2　お寿司コーナー
3　カステラコーナー
4　海鮮丼コーナー

質問2

1　串カツコーナー
2　お寿司コーナー
3　カステラコーナー
4　海鮮丼コーナー

◀» **2회** 청해 듣기

적중 모의고사

2회

JLPT

N1

問題 1 ＿＿＿の言葉の読み方として最もよいものを、1・2・3・4から一つ選びなさい。

1 仕事の合間に、新聞に目を通した。

1 ごうかん　　2 ごうま　　3 あいかん　　4 あいま

2 この新製品は、素朴な味がポイントです。

1 そぼく　　2 そばく　　3 すぼく　　4 すばく

3 患者が医療費を立替える必要はありません。

1 りょうがえる　　2 たちかえる　　3 たてかえる　　4 たつかえる

4 時間が経てば、真実は自ずから明らかになるでしょう。

1 みずから　　2 じずから　　3 はずから　　4 おのずから

5 その仕事は、彼の能力に相応しい。

1 おとなしい　　2 あいおうしい　　3 ふさわしい　　4 そうおうしい

6 市民運動家が格差社会の是正を訴えた。

1 しせい　　2 ぜせい　　3 しただ　　4 ぜただ

問題２　（　　　　）に入れるのに最もよいものを、１・２・３・４から一つ選びなさい。

7　責任を（　　　　）されることなく、無事に会議は終わった。

1　探求　　2　追求　　3　追及　　4　普及

8　彼は大変な倹約（　　　　）で知られています。

1　人　　2　方　　3　家　　4　屋

9　大まかな（　　　　）別に、本を分類した。

1　ジャンル　　2　インテリ　　3　フレーム　　4　グラウンド

10　詳細については、（　　　　）の書類をご覧ください。

1　同包　　2　同送　　3　同信　　4　同封

11　彼はなかなか（　　　　）神経の持ち主だ。

1　極太い　　2　図太い　　3　強太い　　4　根太い

12　観衆は、サーカスの空中での演技を（　　　　）しながら見ていた。

1　はらはら　　2　いらいら　　3　ゆらゆら　　4　ちらちら

13　元日も（　　　　）どおり営業いたします。

1　平常　　2　恒常　　3　平均　　4　恒久

1회 2회 3회 4회 5회

問題3 ＿＿＿＿の言葉に意味が最も近いものを、１・２・３・４から一つ選びなさい。

14 世界最古の建造物として<u>名高い</u>お寺です。

1 高価な　　2 派手な　　3 有名な　　4 立派な

15 嫌いな食べ物を、<u>強いて</u>食べさせる必要はありません。

1 無理に　　2 徐々に　　3 余分に　　4 自由に

16 彼女はそのパーティーによく合う<u>エレガント</u>な装いだった。

1 現代的な　　2 自由な　　3 適当な　　4 優美な

17 課長の決断の早さには<u>恐れ入った</u>。

1 あきれた　　2 感心した　　3 困った　　4 腹が立った

18 彼は<u>気兼ね</u>をしてなかなか来ようとしない。

1 遠慮　　2 心配　　3 推測　　4 謙遜

19 その子供は<u>つぶらな</u>瞳でこちらを見ていた。

1 つぶっていてかわいい　　2 ちいさくてかわいい

3 きらきらしてかわいい　　4 まるくてかわいい

問題４　次の言葉の使い方として最もよいものを、１・２・３・４から一つ選びなさい。

20　命中

1　来年は景気が回復するだろうという、彼の予想が命中した。

2　その子はご飯も食べないで、本に命中になっている。

3　母との大切な思い出は、今も私の命中にある。

4　選手の射った矢が、見事に的に命中した。

21　年配

1　雨が降りそうな年配はなかったので、布団を干してから出かけた。

2　母がていねいに漬けた梅干が、いい年配に仕上がった。

3　年配の方にも配慮して、操作が簡単にできるよう工夫しました。

4　やはりワインは、年配を重ねたもののほうがおいしく感じる。

22　目途

1　仕事の目途がつかないので、先に行っていてもらえますか。

2　少し熱いと感じるぐらいの温度が目途になります。

3　今日中に仕事が終わるだろうという、課長の目途は外れた。

4　ここに表示されている目途を参考に、布を切ってください。

23　ゆるやか

1　表面がゆるやかな材質なので、肌触りが良い。

2　彼女は舞台でゆるやかなダンスを見せてくれた。

3　ゆるやかな下り坂だったので、長い距離も楽に歩けた。

4　彼女は何をされても怒らない、とてもゆるやかな性格だ。

24 冴える

1 悪いことばかりしてきた彼だが、先生の励ましによって、やっと目が<u>冴えた</u>。

2 何が問題だったのかがようやく<u>冴えた</u>ので、これからは改善に取り組みます。

3 ここのところ曇り空が続いていたが、今日は久しぶりに<u>冴え</u>あがった。

4 今日はなぜかとても頭が<u>冴えて</u>いて、問題がすらすら解けた。

25 つまむ

1 <u>つまむ</u>ところ、学生の言い分は、成績を上げてくれということだった。

2 お好きなものをどうぞ一つ<u>つまんで</u>ください。

3 急な山道では、ロープをしっかり<u>つまみ</u>ましょう。

4 具体的に<u>つまんで</u>説明することが難しい事柄だった。

問題 5　次の文の（　　　　）に入れるのに最も よいものを、1・2・3・4から一つ選びなさい。

26　若い世代の企業家が作った会社は、規模の差（　　　　）あれ、どこもみな職場が明るい雰囲気だ。

1　こそ　　2　でも　　3　ばかり　　4　など

27　その地域は、晴れの日が（　　　　）ないと聞いていたが、到着した日は運良く晴れていた。

1　とっくに　　2　めったに　　3　必ずしも　　4　まだしも

28　素材の味にこだわるレストラン（　　　　）、毎朝、料理長が自ら市場に赴く。

1　にしては　　2　のわりには　　3　ならまだしも　　4　だけあって

29　信号の故障を放置しておくと、大規模な事故が発生（　　　　）ので、すぐに修理するよう指示を出した。

1　するべきでない　　2　しそうにない

3　するはずもない　　4　しかねない

30　午後に発送すると、今日中に（　　　　）、急いで午前中に仕上げて発送しましょう。

1　着かないおそれがあるので　　2　着かないどころではないので

3　着かないではいられないので　　4　着かないにすぎないので

31 A「先日サンプルをお送りしましたが、どのタイプの製品がよろしいですか？」
B「すみません。なかなか決められなくて。」
A「どうぞごゆっくりご検討ください。（　　　　）ご連絡ください。」

1　お決まられましたら　　　2　お決まりになりましたら
3　お決めいたしましたら　　4　決めてまいりましたら

32 その仕事はお客様からの要請で、時間がないなどと（　　　　）から、とりあえず人を集めよう。

1　言わないわけにはいかない　　2　言うよりほかない
3　言ってはいられない　　4　言わずにいられない

33 （学校で）
A「今回のテストは難しかったなあ。単位が取れなかったらどうしよう。」
B「何とか再試験を（　　　　）教授に頼んでみようよ。」

1　受けてもらえるように　　2　受けさせてあげられるように
3　受けさせてもらえるように　　4　受けてくれるように

34 その著者の本の売り上げがどんどん（　　　　）、彼が大衆的な支持を受けていることは確実なようだ。

1　伸びているばかりに　　2　伸びているところを見ると
3　伸びているおかげで　　4　伸びているあまり

35 （会社で）
A「その仕事はぜひ彼女に担当してもらいたいけど、忙しいから無理だろうね。」
B「彼女が必ずしも断る（　　　　）、話だけでもしてみましょう。」

1　といえなくもないので　　2　わけではないので
3　とは限らないので　　4　というものではないので

問題6　次の文の ＿＿★＿＿ に入る最もよいものを、1・2・3・4から一つ選びなさい。

（問題例）　きのう ＿＿＿＿ ＿＿＿＿ ＿＿★＿＿ ＿＿＿＿ はとてもおいしかった。

1　母　　2　買ってきた　　3　が　　4　ケーキ

（解答の仕方）

1.　正しい文はこうです。

きのう ＿＿＿＿ ＿＿＿＿ ＿＿★＿＿ ＿＿＿＿ はとてもおいしかった。
　　1　母　3　が　2　買ってきた　4　ケーキ

2.　＿＿★＿＿ に入る番号を解答用紙にマークします。

（解答用紙）　（例）　① ● ③ ④

36　その政治家は、世論調査の結果 ＿＿＿＿ ＿＿＿＿ ＿＿★＿＿ ＿＿＿＿ 市名を変更する可能性があると述べた。

1　いかんに　　2　場合に　　3　かかわらず　　4　よっては

37　私が給料をもらった時の弟の喜びようと ＿＿＿＿ ＿＿＿＿ ＿＿★＿＿ ＿＿＿＿ とはとても言えなかった。

1　全部使ってしまって　　2　なかったので

3　もうない　　4　いったら

38　彼は本棚の整理を命じられた ＿＿＿＿ ＿＿＿＿ ＿＿★＿＿ ＿＿＿＿ 、新しく買った本を分類もせずに入れていった。

1　整理しなかった　　2　ばかりか

3　少しも　　4　にもかかわらず

39 いくらあらゆる方法で推進 ＿＿＿＿ ＿＿＿＿ ＿★＿ ＿＿＿＿ 、住民の合意を得られない道路建設は実現するはずがない。

1 した　2 と　3 しよう　4 ところで

40 社長の息子 ＿＿＿＿ ＿＿＿＿ ＿★＿ ＿＿＿＿ ことは許してはなりません。

1 勤務時間中に　2 というような

3 私用で席をはずす　4 といえども

問題7　次の文章を読んで、文章全体の趣旨を踏まえて、41 から 45 の中に入る最もよいものを、1・2・3・4から一つ選びなさい。

スマートフォンは便利な道具だ。電話やメールができるのはもちろんのこと、インターネットにアクセスして、地図で道を調べたり、好きな動画を見たりと、できることを挙げればきりがない。スマートフォンの普及率は右肩上がりで、 41 情報媒体がスマートフォンに取って代わられるのは時間の問題だろう。

しかし、スマートフォンの普及は、良いことばかりではない。スマートフォンが使われる以前には 42 事故が、最近問題になってきている。その事故とは、スマートフォンの画面を見ながら歩く「ながら歩き」によるものである。

「ながら歩き」による事故には、次のようなものがある。一つは、自分が直接危険にさらされるものだ。たとえば、車やバイクが迫ってきているのに気づかず、交通事故にあったり、もしくは電車の駅のホームで、足を踏み外して、線路に落ちたりすることだ。スマートフォンの画面を見ていなければ、十分に気づいて避けることができたのに、「ながら歩き」をしていたことによって事故にあってしまう例である。

もう一つは、 43 例だ。画面を見ながら歩いていて、急に立ち止まり、後ろから来た人がぶつかってしまったり、画面を見ながら歩いている人が、前に立っている人に気づかずにぶつかって、前の人を転ばせてしまうというようなことだ。しっかりした体つきの若い人でも、後ろから不意にぶつかられるとバランスを崩すものだが、子どもや高齢者だと 44 。バランスを崩して転んで、線路に落ちたり、車が行き交う道路側に倒れてしまったら、大事故となる。ちょっとぶつかっただけではすまされない問題だ。

もちろん車や自転車、オートバイなどを運転しながらスマートフォンを見る行為は道路交通法によって禁止され、違反した場合は罰金や懲役刑が課せられる。それに対してまだ歩行者の「ながら歩き」を規制する法律や罰則はないが、「歩きタバコ」が広報活動を続けた結果、10年ほどかかってほとんど姿を消したように、その危険性を知らせる活動を粘り強く続けていく必要があるだろう。 45 、それまでは事故が起こっても仕方がないとは決して言えない。スマートフォンの「スマート」はすなわち「賢い」という意味だが、利用者側もぜひ「賢く」なって、「ながら歩き」による事故を起こすことのないよう、「賢く」利用することを切に求めたい。

41

1　今後の　　2　従来の　　3　最近の　　4　直前の

42

1　起こったともいえない
2　起こらなかったとはいえない
3　起こるべきではなかった
4　起こらなかったような

43

1　他人に事故にあわせられる
2　他人ならまだしも自分が事故にあう
3　他人を事故にあわせてしまう
4　自分と他人を事故にあわせる

44

1　なおさらだ
2　そうでもない
3　そうだろうか
4　どちらともいえない

45

1　それなのに　　2　そればかりか　　3　だからといって　　4　もっとも

問題8　次の(1)から(4)の文章を読んで、後の問いに対する答えとして最もよいものを、1・2・3・4から一つ選びなさい。

(1)

　私は、子どもの頃からヘソ曲がりだったせいか、「みんなと一緒」がイヤだった。長じて結婚し、子供ができ、長男がまだ小学生くらいのとき、
「だって、みんなが……」
　という言葉を聞くと怒ったものだ。
「みんななんかどうでもいい。おまえはどう思うのか！」
　そう言って問い詰めたこともある。
　とにかく、いまでも私は(注1)マジョリティーに(注2)与（くみ）したくない徹底した(注3)マイノリティー派である。全員賛成なんて気持ち悪いではないか。
　いまでも、アンケートで大多数が反対などというとき、私はほんの数パーセントの賛成派のほうの意見を聞く。

（川北義則『「常識発想」が求められる時代は終わった。』
ダイヤモンド社PR誌Kei 2011年9月号No119による）

(注1) マジョリティー：支持する人が多い側
(注2) 与（くみ）する：同意する
(注3) マイノリティー：支持する人が少ない側

46　筆者の考えと合っているものはどれか。

1　多数派の言うことに従っておくのが無難だ。
2　何にでも反対することが大切だ。
3　少数派の意見を大切にするべきだ。
4　怒るべき時にはちゃんと怒ったほうが良い。

(2)

自分の周囲だけを見ると偶然にしか思えない出来事も、全体的に見ると大きな必然が浮かび上がってくる。例えば各家庭を見ると、女だけ、男だけの兄弟もいて、男女の比率には何の法則もないように見える。しかし、地球全体で９割が男性になってしまったということは起きない。自分の人生にいつ不運な事故が起きるか分からないが、全体的には毎年の事故件数はほぼ同じで、まるで決められているかのようである。不運も幸運も、視野を広げれば必然になる。

47 この文章では、必然をどのように説明しているか。

1 見方によっては偶然にも必然にもなる。

2 地球上の男女の比率に法則はない。

3 自分の周囲に不運な出来事が起きるのは必然である。

4 出来事は全て必然であり、最初から決められている。

(3) 以下は、ある会社がWEBサイトに掲載したお知らせである。

動画共有サービス終了のお知らせ

日頃は動画共有サイト「ミヨウトモ」をご愛顧下さり、誠にありがとうございます。

2009年9月22日より行ってまいりましたサービス提供ですが、勝手ながら、諸般の事情により、継続が困難となり、2024年12月31日(火)をもちまして、すべてのサービスの提供を終了させていただくこととなりました。なお、10月末時点でポイントをお持ちのお客様につきましては、1ポイント＝1円として返金させていただきますので、11月末までにお振込み先をお知らせくださいますよう、お願い申し上げます。

これまでのお引き立てに心から御礼申し上げます。

48 動画共有サービスについて、この文章は何を知らせているか。

1 サービス終了の経緯とポイント制の終了

2 古いサービスの終了と新サービスへの変更方法

3 サービス終了の期日と返金手続きの方法

4 サービス開始の期日と加入手続きの方法

(4)

2011年の東日本大震災の時に発生した福島原発事故は、エネルギー問題の解決という大きな課題を私たちに残した。いわゆる再生可能エネルギーへの転換がかつてないほど切実な意味を持つようになったのである。今まで化石燃料が持つ限界つまり有限な資源であり、需給システムが国際情勢などに影響され、環境に有害な物質を生み出すという多くの問題を克服すると思われたのが原子力発電だった。だが状況によっては人間の統制が不可能になるという致命的なリスクを経験した後、これまでの選択肢は無効になった。代わりに太陽光、風力、地熱など自然を利用し安全かつ安定した電力供給を実現するための対策がもっとも現実的な選択肢となっているのだ。

49 筆者はエネルギー問題を解決するための選択肢は何だと考えているか。

1 原発事故の教訓を生かして今後は事故が起きないようにすること
2 化石燃料の限界を克服するための対策をたてること
3 人間の統制が不可能になる自然の利用をやめること
4 自然を利用した発電システムをより安定的に運用していくこと

問題９　次の（１）から（３）の文章を読んで、後の問いに対する答えとして最もよいものを、１・２・３・４から一つ選びなさい。

（1）

2009年に、京都大学霊長類研究所の編著で『新しい霊長類学（講談社ブルーバックス）』という本が出た。①霊長類学というと、サル学だと思う人が今でも非常に多いが、それは間違いだ。「霊長類＝サル」ではない。霊長類は、人間を含めたサルの仲間であり、人間が含まれる。(注1)巷（ちまた）にあふれている書物のなかには「人間と霊長類」という書き方をしているものもある。「霊長類＝サル」と考えるから「人間と霊長類」と書いてしまうのだろう。でも、「人間と哺乳類」といわれたら、ちょっと違和感はないだろうか。「人間と(注2)脊椎（せきつい）動物」は、かなり違和感がある。なぜなら、人間は脊椎（せきつい）動物だし、哺乳類だから。

②そういう(注3)対置（たいち）ができないのと同じように、「人間と霊長類」という対置（たいち）はできない。「人間と鳥類」や「人間と魚類」というように、自分自身を含まないものとの対置（たいち）はかまわない。しかし、自分自身を含むものとの対置（たいち）は奇妙だ。「人間と霊長類」はありえない。「人間とそれ以外の霊長類」というのが正しい表現だ。

もう一つ知っておいてほしいのは、「チンパンジーはヒト科」ということだ。ヒト科ヒト属ヒトという言い方には、すごく特別な生き物がいるというニュアンスがまとわりつく。ヒトという生き物が、一科一属一種と思われがちだが、それは違う。動物分類学上、ヒト科は四属というのが現在の通例である。つまり、ヒト科ヒト属（ホモ属）だけでなく、ヒト科チンパンジー属（パン属）、ヒト科ゴリラ属、ヒト科オランウータン属の四属である。さらに、チンパンジーは学問的にヒト科というだけではなくて、法律上もそうなっている。すでに日本の法律では、チンパンジーはヒト科に分類されているのだ。

（松沢哲郎『想像するちから』岩波書店）

(注１) 巷（ちまた）：世の中、社会

(注２) 脊椎（せきつい）動物：背骨を持つ動物

(注３) 対置（たいち）：性質の違う２つの物を、比べるように置くこと

50 筆者によると、①霊長類学とはどのような学問か。

1 人間以外のサルの仲間を研究する学問

2 人間を入れたサルの仲間を研究する学問

3 人間やサルを入れた脊椎(せきつい)動物を研究する学問

4 人間とサルの違いについて研究する学問

51 ②そういう対置(たいち)ができないとあるが、この文章ではどのような場合にできないと述べているか。

1 「AとB」という表現において、AがBの一部を構成する場合

2 「AとB」という表現において、AとBの共通点が明らかな場合

3 「AとB」という表現において、AとBが同一のものである場合

4 「AとB」という表現において、BがAの一部を構成する場合

52 筆者は、「ヒト科」についてどのように説明しているか。

1 ヒト科に属するのはヒトだけで、チンパンジー、ゴリラ、オランウータンは属さない。

2 ヒト科には、ヒト、チンパンジー、ゴリラ、オランウータンの四つの属がある。

3 学問上、ヒト科は四属だが、日本の法律上では、ヒト科はヒトの一属だけである。

4 学問上、ヒト科はチンパンジーとヒトの二属だが、日本の法律上は四属である。

(2)

「私はなぜ貧乏なのか？」私は、この問いが社会階層論の根本問題だと思う。金持ちは「自分はなぜ金持なのか？」という問いを発しないだろう。しかし貧困にあえぐ人々は「なぜ自分の生活はこんなに苦しいのか？ なぜ自分は貧乏なのか？」という疑問を抱いている。この疑問に適切に答え、(注1)望(のぞ)むらくはそのような人々の苦境を軽減することが①社会階層論の基本的な課題である。

この問いに対して多くの研究者が解答を提示してきた。古典的なマルクス主義からは、資本家階級による労働者階級の搾取(さくしゅ)という答えが出された。「労働者のあなたが貧しいのはあなたの責任ではない。あなたたち労働者階級は資本家階級に搾取(さくしゅ)されているから、貧しいのだ」という答えである。一方、経済学の人的資本論からは「あなたが貧しいのはあなたの人的資本が低いからである。大学に行かなかったから人的資本が低く、そのためあなたは貧しい」という解答が出てくる。古典的マルクス主義がいわば(注2)「癒(いや)し系(けい)」の解答を提示しているのに対し、人的資本論は「自己責任」を強調する。②私が専門とする社会階層論・社会移動論は、人的資本論に対して批判的である。確かに、学歴が高いほど高階層の職業に就きやすく、所得も高いのは事実である。しかし大学へ行かなかったのは自己責任だろうか。社会階層論の解答は「いやちがう。出身階層の責任だ」である。ある人が大学に行かなかったのには、いや行けなかったのには、いくつかの理由がある。すぐに思いつくのは経済的要因である。たとえ本人が大学へ行く希望を強く抱いていたとしても、大学の授業料、入試に合格するための塾や予備校の授業料、さらには高卒で四年間働いた場合の機会費用を賄うだけの資力がなければ、大学へ行くことはできない。日本の場合、その多くは親が負担している。となると、親の階層や収入が本人の大学進学の可能性を左右することになる。

（佐藤嘉倫リレー連載「現代の階層社会 1 私はなぜ貧乏なのか？」

『UP』東京大学出版会）

(注 1) 望(のぞ)むらくは：望(のぞ)むことは、希望としては

(注 2) 癒(いや)し系(けい)：人の気持ちを和(なご)ませる、人に優しい

53 筆者は、①社会階層論の基本的な課題をどのようなものだととらえているか。

1　貧しい人に貧困の原因を考えさせ、社会が不平等であることを理解させること

2　貧しい人の、なぜ貧乏なのかという問いに解答を与え、状況を良くすること

3　貧しい人が、貧困の原因に疑問を持たないよう、苦しい状態を改善すること

4　貧しい人の苦しみを金持ちの人にも理解させ、豊かな社会をつくること

54 ②私が専門とする社会階層論・社会移動論は、人的資本論に対して批判的であるとはどういうことか。

1　学歴が低いから貧しいのだという自己責任論は支持しない。

2　労働者が貧しいのは資本家の搾取だというマルクス主義を支持する。

3　社会階層を上げるには学歴が重要だという学歴主義は支持しない。

4　貧しい人も自分の実力で大学に行くべきだという自己責任論を支持する。

55 筆者は、日本における大学進学の状況をどのように考えているか。

1　親の経済状況にかかわらず、大学進学を諦めたら自己責任になる。

2　親の経済状況がよければ、本人が努力しなくても良い大学に進学できる。

3　親の経済状況が悪くても、本人が努力すれば良い大学に進学できる。

4　親の経済状況によって、大学に進学できるかどうか大きく影響を受ける。

(3)

ここ二、三〇年、現代の日本の話しことばを変革してきた大きな原動力のひとつは、お笑い番組であり、お笑いの芸人だったのではないか。ずっとそう感じ続けてきた。

お笑いの世界の人々がリードして、現代の日本語を変えてきたのではないか。

バラエティ番組を含むお笑い番組は古くから、一発ギャグや流行語の類いを数多く発信して人々を楽しませてきた。しかし、それらは一過性のものとしていっときだけもて囃(はや)され、やがて時とともに忘れ去られることが多かった。お笑いの世界の力はずっと①その程度のものだと考えられてきたのである。

ところが、近年のお笑い番組が発信してきたのは、やがてはかなく消え行く運命の言葉だけではなかった。いっとき世間にもて囃(はや)されただけではなく、やがてこの日本社会に定着し、日本語を変えていった言葉も少なくなかったのである。私たちは今まで、そうした事実に対してあまりにも無関心でいた。②それは日本語とコミュニケーションのあり方を根底から変えたという意味で、「革命」と呼んでもいい事態なのではないか。

「日本語に革命をもたらす」とは、単に古い表現を捨て去り、新たな表現に変えるということにとどまらない。それまでの日本語になかった新しい表現のしかたを加えるということでもある。それまでなら表現しようのなかった感情やものの状態を新たに表現する。また今までにはなかった話法を広める。日本語に革命をもたらすとは、そのように日本語を変革して、さらに豊かな言語にするということなのである。

(松本修『「お笑い」日本語革命』新潮社)

56 ①その程度のものとはどういう意味か。

1 一時的にどんなに人気があっても、お笑い芸人は消えるものだということ

2 人々をどんなに笑わせても、一時的な楽しみを与えるだけだということ

3 ギャグや流行語を産み出しても、すぐに流行遅れの言葉になるということ

4 一時的に人気があっても、日本語を変えるほどの影響力はないということ

57 ②それは何を指すか。

1 お笑い番組の発信した流行語は、時がたてば忘れられるということ

2 人気のあるお笑い番組は、時がたっても忘れられないということ

3 今の流行語の中には、昔のお笑い芸人が作ったものが多いこと

4 お笑い番組が発信したものの中には、日本語を変えた言葉があること

58 筆者によると、「日本語に革命をもたらす」とはどういうことか。

1 流行語をどんどん取り入れて、状況を的確に表現できるようになること

2 古い表現を捨てて、現代の人々にわかりやすい、簡単な表現にすること

3 従来の日本語にはない新しい言葉や話し方を使って、表現できるようになること

4 日本語にはない外来語を取り入れて、新しい概念を表現できるようになること

問題10　次の文章を読んで、後の問いに対する答えとして最もよいものを、1・2・3・4から一つ選びなさい。

時間は常に同一の速さで流れ続けている。自分にとっての１秒の速さが他人の２倍だということはありえないし、状況に応じて時間の速さを変更するということもできない。誰にとっても、いつでも、平等に与えられているのが時間というものだ。それなのに、そのときの自分の状態によって時間の流れを速く感じたり遅く感じたりすることがあるのは面白い。また、時間の長さは常に一定なのに、生きる長さが人によってまちまちであるというのも①不思議である。

実は、この生きる長さ、すなわち寿命というものは、脳が感じる時間の速さと関係している。ただそれは、自分自身が実際に感じている時間の速さとは異なるものである。

例えば、友人と楽しく遊んでいてふと時計を見たとき、もうこんな時間なのかと思うことがあるだろう。これは、時間を速く感じているのだろうか、遅く感じているのだろうか。だいたいの人は時間が速いと感じるはずである。もっと遊べると思っていたのに時間がなくなってしまったのだから。しかしながら、脳の中では遅く感じているのだ。１時間しか過ぎていないと思っていたのに実際には５時間が過ぎていたというとき、周りは５時間も進んでいるのに、脳は１時間しか進んでいないことになる。そしてその分、老化も遅くなっている。

逆に、退屈なことをしているときは時間がなかなか進まないと感じるだろう。この場合、脳では時間を速く感じている。12時だと思って時計を見たのに、まだ10時だったとき、脳では２時間も速く時間が流れていることになるからだ。そして、②脳の老化は促進される。

鉄を見ていると、同じ条件のもとで一定の時間が経(た)てば、全てが同じ速度で同じように錆(さ)びていくだろう。時間の流れと、状態の変化が常に一致している。しかし人間は一致していない。楽しさや退屈さを感じることによって、脳の中の時間の流れが変わるからである。それが、老化速度の違いとなって表れる。それほど、人間の感情には大きな力があるのである。

元気なお年寄りが、楽しく暮らすことが長生きの秘訣だと言っているのは、脳の中の時間が人の寿命に関係しているという証拠だ。笑顔で暮らしたほうがいいというのは精神論ではない。脳の中の時間を遅くし、老化を防ぐためには絶対に必要なことである。

59 ①不思議であるとあるが、何が不思議なのか。

1 時間が常に同じ速さで流れているということ

2 自分の寿命は自分次第でいくらでも変化させられるということ

3 何歳まで生きることができるかが、人それぞれ違うこと

4 時間の速さは一定であるが、人間の感情は一定でないこと

60 ②脳の老化は促進されるとあるが、ここではどういう意味か。

1 退屈に過ごしているとき、脳は時間をゆっくり感じるので、それだけ老化も速い。

2 退屈に過ごしているとき、脳は時間を速く感じるので、それだけ老化も速い。

3 退屈に過ごしているとき、脳は時間をゆっくり感じるので、それだけ老化も遅い。

4 退屈に過ごしているとき、脳は時間を速く感じるので、それだけ老化も遅い。

61 筆者は、鉄を取り上げて何を説明しているか。

1 物体と人間の、状態変化までの時間の違い

2 物体に感情がないことの利点

3 物体の状態が時間とともに変化する理由

4 感情の有無による時間の意味の違い

62 筆者は、人間の寿命をどのようにとらえているか。

1 寿命は心の状態で決まるものであり、実際の時間とは関係ない。

2 寿命はどうすることもできないのだから、明るく生きたほうがいい。

3 老化を防ぐために様々な努力をした人は長生きしている。

4 忙しくて時間がないと思っていると老化が進み、長生きしない。

次のページに問題11が続きます。

問題11　次のAとBの文章を読んで、後の問いに対する答えとして最もよいものを、1・2・3・4から一つ選びなさい。

A

小中学生の学力低下を受けて、全国学力テストが数十年ぶりに復活した。数十年もの間、実施されていなかったのは、学力テストに対する批判が集中したからだった。それは、「全国で何位だったかという数字に意味はない」「点数によって順位を決めるのは差別につながる」などという意見であるが、私もそれに賛成である。

そもそも、子どもの学力と学力テストの結果につながりがあるとは思えない。テストの点数が悪いことを子どもの学習不足のせいにするのではなく、教師の指導力不足を問うべきである。学力テストに使う費用があるなら、教師に対する指導や少人数学級の導入など、教育環境を整えることに使うほうが効果があがるはずだ。

B

ある学校では、運動会で子どもたちに順位をつけないという。競争をさせて順位をつけることは差別であるという理由からだ。同じ理由で、成績表はＡ・Ｂの２段階評価にしており、ほとんどの場合は良いほうをつけている。

これでは個性の尊重に反すると私は思う。人はそれぞれ違っていて当然なのであり、人にはない自分だけの個性というものを自分自身で発見していくのが、子どもにとって大切なことである。子どもたちから競争を奪うことによって、個性を発見するための大切な機会さえ奪うことになる。これで教育といえるのだろうか。

個人の能力を否定し、皆と同じ水準を求めることこそ差別である。もっと、子どもたちの多様性を認めるべきである。

63 Aが主張していることはどのようなことか。

1 学力テストを復活させたはいいが、効果があがっていない。

2 順位をつけないというのは、個性の尊重に反するものだ。

3 子どもに知識が足りないのではなく、教師に足りないのである。

4 教師に対する指導や少人数学級を復活させるべきである。

64 AとBの両方の文章で触れられていることは何か。

1 子どもたちの学力を上げるための方法

2 子どもたちの幸福が奪われているという現状

3 順位を決めることが差別だという見解があること

4 大切なのは個性の否定ではなく尊重であること

問題12　次の文章を読んで、後の問いに対する答えとして最もよいものを、１・２・３・４から一つ選びなさい。

夜中に飛び起きて粉ミルクを溶いたり、毎日保育園に送り迎えをしたり、(注1)A型のベビーカーごと抱え上げて駅の階段を駆け上ったり、といった苦行をもう一度繰り返したいとは思わない。ただ、赤ん坊を育てるのはそれなりにおもしろい体験だった。言葉を覚える前と後で人間がどう変わるかを観察することもできる。言葉を話す前の息子は、裏返しのままの(注2)ピースでジグソー・パズルを完成させ、子守をしてくれた人を感心させていた。小さな子供が持つ、形態に関するその種の能力を実感された方は多いだろう。そして、それはたいていの場合、言葉の魔力を知るとともに消えてしまうのである。言葉は、ここにないものを指し示すことができ、目の前にないものを呼び寄せられる。指一本動かすことなく。息子は大量の言葉を吸収し、私に似ないで、まったく絵を描かない子供になった。

私はごく単純に、個体の成長に人類史の縮図を見てしまう。食物と毒を区別し、無害な相手と敵とを見分けられなければ、動物は生きていけない。物の形や色は、においとともに死活に関わる判断材料だから、当然人間もその原初の状態においては、それらに対する鋭敏な感覚を備えていたはずである。そして、自然を加工するための手の技は、だれにとっても不可欠だったろう。ところが、人が言葉によるコミュニケーションを発達させ、言語に基づく抽象的な思考が文明を進歩させるにつれて、自然を形や色の相で認識し表象する能力は、重要ではなくなる。言葉の操作が巧みで服装の趣味の悪い人間が、支配者の座に着くようになる。形や色についての感覚は、ほとんどの個人では脳の中の使われない能力となり、社会ではごく一部の人によって担われる洗練された仕事に発揮される。つまり、造形に携わる人々の専業となるのだ。

しかし、そうでない人々も、言葉の国に暮しながら、少なからず造形に対してなつかしさのような感情を覚えているのではなかろうか。言語の仲介なしに世界と関係していたころのかすかな記憶が刺激されるから。過去でも現在でも、すぐれた造形作家が愛好される理由の(注3)一端は、長い年月の間に人間が喪失してきた力を高い程度で保持していることへの無意識の共感ではないか（近代の作家は、しばしば自らを獣(けもの)になぞらえた)。たとえ美術史の大部分が、権力者が金と労力とを集約して作らせた贅沢品の歴史であったとしても、造形そのものは本来、人が人であることの根源的な条件に結びついている。造形について知り考えることは、言葉で構築されたさまざまな文化を相対化し、闇に沈む半身、忘れられがちな人間の可能性を思い出すためにも重要なのだ。美術史は、趣味や嗜好の領分(りょうぶん)にとどまる少数者の学問ではなく、かつて言葉を話せなかったすべての人のためにある。

(佐藤康宏「日本美術史不案内」『UP』東京大学出版会)

(注1) A型のベビーカー : 寝かせた状態で走行できる乳母車(うばぐるま)、日本の基準でA・B型がある

(注2) ピース : パズルのばらばらになった一片

(注3) 一端(いったん) : 一部分

65 裏返しのままのピースでジグソー・パズルを完成させる能力とはどのようなものか。

1 絵の一部が隠されていてもパズルを完成できる能力

2 物の形と言葉の意味を結び付けて認識できる能力

3 言葉がわからなくても物の形を識別できる能力

4 見たことのある物なら見なくても言葉で説明できる能力

66 筆者は、物の形や色に関する感覚をどのようにとらえているか。

1 においに関する感覚よりも鈍いが、成長するにつれて鋭くなる。

2 動物は非常に鋭いが、人間は言葉が使えるため、普通は動物よりも劣る。

3 言葉を獲得する能力と同様に、生まれたばかりの子どもの脳内に存在する。

4 生死に関わる重要なものだが、成長し言葉を覚えるにつれて、鈍る。

67 そうでない人々とはどのような人々のことか。

1 話すのが苦手で出世できない人々

2 コミュニケーション能力がない人々

3 芸術家や工芸家ではない人々

4 絵を描くのが好きではない人々

68 造形を知ることについて、筆者が言いたいことは何か。

1 権力とお金を持った人が、趣味として贅沢品を楽しむために必要だ。

2 本当に美術品を愛し、文化を守ろうとする人のために必要だ。

3 言葉の獲得によって失ってしまった能力を、思い出すために必要だ。

4 鋭い感覚を持ち続けた人が、新たな造形物を生み出すために必要だ。

次のページに問題13が続きます。

問題13　右のページは、山西市「水と花の都フェスティバル」のロゴマーク＆キャッチフレーズの募集案内である。下の問いに対する答えとして最もよいものを、1・2・3・4から一つ選びなさい。

69　次の人のうち、A、B両方の部門に応募できるのは誰か。

	名前	年齢	職業
1	大川	16歳	父親が市内の公立中学校の校長をしている高校生
2	森下	18歳	市内のデザイン専門学校に通学している学生
3	橋本	35歳	市内の公立中学校で数学を教えている教員
4	山田	52歳	市内のデザイン会社に勤務するデザイナー

70　学生の川本さんはパソコンでロゴマークをデザインした。川本さんが応募するときに、応募用紙以外に用意しなければならないのは、次のどれか。

1　A4の紙にロゴマークを１つ印刷したもの

2　A4の紙にロゴマークを１つ印刷したものとコピー１部

3　A4の紙にロゴマークを１つ印刷したものとコピー２部

4　A4の紙にロゴマークを１つ印刷したものと電子データ

山西市「水と花の都フェスティバル」
ロゴマーク＆キャッチフレーズ募集

本イベントの意義を象徴するロゴマークとキャッチフレーズを市民の方から募集します。採用された作品は、広報活動の一環として作成する告知ポスター、パンフレットなどに使用します。

● 募集部門・応募資格など

A. ロゴマーク部門

《応募資格》 ・市内に在住の方、または市内に通勤、通学されている方
・年齢は問いません。
※公平性の観点から、市の職員および市内の公立小・中・高校の教員と、そのご家族の方のご応募はご遠慮ください。
※プロとしてデザインのお仕事をされている方のご応募はご遠慮ください。デザイン学校、美術大学などに通う学生は応募できます。

B. キャッチフレーズ部門

《応募資格》 ① 子どもの部：小学生、中学生
② 成人の部：高校生以上
※①②とも、市内に在住の方、または市内に通勤、通学されている方
※公平性の観点から、市の職員および市内の公立小・中・高校の教員と、そのご家族の方のご応募はご遠慮ください。

● 応募方法

A. 住所、氏名、電話番号、ご所属の会社名・学校名を記した応募用紙と、以下のものをご郵送ください。
① 手描き作品の場合：A4用紙に1作品を描いたもの
※作品の返却はできませんので、必要な方はコピーを取ってからお送りください。
② パソコンで作成した場合：A4用紙に1作品を印刷したもの。なお、入賞者には後日、作品の電子データをご提出いただきます。

B. はがきに作品と住所、氏名、電話番号、ご所属の会社名・学校名を記して送ってください。
※必ず、はがき1枚に1作品を書いてください。2作品以上、応募される方はご注意ください。

● 募集期間 20○○年4月10日～20○○年7月31日

● その他、注意事項

・オリジナル作品であること
・入賞作品の著作権は市が所有することをご了承ください。同じ作品をほかのコンテストなどにご応募いただくことはなさらぬよう、お願いいたします。
・入賞作品の発表は、9月1日に配布予定の市の広報誌に掲載、および市のホームページに午前10時にアップする予定です。また入賞者には別途、はがきでもお知らせいたします。

● 応募先 〒4X4－0085 山西市1－1－1 山西市役所 観光振興課
「ロゴマーク＆キャッチフレーズ募集」係

2회 청해

🔈 2회 음성 듣기

問題1

問題1では、まず質問を聞いてください。それから話を聞いて、問題用紙の1から4の中から、最もよいものを一つ選んでください。

1番

1　研究動機と目的を細かく説明する

2　自分の国の現状を書き加える

3　同じテーマの論文について詳しく書く

4　最新の研究データを調べる

2番

1　仕入れ部長に納期延期を頼む

2　工場長に休日出勤を頼む

3　社長に休日出勤の届けを出す

4　運送会社に部品を手配する

3番

1　レシートを確認する

2　賞味期限を確認する

3　倉庫に品物を取りに行く

4　売り場に行って説明する

4番

1 会議に出席する

2 資料の間違いを直す

3 会議の時間を変更する

4 昼ごはんを食べる

5番

1 花を買いに行く

2 出席者リストを作る

3 屋根の修理をする

4 銀行でお金を下ろす

6番(ばん)

1　住民票(じゅうみんひょう)・身分証明書(みぶんしょうめいしょ)

2　住民票(じゅうみんひょう)・同意書(どういしょ)

3　同意書(どういしょ)・通帳(つうちょう)のコピー

4　同意書(どういしょ)・身分証明書(みぶんしょうめいしょ)

問題２

問題２では、まず質問を聞いてください。そのあと、問題用紙のせんたくしを読んでください。読む時間があります。それから話を聞いて、問題用紙の１から４の中から、最もよいものを一つ選んでください。

1番

1　いい先生がたくさんいること

2　授業内容が目的に合っていること

3　休んだ授業を別の日に受けられること

4　会社のそばにあること

2番

1　休んで疲れをとること

2　練習の時間を増やすこと

3　テレビ出演を増やすこと

4　自分の演技に自信を持つこと

3番

1　体調がよくないから

2　新しい仕事を始めたから

3　ほかの講座に通っているから

4　孫の世話をしているから

4番

1　交通規則を無視して被害者になるケース

2　交通規則を無視して加害者になるケース

3　車の誤操作によって被害者になるケース

4　車の誤操作によって加害者になるケース

5番

1　もうすぐ暗くなって危ないから

2　自動車と同じルールで走らなくてはいけないから

3　防犯登録をしなかったために警官につかまるから

4　男の人がまじめそうに見えないから

6番

1　尊敬する先輩に相談し意見を聞くこと

2　会社に逆らわず素直に従うこと

3　今までうまくいった方法で頑張ること

4　自分の直感を大切にして行動すること

7番

1　留学していたから

2　語学力が足りないから

3　面接官に反論したから

4　不愉快な表情を見せたから

問題3

問題3では、問題用紙に何も印刷されていません。この問題は、全体としてどんな内容かを聞く問題です。話の前に質問はありません。まず話を聞いてください。それから、質問とせんたくしを聞いて、１から４の中から、最もよいものを一つ選んでください。

— メ モ —

問題4

問題4では、問題用紙に何も印刷されていません。まず文を聞いてください。それから、それに対する返事を聞いて、1から3の中から、最もよいものを一つ選んでください。

— メ モ —

問題5

問題5では、長めの話を聞きます。問題用紙にメモをとってもかまいません。

1番、2番

問題用紙に何も印刷されていません。まず話を聞いてください。それから、質問とせんたくしを聞いて、１から４の中から、最もよいものを一つ選んでください。

3番

まず話を聞いてください。それから、二つの質問を聞いて、それぞれ問題用紙の１から４の中から、最もよいものを一つ選んでください。

質問1

1　マス・メディアコース

2　ネット・メディアコース

3　ジャーナリスト養成コース

4　メディア経営コース

質問2

1　マス・メディアコース

2　ネット・メディアコース

3　ジャーナリスト養成コース

4　メディア経営コース

🔊3회 청해 듣기

적중 모의고사

3회

JLPT

N1

1회 | 2회 | 3회 | 4회 | 5회

問題1 ＿＿＿の言葉の読み方として最もよいものを、1・2・3・4から一つ選びなさい。

1 数日後にはひまわりの種が発芽するはずだ。

1 はつめ　2 はつが　3 はいめ　4 はいが

2 深い沈黙があたりを支配していた。

1 ちんもく　2 しんもく　3 ちんぼく　4 しんぼく

3 社長の話がよこみちに逸れて今日も会議が長引いた。

1 まぬがれて　2 それて　3 もれて　4 むれて

4 三年前、父は畑を潰して宅地にした。

1 つぶして　2 こわして　3 たおして　4 くずして

5 特許を取るには煩わしい手続きが必要だ。

1 ふさわしい　2 まぎらわしい　3 わずらわしい　4 けがらわしい

6 個人経営の会社など、中規模以下の企業を零細企業と呼ぶ。

1 りょうさい　2 りょうせい　3 れいさい　4 れいせい

問題２ （　　　　）に入れるのに最もよいものを、１・２・３・４から一つ選びなさい。

7 定年退職後は盆栽でも（　　　　）暮らそうかと思っている。

1 いじって　　2 なじって　　3 ならして　　4 つねって

8 希少価値の高い動物をペットにすることが、富裕層の間で（　　　　）となっている。

1 ウエート　　2 ステータス　　3 セレモニー　　4 モンタージュ

9 彼女は派手な見た目によらず、好みが（　　　　）。

1 しぶい　　2 けむたい　　3 とぼしい　　4 あくどい

10 やはりプロと素人の能力の差は（　　　　）としている。

1 歴然　　2 一段　　3 漠然　　4 極端

11 証拠さえ挙がらなければ、最後まで（　　　　）を切るつもりでいた。

1 きじ　　2 ひも　　3 かげ　　4 しら

12 この製品は耐熱（　　　　）を高めることに成功した。

1 力　　2 性　　3 面　　4 側

13 彼女の目に（　　　　）涙が浮かんだ。

1 じんわり　　2 しんなり　　3 ひんやり　　4 すんなり

問題3 ＿＿＿の言葉に意味が最も近いものを、1・2・3・4から一つ選びなさい。

14 彼は会心の笑みを浮かべた。

1 心から満足する様子　2 心から安心する様子
3 前から抱いてきた下心　4 前から抱いてきた疑惑

15 やっかいなことに巻き込まれてしまった。

1 面倒　2 危険　3 不審　4 不吉

16 宿命のライバルであるその二人はくしくも同じ日に生まれた。

1 不幸にも　2 幸いにも　3 不思議にも　4 意外にも

17 私は株のことはまったく不案内だ。

1 関心がない　2 常識がない　3 運がない　4 知識がない

18 この詩の作者はみずみずしい感性を持っている。

1 独特な　2 高尚な　3 鋭利な　4 新鮮な

19 私にとって、今度の仕事はハードルが高すぎる。

1 乗り越えるべき障害　2 乗り越えるべき目標
3 飛び上がるべき障害　4 飛び上がるべき目標

問題4　次の言葉の使い方として最もよいものを、１・２・３・４から一つ選びなさい。

20　一変

1　開発のため、この辺の景色は<u>一変</u>してしまった。

2　あの政治家は大衆の人気を<u>一変</u>に集めた。

3　私が信じられないなら、<u>一変</u>やってみることだ。

4　新聞で社会の<u>一変</u>を知ることができる。

21　重宝

1　部下の<u>重宝</u>を頼まれて、困っている。

2　アマチュアとはいえ、プロに<u>重宝</u>する実力がある。

3　生活が豊かになるのに<u>重宝</u>して社会問題も増加してきた。

4　このカバンは使いやすくて<u>重宝</u>している。

22　ほころぶ

1　孫の話になると老人の顔が<u>ほころんだ</u>。

2　その場にいた人は彼女の悪口に<u>ほころんだ</u>。

3　長年の苦労の末に、私たちにもやっと子供が<u>ほころんだ</u>。

4　日本に本当の民主主義が<u>ほころぶ</u>にはまだ時間がかかる。

23　肝心

1　今回の企画は高校生が<u>肝心</u>となって考えたものだ。

2　子供が入学するまでは仕事より育児に<u>肝心</u>を置くつもりです。

3　ここが<u>肝心</u>なところなので、よく聞いてください。

4　最初はぎこちなかったが、すぐに<u>肝心</u>を飲み込んだ。

24 とぼしい

1 彼女は音楽家としての才能にとぼしい。

2 タバコをやめた彼は口がとぼしくて、よくガムを噛んでいる。

3 娘は小言ばかり言う父親がとぼしいようです。

4 ワイングラスはとぼしいので取り扱いに注意してください。

25 修復

1 台風で壊れた、平安時代の寺院を修復した。

2 あらゆる手段を講じて、名誉を修復するつもりだ。

3 一年間の産休が終わって、会社に修復した。

4 大雨で乱れたダイヤは、まだ修復の見通しが立っていない。

問題5　次の文の（　　　　）に入れるのに最もよいものを、1・2・3・4から一つ選びなさい。

26　2千円渡しますから、これでお菓子を買える（　　　　）買ってきてください。

1　ほど　　2　ばかり　　3　くらい　　4　だけ

27　今度こそ必ず優勝してみせると言った（　　　　）、風邪ぐらいで練習を休むわけにはいかない。

1　ままに　　2　ものの　　3　てまえ　　4　ところ

28　記名式のアンケートは、子供が本当のことを書きにくいため、いじめの把握が難しい（　　　　）、対応策は取りやすい。

1　のに反して　　2　のにひきかえ

3　どころか　　4　反面

29　都合が悪くて行けないと、事前に一言（　　　　）彼だってあんなに怒らなかっただろうに。

1　断っては　　2　断ると　　3　断ったなら　　4　断って

30　彼が試験に落ちるとは、誰一人（　　　　）。

1　予想しかねなかった　　2　予想にたえなかった

3　予想しえなかった　　4　予想にかたくなかった

31 先日、送っていただいた商品に間違いがありましたので（　　　）。

1 ご連絡いたします　　2 お詫びいたします
3 お詫びいただきます　　4 ご連絡していただきます

32 A「お母さん。今週の土曜日、山田君と二人で海に行ってもいい？」
B「だめよ。子供だけで行って、万が一、（　　　）大変でしょ。」

1 おぼれさえしたら　　2 おぼれでもしたら
3 おぼれられるくらいしても　　4 おぼれられるなどしても

33 子供というものは（　　　）大変だけれど、子供のいない人生も考えられない。

1 いるならいたので　　2 いたらいたで
3 いるならいたで　　4 いたらいたので

34 あまり無理しないでください。いつまでも（　　　）、怪我しますよ。

1 若いつもりでいると　　2 若いままでいると
3 若げにいると　　4 若めにいると

35 今回の災害で多くの人が（　　　）、国は防災教育の見直しを進めている。

1 犠牲したことを受けて　　2 犠牲したことをもらって
3 犠牲になったことを受けて　　4 犠牲になったことをもらって

問題6　次の文の ＿＿★＿＿ に入る最もよいものを、1・2・3・4から一つ選びなさい。

（問題例）　きのう ＿＿＿＿ ＿＿＿＿ ＿＿★＿＿ ＿＿＿＿ はとてもおいしかった。

1　母　　2　買ってきた　　3　が　　4　ケーキ

（解答の仕方）

1.　正しい文はこうです。

きのう ＿＿＿＿ ＿＿＿＿ ＿＿★＿＿ ＿＿＿＿ はとてもおいしかった。
1　母　3　が　2　買ってきた　4　ケーキ

2.　＿＿★＿＿ に入る番号を解答用紙にマークします。

（解答用紙）　（例）　① ● ③ ④

36　昨日の雷の ＿＿＿＿ ＿＿＿＿ ＿＿★＿＿ ＿＿＿＿ でも震えてくる。

1　だけ　　2　といったら

3　思い出した　　4　すさまじさ

37　小学生や中学生 ＿＿＿＿ ＿＿＿＿ ＿＿★＿＿ ＿＿＿＿ 大人が言い訳ばかりするなんて情けない。

1　いい年　　2　なら

3　いざしらず　　4　になった

38　過去にあった辛い ＿＿＿＿ ＿＿＿＿ ＿＿★＿＿ ＿＿＿＿ 忘れてしまうことだ。

1　こと　　2　すぎた　　3　ことは　　4　として

39 高校時代を思い浮かべると、＿＿＿＿ ＿＿＿＿ ＿★＿ ＿＿＿＿ ではなかった。

1 無駄な毎日　　2 多少の悩み
3 けっして　　4 こそあれ

40 彼の実力 ＿＿＿＿ ＿★＿ ＿＿＿＿ ＿＿＿＿ につけるだろう。

1 すれば　　2 をもって
3 職　　4 希望どおりの

問題７　次の文章を読んで、文章全体の趣旨を踏まえて、［41］から［45］の中に入る最もよいものを、１・２・３・４から一つ選びなさい。

私たちの生活の中で紙に書かれた文字やイラストを目にする機会が少なくなっている。今やスマホの画面などを通じて、瞬時に多くの人に情報やメッセージを伝えられるようになったからだろう。少し前まで私たちは「ビラ」や「チラシ」と呼ばれる小さな紙を興味津々眺めていたものだが、その言葉自体がもはや国語辞典で探す対象になってしまったように見える。

しかしながら、この二つの単語は語源も違うし、使用基準も異なる。「チラシ」の場合は、［41］「散らし」という言葉が語源となっており、その昔、宣伝内容を書いた紙を、人々が往来する道でばら撒いていたことに由来する。記録によれば江戸(えど)時代には「チラシ」に当たるものが撒かれていたことがわかっており、まだ「定価」の概念がなく、商品を安定供給できなかった当時の「チラシ」の内容は、その店で何を扱っているか、他店と違う特徴は何かということを書き記したものであったようだ。そして最初は［42-a］を示す言葉だった「チラシ」が［42-b］を表すようになり、やがてこの紙自体が「チラシ」という名称で呼ばれるようになっていったと言われている。

一方、「ビラ」の語源は英語の「villa（＝別荘）」からきている。明治(めいじ)時代の初めごろ、(注１)軽井沢(かるいざわ)や(注２)伊豆(いず)などに外国人向けの別荘が数多く建設され、それを販売するため、「VILLA」と記された広告がところどころに貼られるようになった。それから「ビラ」という言葉は広く知られるようになり、明治６年には、ある記事で紹介されたことがきっかけで、ついに活字媒体に「ビラ」という語が［43］。その後、人々は町のあちこちに貼られる様々なメッセージを書いた紙に対しても「ビラ」と呼ぶようになった。このメッセージは非合法的な色合いが強いものが主で、政治的な宣伝に使用される場合も多く、［44］若干の危うさを感じた人々が、あえて「ビラ」という隠語で呼んだのかもしれない。

だが今はそんな時代ではなくなった。忙しい現代では歩きながら小さな画面から大量の情報を収集しなければならない。「ビラ」や「チラシ」を立ち止まって［45］人はもういない。

(注１) 軽井沢(かるいざわ)：長野県佐久(ながのけんさく)地方にある地域
(注２) 伊豆(いず)：静岡県(しずおかけん)南東部、伊豆(いず)半島の中央部にある市

41

1　文字によると　　2　文字にして

3　文字なりに　　4　文字どおり

42

1　a 散らす行為　　b 散らされる紙

2　a 散らす方法　　b 散らされる手段

3　a 散らせる行為　　b 散らされる紙

4　a 散らせる方法　　b 散らされる手段

43

1　出現するにいたった　　2　現れるはずだった

3　掲載どころではなかった　　4　載りようもなかった

44

1　それどころか　　2　それゆえに

3　それにしたって　　4　そればかりか

45

1　目のかたきにする　　2　ねらいを定める

3　じっと見つめる　　4　目を光らせる

問題8　次の（1）から（4）の文章を読んで、後の問いに対する答えとして最もよいものを、1・2・3・4から一つ選びなさい。

（1）

　携帯電話で手軽にインターネットを利用できるようになった現在では、ネットでの情報検索は、現代人の日々の習慣と化(か)してしまっていると言えるだろう。ネットで検索するということは、それによって同時に自身の関心や行動をネット上に記録するということであり、個人情報を監視の目にさらすということである。それが続くと、ネット上の自己と現実を生きる自己が逆転してしまうような錯覚に陥(おちい)りかねない。実際に、(注)ネット漬(づ)けの日々を送り、現実の身体感覚を失った存在が増えているのではなかろうか。

(注) ネット漬(づ)け：インターネットをすることに時間をたくさん費やすこと

46　筆者は、インターネットの利用にはどのような問題があると言っているか。

1　インターネットからの情報に偏り、新聞・テレビなどの総合的な情報に乏しくなること
2　インターネットの利用回数が増えると、個人情報が侵害されても気づかなくなること
3　インターネットの利用者は、自動的に個性を失い、だれもが画一化されてしまうこと
4　インターネットでの情報検索が習慣化すると、現実の自己を失いがちになること

(2)

施設や会社のなかでのエネルギー消費量は、そのほとんどが照明によるものです。それを減らすことができればかなりの節電になります。しかし照明は、安全のためにも重要であり、また、人の精神状態にも大きな影響を与えるため、照明の数を減らすことは簡単ではありません。そこで、減らすのではなく、省エネ型照明へ切り替えるべく商品開発が進められています。国民の意識を高め、積極的に導入していけるよう、国全体としてきちんと取り組むことが望まれます。

47 筆者がこの文章で述べていることは何か。

1 照明の数を減らすことができないのは、節電に対する国民の意識が低いからだ。

2 照明による省エネは、数ではなく質の変更が求められている。

3 省エネ型照明へ変更するためには、国からの援助が必要である。

4 安全や精神状態に影響があるため、積極的に節電を進めるべきだ。

(3) 以下は、ある会社が取り引き先に送った文書で、一部省略したものである。

株式会社清水物産
総務部　高橋　光一　様

今般の地震による被災に際しましては、ご丁寧にもお見舞い状をいただき、感謝に堪(た)えません。

さて、今回の地震による弊社の被害状況ですが、予想以上に大きく、生産ラインの一部がいまだ機能しておりません。そのため、復旧工事の完了する来月末までの間は、新規の受注を見合わせることとなりました。何とぞご了承のほどお願い申し上げます。

なお、既にお受けしている製品につきましては、在庫が確認できており、ご希望どおりにお届けできますので、ご安心ください。

一方的なお願いで大変恐縮ではございますが、今後ともご指導、ご支援を賜りますよう、お願い申し上げます。

山田産業株式会社
営業課長　中山　武

48 この文書の用件は何か。

1　お見舞状へのお礼と、被害状況ならびに出荷状況の報告

2　地震による被害状況の報告と、今後の支援のお願い

3　取り引き成立のお祝いならびにお礼と、出荷状況の報告

4　震災後の受注状況の報告と、在庫状況の報告

(4)

人というのは不完全な生き物で、自らの背後は見ることができない。振り向けば前が見えなくなる。そこで、目を閉じて背後を感じようとすると、不意に不安におそわれる。人とはなんともよりどころのない存在だ。

人が鏡を見るときも、そこに見えるのは、左右逆転した自分の前面ばかり。やはり背後は見えない。そこで、鏡の世界に入り込もうなんて空想する夢想家もいるわけだが、そうやってじっと鏡を見ているうちに、ふと気づく。いったいここに立っている人はだれなのだろう、と。

49 この文章で筆者が述べていることは何か。

1 人が前面しか見えないのは物理的問題であり、どうすることもできない。

2 鏡の中に自分の背後を見ようとするのは、人が不完全な生き物である証拠だ。

3 人は不確かな存在で、そのことに気づくと不安になるものだ。

4 人は鏡に見える自分自身さえ信じることのできない、不安定な存在だ。

問題9　次の(1)から(3)の文章を読んで、後の問いに対する答えとして最もよいものを、1・2・3・4から一つ選びなさい。

(1)

(注1)「歌は世に連れ、世は歌に連れ」という言葉があって、時代は歌と共に流れていくものと思っていた。特に、若いころは、テレビやラジオやインターネットを通して、今、流行している音楽に必死で耳を傾けるものだ。友だちと会えば、今週のランキング一位の曲は何だと話題になる。中には、日本の曲には見向きもせずに、アメリカで流行っている歌に入れ込む者もいる。みんな「今」を現在進行形で生きていると思っていた。歌を聞くと、時代の最先端にいるような気がした。みんな同じ歌を聞いていると思っていた。そこには確かに、時代を感じられたからだろう。

ところが、だんだん年を取って世の中のからくりが見えてくると、流行も人が作り出していたことが分かるようになる。「今週のベストテン」なんていっても、もう半年前から決まっているということも聞く。みんなそれぐらい準備をして一つの歌をヒットさせるのだ。そういう音楽業界のシステムができあがっていたのだった。

それだけではない、自分が結婚して子どもが生まれ、その子どもが思春期になると、自分とまったく同じように、流行歌を聞くようになる。男の子は、子どもっぽいアイドルに夢中だし、女の子は、4人組のイケメンや、音楽バンドに熱を上げる。テレビでは20年前と同じ光景が繰り広げられている。そうかと思えば、昔人気だった歌手が年を取った今でも昔の歌を歌っていたりする。どこかで①時代の流れは止まってしまったのではないかと錯覚するくらいだ。

そんなとき、日曜の午後、家の近くをぶらぶらと散歩しているとき、ふと、古い短歌が心に浮かんできたりする。

「　ふるさとの山に向かひて
　言ふことなし
　ふるさとの山はありがたきかな　」

昔、教科書で習った(注2)石川啄木(いしかわたくぼく)の歌だ。言葉は少し古いけれど、中身はちっとも古くならない。そう思って図書館で啄木(たくぼく)の歌集を借りてくると、もう百年も前の歌だという。歌集を読み始めると、いくつも胸にしみてくる歌があって夢中になってしまった。時を超えて残る歌がある。これが②文学の力なのだと実感した。

(注1)「歌は世に連れ、世は歌に連れ」: 歌は世間によって変化し、世間も歌の流行に影響される
(注2) 石川啄木(いしかわたくぼく): 1900年代に活躍した詩人

50 筆者は若いころ、歌についてどのように考えていたか。

1 歌は、視聴者の年齢によって、内容もだんだん成長していくものだ。
2 歌は、聞く人と同様に多種多様で、みんながそれぞれ異なる歌を聞くものだ。
3 歌は、時代を象徴するもので、時と共に移り変わっていくものだ。
4 歌を必死で聞かないと、流行から取り残されてみんなと話ができなくなるものだ。

51 ①時代の流れは止まってしまったのではないかと筆者が錯覚する理由は何か。

1 流行歌は、人によって意図的に作られていたことを知ってしまったから
2 流行歌といっても昔と同じような繰り返しにすぎないものばかりだから
3 自分の子どもが生まれると、親は子どもといっしょに流行歌を聞くようになるから
4 年を取った歌手も、まるで競い合うように若い歌手と同じ流行歌を歌っているから

52 筆者が感じた②文学の力とは、どのようなものか。

1 時代の流れに合わせて生き残る力
2 いつまでも変わらず人を感動させる力
3 人生の経験を積んだ者にだけわかる特別な力
4 文学に出会ったのは偶然ではなく必然だと思わせる力

(2)

ふつう「耳がいい人」というと、私たち一般人には聞こえない高い音や小さい音が聞こえる人、あるいはコンサート会場などでの音のバランスや響き具合を聞き分けられる人、さらには救急車のサイレンの音を「あれは シ と ソ の音だ」と言い当てられるような絶対音感を持つ人などと考えがちだが、人間の聴覚は、こういう特殊能力は別としても、思ったより①豊かで奥が深いものだ。

人間の聴覚は単なる音の測定機ではないので、騒がしい人ごみの中でも、そばの人の話はちゃんと聞こえるし、逆に、普段は聞こえない寝室の時計の針の音が耳について眠れなくなることもある。脳の研究も進んでいて、聴覚を通して入る情報が脳のどの部分で処理されているのか解明されてきてはいるが、人間の耳がどうして音を選択できるのか、人はなぜ音楽を聞いて感動するのか、このような大事な問題については、何もわかっていないのである。

考えてみれば、先に挙げた②音に敏感な人の例は、どれも機械ならもっと正確に感じ取れるものばかりだ。人間の聴覚の豊かさはそういうところにはない。もちろん聴覚の研究が進めば、より精巧なロボットが開発され、人間の耳に近づこうとするだろう。人の話す音声を認識する技術は、既に耳の遠くなった老人のための電話に応用されているという。

それでも、たとえばパーティーなどの周囲が騒がしい環境の中では、機械が多くの音を認識するため、かえってその情報の多さに混乱し、機械が精巧であればあるほど、音声認識機能が低下してしまうということが起こりうる。こういう困難な状況の中でこそ、人間の耳の豊かさは発揮されるのだ。人間の聴覚は、単なる音の振動に反応しているのでなく、心の表れとして存在しているからである。

53 ①豊かで奥が深いと述べているのはなぜか。

1 人間の耳は、絶対音感などのさまざまな特殊能力を持っているから

2 人間の聴覚の研究はほとんど進んでおらず、何もわからないから

3 人間の耳は、機械には不可能な能力を持っているから

4 人間の聴覚は、脳の中のある部分で感じ取られているから

54 ②音に敏感な人の例とあるが、どういう例か。

1 非常に高い音や小さい音を感じ取れるという例

2 時計の針の音が耳について眠れなくなるという例

3 騒がしい環境でも人の話を聞き分けられるという例

4 現実には存在しない音や声が聞こえてくるという例

55 人間の聴覚について、筆者はどのように述べているか。

1 人間の聴覚についての研究は発展途上であり、より精巧なロボットの開発が期待される。

2 人間の聴覚は単なる機械ではなく、心と結びついているからこそ様々な能力を持つのである。

3 耳の不自由な人のために、人間の聴覚と脳との関連についての研究を進めなければならない。

4 困難な状況の中でこそ、その特徴を発揮できるように、人間の聴覚を訓練する必要がある。

(3)

私は子どものころ、祭りの笛太鼓(ふえだいこ)の音につられて、(注1)神輿(みこし)や(注2)山車(だし)のあとをどこまでもついて歩くのが楽しかった。楽しそうにしていたのは子どもだけでなく、大人もみんないい笑顔を浮かべていた。近所のおじいさんやおばあさんも、いつになく元気がよかった。そんな光景を毎年見つづけるうちに、「祭りは人に元気を与える」ということを漠然と信じるようになった。その後も折あるたびに祭り見物に出かけたが、ある日、①祭りのもつ不思議な力を身をもって実感した。

五、六年ほど前の十一月上旬、広島県尾道(おのみち)市で行われた「ベッチャー祭り」を見に出かけたときのことだ。不気味な面をつけた(注3)鬼神(きじん)が登場するこの祭りを見ようと前日、広島市内に泊まった。ところが、風邪を引いて夜中に高熱が出てしまった。翌朝も熱が下がらず、祭り見物ができる体調ではなかったが、あきらめきれず尾道(おのみち)に向かった。

尾道(おのみち)駅で下車すると、すぐに笛太鼓(ふえだいこ)の音が聞こえ、その音に引き寄せられるように小走り(こばし)りに走った。まもなく神輿(みこし)が見え、大勢の見物客の間を鬼神(きじん)が走り回るのを見ると、夢中になってカメラのシャッターを押しつづけた。太鼓(たいこ)や鉦(かね)の音に酔いながら祭りの輪のなかで楽しむこと一時間。ふと気づくと、熱は下がり、足取りも軽くなっていた。薬を飲んだわけでもないのに、嘘のように元気になっていた。たいした風邪ではなかったと言われればそれまでだが、私には②貴重な体験だった。子どものころから感じていたことが、実証されたようで③妙にうれしかった。

(三浦竜『日本人の祭りと呪い』青春出版社)

(注1) 神輿(みこし):神の乗り物として担ぐもの

(注2) 山車(だし):祭りのときに引いて歩くもの。豪華な飾りをつけているものが多い

(注3) 鬼神(きじん):恐ろしい神、化け物(ばけもの)

56 ①祭りのもつ不思議な力とは何か。

1 祭りの音楽が子どもの心を引きつけること

2 祭りが元気のない老人に笑顔を浮かばせること

3 祭りが人のさまざまな病気を治すこと

4 祭りが人に生命力をもたらすこと

57 ②貴重な体験とあるが、どのような体験をしたのか。

1 祭りの写真を撮り楽しんでいるうちに風邪が治ったという体験

2 祭りの最中に鬼神が現れ、いつの間にか消え去ったという体験

3 祭りに登場した鬼神が筆者に触れて病気を治してくれたという体験

4 風邪を引いたかと思ったら、祭りのお酒に酔っていただけだったという体験

58 ③妙にうれしかったとあるが、筆者はなぜうれしかったのか。

1 地方のとてもめずらしい祭りを、身をもって体験できたから

2 偶然、鬼神が走り回るのを見ることができて、苦労したかいがあったから

3 人を元気にする祭りの力が証明されたと思ったから

4 祭りの魅力がどこにあるか、それを解明できたと思ったから

問題10　次の文章を読んで、後の問いに対する答えとして最もよいものを、1・2・3・4から一つ選びなさい。

21世紀の社会では、国、地域、都市、個人、あらゆるレベルで、これまで以上に多様な相互交流が展開されるだろう。したがって、たとえば地域の振興や環境問題を考える際にも、定住人口のニーズだけでなく、交流する人々の多様なニーズにも対応できる、さまざまな企画と配慮が必要になってくる。固有の風土や伝統が創り出した地域文化が、他の地域から訪れた人々の心を癒し、元気づけるという、現代的観光特有の要請に応えうるものとなっていくためには、定住人口による自然や伝統文化の保全努力だけでなく、①こうした交流人口との、いわば異文化交流によって、自文化の再生、活性化が図られなければならないのである。そのためには、確かな知識と方法をもってその任務を果たせる人材、つまりは②「文化デザイナー」とでも呼ぶべき人材の育成が急務とされるであろう。

ここでいうデザイン、あるいはデザイナーが、狭い意味での美術や芸術の枠を超えたものであることは言うまでもない。そもそもデザインとは、単なる造形的デザインにとどまらず、その前提となるはずの構想、アイデア、イマジネーション、意志、こころざし等々から、実際のモノ、コト、あるいは行為に至る、そのプロセス全体の設計、企画、制作のことを指しているのである。たとえば、企業におけるデザイン資源とは、狭義には商品デザインや宣伝広告、店舗デザインなどを指すのだろうが、さらには、その企業の商品開発力、ブランド力、広報、サービス、プレゼンテーションの力、さらには(注1)メセナとしての文化事業とのかかわり方なども、広義の企業デザインの範疇(はんちゅう)に入るだろう。要するにデザインとは、(注2)ポリシーであり、思想であり、哲学であり、われわれの人生をどう構想し、どう経営するか、広義のライフ・デザインにかかわるものである。

今日、地球環境や消費社会がもたらす数々の難問の解決には、モノや技術による解決だけではなく、人々のライフ・スタイルをはじめ、社会システムそのものの変革が不可欠なのであって、そのためにも、問題解決のための構想力と実行力を備え、既成の枠組みを超えて出る発想を、実現可能な計画へと落とし込む、そのための作業プロセスをデザインできる人材がどうしても必要となる。それが、これからの社会に新たな(注3)パラダイムをもたらす「文化デザイナー」なのである。

(三好郁朗「「観光デザイン」の理念と目的」
『観光デザイン学の創造』桑田政美編 世界思想社)

(注1) メセナ:企業が資金を提供して、文化、芸術活動を支援すること
(注2) ポリシー:政策、方針
(注3) パラダイム:ある時代や分野において支配的規範となる「物の見方や捉え方」のこと

59 ①こうした交流人口とはどのような人々のことか。

1 地域の振興や環境問題を考える人々
2 固有の風土や伝統を創り出す人々
3 他の地域から訪れる人々
4 現代的観光特有の要請に応えうる人々

60 筆者は、②「文化デザイナー」をどのように説明しているか。

1 美術や芸術の枠を超えて、経済・経営の分野のデザインも手がける人材
2 単なる造形的デザインにとどまらず、地球全体のデザインを手がける人材
3 まず第一に企業におけるデザインを最優先して考える、思想、哲学を持った人材
4 構想力と実行力を備え、計画を実現するための作業プロセスをデザインできる人材

61 筆者は、なぜ②「文化デザイナー」が必要だと言っているか。

1 地域の自然や伝統文化を保全する必要があるから

2 地域の文化の再生、活性化を図る必要があるから

3 デザインとはライフ・スタイル全体に関わるものだから

4 デザイナーは地球環境の問題が主なテーマであるから

62 この文章で筆者が最も言いたいことは何か。

1 文化デザイナーを育成するためには、企業をはじめ社会全体の変革が不可欠である。

2 文化デザイナーは既成の枠組みを超えた発想をもち、実行力も備えていなければならない。

3 地球環境や消費社会が多くの問題を起こしているのは、文化デザイナーに責任がある。

4 社会システム自体の変革が不可欠な現代社会では文化デザイナーの育成が急務である。

次のページに問題11が続きます。

問題11　次のAとBの文章を読んで、後の問いに対する答えとして最もよいものを、1・2・3・4から一つ選びなさい。

A

子供の芸術性を育てるには、「褒めて伸ばす」、これが基本です。音楽もまた同様。最初はどんなにへたな子でも、「すごーい！」と言って褒めれば、喜んで練習するようになる。練習する喜びがあれば、技術は自然に身についてくる。幼いころから、これに慣れている子供は実に堂々として自信に満ちているものです。周囲のことは気にしない。個性のかたまりのような子供たちが、互いに個性をぶつけ合い、自由を学びながら成長していく。それは実にクリエイティブで、かけがえのないものです。個性が集まる場はとても自由な空間で、そこに芸術が育つのです。

もちろん、褒め方にも技術があって、一律にだれもかれも同じでは個性は死んでしまいます。それぞれの個性がどこを向いているのか、それをつかめるかどうか、指導者の質はここにかかっています。

B

子どもというのは確かに、子どもらしく自由気ままに育ってほしいと思う。わたしも子どもの自由を奪うつもりなどないが、芸術に関しては、話が違ってくる。子どもを褒めることで個性を伸ばそうという人が音楽の世界にもいるが、褒めるだけで唯一無二の独自性が生まれるなら、こんな簡単なことはない。だいたい、子どもの個性など大したものでもないし、いずれ失われてしまうものに過ぎない。厳しい練習の積み重ねの中からこそ、本当のオリジナリティーは生まれてくるのだ。

とはいえ、音楽を表現する子どもが、常に指導者の視線を気にしているのでは困る。指導者に自由な精神があれば、練習がどんなに厳しくとも子どもはそれを受け継いでいく。自由もまた、厳しさの中から生まれてくるのだ。

63 子どもの個性について、AとBはどのような考えを持っているか。

1　Aは子どもを褒めることで個性を伸ばせると考えているが、Bは子どもの個性については否定的である。

2　Aは子どもの個性が何よりも大事だと考えているが、Bは個性は自然に身につくものだと考えている。

3　Aは子どもの個性より褒めることが大事だと考え、Bは個性より厳しい練習が大事だと考えている。

4　Aはただ褒めるだけで子どもの個性を伸ばせると考え、Bは子どもに個性は必要ないと考えている。

64 音楽教育について、AとBが共通して述べていることはどれか。

1　画一的な音楽教育では、子どもの芸術性は育てられない。

2　子どもは音楽を学ぶ上で自由な精神を身につけていく。

3　音楽の指導者には、厳しさと同時に優しさが必要である。

4　子どもに個性がないとしたら、指導者に厳しさがないからだ。

問題12　次の文章を読んで、後の問いに対する答えとして最もよいものを、１・２・３・４から一つ選びなさい。

植物と動物の栄養のとりかたの違いについては、どの生物の教科書にもくわしく述べてあるので、ここでそれをくり返すことはやらない。ただここでは、その中の最も重要な一点――すなわち、“植物のもつ生まれながらの合成能力が、動物にはまったくない”というひとことを指摘するにとどめる。というのは、まさしくこのひとことから両者の生き方が分かれてくるのであるから。

窓の外に眼を向けよう。そこには豊かにふりそそぐ太陽（光）のもとで、地上のどこにでもある材料（水、二酸化炭素、無機物）をもととして、自分ひとりで生命の源をつくりあげていく植物たちの姿がある。すなわちかれらは自然のすべて（地・水・火・風）を最大限に利用するのであるが、この時かれらは大空と大地に向かってまっすぐにそのからだを伸ばす、というきわめて有効なしかも無理のない姿勢をとる。そして四季の移り変わりにそのまま従って生長と繁殖の営みをつづけていくのである。すなわち植物たちの生き方にはなんの無理もない。

これに比べ、生まれながらにしてこの合成能力に欠けた動物たちは、いきおい植物のつくりあげた“平和のみのり”にたよらざるを得なくなってくる。すなわち居ながらにして、自分だけでからだを養うことができなくなり、ついに大自然の中から、ただ自分の好みにあった“えさ”だけを見つけ、それに向かって動くという新しい仕事をはじめるのである。

しかもこの時かれらは、泳ぎ（魚類）、這（は）い回り（爬虫類（はちゅうるい））、飛び（鳥類）、歩く（哺乳類（ほにゅうるい））という、いずれも地球の重力にさからったひとつの冒険をおかすのであって、あるものは冬の荒野（こうや）に木の実を求めてさまよい（草食動物）、あるものはこの動物にとびかかり（肉食動物）、あげくのはては仲間に襲いかかる（人類）といったさまざまな方法を(注1)あみだすのである。

つまりこのようにして、好むと好まざるとにかかわらず「感覚―運動」という特殊な栄養のとりかたにたよらざるを得なくなった動物たちの生き方に、自然の多くを無視したひとつの無理が生じてくることとなっても、それはしかたがないというものであろう。

「動く」ことは、だから、合成能力の欠けた動物たちに課せられたひとつの"宿命"と考えられるが、このようにして、大自然の中でゆったり腰をすえ、みのり豊かな一生を送る植物の生活は、ついに自然にさからって、ただ"えさ"というそれだけの目標に動かされつづける動物の生活へと大きく変わって行くことになるのである。

植物とは、「植わったもの」、動物とは「動くもの」という文字通りの表現が、両者の違いの一端(いったん)を(注2)はからずも物語っているといえるのではなかろうか……。

（三木成夫『生命形態学序説』うぶすな書院）

(注1) あみだす：新しい方法やものを作り出す

(注2) はからずも：意外にも

65 植物の説明として本文の内容と合っているものはどれか。

1 進化の過程で動物から分かれ、動物とは全く異なる合成能力をもっている。

2 自然を利用して自分で生命の源を合成する能力をもっている。

3 周囲の自然環境に合わせて生長するため、動物に比べて生命力が弱い。

4 基本的に栄養のとりかたは動物と同じであり、自然から栄養を摂取している。

66 動物の説明として本文の内容と合っているものはどれか。

1 自分の体の中に植物の合成能力を収めているため、動き回ることが可能になった。

2 運動能力を得たため、自由に活動でき、無理のない生活が送れるようになった。

3 合成能力が全くないため、えさを探し、動き回らなければならなくなった。

4 運動能力を利用して、さまざまな栄養の摂取方法をあみだすことができた。

67 それとは何を指すか。

1 動物がさまざまな栄養のとりかたをすること

2 動物が周囲の自然環境に適合しようと努力すること

3 動物には合成能力が欠けていること

4 動物の生き方に無理が生じてくること

68 筆者が言っている動物の宿命とは何か。

1 最後には同じ仲間と戦争をするまでに至ったこと

2 えさを目標に動かされつづけること

3 大自然の中でゆったり腰をすえて生活すること

4 生きるために、感覚と運動能力を獲得したこと次のページに問題13が続きます。

問題13　右のページは、ある財団法人が環境問題に関する研究を募集したものである。下の問いに対する答えとして最もよいものを、1・2・3・4 から一つ選びなさい。

69　次の４人のうち、若手研究部門に応募できるのは誰か。

	代表者／所属	年齢	国籍	課　題	現住所
1	ケン・タナカ (非営利活動法人 環境科学研究所理事)	40	アメリカ	「人口減少に適応した都市計画の提案 ーエコ・ローカルシティモデルー」	京都
2	日野道夫 (山田大学生命科学科 特別研究員)	32	日本	「災害後の漁業の再建に向けた生物経済分析と地域復興プログラムの開発」	福島
3	中山太郎 (バイオ株式会社 取締役)	28	中国	「植物が"漢方薬"を生産する仕組みの研究」	広島
4	佐々木京子 (リヨン大学農学研究科 修士課程)	30	日本	「森林資源の循環システムの構築 ー低炭素社会を目指して」	フランス

70　インドネシア人のタノムさんは東京に住んでいる32歳の会社員で、東京の大学で講師をしている30歳の友人と「バイオ燃料を中心にした自然エネルギー」の研究を続けている。友人は既に同じテーマで本を出版している。二人がこの研究助成に応募するためには、どうすればいいか。

1　二人には資格がないので、新たに代表研究者の資格を満たした共同研究者を探す。

2　「復興のための自然エネルギーの利用」にテーマを絞り、申請書に友人の著書を添付して、総合研究部門に提出する。

3　友人が日本語で申請書を書き、タノムさんが英語で書いた申請書を添付して提出する。

4　友人を代表研究者として、若手研究部門に申請書を提出する。

✤ 日本環境財団　環境問題研究助成　募集要項 ✤

◎**募集課題**：① 総合研究部門

「自然災害からの復興と地域再生」に関する研究

※主に地域の復興と再生をテーマにした研究を募集します。

② 若手研究部門

「人間性に基づく生活環境－持続可能な循環型社会」を創出するための研究

※幅広い視野に立つ、発展性のあるもので、基礎的な研究、新しい分野に挑戦する研究を募集します。

※総合部門の課題と重複しないよう注意してください。

◎**応募資格**：40歳以下の方（学生、大学院生は対象外とします）

※代表研究者の国籍・所属や資格は問いません。ただし、以下に該当する場合は、無効とします。

・海外居住者

・株式会社等の利益追求を目的とする機関に所属する者

◎**注意事項**：以下の研究内容は、助成対象となりませんので注意してください。

※利益追求を目的とした研究

※他の機関から委託を受けている研究

※調査を主な目的とした研究

※技術開発・教材開発中心の研究

◎**応募期間**：20××年10月より１年間

◎**応募手続**：全て当財団法人所定の申請書に記入し押印すること。作成した申請書は、コピー２部と共に当財団事務局宛てに送付してください。

※申請書は日本語で記入すること。

※添付資料も含め、所定の申請書以外の紙面は認めません。紙面の追加や規格外の紙面の使用は認めません。

※紙面以外の添付資料の提出については、一次選考後、当事務局より該当者に通知します。申請時には添付資料の有無のみ記載すること。

※申請書のコピーは両面印刷で作成してください。

3회 청해

3회 음성 듣기

問題1

問題1では、まず質問を聞いてください。それから話を聞いて、問題用紙の1から4の中から、最もよいものを一つ選んでください。

1番

1　企画書を人数分コピーする

2　企画書の文章の間違いを直す

3　企画書のデータを新しいものと変える

4　企画書のデータを一部削除する

2番

1 美術館への片道切符

2 美術館との往復切符

3 地下鉄の一日乗車券

4 地下鉄とバスの一日乗車券

3番

1 看板を外に出す

2 ポスターを入口にはる

3 受付に机を並べる

4 資料をコピーする

4番

1 原稿のチェックをしてもらう

2 スピーチのリハーサルをする

3 漢字に振り仮名をふる

4 発音のチェックをする

5番

1 美術館に予約の電話をする

2 他の学生に集合時間を知らせる

3 美術館に入館料を払いに行く

4 他の学生に入館料を知らせる

6番(ばん)

1　赤(あか)いマグカップを20個(こ)注文(ちゅうもん)する

2　青(あお)いマグカップを20個(こ)注文(ちゅうもん)する

3　赤(あか)と青(あお)のマグカップを20個(こ)ずつ注文(ちゅうもん)する

4　赤(あか)と青(あお)のマグカップを10個(こ)ずつ注文(ちゅうもん)する

問題2

問題2では、まず質問を聞いてください。そのあと、問題用紙のせんたくしを読んでください。読む時間があります。それから話を聞いて、問題用紙の1から4の中から、最もよいものを一つ選んでください。

1番

1 いろいろな所へ取材に行くこと

2 生活が不規則になること

3 友達と予定が合わないこと

4 給料が安いこと

2番(ばん)

1 お金(かね)がかかること

2 旅行(りょこう)に行(い)けないこと

3 行事(ぎょうじ)が多(おお)いこと

4 夜(よる)に子供(こども)が泣(な)くこと

3番(ばん)

1 野菜(やさい)が収穫(しゅうかく)できること

2 害虫(がいちゅう)を減(へ)らすことができること

3 電気代(でんきだい)を節約(せつやく)できること

4 建物(たてもの)の壁(かべ)が掃除(そうじ)できること

4番（ばん）

1　論文（ろんぶん）のテーマが雑誌（ざっし）の分野（ぶんや）と合（あ）わないから

2　研究（けんきゅう）の目的（もくてき）と結果（けっか）が合（あ）っていないから

3　書（か）いた分量（ぶんりょう）が多（おお）かったから

4　研究（けんきゅう）の背景（はいけい）についての記述（きじゅつ）が少（すく）ないから

5番（ばん）

1　キャラクターのデザインが今（いま）までよりかわいくなった

2　大人（おとな）の雰囲気（ふんいき）を持（も）つ洗練（せんれん）されたデザインに変（か）わった

3　充電時間（じゅうでんじかん）が同（おな）じで使用（しよう）できる時間（じかん）が長（なが）くなった

4　サイズが5種類（しゅるい）になって様々（さまざま）な消費者（しょうひしゃ）が買（か）えるようになった

6番(ばん)

1 スペインに留学(りゅうがく)したいから

2 スペインに親戚(しんせき)がいるから

3 南米(なんべい)に旅行(りょこう)に行(い)きたいから

4 南米(なんべい)に日本人(にほんじん)の友達(ともだち)がいるから

7番(ばん)

1 料理(りょうり)をキャンセルして自分(じぶん)たちで作(つく)る

2 値段(ねだん)の高(たか)い料理(りょうり)をやめて安(やす)い料理(りょうり)にする

3 値段(ねだん)の高(たか)いお酒(さけ)をやめて安(やす)いお酒(さけ)にする

4 お酒(さけ)をキャンセルしてジュースにする

問題 3

問題３では、問題用紙に何も印刷されていません。この問題は、全体としてどんな内容かを聞く問題です。話の前に質問はありません。まず話を聞いてください。それから、質問とせんたくしを聞いて、１から４の中から、最もよいものを一つ選んでください。

— メ モ —

問題4

問題4では、問題用紙に何も印刷されていません。まず文を聞いてください。それから、それに対する返事を聞いて、１から３の中から、最もよいものを一つ選んでください。

— メ モ —

問題5

問題5では、長めの話を聞きます。問題用紙にメモをとってもかまいません。

1番、2番

問題用紙に何も印刷されていません。まず話を聞いてください。それから、質問とせんたくしを聞いて、１から４の中から、最もよいものを一つ選んでください。

3番

まず話を聞いてください。それから、二つの質問を聞いて、それぞれ問題用紙の１から４の中から、最もよいものを一つ選んでください。

質問１

1　1番
2　2番
3　3番
4　4番

質問２

1　1番
2　2番
3　3番
4　4番

◀) **4회** 청해 듣기

적중 모의고사

4회

JLPT

N1

問題1 ＿＿＿の言葉の読み方として最もよいものを、1・2・3・4から一つ選びなさい。

1 コンピューターシステムに、意外な脆さがあることが明らかになった。

1 あやうさ　2 まずさ　3 もろさ　4 ゆるさ

2 彼は、権力の中枢にいる。

1 ちゅうすう　2 ちゅうく　3 ちゅうもく　4 ちゅうおう

3 使った皿は、よく濯いでからしまってください。

1 しのいで　2 いそいで　3 つないで　4 ゆすいで

4 この春、私は初めて海外に赴任した。

1 けんにん　2 じにん　3 ふにん　4 とにん

5 彼女が私にたいして密かな敵意を持っているとは気付かなかった。

1 ひそかな　2 わずかな　3 かすかな　4 なごやかな

6 花のいい香りが、あたりに漂う。

1 ともなう　2 ただよう　3 におう　4 にぎわう

問題2　(　　　　)に入れるのに最もよいものを、1・2・3・4から一つ選びなさい。

7　結果がどうなるか、まだ(　　　　)が立たない。

1　見積もり　　2　見直し　　3　見通し　　4　見晴らし

8　彼の発見は、それまでの常識を(　　　　)からくつがえすものだった。

1　幹線　　2　震源　　3　基地　　4　根底

9　使いやすさを第一に考えたところ、必然(　　　　)にこの形になった。

1　性　　2　度　　3　的　　4　系

10　畑に(　　　　)として大きな穴が現れ、人々を驚かせた。

1　突如　　2　唐突　　3　突然　　4　突出

11　賃金の引き下げに抗議するため、集団で仕事を(　　　　)する。

1　ノイローゼ　　2　ボイコット　　3　モニター　　4　ダイエット

12　三日三晩(みっかみばん)を(　　　　)、彼女はその作品をつくりあげた。

1　燃やして　　2　砕いて　　3　損なって　　4　費やして

13　説明会では、市に対する住民らの不満が(　　　　)した。

1　噴出　　2　復興　　3　暴露　　4　憤慨

問題 3 ＿＿＿＿の言葉に意味が最も近いものを、1・2・3・4から一つ選びなさい。

14 この雑誌は、タイムリーな記事がたくさん載っている。

1 興味深い　　2 よく調べた　　3 役立つ　　4 時期に合った

15 今回の計画に、彼の存在は不可欠である。

1 なくてもいい　　2 なくてはならない

3 あってはならない　　4 あってもいい

16 彼女は、いつもせかせかと歩いている。

1 落ち着きのない様子で　　2 注意深い様子で

3 元気のない様子で　　4 息が苦しそうな様子で

17 彼の話に、皆、へきえきしている。

1 感動している　　2 飽きている

3 集中している　　4 腹を立てている

18 あの人は、他人が作ったものを模倣することは悪いと思っていないようだ。

1 真似る　　2 盗む　　3 借りる　　4 傷つける

19 もうそんな、見苦しいまねはやめなさい。

1 意地悪な　　2 みっともない

3 むだな　　4 もったいない

問題４　次の言葉の使い方として最もよいものを、１・２・３・４から一つ選びなさい。

20　はなはだ

1　お父さんに会ったら、はなはだよろしくお伝えください。

2　彼女は学生時代から、はなはだな存在だった。

3　息子が有名大学に受かって、母親ははなはだだった。

4　私にとって、その申し出は、はなはだ迷惑である。

21　重複

1　あのビルには、重複なチェックを受けないと入ることができない。

2　先月分と今月分の料金を重複して払っていたようだ。

3　いくら寒いからといって、そんなに服を重複したら暑いだろう。

4　「二度とあんなことをするな」と、重複したのに、彼はやってしまった。

22　物議

1　彼の提案は、物議に値する。

2　その政治家の発言は、物議をかもした。

3　物議に照らしても、その判断はおかしい。

4　私にとって留学体験は物議のあるものだった。

23　達成

1　とにかく、何か食べる物を達成してこなくてはならない。

2　このあたりでは、津波は最大20メートルに達成した。

3　彼らは結婚式を達成して、ハワイに新婚旅行に行った。

4　彼女は、１年で200万円貯金するという目標を達成した。

24 台無し

1 先日の大雨によって、これまでの苦労が<u>台無し</u>になった。

2 1日かかって掃除をし、部屋はすっかり<u>台無し</u>になった。

3 住むところも働くところも失い、<u>台無し</u>な生活をしている。

4 せりふは全部暗記したので、<u>台無し</u>でも大丈夫だ。

25 歪める

1 事実を<u>歪めて</u>まで、自分が正しいと主張する彼が許せない。

2 次の信号を右に<u>歪める</u>と、大きなスーパーがあります。

3 今さら言葉を<u>歪めて</u>も、結果が変わるわけではない。

4 私の思いやりに欠けた発言で、友だちの信頼を<u>歪めて</u>しまった。

問題5　次の文の（　　　　）に入れるのに最もよいものを、1・2・3・4から一つ選びなさい。

26　彼女には、生まれ（　　　　）優れた芸術的才能が備わっている。

1　ついでの　　2　ばかりの　　3　ながらの　　4　なりの

27　素直に謝れば、（　　　　）ものを、そうやって言い訳ばかりするのでは許す気もなくなる。

1　許してやった　　2　許されてやった

3　許せられた　　4　許してもらった

28　姉が結婚、弟は大学合格と、我が家は年明けから（　　　　）だ。

1　いいことまみれ　　2　いいことかぎり

3　いいことの極み　　4　いいことずくめ

29　君（　　　　）人が、そんな初心者がするような間違いをするなんて困るよ。

1　ともあろう　　2　とはいえまい

3　ともいえない　　4　というべき

30　（電話で）

客　「商品の配達はいつになる？」

店員「今日は無理なのですが、明日のお昼までであれば、（　　　　）と思います。」

1　お届けできる　　2　お届けなさる

3　お届け申し上げる　　4　お届けまいられる

31 今回の事故で、ここまで多くの犠牲者が出たのは、行政の怠慢(　　　　)。

1 と言っても言い切れない　　2 と言いたくもなるに相違ない

3 と言わざるを得ないだろう　　4 と言わんばかりの始末だ

32 これまで彼らの言う通りにしてきたのに、さらに無理な要求を突きつけてくるとは、この計画はもう白紙に(　　　　)。

1 戻すよりほかあるまい　　2 戻すにたえないであろう

3 戻すことを禁じ得ない　　4 戻さないことはなかろう

33 A「加藤さん、最近、お顔をお見せにならないですね。お元気なのかな。」
B「ええ、かなりお仕事で(　　　　)ようですよ。」

1 お忙しくてさしあげる　　2 お忙しくなさられる

3 お忙しくみえられている　　4 お忙しくていらっしゃる

34 その社長は、周囲に「金で買えないものはない」と(　　　　)。

1 言ってはばからない　　2 言ってかまわない

3 言ったおぼえはない　　4 言ってもさしつかえない

35 大学に合格はしたいけれど、(　　　　)、今度は学費が払えるか、心配だ。

1 受かっても受からなくても　　2 受かるなら受かったで

3 受かったら受かったで　　4 受かるや受からないやら

問題6　次の文の＿＿★＿＿に入る最もよいものを、1・2・3・4から一つ選びなさい。

（問題例）　きのう ＿＿＿＿ ＿＿＿＿ ＿＿★＿＿ ＿＿＿＿ はとてもおいしかった。

1　母　　2　買ってきた　　3　が　　4　ケーキ

（解答の仕方）

1.　正しい文はこうです。

きのう ＿＿＿＿ ＿＿＿＿ ＿＿★＿＿ ＿＿＿＿ はとてもおいしかった。 1　母　3　が　2　買ってきた　4　ケーキ

2.　＿＿★＿＿に入る番号を解答用紙にマークします。

（解答用紙）

（例）	①　●　③　④

36　春から夏にかけて半年間 ＿＿＿＿ ＿＿＿＿ ＿＿★＿＿ ＿＿＿＿ ようやく閉幕する。

1　博覧会は　　2　感動を呼び起こした

3　本日をもって　　4　世界各国の期待を集め

37　全体の人口が減少する中、少子化問題も ＿＿＿＿ ＿＿＿＿ ＿＿★＿＿ ＿＿＿＿ きわまりない。

1　ながら　　2　深刻

3　さること　　4　若者の失業問題も

38　今回の事件で原告側の証言には ＿＿＿＿ ＿＿＿＿ ＿＿★＿＿ ＿＿＿＿ 何一つない。

1　差し挟む　　2　合理的な　　3　余地は　　4　疑いを

39 3月半ばを過ぎたが、前日までの ＿＿＿ ＿＿＿ ＿★＿ ＿＿＿ 雨が降っていた。

1 とはうってかわって　　2 冬に戻ったような

3 まるで　　4 春らしさ

40 進路を決める大事な試験を ＿＿＿ ＿＿＿ ＿★＿ ＿＿＿ 緊張した表情が浮かんでいた。

1 ひかえているせいか　　2 学生たちの

3 顔にも　　4 普段は明るい

問題7　次の文章を読んで、文章全体の趣旨を踏まえて、[41] から [45] の中に入る最もよいものを、1・2・3・4から一つ選びなさい。

これまでいくつかの大学で日本音楽史の講義を担当してきたが、学生が提出するレポートの類を読んでいると、お決まりの(注1)常套句、たとえば「日本の伝統音楽を大切にしたいと思った」とか「世界に誇れる日本音楽を次世代に伝えてゆきたい」というようなものが頻出する。これが、[41] 優等生的な建て前を表明しておけば良い点数がとれるだろうというズル賢い戦略なら、あるいは、(注2)三味線の音曲に(注3)耽溺している稀少な学生の言い分なら、まだわかる。しかし、学生たちと話をしてみると、普段はＪポップやロックしか聴かず、(注4)箏・三味線には(注5)一顧だにしない [42] 、どうやら本心から「日本の伝統音楽はすばらしい」と、聴いたこともないのに、素朴に信じているようなのだ。[43] 、すべての学生がそうだとはいえないが、なんとなく心配になる。

本音と建て前の使い分けを非難しているのではないし、伝統音楽はダメだと主張しているのでもない。その音楽が好きか嫌いか、良いか悪いか、自分のなかの評価の(注6)天秤にかける前に、「日本の伝統文化はすばらしい」という観念が刷り込まれていることに疑問を感じるのである。少なくとも、[44] 。原因はいろいろ考えられるが、近年の文部科学省の伝統文化を重視しようとする教育政策の成果かもしれない。教育とは本質的に刷り込みだといわれればそれまでだが、あまり賛同できない。こうした傾向に伝統音楽業界が好機到来といわんばかりに便乗するのも [45] 、そもそも伝統音楽の将来にとって良いこととは思えない。

（奥中康人「<六段>を歌う毬ちゃん」『春秋』春秋社）

(注1) 常套句(じょうとうく)：ある場面で、いつも決まって使われる言葉
(注2) 三味線(しゃみせん)：日本の伝統的な弦楽器
(注3) 耽溺(たんでき)：一つのことに夢中になって、ほかのことは目に入らない状態のこと
(注4) 箏(そう)：日本の伝統的な弦楽器
(注5) 一顧(いっこ)だにしない：ちょっと考えてみることもしない
(注6) 天秤(てんびん)にかける：２つのものの、優劣などを比較する

41

1 とうてい　2 とりあえず

3 どうしても　4 もしくは

42

1 こととて　2 にもかかわらず

3 と言っても過言ではなく　4 どころではなく

43

1 おそらく　2 しかし

3 それとも　4 もちろん

44

1 健全といってよいだろう　2 健全とはいえないだろう

3 健全だと断言できそうだ　4 健全であるといわざるを得ない

45

1 関心をもてないし　2 感心できないし

3 反対できないし　4 悪くないし

問題8　次の(1)から(4)の文章を読んで、後の問いに対する答えとして最もよいものを、1・2・3・4から一つ選びなさい。

(1)

草原で暮らす人の視力は6.0もあるという。しかし、同じ国でも都会に住む人は良くて2.0。見る機能があっても必要がないから使わないのだ。現在のペンギンは空を飛ぶ代わりに海を泳ぐ。空を飛ぶ機能はあるが、それよりも泳ぐことにエネルギーを使うことにしたのだ。人はよく他人を見て「○○ができてうらやましい」と言う。しかし、自分に能力がないのではなく必要がないだけである。今できることこそ自分にとって一番必要なことなのだ。

46　筆者の考えと合っているのはどれか。

1　能力はその人の才能と努力に大きく関係する。

2　持っている能力は簡単に使わないほうがいい。

3　自分に必要な能力は既に備わっているものだ。

4　機能はあっても能力がないから使わないのだ。

(2)

　コンピューターは決して人間の代わりにはならない。例えば、コンピューターに爆弾の処理をさせるとする。ところが途中で思いがけない事が起きたときには判断できない。インプットされていないからだ。しかし人間は、直感や感覚を使い、困難を乗り越えながら爆弾を処理する。その感覚というのは、コンピューターにはできない分野だろう。私たちは普段、知識や教養によって物事を判断していると勘違いしがちだが、実は直感がかなりの役割を果たしている。成功には知識をともなった直感力が必要である。

47 筆者は、コンピューターには何が足りないと考えているか。

1 困難が起きたとき、それを乗り越えようとする感情

2 非常事態にも直感や感覚によって物事を判断する力

3 思いがけない事故を起こさないようにする感覚

4 インプットされた情報に基づいて的確に処理する力

(3)

　子どもに片づけをさせることは大変です。ある幼稚園では、くっつきあう遊びを30分おこなった後に片づけをさせるそうです。体を一生懸命に動かす遊びは刺激が大きいため、脳がよく働きます。でも脳は、慣れると飽きてしまってやる気を失います。それを、30分後に止めれば防ぐことができるのです。そうすると、効率よく脳が発達していき、遊びと仕事を上手に両立し、感情をコントロールできる大人に育っていくというのです。脳に思いっきり刺激を与えた後にピタッと止める。その繰り返しが良いようです。

48　筆者によると、脳に対してどのような働きかけをすることが大切か。

1　脳がやる気を失ったときは刺激を与えないこと

2　脳が慣れないように刺激を与え続けること

3　脳がよく働いている状態を維持すること

4　脳が飽きる直前に刺激を止めること

(4) 以下は、ある会社が取引先に出したメールである。

ミナミハラ株式会社
松本　美枝子　様

ヒラタ工業株式会社
平田　直孝

部品代金お支払いの確認

拝啓　貴社ますますご発展のことと存じます。

さて、4月に納品しました部品の代金につきまして6月末にはお支払い頂けるとのことでしたが、本日まで入金の確認ができておりません。請求書は5月5日にお送り致しました。また、5月には別の部品を新たに納品させていただき、こちらのお支払い期限は7月末となっており、請求書は6月5日にお送りしております。

弊社としましても事務処理のうえで支障が生じますので7月末にあわせて頂けますようお願い申し上げます。

敬具

49 部品の代金について、この文書で言っていることはどれか。

1　4月に納品した部品代金と、5月に納品した部品代金が7月末に支払われた。

2　5月に請求した部品代金の支払い期限は7月末だった。

3　4月に納品した部品代金と、6月に納品した部品代金はまだ支払われていない。

4　7月に支払ってほしい部品代金の一部は支払い期限が6月末だった。

問題9　次の(1)から(3)の文章を読んで、後の問いに対する答えとして最もよいものを、1・2・3・4から一つ選びなさい。

(1)

日本に製鉄(せいてつ)の技術がなかった頃、鉄は朝鮮半島からの輸入に頼っていました。その後、鉄の生産方法が伝わると①<u>各地で競って鉄の生産に着手</u>しました。鉄は農地を広げる農具となり武器としての刀となります。勢力拡大になくてはならない貴重なものでした。

特に、良く切れて折れにくい刀を作ることは重要な課題でした。なぜなら、良く切れることと折れないこととは鉄の性質上、矛盾しているからです。良く切れる刀は硬くて折れやすく、折れにくい刀は切れにくいのです。その矛盾を解決するための様々な努力が長い年月の間に重ねられていきました。そしてついに、この矛盾を見事に克服した(注1)日本刀(とう)が誕生したのです。日本刀(とう)の特徴は「折れない、曲がらない、美しい」です。これは、当時にとっては②<u>とても画期的なこと</u>でした。

日本刀(とう)で有名な場所は岡山県です。岡山県でとれる鉄には不純物(ふじゅんぶつ)がたくさん含まれていて、刀の生産には向いていませんでした。しかし努力の結果、その欠点を生かすことに成功しました。鉄は何度も叩いて鍛えるのですが、不純物(ふじゅんぶつ)の多い鉄は不純物(ふじゅんぶつ)のない鉄よりもたくさん叩くことができたのです。現在、(注2)名刀(めいとう)と呼ばれるものの大半は実は岡山県で作られたものであり、芸術品として愛されています。

鉄の生産が環境破壊を加速させ、人を殺す武器を発達させたという非倫理的な側面は喜べるものではないかもしれません。しかし、欠点さえも利点に変えるという、物づくりに対する熱意と情熱は忘れてはならない精神ではないでしょうか。

(注1) 日本刀(とう)：日本固有の方法で作られた刀

(注2) 名刀(めいとう)：優れた刀、有名な刀

50 ①各地で競って鉄の生産に着手したのはなぜか。

1 鉄はとても美しく貴重なもので、芸術品として愛されるようになったから
2 領土を拡げるためには、どこよりも優れた鉄製品を作る必要があったから
3 日本に製鉄(せいてつ)技術がないために、韓半島との貿易に不利が生じていたから
4 良く切れて折れない刀を、長い年月をかけて研究する必要があったから

51 ②とても画期的なこととあるが、何が画期的なのか。

1 良く切れることと折れにくいことは、鉄の性質として矛盾すること
2 鉄の性質の矛盾点を克服するための努力を、長い間重ねてきたこと
3 鉄の性質からは想像もできなかった、優れた刀が出来上がったこと
4 昔は輸入に頼るしかなかったのに、美しい日本刀(とう)を誕生させたこと

52 この文章で筆者が最も言いたいことは何か。

1 鉄の生産によって森林が失われ、戦争の武器が発達したという非倫理性は否認できない。
2 不純物(ふじゅんぶつ)を含んでいるという欠点さえも利点に変えて、名刀(めいとう)を誕生させたことが素晴らしい。
3 鉄の生産によって環境破壊が加速し、人間の倫理観が崩れてきたことを忘れてはならない。
4 どんな状況からでも利点を生み出すという精神を、いつの時代でも大切にしたい。

(2)

学習性無力感という言葉がある。例としてはサーカス小屋の象の話が有名だ。

サーカス小屋に連れてこられた子どもの象は、何度も何度も逃げようと試みる。だが、足には重い鎖がつながれていて、子どもの小さな力ではどうしても引きちぎることができない。その後、成長して大きくなった象は、鎖を引きちぎる力がついたにも関わらず、もはや逃げようとはしない。なぜか。それは、子どもの頃に何度もやったけど無理だったことを学習してしまったからである。つまり、「自分にはできない」と思った経験があると、①チャンスがきても努力をしなくなるということだ。

一度、脳にインプットされてしまった情報は、状況が変わってもそのまま残ってしまうようだ。何か問題が起きたとき、「自分にはできない」と思ったことがある人は、よくよく考えてみよう。以前にできなかったからといって今もできないとは限らない。子どもの頃はお菓子を買うことさえ贅沢(ぜいたく)だった自分も、今はお菓子くらいすぐに買えるではないか。②過去の自分と現在の自分は明らかに違うのである。自分の心の中に知らず知らずのうちにできてしまった鎖は何であろうか。「できない」と思っている人に限って、「できる」ことは結構たくさんあるものである。

53 ①チャンスがきても努力をしなくなるのはなぜか。

1 何回も挑戦してみて、やっとあきらめる気持ちになったから

2 子どもは何度も試みる気持ちがあるけど、大人にはないから

3 いくら努力してもできないということを記憶しているから

4 昔は努力が必要だったけど、今は努力しなくても出来るから

54 ②過去の自分と現在の自分は明らかに違うとあるが、ここで筆者が言いたいことは何か。

1 過去には考えられなかったが、今の自分はよく考えることができる。

2 過去には力がなかったが、今の自分には力があるので何でもできる。

3 過去に自分が考えていた状況と、今、目の前にある状況は全く違う。

4 過去の自分に無理だったことと、今の自分に無理なことは同じではない。

55 筆者の考えと合っているのはどれか。

1 できないと思っていても、実はできる力を持っている場合が多い。

2 できないことを、できるようにすることが大切である。

3 なぜできないのか、よく考えてみるとその原因が分かってくる。

4 できると思う人は、過去に失敗をしていない人である。

(3)

日本人は比較的、安心・安定を求める。そのような風土が、(注)終身(しゅうしん)雇用という制度を作り出し成功に導いた。長く勤めれば勤めるほど、報酬と評価がもらえる。だから安心して会社に忠誠を尽くし、熱心に働いたのである。年少者は年長者を敬うべきという儒教的な考えがあったことも組織には役に立った。長く働いた者がリーダーになるというのは、①道徳的にも納得できる体制だったのである。賃金が安く、人から使われる立場にある若者も、目標が明確だからこそ不満をもたずに働いた。また、勤務年数が長いということは②会社にとっても安定した労働力となる。自社で開発したことを他社に持ち出される危険もないし、会社をよく知っている人がリーダーになれば統率力を発揮してくれる。このような制度が日本の高度経済成長を支えたのであり、経済学者の間でも高く評価されていることである。

しかし不況により、その安定が崩れた。年長者に払う高い賃金が負担となりリストラが行なわれる。その姿を見た若者にとって、会社はもはや頼れる場所ではなくなった。また、社会的に年長者を敬うという考えが薄れてきたこともそれを加速させた。日本社会はかつてない不安定な競争社会に直面することとなったのだ。そのなかで精神的にも不安定になる人が多い。安定を好む日本人が、不安定な社会をどう乗り切っていくのか、大きな課題である。

(注) 終身(しゅうしん)雇用：企業が労働者を定年まで雇用すること

56 ここでの①<u>道徳的にも納得できる体制</u>とは何か。

1 安定を一番に考え長く働きたいと思う人が多いこと

2 長く勤めている年上の人が上司になり指導すること

3 安心して会社に忠実になれるため熱心に働けること

4 長く勤めるほど認めてもらえ、報酬が高くなること

57 ②<u>会社にとっても安定した労働力となる</u>のはなぜか。

1 長く働いている者は目標が明確で、不満もなく熱心に働くから

2 リーダーになると、会社をよく知ろうとして力を発揮するから

3 日本の経済成長を支えるほどの力を持っていた人が多いから

4 会社の事情を知っているうえに、外に持ち出される心配もないから

58 筆者は、日本社会にとって何が課題だと考えているか。

1 心が不安定になっている人々に、適切な治療をしていくこと

2 会社が頼れる場所ではなくなり、若者が安定を求めなくなったこと

3 不況によって、高く評価されていた安定した制度が崩れたこと

4 経験したことのない不安定な社会で、生きる方法を見つけること

問題10　次の文章を読んで、後の問いに対する答えとして最もよいものを、1・2・3・4から一つ選びなさい。

「何で分かってもらえないのか」と落胆した経験は誰しもあるだろう。時には、話すことの無意味さを感じたり、人間関係の難しさに絶望してしまうこともあるに違いない。しかし、グローバル社会が広がり、価値観の多様化が進んでいる現代では、①それは当たり前のことであって、むやみに悩む必要はない。正確に言えば、悩む必要がないのではなく悩み方を変えることだ。「何で分かってもらえないのか」ではなく、「分かり合えない人とどのようにコミュニケーションをとればいいのか」、そこを悩むべきなのである。

そもそも相手のことなど全く分からない。育ってきた環境も、持っている価値観も、経験してきたことも、全く違う。それなのに分かり合うことを目的としているから誤解が生じ、争いが起きるのである。まず、自分と相手とは違うと認めることだ。いい意味での「あきらめ」である。「普通はこうする」「それは常識ではない」と思っても、普通が普通でなくなり、常識が常識でなくなっているのが現代である。私たちは②とても大変な時代に生きているのだ。昔は今よりも(注)型(かた)にはまった生活がされていて、人の一生はある程度決まっていた。型(かた)にはまると安心し、マニュアルがなければ不安になるというのは過去の名残(なごり)なのかもしれない。日本の武士道(ぶしどう)というのは典型的に型(かた)にはまった道である。今はそのような共通の型(かた)は通用しない。

まずは、相手のことは分からないのだから聞くしかない。しかし価値観が違うからなかなか納得できないものだ。そこでよく出てくる言葉が「もっとよく考えろ」つまり、「お前の考えは間違っている。周りの考えに合わせろ」ということだ。だが、本当に相手が間違っていて周りが正しいのだろうか。しかも、人は自分の知識や経験を通してしか物事を理解できない。その知識や経験が人によって違うのであれば理解することは無理であり、理解ができないのだから周りの考えに合わせることも当然できないのだ。

大切なことは、相手を攻撃することではなく、相手を認めることであり尊重することである。意見は押し付けるものではない。お互いに認めあうことしかできないのであり、正しさを判定するための対話ではないのだ。③「価値観は共有できない」という前提でのコミュニケーションこそが必要である。完璧な相互理解などは意味がないものであり、求めれば求めるほどがっかりするだけである。

(注) 型(かた)にはまる : 決まった方法で、個性や独創性がない

59 ①それとは何を指すか。

1 人間関係でいやな経験を繰り返したことによって絶望してしまうこと
2 他人と会話をする意味が分からず、常に一人で過ごそうとすること
3 他人と理解しあえないことに悩み、良い関係をなかなか作れないこと
4 理解しようとする気持ちが足りないために話がうまくできないこと

60 ②とても大変な時代とはどういう意味か。

1 困難なことを簡単にあきらめ、常識を無視するようになってしまった時代
2 人の生き方が多様になったため、画一的な意見では判断できなくなった時代
3 昔は常識だったことが今では非常識になってしまい、昔の人が生きにくい時代
4 型(かた)にはまらない自由な生活が可能になり、常識を守る人が少なくなった時代

61 ③「価値観は共有できない」という前提でのコミュニケーションにあてはまる例はどれか。

1 説明しても通じないので、あきらめて相手の意見だけを聞くことにした。
2 相手の意見は間違いだと思ったが、攻撃したくなかったので何も言わなかった。
3 自分の意見を分かってくれない人は、理解力のない人なのだと思っている。
4 相手の意見には納得がいかなかったが、そういう考え方もあるのだと参考にした。

62 この文章で筆者が言いたいことは何か。

1 価値観が共有できる時代にするためには、コミュニケーションが必要だ。

2 どの意見が正しいかを判定するまで、対話を続けることが大事だ。

3 対話をしてもがっかりするだけの相手とは、人間関係を続ける意味はない。

4 分かり合えなかったとしても、尊敬し合いながら対話していくしかない。

次のページに問題11が続きます。

問題11　次のAとBの文章を読んで、後の問いに対する答えとして最もよいものを、1・2・3・4から一つ選びなさい。

A

楽しくない仕事は続けるべきではありません。人間は好きなこと、楽しいことには集中できますが、いやなこと、楽しくないことは苦痛でしかありません。苦痛を感じるということは自分が本当にやりたいことではないということです。やるなら本当に自分がやりたいことをやったほうが効率的です。楽しくない仕事を我慢して続けることは時間の無駄(むだ)なのです。何がやりたいか分からないという人もいるでしょう。でも、何がやりたくないかは明確になったのです。やりたくないことはやらないという選択をしない限り、やりたいことをやるという選択もできません。周りの視線があるから、安定した生活が大事だからという理由を挙げるのは、本当に自分がやりたいことではないという証拠です。

B

最終学歴とは大学のことを言うのではありません。今、働いている場所こそが最終学歴になるのです。今の職場で学びたいことを決め、それを全て学んだ時に卒業、つまり転職を決めるのはとてもいいことです。でも、楽しくないからという理由だけで辞めていては何も身につきません。そもそも、楽しい仕事というのはありません。仕事である以上、苦しいことがあるのは当たり前です。山登りと同じで、登っているから苦しいのです。それでも努力して登り続けた結果、素晴らしい景色に出会えるのです。それが転職の場合もあるでしょうし、今の会社でやりたいことを発見する場合もあるでしょう。何よりも、苦しみを楽しみに変える力がつくことこそ仕事をする意味なのだと思います。

63 仕事について、AとBはどのように考えているか。

1 Aは一つの仕事を続けることは無駄だと考え、Bは何があっても転職すべきでないと考えている。

2 Aは安定した仕事に楽しさはないと考え、Bはどんな仕事も苦しいことしかないと考えている。

3 Aは自分の欲求を信じて仕事をすべきだと考え、Bは苦悩を喜びに変えることが仕事だと考えている。

4 Aは仕事に執着する必要はないと考え、Bは仕事こそ人生にとって重要なものだと考えている。

64 AとBで共通して述べていることは何か。

1 苦痛を伴う仕事は避けるべきだ。

2 人間は楽しい仕事にやりがいを感じる。

3 自分のやりたい仕事は必ずあるはずだ。

4 楽しい仕事よりも目の前の仕事が大事だ。

問題12　次の文章を読んで、後の問いに対する答えとして最もよいものを、1・2・3・4から一つ選びなさい。

人には利き手がある。そしてその大部分が右利きであり、ほとんどの物が右利き用に作られている。考えてみれば不思議なことである。なぜ右利きなのだろうか。全員が等しく右利きである必要があるのだろうか。

現在、右利きの人は世界中でも9割を占めるという。そして何と、5000年前も同じ状況であったことが分かっている。それは、(注1)洞窟に残されている絵が右手で描かれていることや、発掘された道具が右利き用に作られていることなどから判明していることである。ただ、250万年前にまでさかのぼると右利きは59%と少なくなり、また、サルやチンパンジーになると50%だという。このことは、人類が進化していく過程で①右利きに変わっていったことを示しているようでもある。

よく言われるのが心臓が左側にあるからという理由である。左にある心臓を守るため、必然的に右手を使うようになったというのである。しかし、これはあまり説得力のない説だ。なぜなら、心臓は多少、左側に寄ってはいるものの、ほぼ中央に位置している。その多少の違いだけでは右手を使うことの影響はたいして大きくない。その他にも右利きが多い理由には諸説あるが、どれも科学的には証明されていないのが現状だ。そのなかで私は、左脳の発達と関連があるという説を支持したい。

脳の役割とは何か。まず運動能力では、左半身を右脳が、右半身を左脳がコントロールしているのは周知の事実である。それ以外の機能として、左脳は論理的思考を扱っており、言語や概念、計算、分析などの分野を支配している。言ってみれば人間の知性の源であり、「言語脳」とも呼ばれている。左脳を損傷した人が(注2)右半身不随になると同時に(注3)失語症になる場合が多いのはこのためである。

一方、右脳は「イメージ脳」と呼ばれ、直感的思考を扱っている。図形の認識、直感などであり、芸術家に右脳が優れている人が多いといわれるのはこのためだ。では、左脳と右利きの関連とは何か。

その昔、人類は道具を作ることを覚え、集団で作業をするようになった。それは、論理的に考える力や他人との高度なコミュニケーションがとれるようになったということであり、つまりは、②左脳が発達したことを意味する。私たちは普段、主に左脳を駆使して社会生活を営んでいるのだ。

要するに、人類が進化するなかで左脳が発達し、それによって右半身の能力が向上し右利きになったということである。そう考えていくと、いつも何気なく使っている右手にも、悠遠な人類の歴史を感じるものであり、右手を使うのが楽しくなってくるではないか。

(注1) 洞窟：がけや岩などにできた穴
(注2) 右半身不随：右半身が思うように動かないこと
(注3) 失語症：言葉を理解したり話したり出来なくなる状態

65 筆者は、何が①右利きに変わっていったことを示していると言っているのか。

1 5000年前には既に9割が右利きであり、現在もほぼ同じであること
2 昔にさかのぼるほど右利きが少なくなり、サルの場合は50%であること
3 人類が進化していく過程で、右利き用に作られた道具が多くなっていること
4 サルの右利きは50%であるのに対し、250万年前の人類は59%であること

66 心臓が左側にあるからという説に説得力がないのはなぜか。

1 科学的に証明されてはいるものの説明が足りないから
2 左手のほうが心臓を守るのに適しているから
3 右手を使って心臓を守ったという例がないから
4 心臓は中央にあってどちらの手を使っても同じだから

67 この文章によると、②左脳（さのう）が発達したことを意味する例に当てはまるのはどれか。

1 道具を作るときに、出来上がった形をイメージしていること

2 どんな材料で何を作れば便利になるかを想像して道具を作ること

3 協力し合って作業をするために、複雑な過程を相手に説明すること

4 難しい作業を伝えるため、文字や絵を使って説明すること

68 この文章で筆者が最も言いたいことは何か。

1 右利きである理由を考えていると、仕事が楽しくなくなってしまう。

2 右利きと人類の歴史の関係が見えて、わくわくする気持ちになった。

3 左脳（さのう）の発達によって右利きが増えたということを証明したい。

4 人類は、道具を使って集団で作業をするために左脳（さのう）を発達させた。

次のページに問題13が続きます。

問題13　右のページは、マスコミ業界でのインターンシップ募集案内である。下の問いに対する答えとして最もよいものを、１・２・３・４から一つ選びなさい。

69　次の学生のうち、インターンシップに応募できるのは誰か。

高橋	マスコミ就職を目指し勉強中。 １日３時間以上の勤務が可能。現在休学中。
山下	大学院進学希望だがマスコミも考えてみたい。 授業は週２回。人文学部４年生。
佐々木	マスコミに興味がある。 授業は午前中だけでアルバイトはしていない。理学部４年生。
リー	マスコミ希望の留学生。 社会学部１年生。日本語の試験では筆記に弱く聴解に強い。

1　高橋さん

2　山下さん

3　佐々木さん

4　リーさん

70　松下さんは、現在、この大学の大学院修士課程に在学し政治学を専攻している。松下さんがこのインターンシップに応募する場合、応募時に必ずしなければならないことは何か。

1　修士課程に在学中である証明書を取得する。

2　出身大学の指導教授の推薦書を取り寄せる。

3　小論文の様式を大学の学生課に取りに行く。

4　希望の面接日時を学生課に電話で連絡する。

虹野大学　学生
マスコミ業界インターンシップ募集案内

業界について詳しく知るとともに社会に貢献するための視点や能力を身につけ、将来に役立つ人材を育てることを目的に、インターンシップ希望者を募集します。受け入れ企業は面接時に相談のうえ決定します。

● **応募条件**

・本学(大学、大学院)に在学中の学生で文系専攻者(学年不問)
・１日５時間、１か月に10日間以上３か月間、出社できる者(授業に支障のない学生に限る)
・マスコミ業界への就職希望者または興味のある者
・アルバイトをしていない者
・ルールを守って主体的に行動できる者
従えない場合、期間の途中でもやめてもらう場合があります
・外国人留学生も可(ただし、日本語での文章作成が得意な者に限る)

● **必要書類**

・応募用紙(指定の用紙が学生課にあります)
・在学証明書
・現在の指導教授からの推薦書
・小論文：次のテーマのうち１つを選び800字程度でまとめること。(書式自由)
「マスコミに期待すること」「どのような社会人になりたいか」

● **応募方法**

・必要書類を学生課の担当窓口まで提出してください。
面接の日時は後日電話で連絡します。

◀) 4회 음성 듣기

問題1

問題1では、まず質問を聞いてください。それから話を聞いて、問題用紙の1から4の中から、最もよいものを一つ選んでください。

1番

1　ツアー料金を振り込む

2　旅行の案内書を送る

3　一人部屋代金を支払う

4　アンケートに答える

2番(ばん)

1 粉(こな)にして水(みず)に溶(と)かして飲(の)ませる

2 つぶしてえさに混(ま)ぜて飲(の)ませる

3 食(た)べ物(もの)につぶさずに入(い)れて飲(の)ませる

4 口(くち)を開(あ)けさせて飲(の)ませる

3番(ばん)

1 頭(あたま)を動(うご)かさないようにすること

2 水(みず)の深(ふか)いところで手(て)を回(まわ)すこと

3 手(て)をできるだけ速(はや)く回(まわ)すこと

4 手(て)の角度(かくど)をまっすぐにすること

4番

1　タイトルを小さくする
2　背景の点や汚れを消す
3　肌の色を明るくする
4　外枠の太さを変える

5番

1　表を追加して課長の机の上に置く
2　表を追加して斉藤さんに渡す
3　内容を修正して課長の机の上に置く
4　内容を修正して斉藤さんに渡す

6番(ばん)

1　エアコンの修理(しゅうり)を頼(たの)む

2　扇風機(せんぷうき)を買(か)いに行(い)く

3　エアコンを買(か)い換(か)える

4　カタログを取(と)り寄(よ)せる

問題２

問題２では、まず質問を聞いてください。そのあと、問題用紙のせんたくしを読んでください。読む時間があります。それから話を聞いて、問題用紙の１から４の中から、最もよいものを一つ選んでください。

1番

1　スープの味がいいから

2　麺を手作りしているから

3　店が狭く席が少ないから

4　メニューが３種類だから

2番

1　美術館の建築構造を見るため

2　心を休めて気分転換するため

3　作品の時代背景や魅力を知るため

4　作品を見て美術の勉強をするため

3番

1　独特のリズム

2　歌詞の内容

3　澄んだ歌声

4　見事な表現力

4番

1　腕のいい医者がたくさんいるから

2　病院の設備が整っているから

3　今の病院で紹介してもらったから

4　自宅から通うのに便利だから

5番

1　男性化粧品はあまり注目されていないから

2　開発費用が新たにかかってしまうから

3　男性化粧品の会社と業務協力しているから

4　女性化粧品の専門性を追求したいから

6番(ばん)

1 残業(ざんぎょう)が多(おお)いから

2 上司(じょうし)に不満(ふまん)があるから

3 給料(きゅうりょう)が安(やす)いから

4 他(ほか)の仕事(しごと)がしたいから

7番(ばん)

1 他(ほか)の教室(きょうしつ)に行(い)くことにしたから

2 仕事(しごと)が忙(いそが)しくて時間(じかん)がないから

3 衣装(いしょう)にお金(かね)がかかるから

4 自分(じぶん)には向(む)いていないと思(おも)ったから

問題3

問題3では、問題用紙に何も印刷されていません。この問題は、全体としてどんな内容かを聞く問題です。話の前に質問はありません。まず話を聞いてください。それから、質問とせんたくしを聞いて、１から４の中から、最もよいものを一つ選んでください。

— メ モ —

問題４

問題４では、問題用紙に何も印刷されていません。まず文を聞いてください。それから、それに対する返事を聞いて、１から３の中から、最もよいものを一つ選んでください。

— メ モ —

問題 5

問題5では、長めの話を聞きます。問題用紙にメモをとってもかまいません。

1番、2番

問題用紙に何も印刷されていません。まず話を聞いてください。それから、質問とせんたくしを聞いて、1から4の中から、最もよいものを一つ選んでください。

3番

まず話を聞いてください。それから、二つの質問を聞いて、それぞれ問題用紙の1から4の中から、最もよいものを一つ選んでください。

質問1

1 Aコーナー

2 Bコーナー

3 Cコーナー

4 Dコーナー

質問2

1 Aコーナー

2 Bコーナー

3 Cコーナー

4 Dコーナー

5회 청해 듣기

적중 모의고사

5회

JLPT

N1

問題1 ＿＿＿の言葉の読み方として最もよいものを、1・2・3・4から一つ選びなさい。

1 山田さんは最後まで初志を貫いた。

1 つらぬいた　2 ひらめいた　3 つぶやいた　4 みちびいた

2 この仕事が成功するかどうかは微妙だ。

1 びしょう　2 びみょう　3 ちょうしょう　4 ちょうみょう

3 苦労の末、彼は現在の地位を獲得した。

1 こくとく　2 こくどく　3 かくとく　4 かくどく

4 双方が譲歩して和解案を承諾した。

1 そうじゃく　2 しゅうじゃく　3 すうだく　4 しょうだく

5 今月は出費がかさんでしまった。

1 でひ　2 しゅつひ　3 しゅっぴ　4 しゅっぴ

6 田中さんがピアノを弾けるというのは初耳だった。

1 しょじ　2 ういじ　3 ういみみ　4 はつみみ

問題2　(　　　　)に入れるのに最もよいものを、1・2・3・4から一つ選びなさい。

7　優勝者に(　　　　)拍手が送られた。

1　盛大な　　2　旺盛な　　3　雄大な　　4　壮絶な

8　宝石店が襲われ5千万円(　　　　)の品物が盗まれた。

1　同然　　2　合同　　3　相応　　4　相当

9　テレビの広告で、他社製品と比較して自社製品のメリットを(　　　　)した。

1　ディベート　　2　アピール　　3　ポイント　　4　マスコミ

10　彼は先祖から受け継いだ土地の所有(　　　　)を手放すことにした。

1　証　　2　策　　3　債　　4　権

11　本田(ほんだ)さんはまじめすぎて、(　　　　)がきかない。

1　要領　　2　調整　　3　融通　　4　干渉

12　組合長は労働者を代表して、「会社の方針に(　　　　)反対する」と述べた。

1　断固　　2　頑固　　3　断定　　4　頑強

13　森さんは根拠のない誹謗中傷(ひぼうちゅうしょう)に対して怒りを(　　　　)にした。

1　にわか　　2　あらわ　　3　ほのか　　4　まとも

問題3 ＿＿＿＿の言葉に意味が最も近いものを、1・2・3・4から一つ選びなさい。

14 二人は、ざっくばらんに話し合った。

1 真剣に　2 率直に　3 冷淡に　4 情熱的に

15 田中さんは故意に林さんのパーティーに出なかった。

1 たまたま　2 あんのじょう　3 強いて　4 わざと

16 車を運転する以上、万一事故に遭ったときのことも考えておかなければならない。

1 意外にも　2 あいにく　3 危うく　4 もしも

17 テレビ広告は性能や効き目を誇張したものが多い。

1 いつわった　2 あやまった

3 大げさに見せた　4 ほこりに思った

18 彼は彼女に対して非常になれなれしい態度をとる。

1 遠慮のない　2 ばかにした

3 そっけない　4 さわやかな

19 結論にいたるまでのプロセスを軽視してはいけない。

1 途上　2 事情　3 過程　4 行方

問題4　次の言葉の使い方として最もよいものを、1・2・3・4から一つ選びなさい。

20　はるかに

1　今日は朝から、はるかに立ちっぱなしで仕事をしていた。

2　さっきまでいい天気だったのに、はるかに空が曇ってきた。

3　守備面に関してはＡよりＢの方がはるかに優れている。

4　日系企業に就職したいなら、はるかに日本語を勉強しなさいと言われた。

21　ぎりぎり

1　今週は予定がいっぱい入っていて、まったくぎりぎりだ。

2　彼が学校に到着するのは、いつも授業開始ぎりぎりだ。

3　残された時間は、後５分ぎりぎりだった。

4　この計画が実現する可能性はぎりぎりだ。

22　いきさつ

1　火事のいきさつはタバコの吸い殻だった。

2　彼は仕事で失敗しては、いきさつばかりしている。

3　予測がつかないため、しばらくはいきさつを見守ることにした。

4　両親が結婚するに至ったいきさつを姉から聞いた。

23　向上

1　教師の努力により、生徒の学力が向上した。

2　大山さんは、単独で世界一の高山に向上した。

3　Ａ社の株価が一気に向上した。

4　台風が九州の南部に向上した。

24 必死

1 試験の前日は、学生はみんな必死だった。

2 あんな高いビルの上から落ちたら必死だ。

3 このまま何もしなければ会社の倒産は必死だ。

4 友人が会社を辞めると言うので、またいつもの冗談かと思ったら、必死だった。

25 踏み切る

1 彼は最も親しい友人を踏み切ってしまった。

2 危険は承知の上で、会社は規模の拡大に踏み切った。

3 危険なので、黄色い線から踏み切らないようにしてください。

4 無理かもしれないが、踏み切って国家試験に挑戦することにした。

問題5　次の文の（　　　　）に入れるのに最もよいものを、1・2・3・4から一つ選びなさい。

26　日本語の勉強を始めたばかりのころは、日本語であいさつする（　　　　）思うようにいかなかった。

1　のに　　2　のも　　3　のと　　4　のから

27　はたして未来への希望（　　　　）人はこの厳しい時代を乗り越えられるものだろうか。

1　ながらも　　2　ならでは　　3　をおいて　　4　なくして

28　「皆様のご支援にお応えできます（　　　　）努力を重ねて参りたいと思います。」

1　こと　　2　もの　　3　べく　　4　よう

29　A「すみません、部長。昨日の出張報告書なんですけど、（　　　　）でしょうか。」
B「ああ、読んだよ。うまくいって良かったな。」

1　お目にかかりました　　2　ご覧いただけました
3　拝見されました　　4　お読みさしあげました

30　相手の事情も考えて返答をあいまいにしてきたが、やはり「できない（　　　　）」とはっきり断ったほうが相手のためにもよさそうだ。

1　ものでもあるまい　　2　にかたくない
3　ものはできない　　4　にはおよばない

31 A「今度の対戦相手は強豪らしいよ。」
B「うちのチームが万全のとき（　　　　）、今はけが人が多いから、今度は厳しいかもね。」

1 いかんによっては　　2 までもなく
3 ならまだしも　　4 なりなんなり

32 A「これ、いただいていいんですか。」
B「気に入って（　　　　）。」
A「ありがとうございます。こんなおしゃれな手袋、初めてです。」

1 もらえるとうれしいんだけど　　2 あげないと困るんだけど
3 願えないものかなあ　　4 お願いしたいんだがなあ

33 A「山田さんたち、きのう飲みに行ったんだってね。」
B「なんだ、だったら声をかけてくれればいい（　　　　）、水くさいなあ。」

1 ものを　　2 こととて　　3 がゆえに　　4 にしろ

34 会社に対する不満を（　　　　）、かといって不満を抑えてばかりでは体に悪い。

1 言い出しても差し支えないのに　　2 言い出せずじまいのくせに
3 言い出すに越したことはないから　　4 言い出せばきりがないが

35 このような事態を引き起こしておいて、担当者本人が「想定外だった」というのは、責任逃れ（　　　　）。

1 と言うよりほかないのだろうか　　2 どころの話ではないだろう
3 以外のなにものでもないだろう　　4 などもってのほかではなかろうか

問題６　次の文の＿★＿に入る最もよいものを、１・２・３・４から一つ選びなさい。

（問題例）　きのう ＿＿＿ ＿＿＿ ＿★＿ ＿＿＿ はとてもおいしかった。

1　母　　2　買ってきた　　3　が　　4　ケーキ

（解答の仕方）

1.　正しい文はこうです。

きのう ＿＿＿ ＿＿＿ ＿★＿ ＿＿＿ はとてもおいしかった。
1　母　3　が　2　買ってきた　4　ケーキ

2.　＿★＿に入る番号を解答用紙にマークします。

（解答用紙）　（例）　①　●　③　④

36　友人の就職が決まったので、「おめでとう」と携帯電話でメールを送ったら、友人も ＿＿＿ ＿＿＿ ＿★＿ ＿＿＿ 返事をよこしてきた。

1　うれしかった　　2　すぐに　　3　よほど　　4　らしく

37　彼が結婚を選ばなかったのは、＿＿＿ ＿＿＿ ＿★＿ ＿＿＿ 相手がいなかったからといったほうが正しい。

1　というよりも　　2　自由でいたかったから

3　むしろ　　4　独身のまま

38　A「田中さんの仕事、大変そうだね。」
B「うん、外国人相手だから、＿＿＿ ＿＿＿ ＿★＿ ＿＿＿ みたいだね。」

1　さすが　　2　苦戦している　　3　の　　4　田中さんも

39 部下たちはこの仕事に対する部長の思いを ＿＿＿＿ ＿＿＿＿ ＿★＿ ＿＿＿＿ 部長の気持ちが痛いほどわかった。

1 だけに
2 途中で中止せざるをえなかった
3 なおさら
4 知っていた

40 中川さんが黙ってさえいれば ＿＿＿＿ ＿★＿ ＿＿＿＿ ＿＿＿＿ いったいなんということをしてくれたのだろう。

1 彼女は
2 このことは
3 すんだのに
4 だれにも知られずに

問題7　次の文章を読んで、文章全体の趣旨を踏まえて、41 から 45 の中に入る最もよいものを、1・2・3・4から一つ選びなさい。

以下の文章は、友人から仕事のことで相談を受けた女性が書いたものである。

昨日まで続いた寒さも和らぎ、こちらはもう春の訪れが近いようです。

仕事の件については電話でも話しましたが、あれからまた、考えてみたことを書いてみます。考え方自体は私も秋子と変わりません。できるだけ 41 と思うのです。これは私自身の経験からも言えることですし、また、今の状況からも仕事を変えることは大変だと思います。もっといい仕事が見つかれば何も問題はないのですが、42 、一度正社員の仕事を手放して、次の仕事が見つかるまでアルバイトをして、ということになると思うのですが、そうなると今度はなかなか正社員に戻れない 43 と心配なのです。

前に秋子にも話したことがあると思うのですが、私も一度会社を辞めようかと思ったことがあって、その時うちのお父さんに言われたことがあります。

世の中、テレビや雑誌を見ていて、みんな好きな仕事をしているように見えるけど、そんなことはない。みんな陰では努力してるし、がまんもしている。それが見えない人がころころ仕事を変えるんだ。44 、おまえがもし今の仕事を続けたら人間としてダメになると思うのなら、そのときは迷わず辞めた方がいい、と。

この言葉が今の私を 45 。秋子の役に立つかどうかはわかりませんが、どうぞ後悔しないようにしてください。遠くから応援しています。

41

1 仕事のことで悩まないほうがいい　2 仕事のことで相談したほうがいい

3 今の仕事は変えたほうがいい　4 今の仕事を続けたほうがいい

42

1 そうでなければ　2 それはそうと

3 そんなことより　4 そういえば

43

1 のみだ　2 しまつだ　3 のでは　4 ものか

44

1 なるほど　2 さも　3 もしくは　4 ただ

45

1 お支えしています　2 支えてくれています

3 支えてやっています　4 支えさせてもらっています

問題8　次の（1）から（4）の文章を読んで、後の問いに対する答えとして最もよいものを、1・2・3・4から一つ選びなさい。

（1）

　病院に定期的に通うお年寄りを見ていると袋にいっぱいの薬をもらってくる。それを見て、「病院はお金をもうけるために必要のない薬まで出している」という話をする人がいる。 だが現実には薬の販売価の90%以上が原価なので、ほとんど儲からないという。しかも今は病院の外にある薬局で薬をもらうのが普通だから、どんなに多くの薬を出しても病院では処方料を得るだけである。お年寄りの薬が多くなるのは複合的な病気を持つ人が多いからだ。それぞれの症状に標準的な処方をすれば自然に薬は増える。医療の分業が進んで自分の専門以外はマニュアルに従うしかないから、標準処方は避けられない。さじ加減のできる医師はもう遠い昔の話になったのだ。

46　この文章で筆者が述べていることは何か。

1　以前は病院が薬でもうけていたが、今は病院で薬が出せなくなっている。

2　お年寄りがたくさん薬をもらうのは、それを飲めば安心できるからだ。

3　病院で薬をたくさん出すのは、患者の病気に合う薬の種類が多いからだ。

4　医者がどんな病気も一人で直せた時代は、薬は今より少なかった。

(2)

「環境にやさしい」という言葉が商品の宣伝文句に多用されるようになって、それが何かいいことのように思われているが、その商品を作り出す過程においては、大量の環境汚染物質が排出されることは隠されている。そこに落とし穴がある。人間が工業製品を産み出すことと、「環境にやさしい」という言葉との間には本質的な矛盾があるのであって、その二つが結びつけられているからなのだ。

47 筆者によると、本質的な矛盾とは何か。

1 「環境にやさしい」商品は、他の商品と比較してもあまり差はないこと
2 いくら「環境にやさしい」商品でも、環境を汚さずには生産できないこと
3 消費者は商品の宣伝にだまされて「環境にやさしい」と思い込んでしまうこと
4 「環境にやさしい」商品は、商品としての効果や性能が期待できないこと

(3)　以下は、ある会社が取り引き先に送った文書である。

株式会社都市デザイン
総務課　川村　真一　様

株式会社山田製作所
販売課　山田　太郎

（略）

先日、貴社宛てにお送りいたしました注文品を取り調べましたところ、品違いであったことが判明いたしました。誠に申し訳ございません。

直ちにご注文書どおりの品をお送りいたしましたので、お改めの上、お受け取りください。

私どもの不注意によりご迷惑をおかけする結果となり、深くお詫びいたします。今後は一層厳しく検査態勢を整えて参りますので、何とぞ従来同様お取引を続けられますようお願い申し上げます。

なお、誤送した品は、恐れ入りますが、折り返し、送料着払いにてご返送いただきたく、あわせてお願い申し上げます。

48　この文書を受け取った者は、何をしなければならないか。

1　まちがった品物が届いた時点で、中身を調べ確認の電話をする。

2　注文した通りの品物が届いた時点で、中身を調べ確認の電話をする。

3　まちがった品物を返品し、再度注文し直す。

4　まちがった品物を返品し、注文通りの品物が届いたら確認する。

(4)

例えばプレゼントひとつとってみても、人が物を贈るときにいきなり高価なものを送りつけたりしたら、相手に疑念を抱かせてしまうのは当たり前のことでしょう。近ごろの消費社会にどっぷり浸かった若い人の中にはそれをホイホイと喜んで受け取る者もいるかもしれませんが、そんな自分に不相応（ふそうおう）な物は迷惑に思って受け取らないのがまともな人の対応というものでしょう。

そこで、そういうふうに思わせないことが贈る側の心得ということになります。

49 筆者は、贈る側の心得をどのようにとらえているか。

1 若い人に不相応（ふそうおう）な物は贈らないようにすること

2 高価なものを贈るときは前もって連絡すること

3 喜んで受け取ってもらえるようなものを選ぶこと

4 相手が受け取らない場合があることも承知しておくこと

問題9　次の（1）から（3）の文章を読んで、後の問いに対する答えとして最もよいものを、1・2・3・4から一つ選びなさい。

（1）

何かを習得しようとするとき、人に直接教えてもらうよりも、人のやり方を目で見て必死で真似をしたもののほうが身につくという。

師匠と弟子という関係がそれである。師匠は、最初は何も教えない。意味のないような雑用ばかりをやらせる。弟子は、いつ教えてくれるのか、いつになったら自分は成長できるのかと、焦りと意欲がどんどん大きくなっていく。やがて、師匠の姿をこっそり見ながら、どうすれば同じようにできるかと自分自身で研究し始める。そうして、ついに同じことができるようになった喜び。１人で成し遂げたという満足感。実はそれこそ、①師匠が意図していたことなのである。

初めから手取り足取り教えてしまうと、逆に成長しなくなるようである。やらされているという②受け身の姿勢になり、分からなければ聞けばいいという甘えが出る。教えてもらえないという焦りが、意欲と自発的な心を育て、自分で工夫することで自信とプライドが生まれるのである。

「学ぶ」の語源は、「真似ぶ」であるという。真似をすることが学ぶことなのだ。誰も教えてくれない、誰も分かってくれないと思っている間は残念ながら成長する見込みがない。尊敬できる人を見つけ、その姿を真似することが成長への近道である。

50 ①師匠が意図していたこととは何か。

1 意味のないような雑用も大切な訓練であると理解させること

2 成長できないことにも焦らない、強い精神力をつけさせること

3 自分の力のなさを自覚し、必死に学ぶ習慣をつけさせること

4 自分で考え、自ら達成感を感じられるようにすること

51 ここでの②受け身の姿勢とはどういうことか。

1 自分の意欲とは関係なしに教わること

2 師匠の姿をそのまま真似すること

3 師匠が最初から最後まで丁寧に教えること

4 教えてもらえないという不安がないこと

52 この文章で筆者が言いたいことは何か。

1 分からないことを誰かに教えてもらうことには意味がない。

2 誰も教えてくれない場合でも、自分一人で十分に成長できる。

3 成長しようと思うなら、良い人の姿を真似することが一番である。

4 尊敬できる人が見つかるまでは、近くにいる人を真似すればいい。

(2)

(注1)立秋（りっしゅう）の便りが届いたというのに、群馬県上野村（ぐんまけんうえのむら）の私の家では、まだ夏の仕事が山積みになっている。畑仕事、夏の山の手入れ、草刈り、木の(注2)剪定（せんてい）、こういう状態が続くと、村の人間としては、①よくないことをしているような気分になってくる。

といっても、それらはいずれも、経済の合理性から見れば、しなくてもよい仕事ばかりである。自分で畑を作るよりは、作物をもらったり買ったりしたほうが効率的だし、山の手入れをしなければ困る経済的な理由が、私にあるわけでもない。私の仕事の遅れが、環境や社会に負担を与えていることもないだろう。それなのに、村の人間としては、②そう簡単に開き直ってしまう気分にはなれないのである。

私たちが何気なく使っている「仕事」という言葉には、異なった二つの意味合いがあるのだと思う。一つは自分の役割をこなすということであり、もう一つは自分の目的を実現するための働きである。例えば、「それは私の仕事です。」と言う時の「仕事」は、自分の役割を指している。それに対して、「自分の能力を生かせる仕事」と言った時の「仕事」は、自分の目的をかなえられる労働を意味している。

私にはこの違いは、日本の伝統的な仕事観と、近代以降の仕事観との相違からきているという気がする。伝統的な日本の仕事観は、自分の役割をこなすことの中にあったのではないか、と。だから、夏の村の仕事が山積みになっている時、私は伝統的な仕事観に基づいて、村の人間としての役割がこなせていないという罪悪感を抱く。ところが、自分の目的を実現するという近代以降の仕事観に立てば、村の夏の仕事が遅れているからと言って恥じることはなくなる。私の畑仕事など、趣味でしかないということになるだろう。

（内山節「「おのずから」を感じ取る」『信濃毎日新聞』2005年8月13日）

(注1) 立秋（りっしゅう）: 秋の始まる日。8月8日ごろ

(注2) 剪定（せんてい）: 木の形を整えるため、枝の一部を切り取ること

53 ①よくないことをしているような気分になってくるとはどういうことか。

1 法律を破った犯罪者のような感じを覚える。

2 自分がなまけ者になったような恥ずかしい思いをする。

3 やるべきことをやらない罪悪感を覚える。

4 何をやってもうまくいかなくて情けなくなる。

54 ②そう簡単に開き直ってしまう気分にはなれないとはどういうことか。

1 自分のせいで周囲に迷惑をかけているのだから平気ではいられない。

2 村の仕事はしなくてもよいと割り切って考えられない。

3 お金のために自分の畑で野菜を作って売ろうとは思わない。

4 畑の仕事ができないからといって村の人に助けてもらおうとは思わない。

55 仕事について、筆者が言いたいことは何か。

1 仕事という言葉の意味は二つあるのだから、村の仕事のことで恥じる必要はない。

2 仕事という言葉の意味は二つあるのだから、自分の役割はちゃんとこなすべきだ。

3 仕事という言葉の意味には二つあり、自分は伝統的な仕事観に立っている。

4 仕事という言葉の意味には二つあり、両方を分けて考えなければならない。

(3)

恐怖とは、生物が生まれながらにもっている危険に対処する心の仕組みである。恐怖を感じる状態になれば、心臓はドキドキして、手に汗握り、他の考えは頭から一掃され、恐怖の対象に意識を集中する。例えば、何らかの敵が暗闇から襲ってくれば、生死をかけた判断を一瞬にして下さねばならない。戦うか逃げるかどちらにしても俊敏な行動が求められるので、心臓というポンプが手足に血液を送り、準備を整えるのである。

しかも、①この準備は「過剰」になりやすい。ほんとうに危険かどうかわからない段階でも、平静であってはいけない。危険が確実になるまで様子を見ていたら、準備が遅れて命にかかわるかもしれないからだ。時間がかかる論理的な思考も一時ストップせねばならない。つまり、ちょっとの危険でも俊敏に察知するような「恐怖を感じやすい生物」が、生き残るのである。

今日まで生き残ってきた私たち人類も「恐怖を感じやすい生物」である。しかし、現代の生活環境では必要がなくなった恐怖感情も多い。危険なヘビがいない環境では、ヘビ恐怖はもはや役に立たない。さらに、弊害が生じた恐怖感情も多い。ある種の危険に敏感な人は、しばしばその恐怖が(注)高じて日々の生活に支障が出るほどになり、「恐怖症」と呼ばれる。高所恐怖症の人は都会の高層オフィスでは働けないし、閉所恐怖症の人は満員電車やエレベーターに乗れない。生き残るために鋭敏になった感情が、現代社会ではかえって災いになるとは、②皮肉なものである。

（石川幹人『人はなぜだまされるのか』講談社ブルーバックス）

(注) 高じる：程度がひどくなる

56 筆者は、恐怖を感じると心臓がドキドキするのはなぜだと言っているか。

1 すばやく行動するためには血液を手足に送らなければならないから

2 もともと人が生物として生まれたときからもっている心の反応だから

3 他のことは考えず、恐怖の対象に意識を集中しなければならないから

4 敵から身を守るためには、一瞬で逃げるかどうか判断しなければならないから

57 ①この準備は「過剰」になりやすいとあるが、なぜか。

1 危険が確認できるまで、平静でいなければならないから

2 危険なときに平静でいるために、何度も訓練しなければならないから

3 生き残るためには、危険な状態に慣れていなければならないから

4 危険に対し過剰に反応するぐらいでないと生き残れないから

58 ②皮肉なものであるとあるが、筆者は何が皮肉だと言っているか。

1 危険に満ちた現代社会なのに、恐怖を感じなくなったこと

2 生き残るための恐怖感情が精神的な病気の原因になること

3 社会が発展すればするほど恐怖感情は役に立たなくなること

4 「恐怖症」は本来、現代の生活環境には必要のないものであること

問題10　次の文章を読んで、後の問いに対する答えとして最もよいものを、1・2・3・4から一つ選びなさい。

私は、戦略を「人、組織が死活的に重要だと思うことにおいて、目標を明確に認識する。そして、その実現の道筋を考える。かつ、相手の動きに応じ、自分に最適な道を選択する手段」であると定義したい。

一見、何でもない。だが、通常、戦略の定義に「相手の動きに応じ、自分に最適な道を選択する手段」という記述はない。しかし、①戦略を考える時、「自分に最適」の意識を持つことは、極めて重要である。

正直、私自身、かつては戦略を異なった形で定義していた。「自分に最適な道を選択する手段」ではなく、「相手より優位に立つ手段」と見ていた。領土の奪い合いや戦争では、自分の得は相手の損だ。「相手より優位に立つ」「相手をやっつける」という視点で戦略を考える。それを洗練させたものが過去の戦略論だった。

世界の多くの政治家は「相手より優位に立つ」ことを求めて政治に臨んできた。アメリカを代表する国際政治学者であるジョセフ・ナイ教授は、「キッシンジャーやニクソンは、アメリカの国力を極大化し、アメリカの安全保障を阻害する他国の能力を極小化しようとした」と記述している。

これは、いわゆる②「ゼロサム・ゲーム」である。ゼロサム・ゲームとは、経済学・数学における「ゲームの理論」から来た用語で、参加者の得点と失点の(注1)総和(そうわ)がゼロになる状況を言う。つまり、自分の得は相手の損、相手の損は自分の得。勝つためには、相手のマイナスを探し、弱点を突けばよい。

ゼロ・サムゲームを明確に示すのが(注2)麻雀(まーじゃん)である。他方、「相手の動きに応じ、自分に最適な道を選択する」のは(注3)囲碁(いご)である。今日(こんにち)戦略を考える際、「ゲームの理論」やコンピューターの利用が不可欠である。不思議なことに戦略関連の人には囲碁(いご)プレーヤーが多い。

「ゲームの理論」とは、利害の一致しない状況における当事者間の、合理的意思決定や合理的配分法とは何かを考えるための理論である。

（中略）

私はこの本を書くにあたって、今一度、戦略の本や論文を読み返した。さらに、経営戦略論や「ゲームの理論」に手を広げた。

そして「ゲームの理論」を見て、新たな確信が出てきた。「日本の戦略はどうあるべきか」を考える際、戦略を「相手より優位に立つ手段」と規定するのは、狭すぎると気づいた。「自分に最適な道を選択する手段」の視点を持つことで、選択の幅が広がる。そして究極的に勝利することができるのである。

（孫崎享『日本人のための戦略的思考入門』祥伝社新書）

(注1) 総和（そうわ）: 全体の合計

(注2) 麻雀（まーじゃん）: 中国を起源とする4人用のテーブルゲーム

(注3) 囲碁（いご）: 中国を起源とする2人用のボードゲーム

59 ①戦略を考える時、「自分に最適」の意識を持つことは、極めて重要であるとあるが、筆者はなぜこのように考えるのか。

1 世界の多くの政治家には例のないユニークな考え方だから

2 通常の戦略にはない経営やゲームの戦略を取り入れた考え方だから

3 目標を明確にし、組織を危機から救う考え方だから

4 選択の幅を広げ、勝利に導いてくれる考え方だから

60 筆者は、戦略に関して以前はどのように考えていたか。

1 「相手より優位に立つ手段」をさらに洗練させようと考えていた。

2 「相手より優位に立つ」ことが戦略の目的だと考えていた。

3 「相手より優位に立つ」ことより領土を奪うことが第一だと考えていた。

4 「相手より優位に立つ」ために相手の損失よりも自分の得が大事だと考えていた。

61 ここでの②「ゼロサム・ゲーム」とは何か。

1 相手の損失がそのまま自分の利益を意味するゲーム

2 相手の弱点を探し、自分に最適な方法を探すゲーム

3 最新のコンピューターを利用した囲碁(いご)のようなゲーム

4 対立相手がいる状況で合理的な解決方法を競うゲーム

62 この文章で筆者が最も言いたいことは何か。

1 正しい戦略を立てるためには、「ゲームの理論」を応用することが極めて重要である。

2 まず、相手に勝つことだけが戦略の目的ではないと自覚することからすべては始まる。

3 どんなに優れた戦略を立てても、戦略の定義が間違っていれば勝利に結びつくことはない。

4 相手との利害関係ばかり意識するのでなく自分に最適な道を探ることこそが戦略だ。

次のページに問題11が続きます。

問題11　次のAとBの文章を読んで、後の問いに対する答えとして最もよいものを、1・2・3・4から一つ選びなさい。

A

成熟した社会では、行政に医療や福祉の面倒をみてもらうのではなく、必要なときに自分の判断で必要な分だけサービスを受けられるようにしたほうが合理的だと言えるだろう。

日本人は、あらかじめ給料から税金が差し引かれるシステムに慣れてしまっていて、税金を払っているという実感が弱く、またその使われかたにも関心を持たない者が多い。それではいつまでたっても行政に面倒をみてもらうという意識を捨てられない。税金は安くして、その代わり病気や老後のことは自己の責任で対応するべきだ。

B

若いころから一生懸命働き、自分の仕事に誇りを持ち、家族を養い社会人としての義務を果たしてきた人が、老後も安心して暮らせるような社会こそ成熟した社会と言えるでしょう。そのためには、医療や福祉が充実していなければなりません。それにはどうしても国や地方自治体の保障が必要です。何でも自分の思いどおりになる恵まれた人はいいのです。そんなごくわずかな人ではなく、一般の大多数の人が将来に不安を抱くことなく暮らせるようにすることが行政の役目だと思います。そのために高い税金を払っているのですから。

63 医療や福祉について、AとBはどのような考えを持っているか。

1 Aは行政による医療や福祉からの自立を主張しているが、Bはその必要性を主張している。

2 Aは行政による医療や福祉は必要ないと主張し、Bはそれが不足していると主張している。

3 AもBも医療や福祉が充実していることが社会の成熟度を表すと言っている。

4 AもBも医療や福祉を充実させるためには、行政の力が必要だと言っている。

64 税金について、AとBはどのような考えを持っているか。

1 Aは税金にあまり関心がないが、Bはもっと税金を高くしたほうがいいと考えている。

2 Aは税金は安いほうがいいと考え、Bはもっと老後の保障に使うべきだと考えている。

3 AもBも税金は安くして、一般市民の負担を軽くし不安をなくすべきだと考えている。

4 AもBも税金は安いほうがいいが、医療や福祉がおろそかになるのは困ると考えている。

問題12　次の文章を読んで、後の問いに対する答えとして最もよいものを、1・2・3・4から一つ選びなさい。

山岡市では3月18日(土)から3月20日(月)まで山岡線中央駅前と市内大通り公園前で道路空間の有効活用のための(注1)社会実験を実施した。その目的はこれまで中央駅前のバスロータリー周辺の空間が交通機関利用のためのスペースとしてしか認識されていなかったことと、市内でもっともにぎやかな地域である大通り公園が駅と切り離されているという批判があったため、①その解消方法を検証するためだった。今まで中央駅の乗降客が大通り公園に行くためには山岡線で次の駅まで行って降車後、徒歩で10分ほど歩くという不便さがあった。一方、バスを利用して「大通り公園前」で降車しようとする客は、複雑な駅前のロータリーで公園行きのバスを探すために(注2)右往左往することを余儀なくされた。

②実験の内容は駅前から大通り公園まで直線で1kmの間を交通規制によって広場化することで、その空間を多様な目的に利用し、人々が広場を通過しながら無理なく大通り公園に至るように導くことを目指した。広場の利用方法についてはこれまで市の広報誌を通じて寄せられた様々なアイデアを生かして、それぞれの年代の要望に合わせて設計することにした。具体的には駅にもっとも近いロータリーには噴水とゆったりした椅子や花壇を設置して中高年層が余裕ある時間を過ごせるようにした。別のゾーンでは(注3)路上パフォーマンスができる野外スペースと(注4)オープンカフェをメインにした若者向けのイベント会場を確保した。さらに公園と直結したやすらぎ池の水路としばふの広場では子どもたちが自然に親しめる観察コーナーを整備して学習と遊びを兼ねたスポットにすることを試みた。

実験の結果から3日間にわたり1万人の人々が訪れたことは何より市民の積極的な参加が実現したことを物語っていた。「市民のための政策」を一方的に自治体が進める方式から、市民が主体的に政策を受容し進行させることで、より活気に満ちた地域社会を作り出すことができる可能性が示された。駅前広場の有効活用や観光・商業地域の活性化対策といった限定された課題と対策のために実施された社会実験が、当初の予想を超えた住民の肯定的な反応によって地方自治の新しい方向性を提起するという、主催者の思惑を超えて有意義な実験結果をもたらしたと言えるだろう。

(注1) 社会実験：新しい政策や技術を導入する前に地域や期間を限定して実施しながら効果や問題点を明らかにすること

(注2) 右往左往する：どうすればいいかわからずにあわてること

(注3) 路上パフォーマンス：道路上で楽器演奏や舞踊などを見せること

(注4) オープンカフェ：店の外に席を置くなど開放的な演出をしたカフェ

65 筆者は中央駅前のスペースをどのようにしようと考えているか。

1 駅前のバスロータリーを整備して、バスを探しやすくする。

2 バスを利用するためだけのスペースを別の目的に利用する。

3 バスに乗る場所を移して、オープンカフェを作る。

4 大通り公園につながるように、新しい通路を作る。

66 ①その解消方法とは何を解消しようとしているのか。

1 中央駅前と大通り公園の間の交通混雑

2 中央駅前と大通り公園前の集客格差

3 駅の乗降客の整理と公園から駅までの距離の短縮化

4 駅前のロータリー周辺と大通り公園への交通の不便さ

67 ②実験の内容はどんなものだったか。

1 駅前から大通り公園まで交通規制して所要時間が短縮できるか測定した。

2 様々な年代の要望に合わせた施設を設置して利用者の参加人数などを調査した。

3 市の広報誌を通じて広場の利用アイデアの内容を比較検討した。

4 年齢によって市政に期待することが違っていることを確認した。

68 筆者はこの社会実験を通じて、どのようなことが明らかになったと考えているか。

1 市民の多くが道路を広場として利用することを希望している。

2 駅前広場の有効利用方法と商業地域を活性化する対策が必要だ。

3 地方行政は住民が主体的に参画する方向で進めることが望ましい。

4 自治体は市民の意見を調べながら「市民のための政策」を立てるべきだ。

次のページに問題13が続きます。

問題13　次は、富士山マラソンの参加者を募集したものである。下の問いに対する答えとして最もよいものを、１・２・３・４から一つ選びなさい。

69　次の６人のうち、富士山マラソンに参加できない人は何人か。

	年齢	公認記録	参加種目	資格等
1	17歳男	10km 35分	マラソン一般	高校の陸上競技選手、マラソンに初めて挑戦
2	18歳女	10km 34分	10km18歳以下	高校の陸上競技選手、マラソン選手を志す
3	20歳男	ハーフ 1時間12分	マラソン競技者	大学の陸上競技選手、マラソン選手を志す
4	24歳女	なし	マラソン一般	マラソン3回目、耳が不自由だが毎回単独で参加する
5	32歳男	なし	マラソン車いす	マラソン挑戦2回目、前回の記録2時間3分
6	34歳女	マラソン 2時間31分	マラソン競技者	昨年まで企業に所属しマラソン選手として国内外の競技に参加、現在はフリー

1　２人

2　３人

3　４人

4　５人

70　オーストラリア人の女性スミスさんは前回は競技者として参加し、記録が3時間を超えてしまった。それで、今回は「マラソン一般」に参加しようと考えているが、現在、自宅のパソコンが使えない状態である。どうすればいいか。

1　まず、電話でエントリーセンターに連絡し、応募方法を相談する。

2　まず、友人に頼んで、電子メールでエントリーセンターに連絡する。

3　まず、指定口座に参加費を入金する。

4　まず、専用申込用紙を入手する。

富士山マラソン　参加者募集

◇種目

(1) マラソン（一般男女 / 競技者男女 / 車いす男女）制限時間：8時間

(2) 10km（18歳以下 / 車いす男女）制限時間：2時間

◇参加資格

(1) マラソン：大会当日満19歳以上

① 一般：7時間40分以内に完走できる方（障害者、本大会が推薦する国内・国外の方を含む）

※ 障害を持つ方で単独走行が困難な場合は伴走者を1人つけてください。

② 競技者：国内外の公認競技会で以下の公認記録を出した方

男子マラソン2時間30分以内、ハーフ1時間10分以内、10km 30分以内
女子マラソン2時間55分以内、ハーフ1時間20分以内、10km 35分以内

参加申込方法：氏名、フリガナ、生年月日、所属名を記載し、「競技者参加希望」というタイトルでエントリーセンターに電子メールで連絡してください。

③ 車いす：レース仕様車で2時間30分以内に完走できる方 計25人
（健常者の参加は不可）

(2) 10km

① 18歳以下：大会当日満16歳から満18歳までの1時間40分以内に完走できる方 計275人

② 車いす：大会当日満16歳以上、レース仕様車で60分以内に完走できる方 計25人
（健常者の参加は不可）

◇参加申込

(1)方法：インターネットまたは専用申込用紙で申し込みください。
なお、専用申込用紙による申し込みを希望の方は、①返信用切手　②返信用封筒を同封の上、「富士山マラソンエントリーセンター」までご請求ください。
※ 専用申込用紙の場合には申し込み時に事務手数料500円の払い込みが必要です。

(2) 入金：当選者は指定期日までに指定口座に参加料を入金してください。入金がない場合、当選は無効になります。
※ 専用申込用紙での申し込みの際、記入不備や判読不能等があった場合は落選となりますので、インターネットでの申し込みをお勧めします。

◇申し込みに関する注意事項【必ずお読みください】

(1) マラソンと10kmの同時申し込み・同時参加はできません。

(2) エントリーセンター及び事務局へのお電話によるお問い合わせ・照会等はできませんので、ご了承ください。

◀) 5회 음성 듣기

問題1

問題1では、まず質問を聞いてください。それから話を聞いて、問題用紙の1から4の中から、最もよいものを一つ選んでください。

1番

1　掃除機をごみに出す

2　粗大ごみのシールを貼る

3　ラジオをごみに出す

4　粗大ごみのシールを買う

2番

1 資料を人数分に分ける

2 資料をコピーする

3 プロジェクターを取りに行く

4 スクリーンを取りに行く

3番

1 申し込みのメールを送る

2 申込書を書く

3 お金を払う

4 会場に入る

4番

1　コピー用紙とホワイトボードのペン

2　コピー用紙とホワイトボードのペンとファイル

3　コピー用紙とファイル

4　コピー用紙とファイルとカタログ

5番

1　入院する

2　手術が終わるのを待つ

3　犬を連れて帰る

4　一人で自宅に帰る

6番(ばん)

1　52,600円(えん)

2　52,700円(えん)

3　62,500円(えん)

4　72,500円(えん)

問題２

問題２では、まず質問を聞いてください。そのあと、問題用紙のせんたくしを読んでください。読む時間があります。それから話を聞いて、問題用紙の１から４の中から、最も よいものを一つ選んでください。

1番

1　祝日に学校が休みにならないこと

2　授業数が少なくなること

3　補講を受けること

4　レポートが多くなること

2番（ばん）

1　電話（でんわ）の応対（おうたい）

2　備品（びひん）の注文（ちゅうもん）

3　報告書（ほうこくしょ）の締（し）め切（き）り

4　ごみの分別（ぶんべつ）

3番（ばん）

1　準備不足（じゅんびぶそく）だったこと

2　風邪（かぜ）をひいたこと

3　資料（しりょう）を忘（わす）れたこと

4　パソコンが動（うご）かなかったこと

4番(ばん)

1　先生(せんせい)がおもしろいこと

2　興味(きょうみ)のある内容(ないよう)であること

3　レポートがないこと

4　出席(しゅっせき)をとらないこと

5番(ばん)

1　家賃(やちん)が高(たか)いから

2　危(あぶ)ないから

3　湿気(しっけ)が多(おお)いから

4　夏(なつ)は暑(あつ)いから

6番

1　桜コース
2　桜コースと飲み放題プラン
3　お花見コース
4　桃コース

7番

1　お酒をかけること
2　片栗粉をまぶすこと
3　背ワタを取ること
4　殻をむくこと

問題３

問題３では、問題用紙に何も印刷されていません。この問題は、全体としてどんな内容かを聞く問題です。話の前に質問はありません。まず話を聞いてください。それから、質問とせんたくしを聞いて、１から４の中から、最もよいものを一つ選んでください。

― メ モ ―

問題４

問題４では、問題用紙に何も印刷されていません。まず文を聞いてください。それから、それに対する返事を聞いて、１から３の中から、最もよいものを一つ選んでください。

— メ　モ —

問題 5

問題５では、長めの話を聞きます。問題用紙にメモをとってもかまいません。

1番、2番

問題用紙に何も印刷されていません。まず話を聞いてください。それから、質問とせんたくしを聞いて、１から４の中から、最もよいものを一つ選んでください。

3番

まず話を聞いてください。それから、二つの質問を聞いて、それぞれ問題用紙の１から４の中から、最もよいものを一つ選んでください。

質問1

1　Aセット
2　Bセット
3　Cセット
4　Dセット

質問2

1　Aセット
2　Bセット
3　Cセット
4　Dセット

じゅけんばんごうを　かいて、その　したの　マークらんに
マークして　ください。
Fill in your examinee registration number in this box, and then mark the circle for each digit of the number.

じゅけんばんごう
Examinee Registration Number

2		A	1	0	1	0	0	0	1	-	1	0	0	0	1
⓪	⓪		⓪	●	⓪	●	●	●	⓪			●	●	●	⓪
①	①	●	●	①	●	①	①	①	●		●	①	①	①	●
●	②	Ⓑ	②	②	②	②	②	②	②		②	②	②	②	②
③	③		③	③	③	③	③	③	③		③	③	③	③	③
④	④		④	④	④	④	④	④	④		④	④	④	④	④
⑤	⑤		⑤	⑤	⑤	⑤	⑤	⑤	⑤		⑤	⑤	⑤	⑤	⑤
⑥	⑥		⑥	⑥	⑥	⑥	⑥	⑥	⑥		⑥	⑥	⑥	⑥	⑥
⑦	⑦		⑦	⑦	⑦	⑦	⑦	⑦	⑦		⑦	⑦	⑦	⑦	⑦
⑧	⑧		⑧	⑧	⑧	⑧	⑧	⑧	⑧		⑧	⑧	⑧	⑧	⑧
⑨	⑨		⑨	⑨	⑨	⑨	⑨	⑨	⑨		⑨	⑨	⑨	⑨	⑨

せいねんがっぴを　かいて、その　したの　マークらんに
マークして　ください。
Fill in your date of birth in this box, and then mark the circle for each digit of the number.

せいねんがっぴ(Date of Birth)

ねん Year					つき Month			ひ Day	
				-			-		
	⓪	⓪	⓪		⓪	⓪		⓪	⓪
①	①	①	①		①	①		①	①
②	②	②	②		②	②		②	②
	③	③	③		③	③		③	③
	④	④	④		④	④		④	④
	⑤	⑤	⑤		⑤	⑤		⑤	⑤
	⑥	⑥	⑥		⑥	⑥		⑥	⑥
	⑦	⑦	⑦		⑦	⑦		⑦	⑦
	⑧	⑧	⑧		⑧	⑧		⑧	⑧
	⑨	⑨	⑨		⑨	⑨		⑨	⑨

日本語能力試験　模擬試験　解答用紙

N1
言語知識(文字・語彙・文法)・読解

<ちゅうい　Notes>

1. くろいえんぴつ（HB、No.2）でかいてください。
   Use a black medium soft (HB or No.2) pencil.
   （ペンやボールペンではかかないでください。）
   (Do not use any kind of pen.)
2. かきなおすときは、けしゴムできれいにけして ください。
   Erase any unintended marks completely.
3. きたなくしたり、おったりしないでください。
   Do not soil or bend this sheet.
4. マークれい　Marking Examples

よいれい Correct Example	わるいれい Incorrect Examples
●	⊗ ◐ ◯ ⓪ ⊜ ◑ ◉

あなたの　なまえを　ローマじで　かいて　ください。

なまえ Name																						

問題 1				
1	①	②	③	④
2	①	②	③	④
3	①	②	③	④
4	①	②	③	④
5	①	②	③	④
6	①	②	③	④
問題 2				
7	①	②	③	④
8	①	②	③	④
9	①	②	③	④
10	①	②	③	④
11	①	②	③	④
12	①	②	③	④
13	①	②	③	④
問題 3				
14	①	②	③	④
15	①	②	③	④
16	①	②	③	④
17	①	②	③	④
18	①	②	③	④
19	①	②	③	④
問題 4				
20	①	②	③	④
21	①	②	③	④
22	①	②	③	④
23	①	②	③	④
24	①	②	③	④
25	①	②	③	④
問題 5				
26	①	②	③	④
27	①	②	③	④
28	①	②	③	④
29	①	②	③	④
30	①	②	③	④
31	①	②	③	④
32	①	②	③	④
33	①	②	③	④
34	①	②	③	④
35	①	②	③	④
問題 6				
36	①	②	③	④
37	①	②	③	④
38	①	②	③	④
39	①	②	③	④
40	①	②	③	④
問題 7				
41	①	②	③	④
42	①	②	③	④
43	①	②	③	④
44	①	②	③	④
45	①	②	③	④
問題 8				
46	①	②	③	④
47	①	②	③	④
48	①	②	③	④
49	①	②	③	④
問題 9				
50	①	②	③	④
51	①	②	③	④
52	①	②	③	④
53	①	②	③	④
54	①	②	③	④
55	①	②	③	④
56	①	②	③	④
57	①	②	③	④
58	①	②	③	④
問題 10				
59	①	②	③	④
60	①	②	③	④
61	①	②	③	④
62	①	②	③	④
問題 11				
63	①	②	③	④
64	①	②	③	④
問題 12				
65	①	②	③	④
66	①	②	③	④
67	①	②	③	④
68	①	②	③	④
問題 13				
69	①	②	③	④
70	①	②	③	④

日本語能力試験　模擬試験　解答用紙

N1
聴解

じゅけんばんごうを　かいて、その　したの　マークらんに　マークして　ください。
Fill in your examinee registration number in this box, and then mark the circle for each digit of the number.

じゅけんばんごう
Examinee Registration Number

2		A	1	0	1	0	0	0	1	-	1	0	0	0	1
⓪	⓪		⓪	●	⓪	●	●	●	⓪			●	●	●	⓪
①	①	●	●	①	●	①	①	①	●		●	①	①	①	●
●	②	Ⓑ	②	②	②	②	②	②	②		②	②	②	②	②
③	③		③	③	③	③	③	③	③		③	③	③	③	③
④	④		④	④	④	④	④	④	④		④	④	④	④	④
⑤	⑤		⑤	⑤	⑤	⑤	⑤	⑤	⑤		⑤	⑤	⑤	⑤	⑤
⑥	⑥		⑥	⑥	⑥	⑥	⑥	⑥	⑥		⑥	⑥	⑥	⑥	⑥
⑦	⑦		⑦	⑦	⑦	⑦	⑦	⑦	⑦		⑦	⑦	⑦	⑦	⑦
⑧	⑧		⑧	⑧	⑧	⑧	⑧	⑧	⑧		⑧	⑧	⑧	⑧	⑧
⑨	⑨		⑨	⑨	⑨	⑨	⑨	⑨	⑨		⑨	⑨	⑨	⑨	⑨

せいねんがっぴを　かいて、その　したの　マークらんに　マークして　ください。
Fill in your date of birth in this box, and then mark the circle for each digit of the number.

せいねんがっぴ(Date of Birth)

ねん Year					つき Month			ひ Day	
				-			-		
	⓪	⓪	⓪		⓪	⓪		⓪	⓪
①	①	①	①		①	①		①	①
②	②	②	②		②	②		②	②
	③	③	③		③	③		③	③
	④	④	④		④	④		④	④
	⑤	⑤	⑤		⑤	⑤		⑤	⑤
	⑥	⑥	⑥		⑥	⑥		⑥	⑥
	⑦	⑦	⑦		⑦	⑦		⑦	⑦
	⑧	⑧	⑧		⑧	⑧		⑧	⑧
	⑨	⑨	⑨		⑨	⑨		⑨	⑨

<ちゅうい　Notes>

1. くろいえんぴつ（HB、No.2）でかいてください。
   Use a black medium soft (HB or No.2) pencil.
   (ペンやボールペンではかかないでください。)
   (Do not use any kind of pen.)
2. かきなおすときは、けしゴムできれいにけしてください。
   Erase any unintended marks completely.
3. きたなくしたり、おったりしないでください。
   Do not soil or bend this sheet.
4. マークれい　Marking Examples

よいれい Correct Example	わるいれい Incorrect Examples
●	⊗ ◌ ◯ ⊙ ⊜ ◐ ●

あなたの　なまえを　ローマじで　かいて　ください。

なまえ Name	

問題 1

1	①	②	③	④
2	①	②	③	④
3	①	②	③	④
4	①	②	③	④
5	①	②	③	④
6	①	②	③	④

問題 2

1	①	②	③	④
2	①	②	③	④
3	①	②	③	④
4	①	②	③	④
5	①	②	③	④
6	①	②	③	④
7	①	②	③	④

問題 3

1	①	②	③	④
2	①	②	③	④
3	①	②	③	④
4	①	②	③	④
5	①	②	③	④
6	①	②	③	④

問題 4

1	①	②	③
2	①	②	③
3	①	②	③
4	①	②	③
5	①	②	③
6	①	②	③
7	①	②	③
8	①	②	③
9	①	②	③
10	①	②	③
11	①	②	③
12	①	②	③
13	①	②	③
14	①	②	③

問題 5

1	①	②	③	④
2	①	②	③	④
3 (1)	①	②	③	④
3 (2)	①	②	③	④

じゅけんばんごうを　かいて、その　したの　マークらんに　マークして　ください。
Fill in your examinee registration number in this box, and then mark the circle for each digit of the number.

↓

じゅけんばんごう
Examinee Registration Number

2		A	1	0	1	0	0	0	1	-	1	0	0	0	1
⓪	⓪		⓪	●	⓪	●	●	●	⓪			●	●	●	⓪
①	①	●	●	①	●	①	①	①	●		●	①	①	①	●
●	②	Ⓑ	②	②	②	②	②	②	②		②	②	②	②	②
③	③		③	③	③	③	③	③	③		③	③	③	③	③
④	④		④	④	④	④	④	④	④		④	④	④	④	④
⑤	⑤		⑤	⑤	⑤	⑤	⑤	⑤	⑤		⑤	⑤	⑤	⑤	⑤
⑥	⑥		⑥	⑥	⑥	⑥	⑥	⑥	⑥		⑥	⑥	⑥	⑥	⑥
⑦	⑦		⑦	⑦	⑦	⑦	⑦	⑦	⑦		⑦	⑦	⑦	⑦	⑦
⑧	⑧		⑧	⑧	⑧	⑧	⑧	⑧	⑧		⑧	⑧	⑧	⑧	⑧
⑨	⑨		⑨	⑨	⑨	⑨	⑨	⑨	⑨		⑨	⑨	⑨	⑨	⑨

せいねんがっぴを　かいて、その　したの　マークらんに　マークして　ください。
Fill in your date of birth in this box, and then mark the circle for each digit of the number.

↓

せいねんがっぴ(Date of Birth)

ねん Year					つき Month			ひ Day	
				-			-		
	⓪	⓪	⓪		⓪	⓪		⓪	⓪
①	①	①	①		①	①		①	①
②	②	②	②		②	②		②	②
	③	③	③		③	③		③	③
	④	④	④		④	④		④	④
	⑤	⑤	⑤		⑤	⑤		⑤	⑤
	⑥	⑥	⑥		⑥	⑥		⑥	⑥
	⑦	⑦	⑦		⑦	⑦		⑦	⑦
	⑧	⑧	⑧		⑧	⑧		⑧	⑧
	⑨	⑨	⑨		⑨	⑨		⑨	⑨

日本語能力試験　模擬試験　解答用紙

N1
言語知識(文字・語彙・文法)・読解

<ちゅうい　Notes>

1. くろいえんぴつ（HB、No.2）でかいてください。
Use a black medium soft (HB or No.2) pencil.
(ペンやボールペンではかかないでください。)
(Do not use any kind of pen.)
2. かきなおすときは、けしゴムできれいにけしてください。
Erase any unintended marks completely.
3. きたなくしたり、おったりしないでください。
Do not soil or bend this sheet.
4. マークれい　Marking Examples

よいれい Correct Example	わるいれい Incorrect Examples
●	⊗ ◌ ◯ ⊙ ⦶ ◐ ◍

あなたの　なまえを　ローマじで　かいて　ください。

↓

なまえ Name																						

問題 1	
1	① ② ③ ④
2	① ② ③ ④
3	① ② ③ ④
4	① ② ③ ④
5	① ② ③ ④
6	① ② ③ ④
問題 2	
7	① ② ③ ④
8	① ② ③ ④
9	① ② ③ ④
10	① ② ③ ④
11	① ② ③ ④
12	① ② ③ ④
13	① ② ③ ④
問題 3	
14	① ② ③ ④
15	① ② ③ ④
16	① ② ③ ④
17	① ② ③ ④
18	① ② ③ ④

19	① ② ③ ④
問題 4	
20	① ② ③ ④
21	① ② ③ ④
22	① ② ③ ④
23	① ② ③ ④
24	① ② ③ ④
25	① ② ③ ④
問題 5	
26	① ② ③ ④
27	① ② ③ ④
28	① ② ③ ④
29	① ② ③ ④
30	① ② ③ ④
31	① ② ③ ④
32	① ② ③ ④
33	① ② ③ ④
34	① ② ③ ④
35	① ② ③ ④
問題 6	
36	① ② ③ ④

37	① ② ③ ④
38	① ② ③ ④
39	① ② ③ ④
40	① ② ③ ④
問題 7	
41	① ② ③ ④
42	① ② ③ ④
43	① ② ③ ④
44	① ② ③ ④
45	① ② ③ ④
問題 8	
46	① ② ③ ④
47	① ② ③ ④
48	① ② ③ ④
49	① ② ③ ④
問題 9	
50	① ② ③ ④
51	① ② ③ ④
52	① ② ③ ④
53	① ② ③ ④
54	① ② ③ ④

55	① ② ③ ④
56	① ② ③ ④
57	① ② ③ ④
58	① ② ③ ④
問題 10	
59	① ② ③ ④
60	① ② ③ ④
61	① ② ③ ④
62	① ② ③ ④
問題 11	
63	① ② ③ ④
64	① ② ③ ④
問題 12	
65	① ② ③ ④
66	① ② ③ ④
67	① ② ③ ④
68	① ② ③ ④
問題 13	
69	① ② ③ ④
70	① ② ③ ④

日本語能力試験　模擬試験　解答用紙

N1
聴解

じゅけんばんごうを　かいて、その　したの　マークらんに　マークして　ください。
Fill in your examinee registration number in this box, and then mark the circle for each digit of the number.

じゅけんばんごう
Examinee Registration Number

2		A	1	0	1	0	0	0	1	-	1	0	0	0	1
⓪	⓪		⓪	●	⓪	●	●	●	⓪		⓪	●	●	●	⓪
①	①	●	●	①	●	①	①	①	●		●	①	①	①	●
●	②	Ⓑ	②	②	②	②	②	②	②		②	②	②	②	②
③	③		③	③	③	③	③	③	③		③	③	③	③	③
④	④		④	④	④	④	④	④	④		④	④	④	④	④
⑤	⑤		⑤	⑤	⑤	⑤	⑤	⑤	⑤		⑤	⑤	⑤	⑤	⑤
⑥	⑥		⑥	⑥	⑥	⑥	⑥	⑥	⑥		⑥	⑥	⑥	⑥	⑥
⑦	⑦		⑦	⑦	⑦	⑦	⑦	⑦	⑦		⑦	⑦	⑦	⑦	⑦
⑧	⑧		⑧	⑧	⑧	⑧	⑧	⑧	⑧		⑧	⑧	⑧	⑧	⑧
⑨	⑨		⑨	⑨	⑨	⑨	⑨	⑨	⑨		⑨	⑨	⑨	⑨	⑨

せいねんがっぴを　かいて、その　したの　マークらんに　マークして　ください。
Fill in your date of birth in this box, and then mark the circle for each digit of the number.

せいねんがっぴ(Date of Birth)

ねん Year					つき Month			ひ Day	
				-			-		
	⓪	⓪	⓪		⓪	⓪		⓪	⓪
①	①	①	①		①	①		①	①
②	②	②	②		②	②		②	②
	③	③	③		③	③		③	③
	④	④	④		④	④		④	④
	⑤	⑤	⑤		⑤	⑤		⑤	⑤
	⑥	⑥	⑥		⑥	⑥		⑥	⑥
	⑦	⑦	⑦		⑦	⑦		⑦	⑦
	⑧	⑧	⑧		⑧	⑧		⑧	⑧
	⑨	⑨	⑨		⑨	⑨		⑨	⑨

<ちゅうい　Notes>

1. くろいえんぴつ（HB、No.2）でかいてください。
   Use a black medium soft (HB or No.2) pencil.
   (ペンやボールペンではかかないでください。)
   (Do not use any kind of pen.)
2. かきなおすときは、けしゴムできれいにけしてください。
   Erase any unintended marks completely.
3. きたなくしたり、おったりしないでください。
   Do not soil or bend this sheet.
4. マークれい　Marking Examples

よいれい Correct Example	わるいれい Incorrect Examples
●	⊗ ◌ ◯ ◎ ⊜ ◐ ●

あなたの　なまえを　ローマじで　かいて　ください。

なまえ Name																						

問題1				
1	①	②	③	④
2	①	②	③	④
3	①	②	③	④
4	①	②	③	④
5	①	②	③	④
6	①	②	③	④

問題2				
1	①	②	③	④
2	①	②	③	④
3	①	②	③	④
4	①	②	③	④
5	①	②	③	④
6	①	②	③	④
7	①	②	③	④

問題3				
1	①	②	③	④
2	①	②	③	④
3	①	②	③	④
4	①	②	③	④
5	①	②	③	④
6	①	②	③	④

問題4			
1	①	②	③
2	①	②	③
3	①	②	③
4	①	②	③
5	①	②	③
6	①	②	③
7	①	②	③
8	①	②	③
9	①	②	③
10	①	②	③
11	①	②	③
12	①	②	③
13	①	②	③
14	①	②	③

問題5					
1		①	②	③	④
2		①	②	③	④
3	(1)	①	②	③	④
	(2)	①	②	③	④

じゅけんばんごうを　かいて、その　したの　マークらんに
マークして　ください。
Fill in your examinee registration number in this box, and then mark the circle for each digit of the number.

じゅけんばんごう
Examinee Registration Number

2		A	1	0	1	0	0	0	1	-	1	0	0	0	1
⓪	⓪		⓪	●	⓪	●	●	●	⓪			●	●	●	⓪
①	①	●	●	①	●	①	①	①	●		●	①	①	①	●
●	②	Ⓑ	②	②	②	②	②	②	②		②	②	②	②	②
③	③		③	③	③	③	③	③	③		③	③	③	③	③
④	④		④	④	④	④	④	④	④		④	④	④	④	④
⑤	⑤		⑤	⑤	⑤	⑤	⑤	⑤	⑤		⑤	⑤	⑤	⑤	⑤
⑥	⑥		⑥	⑥	⑥	⑥	⑥	⑥	⑥		⑥	⑥	⑥	⑥	⑥
⑦	⑦		⑦	⑦	⑦	⑦	⑦	⑦	⑦		⑦	⑦	⑦	⑦	⑦
⑧	⑧		⑧	⑧	⑧	⑧	⑧	⑧	⑧		⑧	⑧	⑧	⑧	⑧
⑨	⑨		⑨	⑨	⑨	⑨	⑨	⑨	⑨		⑨	⑨	⑨	⑨	⑨

せいねんがっぴを　かいて、その　したの　マークらんに
マークして　ください。
Fill in your date of birth in this box, and then mark the circle for each digit of the number.

せいねんがっぴ(Date of Birth)

ねん Year					つき Month			ひ Day	
				-			-		
	⓪	⓪	⓪		⓪	⓪		⓪	⓪
①	①	①	①		①	①		①	①
②	②	②	②		②	②		②	②
	③	③	③		③	③		③	③
	④	④	④		④	④		④	④
	⑤	⑤	⑤		⑤	⑤		⑤	⑤
	⑥	⑥	⑥		⑥	⑥		⑥	⑥
	⑦	⑦	⑦		⑦	⑦		⑦	⑦
	⑧	⑧	⑧		⑧	⑧		⑧	⑧
	⑨	⑨	⑨		⑨	⑨		⑨	⑨

日本語能力試験　模擬試験　解答用紙

N1
言語知識(文字・語彙・文法)・読解

<ちゅうい　Notes>

1. くろいえんぴつ（HB、No.2）でかいてください。
Use a black medium soft (HB or No.2) pencil.
（ペンやボールペンではかかないでください。）
(Do not use any kind of pen.)
2. かきなおすときは、けしゴムできれいにけして
ください。
Erase any unintended marks completely.
3. きたなくしたり、おったりしないでください。
Do not soil or bend this sheet.
4. マークれい　Marking Examples

よいれい Correct Example	わるいれい Incorrect Examples
●	⊗ ◌ ◯ ◎ ◍ ◐ ◉

あなたの　なまえを　ローマじで　かいて　ください。

なまえ Name	

問題 1	
1	① ② ③ ④
2	① ② ③ ④
3	① ② ③ ④
4	① ② ③ ④
5	① ② ③ ④
6	① ② ③ ④
問題 2	
7	① ② ③ ④
8	① ② ③ ④
9	① ② ③ ④
10	① ② ③ ④
11	① ② ③ ④
12	① ② ③ ④
13	① ② ③ ④
問題 3	
14	① ② ③ ④
15	① ② ③ ④
16	① ② ③ ④
17	① ② ③ ④
18	① ② ③ ④

19	① ② ③ ④
問題 4	
20	① ② ③ ④
21	① ② ③ ④
22	① ② ③ ④
23	① ② ③ ④
24	① ② ③ ④
25	① ② ③ ④
問題 5	
26	① ② ③ ④
27	① ② ③ ④
28	① ② ③ ④
29	① ② ③ ④
30	① ② ③ ④
31	① ② ③ ④
32	① ② ③ ④
33	① ② ③ ④
34	① ② ③ ④
35	① ② ③ ④
問題 6	
36	① ② ③ ④

37	① ② ③ ④
38	① ② ③ ④
39	① ② ③ ④
40	① ② ③ ④
問題 7	
41	① ② ③ ④
42	① ② ③ ④
43	① ② ③ ④
44	① ② ③ ④
45	① ② ③ ④
問題 8	
46	① ② ③ ④
47	① ② ③ ④
48	① ② ③ ④
49	① ② ③ ④
問題 9	
50	① ② ③ ④
51	① ② ③ ④
52	① ② ③ ④
53	① ② ③ ④
54	① ② ③ ④

55	① ② ③ ④
56	① ② ③ ④
57	① ② ③ ④
58	① ② ③ ④
問題 10	
59	① ② ③ ④
60	① ② ③ ④
61	① ② ③ ④
62	① ② ③ ④
問題 11	
63	① ② ③ ④
64	① ② ③ ④
問題 12	
65	① ② ③ ④
66	① ② ③ ④
67	① ② ③ ④
68	① ② ③ ④
問題 13	
69	① ② ③ ④
70	① ② ③ ④

じゅけんばんごうを かいて、その したの マークらんに マークして ください。
Fill in your examinee registration number in this box, and then mark the circle for each digit of the number.

じゅけんばんごう
Examinee Registration Number

2 A 1 0 1 0 0 0 1 - 1 0 0 0 1

日本語能力試験　模擬試験　解答用紙

N1
聴解

<ちゅうい Notes>

1. くろいえんぴつ（HB、No.2）でかいてください。
   Use a black medium soft (HB or No.2) pencil.
   (ペンやボールペンではかかないでください。)
   (Do not use any kind of pen.)
2. かきなおすときは、けしゴムできれいにけしてください。
   Erase any unintended marks completely.
3. きたなくしたり、おったりしないでください。
   Do not soil or bend this sheet.
4. マークれい　Marking Examples

よいれい Correct Example	わるいれい Incorrect Examples
●	⊗ ◌ ◯ ◎ ⊜ ◑ ●

あなたの　なまえを　ローマじで　かいて　ください。

なまえ Name

せいねんがっぴを　かいて、その　したの　マークらんに　マークして　ください。
Fill in your date of birth in this box, and then mark the circle for each digit of the number.

せいねんがっぴ(Date of Birth)

ねん Year	つき Month	ひ Day

問題 1

1	①	②	③	④
2	①	②	③	④
3	①	②	③	④
4	①	②	③	④
5	①	②	③	④
6	①	②	③	④

問題 2

1	①	②	③	④
2	①	②	③	④
3	①	②	③	④
4	①	②	③	④
5	①	②	③	④
6	①	②	③	④
7	①	②	③	④

問題 3

1	①	②	③	④
2	①	②	③	④
3	①	②	③	④
4	①	②	③	④
5	①	②	③	④
6	①	②	③	④

問題 4

1	①	②	③
2	①	②	③
3	①	②	③
4	①	②	③
5	①	②	③
6	①	②	③
7	①	②	③
8	①	②	③
9	①	②	③
10	①	②	③
11	①	②	③
12	①	②	③
13	①	②	③
14	①	②	③

問題 5

1		①	②	③	④
2		①	②	③	④
3	(1)	①	②	③	④
	(2)	①	②	③	④

じゅけんばんごうを　かいて、その　したの　マークらんに　マークして　ください。
Fill in your examinee registration number in this box, and then mark the circle for each digit of the number.

じゅけんばんごう
Examinee Registration Number

2		A	1	0	1	0	0	0	1	-	1	0	0	0	1

せいねんがっぴを　かいて、その　したの　マークらんに　マークして　ください。
Fill in your date of birth in this box, and then mark the circle for each digit of the number.

せいねんがっぴ(Date of Birth)

ねん Year		つき Month		ひ Day
	-		-	

日本語能力試験　模擬試験　解答用紙

N1
言語知識(文字・語彙・文法)・読解

<ちゅうい　Notes>

1. くろいえんぴつ（HB、No.2）でかいてください。
   Use a black medium soft (HB or No.2) pencil.
   (ペンやボールペンではかかないでください。)
   (Do not use any kind of pen.)
2. かきなおすときは、けしゴムできれいにけしてください。
   Erase any unintended marks completely.
3. きたなくしたり、おったりしないでください。
   Do not soil or bend this sheet.
4. マークれい　Marking Examples

よいれい Correct Example	わるいれい Incorrect Examples
●	⊗ ◌ ◯ ⓪ ⊜ ⦶ ◍

あなたの　なまえを　ローマじで　かいて　ください。

なまえ
Name

問題 1					
1	①	②	③	④	
2	①	②	③	④	
3	①	②	③	④	
4	①	②	③	④	
5	①	②	③	④	
6	①	②	③	④	
問題 2					
7	①	②	③	④	
8	①	②	③	④	
9	①	②	③	④	
10	①	②	③	④	
11	①	②	③	④	
12	①	②	③	④	
13	①	②	③	④	
問題 3					
14	①	②	③	④	
15	①	②	③	④	
16	①	②	③	④	
17	①	②	③	④	
18	①	②	③	④	
19	①	②	③	④	
問題 4					
20	①	②	③	④	
21	①	②	③	④	
22	①	②	③	④	
23	①	②	③	④	
24	①	②	③	④	
25	①	②	③	④	
問題 5					
26	①	②	③	④	
27	①	②	③	④	
28	①	②	③	④	
29	①	②	③	④	
30	①	②	③	④	
31	①	②	③	④	
32	①	②	③	④	
33	①	②	③	④	
34	①	②	③	④	
35	①	②	③	④	
問題 6					
36	①	②	③	④	
37	①	②	③	④	
38	①	②	③	④	
39	①	②	③	④	
40	①	②	③	④	
問題 7					
41	①	②	③	④	
42	①	②	③	④	
43	①	②	③	④	
44	①	②	③	④	
45	①	②	③	④	
問題 8					
46	①	②	③	④	
47	①	②	③	④	
48	①	②	③	④	
49	①	②	③	④	
問題 9					
50	①	②	③	④	
51	①	②	③	④	
52	①	②	③	④	
53	①	②	③	④	
54	①	②	③	④	
55	①	②	③	④	
56	①	②	③	④	
57	①	②	③	④	
58	①	②	③	④	
問題 10					
59	①	②	③	④	
60	①	②	③	④	
61	①	②	③	④	
62	①	②	③	④	
問題 11					
63	①	②	③	④	
64	①	②	③	④	
問題 12					
65	①	②	③	④	
66	①	②	③	④	
67	①	②	③	④	
68	①	②	③	④	
問題 13					
69	①	②	③	④	
70	①	②	③	④	

日本語能力試験　模擬試験　解答用紙

N1
聴解

じゅけんばんごうを　かいて、その　したの　マークらんに　マークして　ください。
Fill in your examinee registration number in this box, and then mark the circle for each digit of the number.

じゅけんばんごう
Examinee Registration Number

2		A	1	0	1	0	0	0	1	-	1	0	0	0	1

<ちゅうい　Notes>

1. くろいえんぴつ（HB、No.2）でかいてください。
   Use a black medium soft (HB or No.2) pencil.
   (ペンやボールペンではかかないでください。)
   (Do not use any kind of pen.)
2. かきなおすときは、けしゴムできれいにけしてください。
   Erase any unintended marks completely.
3. きたなくしたり、おったりしないでください。
   Do not soil or bend this sheet.
4. マークれい　Marking Examples

よいれい Correct Example	わるいれい Incorrect Examples
●	⊗ ◌ ◯ ⓞ ⊜ ◐ ●

あなたの　なまえを　ローマじで　かいて　ください。

なまえ Name

せいねんがっぴを　かいて、その　したの　マークらんに　マークして　ください。
Fill in your date of birth in this box, and then mark the circle for each digit of the number.

せいねんがっぴ(Date of Birth)

ねん Year	-	つき Month	-	ひ Day

問題（もんだい） 1

1	① ② ③ ④
2	① ② ③ ④
3	① ② ③ ④
4	① ② ③ ④
5	① ② ③ ④
6	① ② ③ ④

問題（もんだい） 2

1	① ② ③ ④
2	① ② ③ ④
3	① ② ③ ④
4	① ② ③ ④
5	① ② ③ ④
6	① ② ③ ④
7	① ② ③ ④

問題（もんだい） 3

1	① ② ③ ④
2	① ② ③ ④
3	① ② ③ ④
4	① ② ③ ④
5	① ② ③ ④
6	① ② ③ ④

問題（もんだい） 4

1	① ② ③
2	① ② ③
3	① ② ③
4	① ② ③
5	① ② ③
6	① ② ③
7	① ② ③
8	① ② ③
9	① ② ③
10	① ② ③
11	① ② ③
12	① ② ③
13	① ② ③
14	① ② ③

問題（もんだい） 5

1		① ② ③ ④
2		① ② ③ ④
3	(1)	① ② ③ ④
	(2)	① ② ③ ④

じゅけんばんごうを　かいて、その　したの　マークらんに
マークして　ください。
Fill in your examinee registration number in this box, and then mark the circle for each digit of the number.

じゅけんばんごう
Examinee Registration Number

2		A	1	0	1	0	0	0	1	-	1	0	0	0	1

せいねんがっぴを　かいて、その　したの　マークらんに
マークして　ください。
Fill in your date of birth in this box, and then mark the circle for each digit of the number.

せいねんがっぴ(Date of Birth)

ねん Year		つき Month		ひ Day
	–		–	

日本語能力試験　模擬試験　解答用紙

N1
言語知識(文字・語彙・文法)・読解

<ちゅうい　Notes>

1. くろいえんぴつ（HB、No.2）でかいてください。
Use a black medium soft (HB or No.2) pencil.
（ペンやボールペンではかかないでください。）
(Do not use any kind of pen.)
2. かきなおすときは、けしゴムできれいにけしてください。
Erase any unintended marks completely.
3. きたなくしたり、おったりしないでください。
Do not soil or bend this sheet.
4. マークれい　Marking Examples

よいれい Correct Example	わるいれい Incorrect Examples
●	⊗ ◌ ◯ ◎ ◍ ◐ ●

あなたの　なまえを　ローマじで　かいて　ください。

なまえ Name	

問題 1	
1	① ② ③ ④
2	① ② ③ ④
3	① ② ③ ④
4	① ② ③ ④
5	① ② ③ ④
6	① ② ③ ④
問題 2	
7	① ② ③ ④
8	① ② ③ ④
9	① ② ③ ④
10	① ② ③ ④
11	① ② ③ ④
12	① ② ③ ④
13	① ② ③ ④
問題 3	
14	① ② ③ ④
15	① ② ③ ④
16	① ② ③ ④
17	① ② ③ ④
18	① ② ③ ④
19	① ② ③ ④
問題 4	
20	① ② ③ ④
21	① ② ③ ④
22	① ② ③ ④
23	① ② ③ ④
24	① ② ③ ④
25	① ② ③ ④
問題 5	
26	① ② ③ ④
27	① ② ③ ④
28	① ② ③ ④
29	① ② ③ ④
30	① ② ③ ④
31	① ② ③ ④
32	① ② ③ ④
33	① ② ③ ④
34	① ② ③ ④
35	① ② ③ ④
問題 6	
36	① ② ③ ④
37	① ② ③ ④
38	① ② ③ ④
39	① ② ③ ④
40	① ② ③ ④
問題 7	
41	① ② ③ ④
42	① ② ③ ④
43	① ② ③ ④
44	① ② ③ ④
45	① ② ③ ④
問題 8	
46	① ② ③ ④
47	① ② ③ ④
48	① ② ③ ④
49	① ② ③ ④
問題 9	
50	① ② ③ ④
51	① ② ③ ④
52	① ② ③ ④
53	① ② ③ ④
54	① ② ③ ④
55	① ② ③ ④
56	① ② ③ ④
57	① ② ③ ④
58	① ② ③ ④
問題 10	
59	① ② ③ ④
60	① ② ③ ④
61	① ② ③ ④
62	① ② ③ ④
問題 11	
63	① ② ③ ④
64	① ② ③ ④
問題 12	
65	① ② ③ ④
66	① ② ③ ④
67	① ② ③ ④
68	① ② ③ ④
問題 13	
69	① ② ③ ④
70	① ② ③ ④

日本語能力試験　模擬試験　解答用紙

N1
聴解

<ちゅうい　Notes>

1. くろいえんぴつ（HB、No.2）でかいてください。
   Use a black medium soft (HB or No.2) pencil.
   (ペンやボールペンではかかないでください。)
   (Do not use any kind of pen.)
2. かきなおすときは、けしゴムできれいにけしてください。
   Erase any unintended marks completely.
3. きたなくしたり、おったりしないでください。
   Do not soil or bend this sheet.
4. マークれい　Marking Examples

よいれい Correct Example	わるいれい Incorrect Examples
●	⊗ ◌ ◯ ◎ ⊜ ⦶ ◍

じゅけんばんごうを　かいて、その　したの　マークらんに　マークして　ください。
Fill in your examinee registration number in this box, and then mark the circle for each digit of the number.

じゅけんばんごう
Examinee Registration Number

2		A	1	0	1	0	0	0	1	-	1	0	0	0	1

あなたの　なまえを　ローマじで　かいて　ください。

なまえ Name	

せいねんがっぴを　かいて、その　したの　マークらんに　マークして　ください。
Fill in your date of birth in this box, and then mark the circle for each digit of the number.

せいねんがっぴ(Date of Birth)

ねん Year	-	つき Month	-	ひ Day
	-		-	

問題 1

1	①	②	③	④
2	①	②	③	④
3	①	②	③	④
4	①	②	③	④
5	①	②	③	④
6	①	②	③	④

問題 2

1	①	②	③	④
2	①	②	③	④
3	①	②	③	④
4	①	②	③	④
5	①	②	③	④
6	①	②	③	④
7	①	②	③	④

問題 3

1	①	②	③	④
2	①	②	③	④
3	①	②	③	④
4	①	②	③	④
5	①	②	③	④
6	①	②	③	④

問題 4

1	①	②	③
2	①	②	③
3	①	②	③
4	①	②	③
5	①	②	③
6	①	②	③
7	①	②	③
8	①	②	③
9	①	②	③
10	①	②	③
11	①	②	③
12	①	②	③
13	①	②	③
14	①	②	③

問題 5

1	①	②	③	④
2	①	②	③	④
3 (1)	①	②	③	④
3 (2)	①	②	③	④

JLPT

적중 모의고사 5회분 N1

초판 발행	2012년 4월 10일
개정판 인쇄	2024년 9월 10일
개정판 발행	2024년 9월 25일

저자	JLPT 연구모임
편집	김성은, 조은형, 오은정, 무라야마 토시오
펴낸이	엄태상
디자인	이건화
조판	이서영
콘텐츠 제작	김선웅, 장형진
마케팅	이승욱, 왕성석, 노원준, 조성민, 이선민
경영기획	조성근, 최성훈, 김다미, 최수진, 오희연
물류	정종진, 윤덕현, 신승진, 구윤주

펴낸곳	시사일본어사(시사북스)
주소	서울시 종로구 자하문로 300 시사빌딩
주문 및 교재 문의	1588-1582
팩스	0502-989-9592
홈페이지	www.sisabooks.com
이메일	book_japanese@sisadream.com
등록일자	1977년 12월 24일
등록번호	제 300-2014-92호

ISBN 978-89-402-9425-3 (13730)

정답 · 해석

JLPT

N1

목차

1회 정답표

• 1교시 언어지식(문자 어휘 · 문법)

問題1 [1] 2 [2] 4 [3] 4 [4] 2 [5] 2 [6] 1

問題2 [7] 2 [8] 3 [9] 1 [10] 1 [11] 2 [12] 2 [13] 2

問題3 [14] 1 [15] 3 [16] 2 [17] 1 [18] 2 [19] 3

問題4 [20] 1 [21] 1 [22] 3 [23] 2 [24] 2 [25] 1

問題5 [26] 3 [27] 2 [28] 2 [29] 1 [30] 2 [31] 2 [32] 1 [33] 4 [34] 2 [35] 1

問題6 [36] 1 [37] 1 [38] 1 [39] 1 [40] 2

問題7 [41] 2 [42] 3 [43] 1 [44] 4 [45] 1

• 1교시 독해

問題8 [46] 4 [47] 1 [48] 3 [49] 4

問題9 [50] 2 [51] 1 [52] 4 [53] 1 [54] 2 [55] 4 [56] 4 [57] 4 [58] 1

問題10 [59] 2 [60] 3 [61] 4 [62] 1

問題11 [63] 2 [64] 4

問題12 [65] 2 [66] 3 [67] 4 [68] 2

問題13 [69] 1 [70] 2

• 2교시 청해

問題1 [1] 2 [2] 3 [3] 2 [4] 2 [5] 2 [6] 1

問題2 [1] 3 [2] 3 [3] 1 [4] 1 [5] 3 [6] 3 [7] 3

問題3 [1] 1 [2] 2 [3] 4 [4] 1 [5] 3 [6] 2

問題4 [1] 2 [2] 3 [3] 2 [4] 2 [5] 1 [6] 2 [7] 3 [8] 2 [9] 1 [10] 2 [11] 3 [12] 3
[13] 1 [14] 3

問題5 [1] 3 [2] 2 [3] (質問1) 3 (質問2) 2

1교시 언어지식(문자 어휘 · 문법)

문제1 ______의 단어의 읽는 법으로 가장 적당한 것을 1·2·3·4에서 하나 고르세요. p.11

1 **2** 그는 책임감이 결여되어 있는 것을 지적당했다.

2 **4** 여당은 야당이 제출한 의견서에 관해, 대체로 인정한 것을 밝혔다.

3 **4** 집세가 3개월이나 밀려있었기 때문에, 다음 달에는 방을 나가게 되었다.

4 **2** 이 지역에도 점차 봄 기운이 감돌기 시작했다.

5 **2** 중역들만 모이는 자리에 동석하게 되어서, 거북해서 견딜 수가 없다.

6 **1** 그가 피아노에 손대자 마자, 기분 좋은 음색이 회장에 울려 퍼졌다.

문제2 (　　　)에 넣기에 가장 적당한 것을 1·2·3·4에서 하나 고르세요. p.12

7 **2** 이 법안은 많은 사람이 (개정)을 요구하고 있다.

8 **3** 조심해서 (완곡한) 표현을 너무 많이 사용하면, 의사가 전달되기 어려워지는 경우가 있다.

9 **1** 일본에 사는 사람이라면, 누구나 기본적인 인권을 (누리)고 있을 것이다.

10 **1** 소비자의 니즈를 (충족시키기) 위해서는, 조금 더 가격의 검토를 하지 않으면 안 된다.

11 **2** 사회에서 일어나고 있는 (여러) 문제에 관해서 정부는 구체적인 접근을 개시했다.

12 **2** 그것은 기존의 개념을 (종래)와는 다른 각도에서 재검토함으로써 생겨났다.

13 **2** 그녀의 모습으로는, (아주) 그를 싫어하는 것도 아닌 듯하다.

문제3 ______의 단어에 의미가 가장 가까운 것을 1·2·3·4에서 하나 고르세요. p.13

14 **1** 1개월간의 합숙을 마친 아이들은 전보다 씩씩함을 더한 듯했다. ≒ 건강함, 튼튼함

15 **3** A국은 우리의 방문을 환영하여, 성대하게 대접해 주었다. ≒ 접대해

16 **2** 예산은 가까스로 의회의 승인을 얻었다. ≒ 겨우겨우, 어찌어찌

17 **1** 비행기가 도착하는 시간을 가늠하여, 공항으로 향했다. ≒ 예측해서

18 **2** 오늘은 면접 매너와 마음가짐에 대해 이야기하겠습니다. ≒ 각오

19 **3** 그는 꼼꼼해서 사소한 것을 잘 알아차리는 성격입니다. ≒ 성실해서

문제4 다음 단어의 사용법으로 가장 적당한 것을 1·2·3·4에서 하나 고르세요. p.14

20 과대, 과장

1 경제산업성은 과대광고를 행한 기업에 대해 업무 개선을 명했다.

2 CO_2 배출 규제는 물론 식림 등의 삼림 증가도 환경 보전에는 효과 과대이다. ➡ 絶大(ぜつだい) 아주 큼

3 내일 아침, 전 사원을 모아서 사장님으로부터 과대 발표가 있다고 합니다. ➡ 重大(じゅうだい) 중대

4 이번 패배의 원인은 팀의 공격력을 과대(과장)평가한 것에 있다. ➡ 過大(かだい) 과대, 지나치게 큼

21 결함

1 소방청은 가스 스토브의 결함이 원인으로 화재가 발생했다고 발표했다.

2 그는 시간과 돈에 대한 감각이 완전히 결함해 있다. ➡ 欠如(けつじょ) 결여

3 비타민 결함 증상은 부족한 비타민의 종류에 따라 여러 가지다. ➡ 欠乏(けつぼう) 결핍

4 통신 판매는 편리하지만 상품을 손에 들어 볼 수 없다는 결함도 있다. ➡ 欠点(けってん) 결점

22 막연

1 오염 처리의 현 상황은 막연하게 험난한 것이 있다. ➡ 依然(いぜん) 여전(히)

2 일을 하지 않으면 안 되지만, 진척되지 않아서 막연히 지낸다. ➡ 漫然(まんぜん) 만연, 막연한(멍한) 모양

3 막연하게 인식하는 것이 아니라, 좀 더 구체적으로 생각해 봐 주세요.

4 나만 아무것도 모르고 있던 것에 막연했다. ➡ 愕然(がくぜん) 깜짝 놀람

23 꾸려 가다

1 이 향수는 파리에 갔을 때에 꾸려 갔던 것이다. ➡ 購入(こうにゅう)する 구입하다

2 아버지는 일가족 4명의 가계를 꾸려 가고 있다.

3 그녀를 위해 20만 엔 꾸려 가 줬다. ➡ まけてやる 깎아 주다

4 그는 식품을 꾸려 가는 가게에 근무하고 있다. ➡ 扱(あつか)う 취급하다

24 엄청나다, 매우 많다

1 연말이 되어, 신년 준비 등으로 엄청난 매일을 보내고 있다. ➡ あわただしい 분주하다

2 엄청난 수의 철새가 하늘을 날아갔다.

3 사무실 앞은 보디가드들이 교대해서 엄청난 경비를 펼쳤다. ➡ ものものしい 삼엄하다

4 엄청난 색의 차가 고속으로 달려서 빠져나갔다. ➡ けばけばしい 현란하다

25 가끔, 이따금

1 점장님과 아는 사이가 되고부터, 이 가게에 가끔 얼굴을 내밀게 되었다.

2 소방 검사도 무사히 끝나, 내장 공사가 가끔 진행되고 있다. ➡ 着々(ちゃくちゃく) 척척, 순조롭게

3 대부분 싼 것밖에 사지 않지만, 가끔 명품도 사고 있다. ➡ 時々(ときどき) 때때로, 가끔

4 쉬는 날 만큼(은) 가끔 하고 싶다. ➡ のんびり 한가로이, 느긋함

문제5 다음 문장의 ( )에 넣기에 가장 적당한 것을 1·2·3·4에서 하나 고르세요. p.16

26 **3** 아무리 배가 고파도, 이런 맛없는 것을 먹을 (정도라면) 먹지 않는 편이 낫다.

27 **2** 더 빨리 병을 알아 (차렸더라면) 이렇게 오랫동안 입원하지 않아도 됐을 텐데.

28 **2** 하야시 씨는 아직 젊은 (데도) 상당히 견실한 생각을 가지고 있다.

29 1 날씨가 좋은 날은 스트레스 해소를 위해, 어디론가 (정처 없이) 훌쩍 산책을 나서거나 한다.

30 2 전철이 멈춰 버렸으니 어쩔 수 없다. 집까지 걸어서 (돌아갈 수밖에 없다).

31 2 내가 어릴 때는 밥이나 반찬을 (남기려고 하면) 음식을 함부로 하지 말라고 혼나곤 했다.

32 1 A 어제 영화 보러 간다고 말했었지. 어땠어?
B 응, 불치병인 아들과 여행을 떠나는 어머니의 이야기였는데, 부모와 자식의 본연의 모습에 대해서 (생각하게 되었어).

33 4 (전화로)
A 저희 회사는 좁은 길을 들어간 곳에 있어서, (알기 어려우실) 것이라고 생각하기 때문에, 역까지 마중하러 가겠습니다.
B 고맙습니다. 그럼, 역에 도착하면 전화하겠습니다.

34 2 아무리 비싸고 성능이 좋은 컴퓨터라도, 망가져 (버리면 끝이다).

35 1 무언가 한 가지 일을 끝까지 다 해 보고 싶지만, 무엇을 해도 1년도 (계속된 적이 없다).

문제6 다음 문장의 ＿★＿에 들어갈 가장 적당한 것을 1·2·3·4에서 하나 고르세요. p.18

36 1 실력이 2 있지만 3 상사의 평가가 1 나쁜 4 탓에 승진하지 못하는 사원이 있다.

37 1 불경기가 되고 3 나서 2 오랫동안 회사에 1 공헌한 4 사람조차 회사를 그만두게 하고 있다.

38 1 시험 날에 4 늦잠을 3 잔 1 여동생은 2 매우 허둥대는 모습이었다.

39 1 창문으로 들어오는 3 빛이 2 벽의 1 화려한 색채 4 와 어우러져 방 전체를 환상적으로 보여 주고 있다.

40 2 그녀의 실력을 4 생각하면 3 이번 2 수상도 1 놀랄 것 까지는 없다.

문제7 다음 글을 읽고, 글 전체의 취지를 고려하여, 41 에서 45 안에 들어갈 가장 적당한 것을 1·2·3·4에서 하나 고르세요. p.20

동물이나 곤충 중에는 성장함에 따라 탈피를 반복하는 것이 있다. 그러한 생물에게 있어서는 탈피를 하지 않으면 그 이상의 성장도 기대할 수 없어서, [41 탈피 없이] 성장은 없다고 해도 과언은 아니다.

그것과 마찬가지로 우리의 인생에도 탈피의 순간이 있다. 옛날에 읽었던 책에 나온 말을 몇 년이나 지난 후에 떠올리며, '아, 그 말의 진정한 의미는 이런 것이었나'하고 새삼 깨닫게 되는 일은 없는가? 이해했다고 생각하고 간과해 온 말의 진짜 의미를, 시간이 지나 경험을 통해서 이해하는 것이다.

[42 이때], 사람은 탈피하는 것이다. 기억의 한쪽 구석에 남아 있던 말이 경험으로 [43 뒷받침이 되어] 깊은 이해와 함께 확실한 지식으로써 정착한다. 그리고, 이것이 몇 번이고 반복됨으로써 사람은 성장해 가는 것이다.

이러한 탈피의 도움이 되는 것은 여러 가지 있지만, 독서는 그 중에서도 가장 으뜸가는 것이라고 할 수 있을 것이다. 우리의 사고는 다양한 말을 사용하여 구성되고, 표현되기 때문이다. 말의 재목은 되도록 많이 있는 편이 좋다. 또한, 온갖 형태의 것이 필요하다. 그렇기 때문에, 젊을 때부터 가능한 한 많은 말을 [44 쌓아 두는 것이 바람직하다]. 그리고 그 축적 위에 나이를 먹고, 많은 경험을 쌓는 것으로 사람은 표현의 폭을 넓히고, 인생은 보다 풍족해진다. 독서는 그것을 가능하게 해 주는 것이다.

젊을 때에는 아무튼 경험이 부족하여, 머리 속에 많은 말이 가득 차 있어도, 좀처럼 그것을 능숙하게 표현할 수 없는 법이다. 45 그렇다고 해도, 아무 걱정할 필요는 없다. 그것으로 좋은 것이다. 언젠가 반드시 탈피를 할 때가 오는 것이니까.

1교시 독해 1회

문제8 다음 (1)에서 (4)의 글을 읽고, 다음 질문에 대한 답으로 가장 적당한 것을 1·2·3·4에서 하나 고르세요.

(1) p.22

어느 시대에도 세대간의 차이라는 것은 존재한다. 사회는 항상 변화하고 있다. 다른 가치관이 지배했던 때를 살았던 이상, 연장자가 젊은 사람을, 젊은 사람이 연장자를 (注)답답하게 느끼는 것은 당연한 일이다.

하지만 신기하게도 그것이 자신이 살고 있는 시대가 아닌 상당한 옛날 이야기가 되면, 옛날 사람은 대단하다라는 감상이 나온다. 같은 때에 살고 있는 다른 세대를 보면 짜증이 나지만 자신과는 관계없는 시대가 되면 좋은 이미지가 만들어지는 것이다. 재미있는 현상이다.

(주) 답답하다: 생각대로 되지 않아서 짜증이 나다

46 필자는 세대간의 차이를 어떻게 생각하고 있는가?

1 전혀 다른 가치관 속에서 살아온 연장자는 역시 대단하다.
2 젊은 사람을 볼 때마다 사회는 항상 변화하고 있는 것이라고 느껴서 재미있다.
3 세대마다 가치관이 다른 것은 당연하며, 짜증내는 것은 좋지 않다.
4 다른 세대의 사람이라면, 사고방식이 달라도 존경하는 기분이 되기 때문에 신기하다.

(2) p.23

왜 산에 오르는가?라는 물음에 '그곳에 산이 있으니까'라고 대답한 이야기는 유명하지만 꽤 (注)이치에 맞는 말이 아닌가? 일이 있으니까 일하고, 집이 있으니까 돌아간다. 아주 간단한 일이다. '왜 나만 이런 일을 겪는 걸까?'라고 생각했을 때는 잠시 멈춰 서서 단순하게 생각해 보자. 힘들게 생각할 필요는 없다. 산이 있으면 오르면 되는 것이고, 고민이 있으면 극복하면 되는 것이다. 눈앞의 과제에 필사적으로 맞선다는 것은 의외로 멋진 일이다.

(주) 이치에 맞다: 도리에 맞다

47 필자는 과제에 맞설 때에는 어떻게 생각하면 된다고 서술하고 있는가?

1 과제에 대해 어렵게 생각하지 않고 단순한 관점으로 본다.
2 단순히 생각하면 반드시 극복할 수 있다.
3 잠시 멈춰 서서 산에 올라 보면 좋다.
4 극복할 힘이 있는 것은 멋진 일이다.

(3) p.24

혹독한 추위 속에서는 말도 표정도 경직되는 경향이 있는 것 같다. 아오모리현에 (주1)쓰가루 사투리라는 사투리가 있다. 쓰가루 사투리에서 매우 유명한 대화로 'どさ', 'ゆさ'라는 것이 있는데, 이것은 '어디에 가는 것입니까?' '목욕탕에 갑니다'라는 의미이다. 개그맨처럼 (주2)주절주절 이야기하는 것은 이 지방에서는 어렵게 여겨져, 짧은 대화로 주고받는다. 그리고, 겨울의 추위를 견디는 마음이 여름이 되면 폭발하여, 여름 축제의 활력이 된다. 말이나 성격, 태도에는 기후와 깊은 관계가 있는 것이다.

(주1) 쓰가루 사투리: 사투리의 한 종류

(주2) 주절주절: 기세 좋게 이야기하는 모습

48 필자는 사투리에 대해서 어떻게 서술하고 있는가?

1 짧은 대화에는 사람의 성격과의 깊은 관계가 있다.

2 사투리로는 주절주절 이야기할 수 없다.

3 말투의 차이는 기온과 관계가 있는 것 같다.

4 추위를 참는 마음이 폭발해서 표현된다.

(4) 아래는 어느 회사가 거래처에 보낸 메일이다. p.25

레인보우 주식회사
총무부 마쓰모토 미유키 님

주식회사 챔피언
영업 부장 이와사키 유키

신년회 참가에 대하여

귀사가 날로 번영하심을 기쁘게 생각합니다.

이번에는 귀사의 '신년회'에 초대해 주셔서 진심으로 감사드립니다. 꼭 참석하고 싶었습니다만, 매우 안타깝게도 출장 예정을 조정하는 것이 어려워져 버렸습니다. 대리 출석을 인정해 주실 수 있다면, 다른 사람이 찾아 뵐 수 있게 해 주신다면 감사하겠습니다. 답변을 기다리고 있겠습니다.

아무쪼록 잘 부탁드립니다.

49 이 문서에서 전하고 싶은 것은 무엇인가?

1 다른 사람이 신년회에 참가할지 어떨지를 나중에 답장하는 것

2 예정을 조정할 수 있다면 꼭 신년회에 참가해 주었으면 하는 것

3 신년회에 참가할 수 있도록 예정을 조정하고 있는 것

4 신년회에는 참가할 수 없기 때문에 다른 사람을 참가하게 해 달라는 것

문제9 다음 (1)에서 (3)의 글을 읽고, 다음 질문에 대한 답으로 가장 적당한 것을 1·2·3·4에서 하나 고르세요.

(1)

p.26

영화를 보기 위해 영화관에 찾아가지 않게 된 지 오래이다. 일부러 먼 곳까지 영화관을 찾아 가는 것이 귀찮아진 것도 있다. 그렇지만, 지금은 집 안에서 TV 화면으로 영화 채널을 찾으면 보고 싶었던 영화를 언제라도 볼 수 있고, 통근 전철 안에서 스마트폰을 조작하면 미니 시어터를 즐길 수 있다는 ①환경의 변화가 클 것이다. 음악도 마찬가지다. 비싼 입장료를 지불하고, 좀처럼 손에 넣기 힘든 콘서트의 티켓을 구하기 보다, 음악 전송을 받으면 무한하게 모든 장르의 음악을 그 자리에서 즐길 수 있다.

지금은 많은 사람들과 하나의 목적을 위해 어딘가에 모인다는 문화가 점차 쇠퇴해 가고 있는 것처럼 보인다. 사회가 너무나도 복잡해져 버려서 다양한 사람들의 천차만별의 요구를 집약해서 한번에 제공하는 방법이 그 기능을 잃어버린 것일지도 모른다. 더 확대 해석을 해 본다면, ②'인간은 사회적 동물이다'라고 한 아리스토텔레스의 시대로부터 2,400년이나 지난 현재에는 문화 영역에 국한되지 않고 사회 모든 영역에서 집합에서 분산으로, 전체에서 개별로 행동 패턴이 변화를 이루어 가고 있다는 견해도 있다.

그러나, 과연 그것은 타당한 견해일까? 지진 등의 자연재해가 빈번한 일본에서는 큰 재해를 당했을 때, 적은 인원으로는 생존이 힘든 상황이어도, 다양한 네트워크를 통해서 '서로 돕는' 것으로 비로소 살아남을 수 있는 것을 본능적으로 알고 있다고 한다. 사람이 한 장소에 모임으로써 생겨나는 공감이나 고양감은 혼자서는 결코 느낄 수 없는 문화적 가치임에 틀림없다. 우리들은 보다 풍족한 생활을 위해서 굳이 개별화를 선택하지만, 동시에 집단 행동의 의미를 망각하고 있지는 않다. 그것을 잘 가려서 사용하는 것이 현대를 살아가는 문화인이라고 생각한다.

50 필자가 말하는 ①환경의 변화는 어떤 것을 가리키는가?

1 영화관보다 집에서 TV를 보는 편이 요금이 싸진 것
2 영화관이나 콘서트에 가지 않아도 영화나 음악을 즐길 수 있게 된 것
3 다른 사람과 함께 있는 것이 불편한 사람도 영화나 음악을 즐길 수 있게 된 것
4 스마트폰이 보급되어서 지금까지보다 생활이 편리해진 것

51 ②'인간은 사회적 동물이다'라는 예를 필자는 어떻게 설명하고 있는가?

1 많은 사람이 하나의 목적을 위해 모인다.
2 사회가 복잡해도 다양한 요구를 집약해서 제공한다.
3 문화 영역부터 사회의 모든 영역까지 변화가 일어난다.
4 전체화와 집합보다 개별화와 분산이 진행된다.

52 필자는 앞으로 문화를 즐기는 방법이 어떻게 될 것이라고 생각하고 있는가?

1 사회의 다양화가 진행되기 때문에 문화도 개인에 따라 다른 즐기는 방법으로 변화한다.
2 자연재해가 많은 일본에서는 집단화가 진행되어 문화를 함께 즐기는 방법으로 변화한다.
3 지금보다 풍족한 생활을 바라며 많은 사람이 개별화를 선택하게 된다.
4 집단 행동과 개별 행동을 경우에 따라 가려서 사용하며, 다양한 즐기는 방법을 찾는다.

(2)

p.28

단조로운 일은 귀중하다. 아침이 되면 해가 뜨고, 밤이 되면 해가 진다. 이 지구상의 모든 것이 일정한 패턴으로 움직이고 있는 것이다. 우리들의 생활 또한 항상 패턴에 따라 이루어지고 있다. 아침에 일어나서 세수를 하고, 출근한다. 일이 끝나면 집에 돌아와서 잔다. 단조로운 패턴의 반복이다. 그것을 자연스럽게 계속할 수 있다는 것은 ①사실은 대단한 일인 것이다. 세수를 하는 것 조차 뇌를 써야 한다면, 아침부터 지쳐 버려서 견딜 수가 없다.

한 가지의 일을 습득하려고 할 때, 뇌는 열심히 움직인다. 그러나 익숙해지면 몸이 자기 마음대로 움직이게 되기 때문에, 뇌는 열심히 하지 않아도 되게 된다. 그 덕분에 뇌는 다른 일에 집중할 수 있는 것이다. 야구 선수를 보고 있으면, 타석에 섰을 때의 동작이 매번 거의 같다고 한다. 그렇게 하려고 머리에서 생각하고 있는 것이 아니라, 몸이 자연스럽게 움직이고 있는 듯 하다. 쓸데없는 부분에 ②뇌의 에너지를 쓸 필요가 없기 때문에, 모든 집중을 공을 치는 것에만 향할 수 있다는 것이다.

단조로운 일에는 머리를 쓰고 있지 않는다. 그것은, 다른 부분에서 힘을 발휘할 수 있다는 의미이다. 매일이 단조롭고 시시하다고 느끼는 것은 좋은 기회인 것이다. 단조로운 일은 그대로 계속하면서 집중해야 할 무언가를 찾아보자.

53 ①사실은 대단한 일이라고 하는데, 무엇이 대단한 것인가?

1 단조로운 움직임을 반복하면서 생활하고 있는 것
2 단조로운 일에도 불만을 느끼지 않고 생활하고 있는 것
3 자연계의 패턴에 맞춰서 생활하고 있는 것
4 규칙적인 행동에 유의하며 생활하고 있는 것

54 ②뇌의 에너지를 쓸 필요가 없다라고 서술하고 있는데, 그것은 어째서인가?

1 무언가를 습득하기 위해서는, 우선 몸으로 기억하는 것이 효과적이기 때문에
2 한번 몸에 익힌 것은 열심히 하지 않아도 자연스럽게 할 수 있기 때문에
3 무언가에 집중하려고 할 때, 그 준비를 위해 뇌가 잠시 쉬기 때문에
4 뇌가 자연스럽게 움직여 주기 때문에, 쓸데없는 에너지를 쓸 필요가 없기 때문에

55 단조로운 일에 대해서, 필자가 가장 말하고 싶은 것은 무엇인가?

1 단조로운 일을 자연스럽게 반복하고 있으면 좋은 기회가 찾아온다.
2 단조로운 일을 계속하고 있는 것은 자연과 조화해서 살아가고 있는 증거이다.
3 단조로운 일이야말로 귀중한 것이기 때문에 시시하다고 생각할 필요는 없다.
4 단조로운 일을 지치지 않고 할 수 있는 것은 잠들어 있는 힘이 있다는 것이다.

(3) p.30

파랑은 '정신의 색'이라고 일컬어진다.

파란색에는 기분을 진정시키고, 정신을 집중시키는 작용이 있기 때문에 인테리어로 공부방에 사용되는 경우가 많다. 침실에 사용하면 푹 잘 수 있는 효과도 있다. 파랑은 지성과 정신에 관련된 중요한 색이며, 창조성이나 마음의 컨트롤을 높이는 ①신기한 색이다.

또한, 언제나 멀리 있는 것도 파랑의 특징이다. 바다의 파랑은 손으로 퍼 올리면 사라진다. 하늘의 파랑은 아무리 다가가도 (注)비쳐 보여서(투명해서) 잡을 수 없다. 아무리 원해도 닿지 않는, 금방 사라져 버리는 덧없는 파랑. 이상이나 행복의 상징으로서 '파랑새'가 묘사된 것이나, 불가능의 상징이었던 '파란 장미' 개발에 성공하여, 꽃말이 '꿈을 이루다'가 된 것도 ②우연치고는 매우 인상적이다. 반대로 우울한 기분을 '블루'라고 표현하거나, '청춘' '(인간적으로) 아직 미숙하다'와 같은 '젊음'이나 '미숙'한 이미지가 함께하는 것도 역시 목적지까지는 아직 먼 꿈과 같은 파란색이기 때문일까?

이루지 못한 꿈을 향해 그래도 계속 노력하는 정신력이야말로 행복이라는 것일지도 모른다. 정신의 힘이란 이상을 향해 절대 포기하지 않는 힘이라는 것이다. 진하고 깊은 파란색에는 '고귀', '명예'라는 이미지가 있다. 정신력이 깊어졌을 때 고귀함이나 명예라는 말이 어울리는 사람이 되어있을 것이다.

(주) 비쳐 보이다(투명하다): 투명해서 맞은편이 보이다

56 필자는 어떤 점에서 ①신기한 색이라고 서술하고 있는가?

1 파란색이 꿈을 포기하지 않는 힘을 끌어내 주는 점
2 파란색이 정신력을 깊게 하여, 인간을 성장시켜 주는 점
3 파란색은 공부나 수면으로 고민하는 사람에게 인기가 있다는 점
4 파란색이 인간의 정신에 큰 영향을 준다는 점

57 ②우연치고는 매우 인상적이다라고 했는데 무엇이 인상적인가?

1 정신을 집중시키는 파란색이 반대로 우울한 기분으로 만들기도 하는 것
2 파란 장미가 개발된 것으로 꿈이 이루어진 것
3 바다나 하늘의 색은 투명한데, 파란색으로 보이는 것
4 자연이나 예술에 있어서 파란색의 이미지에 공통점이 있는 것

58 필자가 파란색을 통해서 가장 강하게 느낀 것은 무엇인가?

1 파란색을 보면 행복에 대해 생각하게 된다.
2 파란색은 마음을 진정시켜 주기 때문에 좋아한다.
3 파란색이 상징하고 있는 꿈을 덧없이 느낀다.
4 파란색에 어울리는 인간이 되어 있다고 생각한다.

문제10 다음 글을 읽고, 다음 질문에 대한 답으로 가장 적당한 것을 1·2·3·4에서 하나 고르세요. p.32

'(주)번뜩임'이라는 것은 매우 신기한 현상이다. 지금까지 아무리 생각해도 알 수 없었던 것이, 어느 순간 갑자기 떠오른다. 특히 예술가에게는 이런 순간이 자주 있는 것 같다. 음악가가 갑자기 곡을 쓰기 시작하거나, 화가나 작가가 작품을 단숨에 다 써내려가는 모습이 그것이다. 회사에서 자료를 작성할 때 등에 비슷한 경험을 한 사람도 있을 것이다. 그것은 '아이디어가 하늘에서 내려왔다'라고도 표현된다. 스스로 생각했다는 실감보다도, 아이디어 쪽에서 내려와 준 것 같은 신기한 감각이다. 스스로 만들어 낸 것이면서 ①그 정체는 스스로는 전혀 알지 못한다. 도대체 무엇일까?

다양한 사람의 이야기를 들어 보면, 그곳에는 어떤 일정한 법칙이 있다는 것을 알게 된다. 그것은 아무것도 생각하지 않고 산책이나 가사 등 관계없는 일을 하고 있을 때, 갑자기 떠오른다는 것이다. 필사적으로 생각해도 알 수 없었던 것이, 생각하는 것을 멈추자마자 나오는 것이다. ②이것이 한두 사람의 이야기가 아니라, 전세계, 모든 시대에서 말해지고 있다면, 더 이상 우연이라고는 말하기 어렵지 않을까? 일본어에서는 '내려왔다'라는 표현 외에 아이디어가 '떠올랐다'라고 하는데, 이 표현 쪽이 적절할지도 모른다. 의식의 바닥에 가라앉아 있던 것이 떠오르는 이미지이다. 의식의 바닥이란 무의식이다.

사실은 무의식도 사고하고 있다고 한다. 평소에는 의식이 방해해서 그것이 보이지 않지만, 의식 상에서의 사고가 멈추고 의식이라는 방해가 사라졌을 때 무의식의 사고가 얼굴을 내민다. 그렇게 생각하면 기분 전환을 하고 있을 때 갑자기 떠오른다는 현상은 필연적이라고도 할 수 있다. 물론 아무것도 생각하지 않으면서 놀고 있으면 된다는 것이 아니다. 생각하고 생각하다 지쳤을 때 휴식을 취한다. 그것이 '번뜩임'을 위한 가장 좋은 상태인 것이다. 무엇인가를 만들어낼 필요성이 없을 때에는 당연히 무의식도 사고할 필요가 없기 때문이다.

기획 일을 하는 사람이 '기획은 기억의 복합이다'라고 했다. 자신이 본 것이나 들은 것, 경험했던 수많은 '기억'이 결합되어 기획이 탄생하는 것이라고. 아이디어가 떠오른다고 해도 역시 무(無)의 상태에서는 아무것도 떠오르지 않을 것이다. 쌓아온 지식과 경험이 결합될 때에 비로소 창조성이 되어 생겨난다. 지식을 늘리고 깊이 생각한 후에 딱 생각하는 것을 멈추어 본다. 그것이 무의식의 사고를 흔들어 놓는 것이다.

(주) 번뜩이다: 사고나 생각이 순간적으로 떠오르다

59 ①그 정체는 스스로는 전혀 알지 못한다란 어떤 의미인가?

1 신기한 물체가 하늘에서 내려와 매우 혼란스러워한다는 것
2 마음 속에서 나온 생각이 스스로 의식한 것이 아니라는 것
3 외부에서 영향을 받은 아이디어이기 때문에 스스로는 실감할 수 없다는 것
4 무엇이 올바른 것인가 생각하는 사이에 알 수 없게 되어 버린다는 것

60 ②이것은 무엇을 가리키는가?

1 생각하는 것에 지쳐 알 수 없게 되어 아무것도 생각할 수 없게 되는 것
2 생각하는 것을 그만두려고 노력하고 있으면 갑자기 아이디어가 나오는 것
3 목표로 하고 있는 것을 망각하고 있을 때에 갑자기 떠오르는 것
4 생각하는 것에 지쳤을 때는 산책이나 가사일이 좋은 기분 전환이 되는 것

61 필자는 '번뜩임'을 위한 가장 좋은 상태는 어떤 상태라고 서술하고 있는가?

1 무의식이 사고하기 쉬울 것 같은 지식을 늘려 둔다.
2 무의식이 사고하기 쉽도록 아무것도 생각하지 않고 내버려둔다.
3 의식을 전력으로 작용시킨 후에, 조금 쉰 다음 다시 작용시킨다.
4 의식을 전력으로 작용시킨 후에, 마음도 몸도 편안하게 쉬게 한다.

62 필자는 '번뜩임'이라는 것을 어떻게 인식하고 있는가?

1 자신의 기억과 기억이 결합했을 때 생기는 무의식의 사고
2 자신의 감각과 지식이 합치되었을 때 생기는 무의식의 사고
3 지식과 경험에 의존하지 않는 무(無)에서 생기는 무의식의 사고
4 지식과 경험이 풍부한 사람만이 만들어 낼 수 있는 무의식의 사고

문제11 다음 A와 B의 글을 읽고, 다음 질문에 대한 답으로 가장 적당한 것을 1·2·3·4에서 하나 고르세요. p.36

A

사람을 겉모습이나 용모로 차별하지 않는다는 말은 누구라도 한다. 사람을 평가하는 기준은 겉모습이 아닌, 그 사람의 인간성이나 능력에 두어야 한다는 사고방식이다. 물론 그것에 이의를 제기하는 사람은 없을 것이다. 그러나 현실에서는 취직이나 진학 등 인생의 중요한 선택의 장면에서 '겉모습'이 상대의 판단에 영향을 주고 있는 것도 사실이다. 한편으로 다른 사람에게 좋게 평가되는 용모를 얻기 위해서는 숨겨진 노력과 투자가 필요하며, 그것도 평가 기준의 하나로 해도 되는 것이 아닐까? 라는 사고방식도 있다. 다른 사람에게 좋은 인상을 주기 위해서 착실한 노력을 거듭하는 것은 체력, 지력을 기르는 것과 마찬가지로 그 사람을 빛나게 하는 소질로서 평가해도 좋은 것은 아닐까? 종종 비판의 대상이 되는 '미인 대회'도 그저 용모만의 심사가 아닌 종합적인 인격 평가인 것은 부정할 수 없다.

B

'예쁘시네요'라고 남성의 입에서 나오는 여성에 대한 찬사를 듣고 누구나 기뻐한다고 생각하고 있는 사람이 많다. 하지만 실제로는 그 옆에서 분한 마음을 되새기고 있는 사람이 있는 것도 현실이다. 사람의 용모에 관한 표현이 인터넷의 표제어로 넘칠 정도로 그 말이 어떤 사람에게는 저주의 주문이 되어 덮쳐든다. 이처럼 사람을 겉모습으로 평가하는 사회 풍조를 '루키즘'이라고 하는데, 그것은 단순히 개인의 취향이나 의식의 문제로 치부할 수 없다고 생각된다. 사회가 '예쁘시네요'를 강요하는 것은, 그로 인해 화장품이나 패션, 미용 업계 등 관련된 산업에 큰 이익을 가져오기

때문임에 틀림없다. 앞으로, 사회가 강요하는 일방적인 가치관에서 자유로워지고 싶다고 바라는 여성들의 행동에 우리들은 좀 더 주목할 필요가 있을 것이다.

63 A와 B가 공통으로 서술하고 있는 것은 무엇인가?

1 사람을 용모나 겉모습만으로 판단하는 것이 아닌 능력이나 인간성에 주목해야 한다.

2 현실 사회에서는 '겉모습'에 따라 사람을 평가하는 경우가 적지 않다.

3 사람을 평가하는 기준은 시대에 따라 다르지만 사회의 요구를 반영하고 있다.

4 뛰어난 용모를 가지기 위해 투자하는 것은 사회에 이익을 가져오고 있다.

64 사람을 '겉모습'으로 판단하는 것에 대해 A와 B는 어떻게 생각하고 있는가?

1 A는 '겉모습'은 좋은 인상을 주기 때문에 필요하다고 생각하고, B는 '겉모습'을 신경 써서 상처받는 사람이 많다고 생각하고 있다.

2 A는 '겉모습'에 투자할 수 있는 사람이 유리하다고 생각하고, B는 투자할 수 없는 사람에게는 불공평한 것이라고 생각하고 있다.

3 A는 인간을 능력이나 인간성으로 평가하는 사람이 적다고 생각하고, B는 '겉모습'으로 인간을 평가하는 것은 잘못되었다고 생각하고 있다.

4 A는 '겉모습'을 위해 노력하는 사람은 (높이) 평가할 수 있다고 생각하고, B는 '겉모습'을 중시하는 것은 그것으로 이익을 얻는 기업이 있기 때문이라고 생각하고 있다.

문제12 다음 글을 읽고, 다음 질문에 대한 답으로 가장 적당한 것을 1·2·3·4에서 하나 고르세요.

p.38

일본에는 은행나무 가로수가 많이 있다. 가로수로서 심어지고 있는 나무로서는 은행나무가 가장 많다. 봄에는 연두색, 가을에는 금색으로 거리를 물들여 주고, 사람들 마음에 아름다운 추억을 남겨 준다. 낙엽을 주우며 연인과 데이트를 하고, 지친 정신에 편안함을 준다. 그런 가로수 길로서는 매우 대중적인 은행나무이지만 '살아있는 화석'이라고 불리는 것은 그다지 알려져 있지 않다.

'살아있는 화석'이라는 것은 인류가 지구에 태어나기 전부터 현대에 이르기까지, 그 모습을 거의 바꾸지 않고 계속 생식하고 있는 생물을 말한다. 인류의 선조가 탄생한 것은 약 20만 년 전. 은행나무는 무려 약 2억 년 전부터 번성하고 있었다. 그것은 공룡이 살아있던 시대이다. 아시아뿐만 아니라 북미나 유럽에서도 화석이 발견되고 있고 은행나뭇과로서의 종류도 17종류는 있었던 것 같다. 빙하기로 인해 그 대부분이 모습을 감추었지만 간신히 1종만이 중국에서 살아남았다. 현재 볼 수 있는 은행나무는 은행나뭇과 중 유일한 것이다.

중국에 살아남은 은행나무는 (주1)가마쿠라 시대에 그 씨앗이 일본으로 들어오게 되었다. 일본에서는 씨앗을 '은행(銀杏)'이라고 부르고 있지만 그것은 중국어에서 온 것으로 'イチョウ'라는 이름 또한 중국어에서 유래하고 있다. 오리의 다리라는 의미인 '야-챠오'가 변화된 말이다. 은행은 불교와 함께 전해졌기 때문에 신사나 절에 차례로 심어져 갔다. 수령이(나무의 나이가) 800년 정도인 오래된 은행나무가 지금도 절에 남아 있는 것은 이 때문이다. 그리고 (주2)에도 시대에 들어와서는 나가사키에 드나들던 독일인에 의해 일본의 은행이 유럽으로 전해지게 되었다. 현재 유럽에 번성하고 있는 은행나무는 사실 일본에서 가져 온 것이다. 당시 일본에서는 재배에 대한 관심이 높아, 식물의 육성이나 개량 기술은 세계적으로도 높은 수준에 있었다고 한다. 일본의 (주3)우키요에가 서양 문화에 준 영향보다도 원예 식물이 준 영향 쪽이 훨씬 크다고 말하는 학자도 있을 정도이다. 쇄국 시대의 일본 문화가 세계의 도시에 황금색가을 풍경을 만들어 간 것이다.

은행나무는 가공하기 쉬운데다가 튼튼하고 잘 타지 않기 때문에 장기판이나 도마, 건축재, 가구재에도 넓리 사용되고 있다. 그리고 공해에도 강하기 때문에 가로수로서도 많이 심어졌다. 관동대지진이나 제2차 세계 대전으로 인해 도쿄 일대가 불에 탔을 때에도 살아남은 은행나무가 많다고 한다.

이처럼 은행나무는 많은 위기를 극복하고 살아남아 지금도 당당한 모습을 보여주고 있다. 시련에 단련된 사람일수록 타인의 마음에 다가가고 다정해지는 법이다. 가로수 길을 걸으면 마음이 놓이는 것은 그 때문일까? 그것을 안다면 가로수 길을 걷는 감동이 한층 더 깊어진다.

(주1) 가마쿠라 시대: 일본에서 1185년~1333년의 무사 시대

(주2) 에도 시대: 일본에서 1603년~1867년의 쇄국 시대

(주3) 우키요에: 에도 시대에 발전한 일본의 전통적인 회화(그림)

65 은행나무가 '살아있는 화석'이라고 불리고 있는 것은 어째서인가?

1 사람 마음에 언제까지나 아름다운 추억을 남겨 주는 소중한 나무이기 때문에

2 먼 옛날부터 현대까지 거의 같은 모습으로 계속 살아있기 때문에

3 북미나 유럽에서 멸종한 은행나무가 중국에 남아 있었기 때문에

4 인류가 탄생한 이후 현대까지 항상 인류에 도움이 되는 나무였기 때문에

66 필자에 따르면 오래된 은행나무가 지금도 절에 남아 있는 것은 어째서인가?

1 유일하게 살아남은 은행나무가 유일한 가르침인 불교를 상징하고 있기 때문에

2 당시에는 불교를 보호하고 있어서 절에 우선적으로 심어졌기 때문에

3 불교가 중국에서 일본으로 전해진 것과 동시에 은행나무도 들어왔기 때문에

4 일본에서 불교가 부흥한 지 800년이라는 세월이 지났기 때문에

67 <u>쇄국 시대의 일본 문화가 세계의 도시에 황금색 가을 풍경을 만들어 갔다</u>란 어떠한 것인가?

1 쇄국 시대였기 때문에 일본인은 세계의 도시를 상상해서 그림으로 그렸던 것

2 일본에서는 원예 기술이 높고 세계에서는 도시 만드는 기술이 높았던 것

3 은행나무를 가공해서 만든 일본의 가구재가 유럽에 전해진 것

4 유럽의 가로수 길은 일본의 재배 기술로부터 배워서 만든 것이라는 것

68 은행나무에 대해서 필자가 가장 서술하고 싶은 것은 무엇인가?

1 인간이 탄생하기 이전부터 생식하고, 지금도 우리들의 눈앞에 있는 것이 신기하다.

2 여러 가지 일을 견뎌 온 강인함이 주위에 안도감을 주는 품격을 만든 것 같다.

3 가로수 길을 걸을 때는 은행나무의 역사를 생각해 보다 깊은 감동을 받도록 하고 있다.

4 은행나무가 '살아있는 화석'이라고 불리고 있는 것을 많은 사람들이 알았으면 좋겠다.

문제13 오른쪽 페이지는 일본 주재 외구인 사진 콘테스트의 모집 안내이다. 아래 질문에 대한 답으로 가장 적당한 것을 1·2·3·4에서 하나 고르세요. p.42

69 다음 사람 중 이 콘테스트에 응모할 수 있는 것은 누구인가?

이름	국적	일본 체재 이유	찍은 사진	기타
마크	영국	회사원	교토의 거리	6개월 후에 귀국 예정이다
박	한국	대학원생	후지산	소중한 사진이기 때문에 반환 희망
다니엘	프랑스	2박 3일 여행	일본의 서서 마시는 가게	프랑스에서 사진 공부를 하고 있다
란	중국	아르바이트	사막	미국 여행을 갔을 때의 사진

1 마크 씨　　2 박 씨　　3 다니엘 씨　　4 란 씨

70 독일 국적으로 일본 대학에 재학 중인 소피아 씨는 호스트 패밀리(홈스테이 가정)의 휴일 모습을 찍은 사진을 응모하고 싶다. 소피아 씨가 응모할 때에 반드시 해야 할 것은 무엇인가?

1 일본에는 없는 독일의 습관을 별지에 써서 첨부한다.
2 호스트 패밀리에게 응모할 것을 알린다.
3 대학에서 재학 증명서를 받아서 사본을 첨부한다.
4 사진 뒷면에 유학처로 일본을 선택한 이유를 기입한다.

❖ 일본 주재 외국인 사진 콘테스트 ❖

- 모집 안내 -

1. 콘테스트의 목적	사진을 통해 국적이나 문화의 차이를 초월한 다문화 공생 사회 만들기를 지향합니다.
2. 테마	(1) 여행: 일본을 여행하며, 가장 인상에 남은 장소 (2) 놀람: 일본의 문화, 패션, 습관에서 놀란 것 (3) 나의 나라: 일본에는 없는 모국의 모습
3. 응모 자격	일본에 장기 주재하고 있다거나 혹은 할 예정인 외국 국적의 분 ※ 단기 체재인 분은 대상 외 ※ 연령, 남녀 불문
4. 대상 사진	테마에 부합되는 사진 ※ 테마에 맞지 않는 것은 실격, 작품의 전시도 하지 않으므로 주의해 주세요.
5. 응모 매수	응모자 1명 당, 사진 1매만 응모할 수 있습니다. ※ 여러 장을 보낸 경우는 실격 ※ 사진 사이즈는 자유
6. 응모 방법	홈페이지에서 응모 용지를 다운로드하여 응모 사진(파일 형식은 JPEG, PNG만)을 첨부하여 송부해 주세요. 응모 용지의 아래 란에 성명, 국적과 언제, 어디에서 찍었는지, 그 사진을 선택한 이유를 기입해 주세요. 아울러 비자 또는 재류 카드를 스캔하여 첨부해 주세요. 또한 이 사진에 관한 에피소드가 있으면 비고란에 적어 주세요. ※ 우편으로도 접수합니다. 그 경우 사진관에서 출력한 것(L판~2L판)으로 두꺼운 종이로 보호된 것을 보내 주세요. 상기 응모 용지를 출력하여 필수 사항을 동일하게 기입하고 사진을 넣은 봉투에 동봉해 주세요.
7. 상품	최우수상: 1박 2일 온천 여행 우수상: 디지털 카메라 유니크상: 일식 레스토랑 식사권
8. 심사 결과	입상자에게만 직접 연락합니다.
9. 작품의 전시	응모된 작품은 이로하 도서관에서 전시합니다.
10. 그 외	응모된 작품은 반환하지 않습니다. 응모자는 특정 인물이나 건물이 찍힌 사진을 응모할 경우, 권리자의 허가를 얻은 후 응모해 주세요. ※ 만일 문제가 발생한 경우에는 응모자의 책임으로 (하여) 해결하는 것으로 합니다.

문제1 문제1에서는 우선 질문을 들으세요. 그리고 이야기를 듣고 문제지의 1에서 4 중에서 가장 적당한 것을 하나 고르세요.

1번 1-01

動物病院で男の人と医者が話しています。男の人は、これから子犬の世話をどうしますか。

男 あの、前は朝と、散歩から帰って午後あげる飼料をよく食べていたんですが、最近どちらもあまり食べなくなって、心配なんですが。

女 えさはどうしてますか。子犬のうちは、専用のドッグフードを与えないと、消化が悪くなっちゃうことがありますよ。

男 ちゃんと専用のものを与えてるんですけど……。

女 そうですか。ミルクはちゃんと混ぜてますか。

男 はい。ミルクはたっぷり混ぜてます。

女 そうですか。それは少し控えた方がいいかもしれませんね。あまり入れすぎると歯の発達が遅れてしまって、食欲をなくすことがあるんですよ。部屋の温度はどうされてますか。

男 犬用の電気ヒーターで20度ぐらいにしてるんですけど。もう少し温度を上げた方がいいんですかね。

女 うーん。とりあえず様子を見てください。

男 はい。分かりました。ありがとうございます。

男の人は、これから子犬の世話をどうしますか。

1 ミルクの量を増やす
2 ミルクの量を減らす
3 部屋の温度を上げる
4 部屋の温度を下げる

동물병원에서 남자와 의사가 이야기하고 있습니다. 남자는 앞으로 강아지 돌보는 것을 어떻게 합니까?

남 저, 전에는 아침과 산책에서 돌아와서 오후에 주는 사료를 잘 먹었었는데, 요즘 어느 쪽도 잘 먹지 않게 되어서 걱정이에요.

여 먹이는 어떻게 주고 있습니까? 강아지일 때는 전용 도그 푸드를 주지 않으면 소화가 나빠지고 마는 경우가 있어요.

남 제대로 전용 먹이를 주고 있습니다만…….

여 그렇습니까? 우유는 제대로 섞고 있습니까?

남 예. 우유는 충분히 섞고 있습니다.

여 그렇습니까? 그건 조금 삼가는 편이 좋을지도 모르겠네요. 너무 많이 넣으면 이빨의 발달이 늦어져 버려서 식욕을 잃는 경우가 있습니다. 방 온도는 어떻게 하고 계십니까?

남 강아지용 전기 히터로 20도 정도로 하고 있습니다만. 좀 더 온도를 올리는 편이 좋을까요?

여 음. 우선은 상태를 보십시오.

남 예, 알겠습니다. 고맙습니다.

남자는 앞으로 강아지 돌보는 것을 어떻게 합니까?

1 우유 양을 늘린다
2 우유 양을 줄인다
3 방 온도를 올린다
4 방 온도를 내린다

2번 🔈 1-02

会社で男の人と女の人が会社創立50周年パーティーについて話しています。女の人は、このあと何をしなければなりませんか。

男 来月の創立50周年パーティー、準備は進んでいますか。

女 はい。取引先への招待状は送ってありますし、受付を担当する人に読んでもらう資料も作成しました。

男 そうですか。受付は大事ですからね。当日の服装のこともちゃんと書いてありますか。

女 えー、そこまでは特に……。業務内容やシフトについては詳しく書きましたが。

男 うーん。今回は50周年だから特に、服はきちんとそろえたいんですよね。みんな分かってるかもしれないけど、その内容も入れておくに越したことはないですね。

女 はい。分かりました。

男 お願いします。あと、代表であいさつしてもらう方たちへの連絡は大丈夫ですか。

女 それは済んでます。

男 ありがとうございます。

女の人は、このあと何をしなければなりませんか。

1 取引先に招待状を送る

2 受付の服をそろえる

3 資料の内容を書き足す

4 あいさつする人に連絡する

회사에서 남자와 여자가 회사 창립 50주년 파티에 대해 이야기하고 있습니다. 여자는 이다음에 무엇을 하지 않으면 안 됩니까?

남 다음 달 창립 50주년 파티 준비는 잘 되어 가고 있습니까?

여 예. 거래처로 초대장은 보냈고, 접수처를 담당할 사람이 읽을 자료도 작성했습니다.

남 그렇습니까? 접수처는 중요하니까요. 당일 복장에 관한 것도 제대로 쓰여 있습니까?

여 아……, 거기까지는 특별히……. 업무 내용이나 교대에 대해서는 자세히 썼습니다만.

남 음. 이번은 50주년이니까, 특히 복장을 제대로 갖추고 싶습니다. 모두 알고 있을지 모르겠지만 그 내용도 넣어 두는 것이 제일 좋겠어요.

여 네, 알겠습니다.

남 부탁드립니다. 그리고 대표로 인사해 줄 분들께 연락은 되었습니까?

여 그건 다 끝났습니다.

남 고맙습니다.

여자는 이다음에 무엇을 하지 않으면 안 됩니까?

1 거래처에 초대장을 보낸다

2 접수처의 복장을 갖춘다

3 자료 내용을 추가로 적는다

4 인사할 사람에게 연락한다

3번 1-03

会社で男の人と女の人が話しています。女の人は、新商品開発のために何をしなければなりませんか。

男 うちのチョコワッフル、今年いっぱいで生産中止になるんだよね。かわりに注目を集めるような新商品、できないかな。

女 そうですね。そろそろ考え始めないといけませんね。

男 やっぱり、うちの顧客の大半は若者だから、まずはその世代の好みをきちんと調査しないとな。

女 そうですね。ただ、若者向けの商品はすでに飽和状態ですし、よほどのインパクトがないと新しいものはなかなか難しいですよね……。

男 うーん……。それじゃあ、ターゲットを大幅に変えてみるとか……。購買力のある40代の女性にしてみるってのはどうかな。

女 あ、いいですね。さっそく、アンケートを実施しましょうか。

男 うん、それがいい。試食会を開いて男性向けの商品なんかも検討してみたいところだけど、それはあんまり期待できないよな。

女 そうですね。

男 じゃあ、よろしく。ここが正念場だから、多少のコストも構わないよ。

女 分かりました。

女の人は、新商品開発のために何をしなければなりませんか。

1 若者の好みを調査する
2 40代の女性にアンケートをする
3 男性を対象にした試食会を開く
4 販売価格を設定する

회사에서 남자와 여자가 이야기하고 있습니다. 여자는 신상품 개발을 위해서 무엇을 하지 않으면 안 됩니까?

남 우리 회사의 초코 와플, 올해를 끝으로 생산 중지가 되는데. 대신해서 주목을 모을 만한 신상품 만들 수 없을까?

여 그렇네요. 슬슬 생각을 시작하지 않으면 안 되겠군요.

남 역시 우리 고객의 대부분은 젊은 사람이니까 우선은 그 세대의 취향을 제대로 조사하지 않으면 안 되겠지.

여 그렇죠. 다만 젊은 사람 대상인 상품은 이미 포화 상태여서 어지간한 임팩트가 없으면 새로운 것은 꽤 어렵습니다…….

남 음……. 그럼, 타깃을 대폭 바꿔 본다든가……. 구매력이 있는 40대 여성으로 해 보는 것은 어떨까?

여 아, 좋네요. 즉시 설문 조사를 실시할까요?

남 응, 그게 좋겠어. 시식회를 열어서 남성 대상의 상품 같은 것도 검토해 보고 싶은데, 그건 그다지 기대할 수 없겠지?

여 그렇네요.

남 그럼, 잘 부탁해. 지금이 가장 중요한 고비이니까 약간의 비용이 들어도 괜찮아.

여 알겠습니다.

여자는 신상품 개발을 위해서 무엇을 하지 않으면 안 됩니까?

1 젊은 사람의 취향을 조사한다
2 40대 여성에게 설문 조사를 한다
3 남성을 대상으로 한 시식회를 연다
4 판매 가격을 설정한다

4번 🔊 1-04

スポーツジムで男の人と受付の人が話しています。男の人は、無料サービスを受けるために何をしなければなりませんか。

男 すみません、入会金が無料になるサービスがあるって聞いたんですけど。

女 はい。ご家族の中に会員の方がいらっしゃれば、家族紹介ということで入会金は無料となっております。

男 え、いないんですけど。

女 ほかには、２年間のご契約でも無料になりますが、その場合、お客様都合での途中退会はできません。

男 え、2年ですか。退会はできないとしても、途中でコースを変えることってできるんですか。

女 コースのご変更ですね。契約を3か月継続していただいたあとのご変更でしたら、問題はございません。

男 そうですか。じゃあ、ちょっと検討してみます。

男の人は、無料サービスを受けるために何をしなければなりませんか。

1 家族を紹介する
2 ２年間の契約をする
3 コースを変更する
4 契約を３か月継続する

헬스장에서 남자와 접수처 사람이 이야기하고 있습니다. 남자는 무료 서비스를 받기 위해서 무엇을 하지 않으면 안 됩니까?

남 실례합니다. 입회비가 무료가 되는 서비스가 있다고 들었는데요.

여 네. 가족 중에 회원인 분이 있으시면 가족 소개로써 입회비는 무료가 됩니다.

남 아, 없는데요.

여 그 외에는 2년간 계약을 하셔도 무료가 됩니다만, 그 경우 손님 사정으로 도중에 탈퇴는 할 수 없습니다.

남 네? 2년이요? 탈퇴는 할 수 없어도 도중에 코스를 바꿀 수는 있는 걸까요?

여 코스 변경 말이죠. 계약을 3개월 계속하신 후의 변경이라면 문제는 없습니다.

남 그렇습니까? 그럼 잠시 검토해 보겠습니다.

남자는 무료 서비스를 받기 위해서 무엇을 하지 않으면 안 됩니까?

1 가족을 소개한다
2 2년간 계약을 한다
3 코스를 변경한다
4 계약을 3개월 계속한다

5번 🔊 1-05

新入社員研修会の会場で男の人と女の人が話しています。二人は、研修会でまず何をしますか。

男 研修会の案内メール、見た？

女 うん、見たよ。まず社内見学をしてから… 午後にはマナー講習会だったよね。

신입 사원 연수회 회장에서 남자와 여자가 이야기하고 있습니다. 두 사람은 연수회에서 우선 무엇을 합니까?

남 연수회 안내 메일 봤어?

여 응, 봤어. 먼저 사내 견학을 한 다음에… 오후에는 매너 강습회였지?

男 それは最初に来たメール。後から予定変更の追加メールがあったじゃん。見てないんだ。

女 そうなの？見てないよ。どう変わったの？

男 午前と午後の予定が入れ替わるんだって。

女 あっ、そう？全然知らなかった。教えてくれて、ありがとう。

男 あ、それから、午前の研修が終わったら、社員食堂に移動して昼食をとるって書いてあったよ。ここの社員食堂、利用の仕方を知っておかなきゃね。その時は先輩社員とグループになって、仕事のこととか自由に質問できるらしいよ。

女 わー、それいいね。でも、先に分かっていたら聞きたいこと考えてきたのに。

男 仕方ないじゃん。研修会始まっちゃうから急ごう。

女 うん、分かった。

남 그건 맨 처음에 왔던 메일이고. 나중에 일정 변경에 대한 추가 메일이 있었잖아. 안 봤구나.

여 그래? 못 봤어. 어떻게 바뀌었어?

남 오전과 오후의 예정이 서로 바뀐대.

여 앗, 그래? 전혀 몰랐네. 알려 줘서 고마워.

남 아, 그리고 오전 연수가 끝나면 사원 식당으로 이동해서 점심을 먹는다고 쓰여 있었어. 여기 사원 식당의 이용 방법을 알아 두어야 하니까. 그때는 선배 사원과 그룹이 되어서 업무 이야기 같은 걸 자유롭게 질문할 수 있대.

여 와, 그거 좋다. 하지만 먼저 알았으면 물어보고 싶은 걸 생각해서 왔을 텐데.

남 어쩔 수 없지. 연수회 시작돼 버리니까 서두르자.

여 응, 알았어.

二人は、研修会でまず何をしますか。

1 会社内の見学をする
2 マナー講習を受ける
3 食堂の利用方法を覚える
4 先輩社員に質問をする

두 사람은 연수회에서 우선 무엇을 합니까?

1 회사 내 견학을 한다
2 매너 강습을 받는다
3 식당 이용 방법을 배운다
4 선배 사원에게 질문을 한다

6번 1-06

会社で男の人と女の人が話しています。女の人は、来週どんな仕事をしますか。

男 今大丈夫？

女 はい。

男 今やってくれてる内装デザイン、どうなってる？

女 はい。ヤマダ建築さんと打ち合わせを重ねて、内容を詰めているところですが。

회사에서 남자와 여자가 이야기하고 있습니다. 여자는 다음 주 어떤 일을 합니까?

남 지금 괜찮아?

여 네.

남 지금 해 주고 있는 내장 디자인, 어떻게 되고 있어?

여 네. 야마다 건축과 협의를 거듭해서 내용을 좁히고 있는 참입니다만.

男 いやー。実は今日、ヤマダ建築さんのとこに行ってきたんだけどね、君の対応が少し遅いって言われてしまってね。君にはほかの新人教育も担当してもらってるし、同時進行は厳しいのかな。

女 申し訳ありません。今、ちょうど新人教育の方でバタバタしていまして。それに、今週は外回りの営業も多かったので。

男 そうか。やっぱり一人で対応してもらうのは難しそうだな。これから現場に工事を依頼したり、忙しくなるだろうから、ひとまず来週から新人教育の担当ははずしてもらおうか。僕から話しておくよ。

女 分かりました。お気遣い、ありがとうございます。

男 内装のイメージに集中してもらいたいからね、改装工事に取り掛かる前に。じゃ、来週からはそういうことで頼むよ。よろしく。

女 はい。

女の人は、来週どんな仕事をしますか。

1 内装デザイン
2 新人教育
3 外回りの営業
4 改装工事

남 아니, 사실은 오늘 야마다 건축 쪽에 갔다 왔는데 자네의 대응이 조금 늦다고 말을 들어 버려서. 자네에게는 다른 신입 교육도 담당하게 하고 있고, 동시 진행은 어려운가?

여 죄송합니다. 지금 마침 신입 교육 쪽으로 정신이 없어서요. 게다가 이번 주는 외부 영업도 많았기 때문에.

남 그렇군. 역시 혼자서 대응해 주는 것은 어렵겠네. 이제부터 현장에 공사를 의뢰하거나 바빠질 테니까 우선 다음 주부터 신입 교육 담당은 빼 달라고 해야겠네. 내가 이야기 해 둘게.

여 알겠습니다. 신경 써 주셔서 감사합니다.

남 내장 이미지에 집중해 주었으면 하니까, 개장 공사에 들어가기 전에. 그럼, 다음 주부터는 그렇게 하는 것으로 부탁할게. 잘 부탁해.

여 네.

여자는 다음 주 어떤 일을 합니까?

1 내장 디자인
2 신입 교육
3 외부 영업
4 개장 공사

문제2 문제2에서는 우선 질문을 들으세요. 그 후 문제지의 선택지를 읽으세요. 읽을 시간이 있습니다. 그리고 이야기를 듣고 문제지의 1에서 4 중에서 가장 적당한 것을 하나 고르세요.

1번 1-07

女の人と男の人が話しています。男の人は、ひったくりにあわないためには何が一番大切だと言っていますか。男の人です。

女 最近、ひったくり事件が増えてるらしいね。

男 あー。防犯ブザー持ってる女の子、けっこう見かけるよね。

여자와 남자가 이야기하고 있습니다. 남자는 날치기를 당하지 않기 위해서는 무엇이 가장 중요하다고 말하고 있습니까? 남자입니다.

여 최근에 날치기 사건이 늘고 있는 것 같아.

남 아, 방범용 경보기를 가지고 있는 여자아이, 많이 보이지.

女 うん。自分を守るためにって、親に持たされてる人も多いよね。

男 防犯グッズの中でスプレーも売れてるらしいけど、あれ、役に立つのかな。

女 犯人の目にかければいいのよ。

男 でもさ、そのときには、そんなの使う余裕ないと思うし、何よりも、カバンを離さないようにしっかり持って歩かないと。

女 それはそうだよね。私も、あまり携帯電話に夢中にならないように気を付けなくちゃ！

男 いつも下向いて歩いてるもんね。

여 응. 자신을 지키기 위해서라며, 부모가 소지하게 하는 사람도 많아.

남 방범 상품 중에서 스프레이도 팔리고 있는 것 같은데 그거, 도움이 될까?

여 범인의 눈에 뿌리면 되는 거야.

남 하지만, 그 때는 그런 거 사용할 여유가 없을 거라고 생각하고 무엇보다도 가방을 놓지 않도록 단단히 들고 걷지 않으면 안 돼.

여 그건 그래. 나도 너무 휴대 전화에 열중하지 않도록 조심하지 않으면 안 되겠네.

남 항상 아래쪽을 보면서 걷고 있지.

男の人は、ひったくりにあわないためには何が一番大切だと言っていますか。

1 防犯ブザーを持ち歩くこと
2 犯人にスプレーをかけること
3 荷物をしっかりと持つこと
4 携帯電話に集中しないこと

남자는 날치기를 당하지 않기 위해서는 무엇이 가장 중요하다고 말하고 있습니까?

1 방범 경보기를 가지고 다니는 것
2 범인에게 스프레이를 뿌리는 것
3 짐을 단단히 드는 것
4 휴대 전화에 집중하지 않는 것

2번 1-08

女の学生二人が話しています。パックの効果がなかった理由は何ですか。

女1 この前、おすすめしてもらったパック、あまり効果がなかったんだよね。

女2 え？何でだろう？私は気に入ってるんだけど。

女1 なんか、使うとさらに肌が乾燥する気がして……。

女2 うーん。肌に合わなかったのかなあ。もしくは、私が言ったのとは違うやつ買っちゃったんじゃない？

女1 でも、ちゃんとお店の人に聞いたし……。

女2 そう？ちゃんとやさしくマッサージしたあとに、10分待ってから洗い流したよね？

여학생 두 명이 이야기하고 있습니다. 팩이 효과가 없었던 이유는 무엇입니까?

여1 일전에 추천해 주었던 팩, 그다지 효과가 없었어.

여2 어? 왜 그럴까? 나는 마음에 드는데.

여1 왠지, 사용하면 더욱 피부가 건조해지는 느낌이 들어서…….

여2 음…. 피부에 맞지 않았던 걸까. 아니면 내가 말한 것과는 다른 것을 사 버린 것 아냐?

여1 하지만, 제대로 가게 사람에게 물었는데…….

여2 그래? 제대로 부드럽게 마사지 한 후에 10분 기다리고 나서 씻어 냈지?

女1 あ、ごしごしマッサージしちゃったかも。10分っていうのは頭に入れてたんだけど。

女2 そっか。じゃあ、今日もう1回やってみて。ちゃんと10分待つことを忘れないでね。

パックの効果がなかった理由は何ですか。

1 肌に合わなかったから

2 違う商品を買ってしまったから

3 強くマッサージしてしまったから

4 10分待たずに洗い流したから

여1 아! 박박 힘주어 마사지 했을지도. 10분 기다리는 것은 기억하고 있었는데.

여2 그래? 그럼, 오늘 다시 한번 해 봐. 제대로 10분 기다리는 것을 잊지 말고.

팩이 효과가 없었던 이유는 무엇입니까?

1 피부에 맞지 않았기 때문에

2 다른 상품을 사고 말았기 때문에

3 강하게 마사지하고 말았기 때문에

4 10분 기다리지 않고 씻어 냈기 때문에

3번 1-09

会社で女の人と部長が話しています。部長がスキンケアの開発を行わない、一番大きな理由は何ですか。

女 部長、最近は植物エキスを使ったスキンケアが人気でして、うちでも開発したらどうかという声があがっているんですが。部長はどうお考えでしょうか。

男 うーん。でも、そういう人気って一時的なものだよね。

女 それはそうなんですが、ただ、開発チームの話によると、このタイプの商品開発を進めていないのは大手ではうちだけらしいんですよ。

男 しかし、うちが力を入れているのはスキンケア部門じゃないしなあ。

女 でも、今後はもっと進出していく必要がありますよね。

男 確かにそうだな。ただ、開発のための費用や期間を考えるとね。それに、うちは設備も整ってないし。

女 その点に関しては、利益で十分カバーできると思います。

男 うーん。そうだなあ。でもやっぱり、うちのモットーは、長く愛される商品を作ることだからな。

회사에서 여자와 부장이 이야기하고 있습니다. 부장이 스킨케어의 개발을 하지 않는 가장 큰 이유는 무엇입니까?

여 부장님, 최근에는 식물 진액을 사용한 스킨케어가 인기가 있어 우리 회사도 개발하면 어떨까 하는 의견이 높아지고 있습니다만. 부장님은 어떻게 생각하십니까?

남 음. 하지만, 그런 인기는 일시적인 것 일거야.

여 그건 그렇지만, 단지 개발팀의 이야기에 따르면 이 타입의 상품 개발을 진행시키고 있지 않는 것은 대기업에서는 우리 회사뿐인 것 같아요.

남 하지만, 우리 회사가 힘을 쏟고 있는 것은 스킨케어 부문이 아니니까.

여 그래도, 앞으로는 좀 더 진출해 갈 필요가 있습니다.

남 분명히 그렇지. 다만, 개발을 위한 비용과 기간을 생각하면 말야. 게다가 우리 회사는 설비도 갖추고 있지 않고.

여 그 점에 관해서는 이익으로 충분히 커버할 수가 있다고 생각합니다.

남 음. 그렇지. 하지만 역시 우리 회사의 신조는 오랫동안 사랑 받는 상품을 만드는 것이니까.

女 そうなんですが……。

男 ま、悪いけど今回は見送ろう。

部長がスキンケアの開発を行わない、一番大きな理由は何ですか。

1 人気が続く見込みがないため

2 力を注いでいる部門ではないため

3 開発する費用と時間がかかるため

4 会社の設備が十分ではないため

여 그렇지만…….

남 뭐, 미안하지만 이번에는 보류하자.

부장이 스킨케어의 개발을 하지 않는 가장 큰 이유는 무엇입니까?

1 인기가 계속될 전망이 없기 때문에

2 힘을 쏟고 있는 부문이 아니기 때문에

3 개발하는 비용과 시간이 들기 때문에

4 회사의 설비가 충분하지 않기 때문에

4번 1-10

男の人と女の人が携帯電話のカタログを見ながら話しています。男の人は、この携帯電話のどんなところが気に入ったと言っていますか。

男 この携帯、いいね。デザインがすっきりしてて持ちやすそう。これならずっと使えるな。

女 そうね。見た目がこってるものより、地味なほうが落ち着くね。もうちょっと色の種類があるといいけど。

男 そうかな。これで十分だよ。それより、ちょっと画面が大きすぎるのが気になるな。

女 でも、これくらいのほうが見やすいと思うけど。

男 ああ、でもやっぱり新商品だけあっていい値段だよな。

女 ま、新しい機能もたくさん入ってるわけだし、妥当なところじゃない？

男の人は、この携帯電話のどんなところが気に入ったと言っていますか。

1 デザインがシンプルなところ

2 画面が大きくて見やすいところ

3 値段が手ごろなところ

4 新商品で機能が多いところ

남자와 여자가 휴대 전화 카탈로그를 보면서 이야기하고 있습니다. 남자는 이 휴대 전화의 어떤 점이 마음에 들었다고 말하고 있습니까?

남 이 휴대 전화 좋네. 디자인이 깔끔해서 손에 쥐기 편할 것 같아. 이거라면 계속해서 사용할 수 있겠어.

여 그렇네. 외관이 정교한 것보다 수수한 편이 안정감이 있지. 좀 더 색상의 종류가 있으면 좋겠는데.

남 그럴까? 이걸로 충분해. 그것보다 좀 화면이 너무 큰 것이 마음에 걸리네.

여 하지만, 이 정도의 것이 보기 편할 거라고 생각하는데.

남 아, 근데 역시 신상품인 만큼 가격이 좀 나가는군.

여 뭐, 새로운 기능도 많이 들어 있고 하니까 타당한 가격이 아닐까?

남자는 이 휴대 전화의 어떤 점이 마음에 들었다고 말하고 있습니까?

1 디자인이 심플한 점

2 화면이 커서 보기 편한 점

3 가격이 적당한 점

4 신상품이고 기능이 많은 점

5번 🔊 1-11

会議で、女の人が書籍の宣伝について話しています。これから新しくどのような方法で宣伝すると言っていますか。

女　えー、当店の書籍のPR方法といえば、店頭に人気ランキングコーナーを置くことですが、それだけではお客様の注目を十分に得ることができていないようです。そこで、スタッフのコメントを添えることを考えたのですが、それではインパクトが少ないので、有名人の方の感想をいただくことにしました。もともと各書籍にはキャッチコピーを書いていますが、それとはまた違った視点で、更なる宣伝効果が期待できるのではないかと考えています。

これから新しくどのような方法で宣伝すると言っていますか。

1 人気ランキングコーナーを設置する
2 スタッフのコメントを添える
3 有名人のコメントを添える
4 違う視点でキャッチコピーを書く

회사에서 여자가 서적 선전에 대하여 이야기하고 있습니다. 이제부터 새롭게 어떠한 방법으로 선전하겠다고 말하고 있습니까?

여　음, 저희 가게의 서적 PR방법이라고 하면 가게 앞에 인기 순위 코너를 놓는 것이지만, 그것만으로는 손님의 주목을 충분히 얻을 수가 없는 것 같습니다. 그래서 스태프의 설명을 곁들이는 것을 생각했는데요, 그것으로는 임팩트가 적기 때문에 유명인의 감상을 받기로 했습니다. 원래 각 서적에는 선전 문구를 썼습니다만, 그것과는 또 다른 시점에서 한층 더 선전 효과를 기대할 수 있지 않을까 하고 생각하고 있습니다.

이제부터 새롭게 어떠한 방법으로 선전하겠다고 말하고 있습니까?

1 인기 순위 코너를 설치한다
2 스태프의 설명을 곁들인다
3 유명인의 설명을 곁들인다
4 다른 시점으로 선전 문구를 쓴다

6번 🔊 1-12

二つの芸能事務所の社長がオーディションについて話しています。二人が共通して、オーディションで重視すると言っていることは何ですか。

女　弊社のオーディションでは、応募者の才能を見るために、その場で台本を渡して演技をしてもらうことにしています。応募者全員に同じ台本を与えて、グループでどのようにストーリーを展開していくのかを見るのです。そちらではどのような方法を取られていますか？

두 연예 기획사의 사장이 오디션에 대해 이야기하고 있습니다. 두 사람이 공통되게 오디션에서 중시한다고 말하고 있는 것은 무엇입니까?

여　저희 회사의 오디션에서는 응모자의 재능을 보기 위해서 그 자리에서 대본을 건네 연기를 하게 하고 있습니다. 응모자 전원에게 같은 대본을 주고 그룹으로 어떻게 스토리를 전개해 가는지를 보는 것입니다. 그쪽은 어떠한 방법을 취하시고 있습니까?

男 ええ。うちのオーディションでも同じようにしてますね。うちの場合は、5人くらいのグループに分かれてもらい、応募者同士で配役まで決めてもらうんです。

女 演技してもらうと、ものすごい迫力で演技をする人もいたりして、びっくりさせられますよね。

男 そうですね。ただ、与えられた役以上のことをしようと必死になってしまう人もいて、そういうのはちょっとどうかなと思いますね。

女 ああ、自己主張することに夢中っていう感じですよね。よく見かけますね。努力は伝わってきますけどね。

男 うちとしては、自分の役の存在意義を理解したうえで、いかにその役を演じきるかっていうところを重視してるんですよね。

女 ええ。こちらも、そういった能力を見極めることを、オーディションの目的にしています。あとは、他の人にはない存在感がある人なんかは、スクリーンの中でも輝きそうで、評価が高いですよね。

男 そうですか。確かに存在感があるに越したことはないですが、うちはオーディションのときにはそれほど問わないですね。普段はぱっとしない人でも、演技では自由自在に変われる人もいますからね。

二人が共通して、オーディションで重視すると言っていることは何ですか。

1 迫力のある演技ができること

2 皆の前で自己主張ができること

3 役の意味を理解して演技できること

4 他の人にはない存在感があること

남 네, 우리 회사의 오디션에서도 같은 방법으로 하고 있습니다. 우리 회사의 경우는 5명 정도의 그룹으로 나누어 응모자끼리 배역까지 정하게 합니다.

여 연기하게 하면 굉장한 박력으로 연기하는 사람도 있고 해서 깜짝 놀라게 됩니다.

남 그렇죠. 다만, 주어진 배역 이상의 것을 하려고 필사적으로 해 버리는 사람도 있어서 그런 건 좀 어떨까 하고 생각합니다.

여 아, 자기주장하는 것에 열중한다는 느낌이지요. 자주 봅니다. 노력은 전해지지만요.

남 우리 회사로서는 자기 배역의 존재 의의를 이해한 후에 얼마나 그 배역을 완전히 연기하는가 하는 점을 중시하고 있습니다.

여 네, 저희도 그러한 능력을 확인하는 것을 오디션의 목적으로 하고 있습니다. 나머지는 다른 사람에게는 없는 존재감이 있는 사람들은 스크린 안에서도 빛날 것 같아 평가가 높습니다.

남 그렇습니까? 분명히 존재감이 있는 것보다 나은 것은 없습니다만, 우리 회사는 오디션 볼 때에는 그렇게 따지지 않습니다. 평소에는 눈에 띄지 않는 사람이라도 연기에서는 자유자재로 변할 수 있는 사람도 있으니까요.

두 사람이 공통되게 오디션에서 중시한다고 말하고 있는 것은 무엇입니까?

1 박력 있는 연기를 할 수 있는 것

2 모두의 앞에서 자기주장을 할 수 있는 것

3 배역의 의미를 이해하고 연기할 수 있는 것

4 다른 사람에게는 없는 존재감이 있는 것

7번 🔊 1-13

男の人と女の人が話しています。男の人がこの団体に参加している理由は何だと言っていますか。

男 お年寄りの気持ちっていう団体、知ってる？

女 え、何それ？

男 お年寄りの日常がどれほど大変かを体験させる団体なんだ。足に重りをつけたり、視界を狭くしたりしながら、町を歩くんだよ。

女 へー、そういうことしてるの？なんか、当たり前のことを有り難く感じるかもね。駅の階段とか、かなりきついんじゃない？

男 うん。本当に不便で、お年寄りに優しい町づくりが必要だって実感するよ。僕はこの活動をきっかけに、お年寄りを大切にしたいと思うようになったんだよね。

女 へー。

男 だから、この活動に参加して、そういう気持ちを忘れないようにしてるんだ。

女 そっかあ。

男 それに、最近はおじいちゃん、おばあちゃんと同居しない人が多いだろ？そういう若い人にとっては、自分の将来のことを考えるきっかけにもなってるみたいだよ。ま、僕はおじいちゃん、おばあちゃんと一緒に住んでるから、もともとそういう機会はあったけどね。

女 いい活動だねえ。私もやってみようかなあ。うちもおじいちゃん、おばあちゃんいないし。

男 うん！ぜひ参加してみて！

男の人がこの団体に参加している理由は何だと言っていますか。

1 当たり前のことに感謝したいから
2 お年寄りが住みやすい町にしたいから
3 思いやりの心を忘れたくないから
4 自分の将来のことを考えたいから

남자와 여자가 이야기하고 있습니다. 남자가 이 단체에 참가하고 있는 이유는 무엇이라고 말하고 있습니까?

남 노인의 마음이라고 하는 단체, 알고 있어?

여 뭐? 뭐야 그거?

남 노인의 일상이 얼마나 힘든지를 체험시키는 단체야. 다리에 무거운 추를 달거나 시야를 좁게 하거나 하면서 마을을 걷는 거야.

여 오, 그런 일을 하고 있는 거야? 왠지, 당연한 일을 고맙게 느낄지도 모르겠네. 역의 계단이라든가 꽤 힘들지 않아?

남 응, 정말로 불편하고, 노인들을 배려한 마을 조성이 필요하다고 실감하지. 나는 이 활동을 계기로 노인을 소중하게 여기고 싶다고 생각하게 되었어.

여 와.

남 그래서 이 활동에 참가해서 그런 마음을 잊지 않도록 하고 있어.

여 그렇구나.

남 게다가 최근에는 할아버지, 할머니와 같이 살지 않는 사람이 많잖아? 그러한 젊은 사람에게 있어서는 자신의 장래에 관한 문제를 생각하는 계기도 되고 있는 것 같아. 뭐, 나는 할아버지, 할머니와 함께 살고 있으니까, 원래 그런 기회는 있었지만.

여 좋은 활동이네. 나도 해 볼까? 우리 집도 할아버지, 할머니가 안 계시니까.

남 응! 꼭 참가해 봐!

남자가 이 단체에 참가하고 있는 이유는 무엇이라고 말하고 있습니까?

1 당연한 일에 감사하고 싶으니까
2 노인이 살기 편한 마을로 만들고 싶으니까
3 배려심을 잊고 싶지 않으니까
4 자신의 장래에 관한 문제를 생각하고 싶으니까

문제3 문제3에서는 문제지에 아무것도 인쇄되어 있지 않습니다. 이 문제는 전체적으로 어떤 내용인지를 묻는 문제입니다. 이야기 전에 질문은 없습니다. 우선 이야기를 들으세요. 그리고, 질문과 선택지를 듣고 1에서 4 중에서 가장 적당한 것을 하나 고르세요.

1번 1-14

朝のワイドショーで専門家が話しています。

女 ここ数年、独身でいる女性が増えています。会社でキャリアを積む人もいれば、異性に対する興味がないという人もいます。友達と一緒にいる方が楽しいという意見もあり、恋人がいない人も多いようです。女性の社会的地位が高くなり、男性に頼らなくても生きていける時代になったのかもしれません。テレビドラマでもそのような女性にスポットをあてたストーリーが多く見られます。今やこういった女性の姿に憧れる人も少なくないのでしょう。

専門家は、何について話していますか。

1 女性が結婚をしない理由
2 女性がキャリアを積む必要性
3 女性が社会的地位を得る難しさ
4 女性が主役のドラマの人気度

아침 와이드 쇼에서 전문가가 이야기하고 있습니다.

여 최근 몇 년 동안 독신으로 있는 여성이 늘고 있습니다. 회사에서 경력을 쌓는 사람도 있고 이성에 대한 흥미가 없다는 사람도 있습니다. 친구와 함께 있는 편이 즐겁다는 의견도 있어서 애인이 없는 사람도 많은 것 같습니다. 여성의 사회적 지위가 높아져서 남성에게 의지하지 않아도 살아갈 수 있는 시대가 된 것일지도 모릅니다. TV 드라마에서도 그런 여성에게 스포트라이트를 비춘 스토리를 많이 볼 수 있습니다. 이제는 이러한 여성의 모습을 동경하는 사람도 적지 않을 것입니다.

전문가는 무엇에 대하여 이야기하고 있습니까?

1 여성이 결혼을 하지 않는 이유
2 여성이 경력을 쌓을 필요성
3 여성이 사회적 지위를 얻는 어려움
4 여성이 주역인 드라마의 인기도

2번 1-15

講演会で女の人が話しています。

女 私は陶器作りの仕事をしています。陶器は陶器でも日本の伝統的な陶器、今野焼です。今野焼は、白い下地に、細かくて華やかな模様が描かれているのが特徴です。手に取ると何とも言えない滑らかさを感じる一方、ガラスのように硬いので、とても丈夫で長持ちします。今野焼が作られるようになったのは、17世紀。今野の町で質のいい石が発見されたことがきっかけでした。その後、今野の町で作られる陶器を今野焼と呼ぶようになった

강연회에서 여자가 이야기하고 있습니다.

여 저는 도자기 만드는 일을 하고 있습니다. 도자기는 도자기인데 일본의 전통적인 도자기, 이마노 도자기입니다. 이마노 도자기는 하얀 바탕에 세밀하고 화려한 모양이 그려져 있는 것이 특징입니다. 손에 들면 뭐라고 형언할 수 없는 매끄러움을 느끼는 한편, 유리와 같이 단단하기 때문에 매우 튼튼해서 오래 사용할 수 있습니다. 이마노 도자기가 만들어지게 된 것은 17세기. 이마노 마을에서 질이 좋은 돌이 발견된 것이 계기였습니다. 그 후로 이마노 마을에서 만들어진 도자기를 이

のです。この石が生み出す、透き通るような白い下地と美しい模様が人々に愛され、今では世界中で使われています。

女の人は、何について話していますか。

1 今野焼の種類
2 今野焼の魅力
3 今野焼の使われ方
4 今野焼を作る技術

마노 도자기라고 부르게 되었습니다. 이 돌이 만들어 내는 비칠 듯한 하얀 바탕과 아름다운 모양이 사람들에게 사랑받아 지금은 전 세계에서 사용되고 있습니다.

여자는 무엇에 대하여 이야기하고 있습니까?

1 이마노 도자기의 종류
2 이마노 도자기의 매력
3 이마노 도자기의 쓰임새
4 이마노 도자기를 만드는 기술

3번 1-16

ラジオの健康相談の番組で、専門家が話しています。

男 ハンバーガー、ピザ、ポテトなど、いわゆるジャンクフードが好きな人はたくさんいると思います。忙しいときにすぐに食べられる、とても便利な食べ物です。しかし、いつも食べていると生活習慣病の原因にもなってしまいます。中毒性があるので、なかなかやめられず、またストレスがたまっているときにはたくさん食べてしまいがちです。そうして、気がついたときには健康をそこなっているかもしれません。そこでお勧めなのは、新鮮な野菜を使ったヘルシーなものを食べることです。同じハンバーガーでも肉の入っていない、豆腐ハンバーグを使っているものもあります。少しでも、そのような努力をしていくことが大切です。

専門家は、主に何について話していますか。

1 便利な食べ物の有害性
2 ストレスの対処法
3 肉と野菜の食べ方
4 病気を予防する工夫

라디오의 건강 상담 프로그램에서 전문가가 이야기하고 있습니다.

남 햄버거, 피자, 포테이토 등 이른바 정크 푸드를 좋아하는 사람은 많이 있다고 생각합니다. 바쁠 때에 바로 먹을 수 있는 매우 편리한 음식입니다. 그러나, 늘 먹으면 성인병에 원인이 되어 버리기도 합니다. 중독성이 있기 때문에 좀처럼 끊을 수 없고, 또 스트레스가 쌓여 있을 때에는 많이 먹어 버리기 쉽습니다. 그리고 정신을 차렸을 때는 건강을 해치고 있을지도 모릅니다. 그래서 추천하는 것은 신선한 채소를 이용한 건강한 것을 먹는 것입니다. 같은 햄버거라도 고기가 들어 있지 않은 두부 햄버그를 이용한 것도 있습니다. 조금이라도 그와 같은 노력을 해 가는 것이 중요합니다.

전문가는 주로 무엇에 대하여 이야기하고 있습니까?

1 편리한 음식의 유해성
2 스트레스 대처법
3 고기와 채소 먹는 법
4 병을 예방하는 궁리

4번 🔊 1-17

大学で先生が話しています。

男　えー、22世紀までに起こりうる問題は多岐に渡っていますが、まず石油の消費について考えてみましょう。現在、地球規模で石油の消費量が著しく上昇しています。これによって生じる問題はですね、第一に環境汚染です。排出される二酸化炭素によって、地球がどんどん汚されています。次に、資源がなくなってしまうということです。石油の量は無限ではないため、あと数十年でなくなってしまうとも言われています。そうすると私たちの生活は成り立たなくなります。石油に代わるものとして核エネルギーや再生可能エネルギーも注目されていますが、どれも安全面とコスト面などの問題で導入はなかなか簡単ではありません。

先生は、何について話していますか。

1 石油の消費による問題
2 環境汚染の解決法
3 核エネルギーが与える影響
4 エネルギーの安全性

대학교에서 선생님이 이야기하고 있습니다.

남 음, 22세기까지 일어날 수 있는 문제는 여러 갈래에 걸쳐 있습니다만, 우선 석유 소비에 대하여 생각해 봅시다. 현재 지구 규모로 석유의 소비량이 현저하게 상승하고 있습니다. 이로 인해 발생하는 문제는, 제일 먼저 환경 오염입니다. 배출되는 이산화탄소에 의해서 지구가 점점 오염되고 있습니다. 다음으로 자원이 없어지고 만다는 것입니다. 석유의 양은 무한하지 않기 때문에 앞으로 수십 년이면 없어져 버린다고도 합니다. 그렇게 되면 우리들의 생활은 유지되지 않게 됩니다. 석유를 대신하는 것으로써 핵에너지와 재생 가능 에너지도 주목받고 있습니다만, 어느 쪽도 안전성과 비용 면 등의 문제로 도입은 좀처럼 간단하지 않습니다.

선생님은 무엇에 대하여 이야기하고 있습니까?

1 석유 소비로 인한 문제
2 환경 오염의 해결법
3 핵에너지가 주는 영향
4 에너지의 안전성

5번 🔊 1-18

テレビでアナウンサーと経済の専門家が話しています。

女　長引く不況によって、正社員ではない、いわゆる非正規で働く労働者がどんどん増加しています。このような状況から抜け出す方法はあるのでしょうか。

男　そうですね。私は、まず日本の採用制度に問題があると考えています。現在は、卒業予定の大学生を一括で採用するという制度になっていますが、これだと、就職できずに大学を卒業した場合、次に応募するチャンスがなくなってしまうことになるのです。

TV에서 아나운서와 경제 전문가와 이야기하고 있습니다.

여 오래가는 불황으로 인해 정사원이 아닌 이른바 비정규로 일하는 노동자가 점점 증가하고 있습니다. 이와 같은 상황에서 빠져 나올 방법은 있는 것입니까?

남 글쎄요. 저는 우선 일본의 채용 제도에 문제가 있다고 생각하고 있습니다. 현재는 졸업 예정인 대학생을 일괄로 채용하는 제도로 되어 있습니다만, 이러면 취직을 못하고 대학을 졸업한 경우, 다음에 응모할 기회가 없어져 버리고 마는 것입니다.

女 では、現在の制度を廃止した方がいいということでしょうか。

男 必ずしもそういうわけではありません。新入社員への研修を同時に行えるというメリットもあるからです。そういうメリットは生かしつつ、大学生以外の未経験者にも採用の枠を広げることが重要です。

女 採用の枠を広げれば、正社員として働く労働者が増えるということでしょうか。

男 その可能性が十分にあると思っています。すでに定着している制度を維持することはやむを得ないでしょうが、そこだけでも変えられれば、改善につながるものと見ております。

여 그럼 현재의 제도를 폐지하는 편이 좋다는 말씀이십니까?

남 반드시 그러한 것은 아닙니다. 신입 사원에 대한 연수를 동시에 할 수 있다는 장점도 있기 때문입니다. 그러한 장점은 살리면서 대학생 이외의 미경험자에게도 채용의 범위를 넓히는 것이 중요합니다.

여 채용의 범위를 넓히면 정사원으로서 일하는 노동자가 늘어난다는 말씀이십니까?

남 그럴 가능성이 충분히 있다고 생각하고 있습니다. 이미 정착되어 있는 제도를 유지하는 것은 어쩔 수 없습니다만, 그 부분만이라도 바꿀 수 있다면 개선으로 이어진다고 보고 있습니다.

専門家は、現在の採用制度についてどう考えていますか。

1 現在の制度は廃止するべきだ
2 現在の制度は維持するべきだ
3 大学生以外にもチャンスを与えるべきだ
4 大学生以外を採用するべきだ

전문가는 현재의 채용 제도에 대하여 어떻게 생각하고 있습니까?

1 현재의 제도는 폐지해야 한다
2 현재의 제도는 유지해야 한다
3 대학생 이외에도 기회를 주어야 한다
4 대학생 이외를 채용해야 한다

6번 1-19

テレビで男のアナウンサーとドキュメンタリーの監督が話しています。

男 今回のドキュメンタリーを拝見し、特に映像の色使いが印象に残りました。

女 はい。その点は、全体的にこだわったことです。私もこのドキュメンタリーの主人公のように、幼い頃に父親が亡くなったんですけど、言葉では表しようのない孤独感に襲われたんです。自分の視界が色あせてきて、まるでモノクロの世界を見ているような……。そんなとき、部屋から見える朝日の色に癒されたんですよ。

TV에서 남자 아나운서와 다큐멘터리 감독이 이야기하고 있습니다.

남 이번 다큐멘터리를 보고 특히 영상의 색 배합이 인상에 남았습니다.

여 네. 그 점은 전체적으로 신경을 쓴 일입니다. 저도 이 다큐멘터리의 주인공과 같이 어릴 때 아버지가 돌아가셨는데요, 말로는 표현할 수 없는 고독감에 사로잡혔습니다. 자신의 시야가 퇴색되기 시작하여 마치 흑백의 세계를 보고 있는 듯한……. 그럴 때 방에서 보이는 아침 햇살의 빛에 치유가 되었습니다.

男　大切な人を失うと、どうしてもふさぎがちになりますよね。

女　そうなんですよね。そんなときに見える光の色っていうのは、生きる希望を教えてくれるんじゃないかなと思います。

男　それでも、現実では生きる希望を見つけたと思っても、またふとしたことがきっかけで、ふさぎこんでしまったりしますよね。

女　ええ。完全に立ち直ることは難しかったです。せっかく見え始めた色もすぐに見失ってしまうんです。だから、意識的にそういうシーンも入れました。

男　それもリアルな演出で、生身の人間がうまく表現されているところですね。

女　そう評価していただいて本当に嬉しいです。私たちが普段見ている色なんて、当たり前のように思っていましたけど、それと心ってつながってるんですよね。ドキュメンタリーを見終わったあと、それを少しでも感じてもらえたら幸いです。

ドキュメンタリー監督は、何について話していますか。

1 映像の色の出し方
2 映像制作でこだわったところ
3 父親の有り難さ
4 撮影で難しかったところ

남 소중한 사람을 잃으면 아무래도 우울해지기 쉽죠.

여 그렇습니다. 그럴 때에 보이는 빛의 색이라는 것은 살아갈 희망을 가르쳐 주지 않을까 하고 생각합니다.

남 하지만, 현실적으로는 살아갈 희망을 발견했다고 생각해도, 또 사소한 일로 우울해져 버리거나 하지요.

여 네. 완전하게 다시 재기하는 것은 어려웠어요. 모처럼 겨우 보이기 시작한 색도 바로 잃고 맙니다. 그래서 의식적으로 그러한 장면도 넣었습니다.

남 그것도 사실적인 연출로 살아있는 인간이 잘 표현되고 있는 것이죠.

여 그렇게 평가해 주셔서 정말로 기쁩니다. 우리들이 평소 보는 색이라는 것은 당연한 것 같이 생각하고 있었습니다만, 그것과 마음은 관계가 있습니다. 다큐멘터리를 다 보고 난 후에 그것을 조금이라도 느끼셨으면 좋겠습니다.

다큐멘터리 감독은 무엇에 대하여 이야기하고 있습니까?

1 영상의 색을 내는 법
2 영상 제작에서 신경을 썼던 점
3 아버지의 고마움
4 촬영에서 어려웠던 점

문제4 문제4에서는 문제지에 아무것도 인쇄되어 있지 않습니다. 우선 문장을 들으세요. 그리고 그것에 대한 대답을 듣고 1에서 3 중에서 가장 적당한 것을 하나 고르세요.

1번 1-20

女 あの、恐縮ですが、こちらからのご入場はご遠慮いただいております。

男 1 どうぞ、ご遠慮なさらないでください。

2 あ、気がつかなくて。

3 お気遣い、ありがとうございます。

여 저, 죄송합니다만, 이쪽에서의 입장은 사절하고 있습니다.

남 1 부디, 사양하시지 말아 주십시오.

2 아, 알아차리지 못했어요.

3 배려해 주셔서 고맙습니다.

2번 1-21

男 授業さえなければ、昨日のパーティー、行ったんだけどな。

女 1 ああ、授業なくなったんだ。

2 パーティー、盛り上がった？

3 授業、何とかならなかったの？

남 수업만 없었더라면 어제 파티 갔었는데.

여 1 아, 수업이 없어졌구나.

2 파티 분위기 좋았어?

3 수업, 어떻게 할 수 없었어?

3번 1-22

女 会議の日程、先週までに先方にご連絡するように何度言ったと思ってるの。

男 1 そのように先方にお伝えします。

2 申し訳ありません。至急ご連絡します。

3 どうやら、そのようです。

여 회의 일정, 지난주까지 상대방에게 연락하도록 몇 번 말했다고 생각하지?

남 1 그와 같이 상대방에게 전해드리겠습니다.

2 죄송합니다. 즉시 연락하겠습니다.

3 아무래도 그런 것 같습니다.

4번 1-23

男 新商品の入荷日が決まりましたら、ご報告のメールを送らせていただきたいのですが。

女 1 はい、商品の配達をお願いします。

2 そうですか、わざわざありがとうございます。

3 ええ、すぐにお送りします。

남 신상품의 입고일이 결정되면 보고 메일을 보내드리고 싶습니다만.

여 1 네, 상품 배달을 부탁드립니다.

2 그렇습니까? 일부러 고맙습니다.

3 네, 바로 보내 드리겠습니다.

5번 1-24

男 あーあ、やってらんないよな。政府からの研究費の支援が打ち切りになるって。

女 1 この研究、これからってところだったのにね。

2 結果を出しただけのことはあるよね。

3 やればできるってことだね。

남 아, 못해 먹겠어. 정부로부터 연구비 지원이 중단된대.

여 1 이 연구, 이제부터인 참이었는데.

2 결과를 낼 만한 가치가 있네.

3 하면 된다는 거네.

6번 1-25

女 お酒のない食事って、なんとなく物足りないよね。

男 1 ほんと、まだまだ食べられるよ。

2 うん、やっぱりお酒がなくちゃね。

3 そうだよね。もう少しお酒の味がきいてればなあ。

여 술이 없는 식사는 왠지 뭔가 부족하지.

남 1 정말이네, 아직 먹을 수 있어.

2 응, 역시 술이 없어서야.

3 맞아요, 좀 더 술 맛이 났으면 좋겠네.

7번 1-26

男 君がしたことは、学生としてあるまじき行為ですよ。

女 1 認めてくださってありがとうございます。

2 はい、社会人になったことを実感します。

3 後悔してもしきれません。

남 자네가 한 일은 학생으로서 절대로 있어서는 안 되는 행위입니다.

여 1 인정해 주셔서 고맙습니다.

2 네, 사회인이 된 것을 실감합니다.

3 아무리 후회해도 모자랍니다.
(너무 후회스럽습니다.)

8번 1-27

男 社長にしてみれば、今年のうちの売り上げは今一歩なのかあ。

女 1 これも社長のおかげだね。

2 うん、納得いかない顔してたね。

3 確かに、ご機嫌だったたね。

남 사장님 입장에서 보면 금년 우리 회사의 매출은 좀 기대에 못 미치는 걸까?

여 1 이것도 사장님 덕분이네.

2 응, 납득 가지 않는 표정이었어.

3 분명히 기분이 좋으셨어.

9번 1-28

女 この分なら、提出の期限に遅れずにすみそうだね。

男 1 なんだかんだスムーズに進んだもんね。

2 提出、無事にすんでよかったよ。

3 本当にやんなっちゃうよね。

여 이 상태라면 제출 기한에 늦지 않고 끝날 것 같네.

남 1 이러니 저러니 하면서도 원활하게 진행되었네.

2 제출, 무사히 끝나서 다행이다.

3 정말로 싫어지는군.

10번 1-29

男 では、このへんで歓迎会もお開きにしましょうか。

女 1 はい、この場所にしましょう。

2 そうですね、明日も早いですし。

3 じゃあ、乾杯の挨拶は部長にお願いします。

남 그럼 이 쯤에서 환영회도 마칠까요?

여 1 네, 이 장소로 합시다.

2 그래요, 내일도 일찍 시작하니까요.

3 그럼, 건배 인사는 부장님께 부탁드리겠습니다.

11번 1-30

女 機能もさることながら、デザインにも力を入れました。

男 1 じゃあ、機能は二の次なんですね。

2 ひたすら使いやすさを追求したというわけですね。

3 本当に凝ったデザインですね。

여 기능은 물론이거니와 디자인에도 힘을 기울였습니다.

남 1 그럼, 기능은 나중 문제군요.

2 오로지 사용하기 편리함을 추구했다는 거군요.

3 정말로 공들인 디자인이군요.

12번 1-31

女 あの、企画書提出の締め切り、少しのばしてもらえないものかと。

男 1 もう少しお時間をいただけませんか。

2 では、日にちを繰り上げるということで。

3 この日以降はちょっと難しいですね。

여 저, 기획서 제출의 마감일, 조금 연기해 줄 수 있을까요?

남 1 좀 더 시간을 주실 수 없겠습니까?

2 그럼, 날짜를 앞당기는 것으로.

3 이날 이후는 좀 어렵습니다.

13번 1-32

女 お茶をどうぞ。わざわざお越しいただいたのに、何もご用意できませんで。

男 1 いいえ、お構いなく。

2 どうぞ、ゆっくりしていってください。

3 では、また後日伺います。

여 차 드십시오. 일부러 오셨는데 아무것도 준비를 못했습니다.

남 1 아니요, 신경 쓰지 마세요.

2 부디, 천천히 있다 가십시오.

3 그럼 또 나중에 찾아뵙겠습니다.

14번 1-33

男 この書類、今週中に提出していただかないと困るんですが。

女 1 来週はちょっと……。今週なら大丈夫なんですが。

2 大丈夫です。今週末、取りに行きます。

3 わかりました。明後日には出します。

남 이 서류, 이번 주 중에 제출해 주시지 않으면 곤란합니다만.

여 1 다음 주는 좀……. 이번 주라면 괜찮지만요.

2 괜찮습니다. 이번 주말에 가지러 가겠습니다.

3 알겠습니다. 모레에는 제출하겠습니다.

문제5 문제5에서는 조금 긴 이야기를 듣습니다. 문제지에 메모를 해도 됩니다.
문제지에는 아무것도 인쇄되어 있지 않습니다. 우선 이야기를 들으세요. 그리고 질문과 선택지를 듣고 1에서 4 중에서 가장 적당한 것을 하나 고르세요.

1번 1-34

女の学生と引っ越し会社の人が話しています。

女 あ、すみません。実は来週からアメリカのニューヨークに留学するんですが、できればこの荷物をそれまでに向こうに届けたいんです。量が多いので、できるだけ安い方法で送りたいと思っているんですが。

男 そうですね、いくつか発送プランがございますが、一番早くということでしたら、海外スピード便がおすすめです。3日で着きますよ。ただ、お客様のお荷物ですと、かなり重さがあるようなので、お安くというのは……。

여학생과 이삿짐센터의 사람이 이야기하고 있습니다.

여 아, 저기요. 실은 다음 주부터 미국 뉴욕으로 유학 가는데요, 가능하면 이 짐을 그때까지 그쪽에 보내고 싶습니다. 양이 많아서 되도록 저렴한 방법으로 보내고 싶습니다.

남 그렇군요. 몇 가지 발송 플랜이 있습니다만, 제일 빨리 보내고 싶다면 해외 스피드 편을 추천합니다. 3일에 도착합니다. 다만, 손님의 짐이라면 꽤 무게가 있을 것 같으니 저렴하게 하는 것은…….

女 そうですか。それじゃあ、普通の航空便はどうですか。

男 えーと、お客様の送り先とお荷物の重さを考えると、海外スピード便よりもかえって高くなってしまいますね。

女 え、そうなんですか。

男 はい。エコノミー便をご利用になりますと、お値段は少し安くなりますが、こちらは到着までに2週間前後かかってしまうんです。お客様が来週までのお届けをご希望でしたら、お勧めはできないんですが。

女 そうですか。

男 それと、安さを一番に重視されているようでしたら船便がございます。こちらですと、海外スピード便と比べると6割も安くなりますが、エコノミー便以上に、お荷物の到着までにお時間がかかってしまいます。

女 へー、そうですか。何日くらいかかるんですか。

男 2か月程度ですね。そのときの状況によって前後する可能性もあるんですが。

女 うーん……、そんなに遅くなるのは困るけど、少しくらいなら遅くても我慢しよう。やっぱりちょっと安くなるほうがいいし。じゃあ……。

女の学生は、どの方法を選びますか。

1 海外スピード便

2 普通の航空便

3 エコノミー便

4 船便

여 그렇습니까? 그럼, 보통 항공편은 어떻습니까?

남 음, 손님의 배송 지역과 짐의 무게를 생각하면 해외 스피드 편보다도 오히려 비싸져 버립니다.

여 앗, 그렇습니까?

남 네. 이코노미 편을 이용하시면 가격은 조금 싸지지만 이쪽은 도착까지 2주 전후로 걸리게 됩니다. 손님이 다음 주까지 도착을 희망하신다면 추천은 할 수 없습니다.

여 그런가요?

남 그리고 싼 것을 제일 중시하시는 거라면 배편이 있습니다. 이쪽이라면 해외 스피드 편과 비교하면 60%나 저렴해집니다만, 이코노미 편 이상으로 짐 도착까지 시간이 걸리게 됩니다.

여 아, 그렇습니까? 며칠 정도 걸립니까?

남 2개월 정도입니다. 그때의 상황에 따라 왔다 갔다 할 가능성도 있습니다만.

여 음……, 그렇게 늦어지는 것은 곤란하지만 조금 정도라면 늦어도 참아야죠. 역시 조금 저렴해지는 쪽이 좋으니까. 그럼…….

여학생은 어느 방법을 선택합니까?

1 해외 스피드 편

2 보통 항공편

3 이코노미 편

4 배편

2번 1-35

大学のゼミで、先生と学生二人が研究課題について話しています。

男1 はい、杉本くん。発表ありがとう。では、池田さんはどう思いましたか？

女 そうですね。タイトルの「途上国への災害支援について」ですけど、途上国の定義がはっきりしていないと思いました。途上国だけなのか、成長中の新興国も含まれているのか、聞いてててちょっと混乱したんですが、両方取り上げてるんですよね？

男2 はい。メインはいわゆる途上国のことだったんですけど、進めてるうちに、新興国にまで広がっちゃって。

男1 確かに、そこはちょっと分かりにくかったですね。テーマを絞るか、逆にテーマを追加して、両方ともきちんとまとめるか。

男2 そうですね。もともとメインテーマは一つの予定だったので、もう一度その方向でまとめてみます。

女 私もそれがいいと思います。そうすれば、途上国の定義が明確になると思います。

男1 そうですね。じゃあ、そんな感じでやり直してみて。そうすれば、本来の研究目的に沿った課題になるはずだよ。

男2 はい。ありがとうございます。

男の学生は、研究課題をどのように修正することにしましたか。

1 タイトルを変更する
2 テーマを絞る
3 テーマを追加する
4 研究の目的を変更する

대학 세미나에서 선생님과 학생 두 사람이 연구 과제에 대하여 이야기하고 있습니다.

남1 네, 스기모토 군. 발표 고마워요. 그럼 이케다 씨는 어떻게 생각했습니까?

여 글쎄요. 타이틀인 '도상국에 대한 재해 지원에 대하여' 말인데요, 도상국의 정의가 분명하지 않다고 생각했습니다. 도상국만인 건지 성장 중인 신흥국도 포함되어 있는 건지 듣고 있으면서 조금 혼란되었습니다만, 양쪽 모두 다루고 있는 것이지요?

남2 네. 메인은 이른바 도상국에 관한 것이었지만, 진행시키는 사이에 신흥국까지 확대되고 말아서요.

남1 확실히 그 부분은 조금 이해하기 어려웠습니다. 테마를 좁히거나, 반대로 테마를 추가해서 양쪽 모두 제대로 정리하거나.

남2 그렇네요. 원래 메인 테마는 한 가지 예정이었으니까 다시 한번 그 방향으로 정리해 보겠습니다.

여 저도 그게 좋다고 생각합니다. 그렇게 하면 도상국의 정의가 명확해질 거라 생각합니다.

남1 맞아요. 그럼, 그런 느낌으로 다시 해 봐요. 그렇게 하면 본래의 연구 목적에 따른 과제가 될 거예요.

남2 네. 고맙습니다.

남학생은 연구 과제를 어떻게 수정하기로 했습니까?

1 타이틀을 변경한다
2 테마를 좁힌다
3 테마를 추가한다
4 연구 목적을 변경한다

3번 먼저 이야기를 들으세요. 그리고 두 개의 질문을 듣고 각각 문제지의 1에서 4 중에서 가장 적당한 것을 하나 고르세요. 1-36

食料品売り場でアナウンスを聞いた後、男の人と女の人が話しています。

女1 皆様、本日はご来店誠にありがとうございます。午前9時現在の混雑状況をお知らせいたします。まず、串カツコーナーは、ただいま40分待ちとなっており、お昼近くになりますと、更なる混雑が予想されます。なお、こちらのコーナーでは待ち時間に新作の試食サービスをしております。次に、お寿司コーナーは、現在すぐに購入が可能です。お寿司コーナーでは、1時と3時にマグロ解体ショーを行います。それから、カステラコーナーでは現在10分ほどの待ち時間でご購入いただけますが、10時からクッキングショーが始まりますので、そろそろ混雑が予想されます。また、海鮮丼コーナーの待ち時間は20分ほどとなっております。海鮮丼コーナーはご用意に少々お時間がかかりますので、余裕を持ってお越しください。

男 けっこう混んでるねえ。効率的にまわらないと、食べたいもの買えないよ。どこから行く？

女2 マグロの解体ショーは見逃せないから、時間に遅れないようにしようね。

男 分かった分かった。じゃあ、それまでどうする？串カツコーナー行く？新作食べてみたいし。

女2 並んでる時間がもったいないよ。きっとお昼過ぎたらすくんじゃない？串カツはおやつ代わりでいいし。えーと、カステラのクッキングショーも今から１時間後かあ。

男 でも、今ならあまり待たないで買えるし、クッキングショー以外に行きたいところもたくさんあるから、混む前に行ってきちゃおうよ。クッキングショーは無理して見なくてもいいし。

女2 そうだね。じゃ、そのあとはマグロの解体ショーね。

식료품 매장에서 안내 방송을 들은 후에 남자와 여자가 이야기하고 있습니다.

여1 여러분, 오늘 내점해 주셔서 진심으로 감사합니다. 오전 9시 현재 혼잡 상황을 알려 드리겠습니다. 우선, 구시카쓰(꼬치 튀김) 코너는 지금 40분 대기로 되어 있고 점심시간이 가까워지면 한층 더 혼잡이 예상됩니다. 또한, 이쪽 코너에서는 대기 시간에 신메뉴 시식 서비스를 하고 있습니다. 다음으로 초밥 코너는, 현재 바로 구입이 가능합니다. 초밥 코너에서는 1시와 3시에 참치 해체 쇼를 합니다. 그리고, 카스텔라 코너에서는 현재 10분 정도 대기 시간으로 구입하실 수 있습니다만, 10시부터 쿠킹 쇼가 시작되기 때문에 곧 혼잡이 예상됩니다. 또, 가이센동(해산물 덮밥) 코너의 대기 시간은 20분 정도입니다. 가이센동 코너는 준비에 조금 시간이 걸리기 때문에 여유를 가지고 와 주십시오.

남 상당히 붐비는군. 효율적으로 돌지 않으면 먹고 싶은 것 살 수 없어. 어디부터 갈까?

여2 참치 해체 쇼는 놓칠 수 없으니까, 시간에 늦지 않도록 하자.

남 알았어, 알았어. 그럼 그때까지 어떻게 할까? 구시카쓰 코너 갈까? 신메뉴 먹어 보고 싶으니까.

여2 줄 서는 시간이 아까워. 분명 점심시간이 지나면 비지 않겠어? 구시카쓰는 간식 대신으로 해도 되니까. 음~, 카스텔라 쿠킹 쇼도 지금부터 한 시간 후네.

남 하지만, 지금이라면 그다지 기다리지 않고 살 수 있고, 쿠킹 쇼 이외에도 가고 싶은 곳도 많으니까, 붐비기 전에 다녀와 버리자. 쿠킹 쇼는 무리해서 보지 않아도 되니까.

여2 그래. 그럼 그다음은 참치 해체 쇼네.

質問1　二人はまず、どこに行きますか。

1 串カツコーナー

2 お寿司コーナー

3 カステラコーナー

4 海鮮丼コーナー

質問2　女の人が行きたいところはどこですか。

1 串カツコーナー

2 お寿司コーナー

3 カステラコーナー

4 海鮮丼コーナー

질문1　두 사람은 우선 어디에 갑니까?

1　구시카쓰 코너

2　초밥 코너

3　카스텔라 코너

4　가이센동 코너

질문2　여자가 가고 싶은 곳은 어디입니까?

1　구시카쓰 코너

2　초밥 코너

3　카스텔라 코너

4　가이센동 코너

2회 정답표

• 1교시 언어지식(문자 어휘 · 문법)

問題1 [1] 4 [2] 1 [3] 3 [4] 4 [5] 3 [6] 2

問題2 [7] 3 [8] 3 [9] 1 [10] 4 [11] 2 [12] 1 [13] 1

問題3 [14] 3 [15] 1 [16] 4 [17] 2 [18] 1 [19] 4

問題4 [20] 4 [21] 3 [22] 1 [23] 3 [24] 4 [25] 2

問題5 [26] 1 [27] 2 [28] 4 [29] 4 [30] 1 [31] 2 [32] 3 [33] 3 [34] 2 [35] 3

問題6 [36] 2 [37] 1 [38] 1 [39] 1 [40] 3

問題7 [41] 2 [42] 4 [43] 3 [44] 1 [45] 3

• 1교시 독해

問題8 [46] 3 [47] 1 [48] 3 [49] 4

問題9 [50] 2 [51] 1 [52] 2 [53] 2 [54] 1 [55] 4 [56] 4 [57] 4 [58] 3

問題10 [59] 3 [60] 2 [61] 4 [62] 1

問題11 [63] 3 [64] 3

問題12 [65] 3 [66] 4 [67] 3 [68] 3

問題13 [69] 2 [70] 1

• 2교시 청해

問題1 [1] 3 [2] 1 [3] 3 [4] 3 [5] 1 [6] 2

問題2 [1] 3 [2] 2 [3] 3 [4] 4 [5] 2 [6] 4 [7] 4

問題3 [1] 3 [2] 1 [3] 3 [4] 1 [5] 2 [6] 2

問題4 [1] 3 [2] 1 [3] 3 [4] 2 [5] 3 [6] 1 [7] 1 [8] 2 [9] 2 [10] 1 [11] 3 [12] 1 [13] 3 [14] 1

問題5 [1] 1 [2] 4 [3] (質問1) 2 (質問2) 3

문제1 ＿＿＿의 단어의 읽는 법으로 가장 적당한 것을 1·2·3·4에서 하나 고르세요. p.59

1 **4** 일하는 틈틈이 신문을 훑어 보았다.

2 **1** 이 신제품은 소박한 맛이 포인트입니다.

3 **3** 환자가 의료비를 대신 낼 필요는 없습니다.

4 **4** 시간이 흐르면, 진실은 저절로 밝혀지겠죠.

5 **3** 이 일은 그의 능력에 걸맞다.

6 **2** 시민운동가가 격차 사회의 시정을 호소했다.

문제2 (　　　)에 넣기에 가장 적당한 것을 1·2·3·4에서 하나 고르세요. p.60

7 **3** 책임을 (추궁)당하지 않고, 무사히 회의는 끝났다.

8 **3** 그는 대단한 검약(가)로 알려져 있습니다.

9 **1** 대략적인 (장르)별로 책을 분류했다.

10 **4** 상세에 대해서는 (동봉)한 서류를 봐 주세요.

11 **2** 그는 제법 (대담한) 신경의 소유자이다.

12 **1** 관중은 서커스의 공중에서의 연기를 (조마조마)해 하면서 보고 있었다.

13 **1** 1월 1일도 (평상시)대로 영업합니다.

문제3 ＿＿＿의 단어에 의미가 가장 가까운 것을 1·2·3·4에서 하나 고르세요. p.61

14 **3** 세계에서 가장 오래된 건조물로서 이름 높은 절입니다. ≒유명한

15 **1** 싫어하는 음식을 억지로 먹게 할 필요는 없습니다. ≒무리하게

16 **4** 그녀는 그 파티에 잘 맞는 우아한 복장이었다. ≒우아하고 아름다운

17 **2** 과장님의 결단의 신속함에는 놀랐다. ≒감탄했다

18 **1** 그는 어려워 해서 좀처럼 오려고 하지 않는다. ≒사양해서

19 **4** 그 아이는 동그란 눈동자로 이쪽을 보고 있었다. ≒동그랗고 귀여운

문제4 다음 단어의 사용법으로 가장 적당한 것을 1·2·3·4에서 하나 고르세요. p.62

20 명중

1 내년은 경기가 회복할 것이라는 그의 예상이 명중했다. ➡ 的中(てきちゅう) 적중

2 그 아이는 밥도 먹지 않고, 책에 명중해 있다. ➡ 夢中(むちゅう) 열중

3 엄마와의 소중한 추억은 지금도 내 명중에 있다. ➡ 心(こころ)の中(なか) 마음 속
4 선수가 쏜 화살이 멋지게 표적에 명중했다.

21 중년, 나이가 든 사람
1 비가 올 것 같은 연배는 없었기 때문에, 이불을 널고 외출했다. ➡ 気配(けはい) 기미, 낌새
2 엄마가 정성껏 담은 매실장아찌가 좋은 연배로 완성되었다. ➡ あんばい (음식의) 간, 맛
3 나이가 드신 분도 배려해서 조작을 간단하게 할 수 있도록 연구했습니다.
4 역시 와인은 연배를 거듭한 것 쪽이 맛있게 느껴진다. ➡ 年月(ねんげつ) 세월

22 예상, 목표
1 일이 (언제 끝날지) 예상이 안 서므로 먼저 가 있어 주시겠습니까?
2 조금 뜨겁다고 느낄 정도의 온도가 예상이 됩니다. ➡ 目安(めやす) 기준, 표준
3 오늘 중에 일이 끝날 것이라는 과장님의 예상은 빗나갔다. ➡ 目論見(もくろみ) 계획, 의도
4 여기에 표시되어 있는 예상을 참고하여, 천을 잘라 주세요. ➡ 目印(めじるし) 안표, 표시

23 완만함
1 표면이 완만한 재질이므로 촉감이 좋다. ➡ なめらか 매끄러움
2 그녀는 무대에서 완만한 댄스를 보여 주었다. ➡ 軽(かろ)やか 경쾌함, 발랄함
3 완만한 내리막길이었기 때문에, 긴 거리도 편하게 걸을 수 있었다.
4 그녀는 무슨 일을 당해도 화내지 않는 매우 완만한 성격이다. ➡ おだやか 온화함, 차분함

24 맑다
1 나쁜 일만 해온 그였지만 선생님의 격려에 의해 드디어 눈이 맑아졌다. ➡ 覚(さ)める 정신이 들다
2 무엇이 문제였는지를 겨우 맑았기 때문에, 이제부터는 개선에 착수합니다. ➡ はっきりする 분명해지다
3 요즘 흐린 하늘이 계속되었지만, 오늘은 오랜만에 맑아졌다. ➡ 晴(は)れ上(あ)がる 맑게 개다
4 오늘은 왠지 매우 머리가 맑아서 문제가 술술 풀렸다.

25 (손끝으로) 집다, 집어 들다, 집어먹다
1 집은 바, 학생의 주장은 성적을 올려 달라는 것이었다. ➡ つまるところ 요컨대
2 원하시는 것을 하나 집으세요.
3 가파른 산길에서는 밧줄을 단단히 집읍시다. ➡ つかむ 쥐다, 붙잡다
4 구체적으로 집어 설명하는 것이 어려운 일이었다. ➡ かいつかむ 요약하다

문제5 다음 문장의 ( )에 넣기에 가장 적당한 것을 1·2·3·4에서 하나 고르세요. p.64

26 **1** 젊은 세대의 기업가가 만든 회사는 규모의 차이는 있을(지언정), 어디나 모두 직장이 밝은 분위기이다.

27 **2** 그 지역은 맑은 날이 (좀처럼) 없다고 들었었는데, 도착한 날은 운 좋게 맑았다.

28 **4** 원재료의 맛에 고집이 있는 레스토랑(인 만큼) 매일 아침 요리장이 직접 시장으로 향한다.

29 **4** 신호 고장을 방치해 두면 대규모의 사고가 발생(할지도 모르기) 때문에 바로 수리하도록 지시를 내렸다.

30 **1** 오후에 발송하면 오늘 중에 (도착하지 않을 우려가 있으므로), 서둘러서 오전 중에 완성해서 발송합시다.

31 **2** A 일전에 샘플을 보냈습니다만, 어떤 타입의 제품이 좋으신가요?
B 죄송합니다. 좀처럼 결정할 수가 없어서….

A 천천히 검토해 주세요. (결정되시면) 연락 주세요.

32 **3** 그 일은 손님의 요청이라서, 시간이 없다 따위를 (말하고 있을 수는 없으)니까 우선 사람을 모으자.

33 **3** (학교에서)

A 이번 시험은 어려웠어. 학점을 못 따면 어쩌지.

B 어떻게든 재시험을 (치를 수 있게 해 달라고) 교수님께 부탁해 보자.

34 **2** 그 저자의 책 매출이 점점 (늘어나고 있는 것을 보면), 그가 대중적인 지지를 받고 있는 것은 확실한 것 같다.

35 **3** (회사에서)

A 그 일은 꼭 그녀가 담당해 주었으면 하는데, 바쁘니까 무리겠지?

B 그녀가 반드시 거절한다(고는 할 수 없으니까) 이야기만이라도 해 봅시다.

문제6 다음 문장의 ＿★＿에 들어갈 가장 적당한 것을 1·2·3·4에서 하나 고르세요. p.66

36 **2** 그 정치가는 여론 조사 결과 1 여하에 3 관계없이 2 경우에 4 따라서는 시의 이름을 변경할 가능성이 있다고 말했다.

37 **1** 내가 월급을 받았을 때의 남동생의 기뻐하는 모습이란 4 (이루) 말할 수 2 없었기에, 1 전부 써 버려서 3 이제 없다고는 도저히 말할 수 없었다.

38 **1** 그는 책장 정리를 지시받았 4 는데도 불구하고 3 조금도 1 정리하지 않았을 2 뿐 아니라 새로 산 책을 분류도 하지 않고 넣고 갔다.

39 **1** 아무리 온갖 방법으로 추진 3 하려 2 고 1 해 4 본들, 주민의 합의를 얻지 못하는 도로 건설은 실현될 리가 없다.

40 **3** 사장 아들 4 이라고 하더라도 1 근무 시간 중에 3 사적 용무로 자리를 비우 2 는 것 같은 일은 허용해서는 안 됩니다.

문제7 다음 글을 읽고, 글 전체의 취지를 고려하여, 41 에서 45 안에 들어갈 가장 적당한 것을 1·2·3·4에서 하나 고르세요. p.68

스마트폰은 편리한 도구이다. 전화나 메일이 가능한 것은 물론이거니와, 인터넷에 접속하여, 지도로 길을 찾거나 좋아하는 동영상을 보거나 하는 등, 할 수 있는 일을 들자면 끝이 없다. 스마트폰 보급률은 상승 추세로 [41 기존의] 정보 매체가 스마트폰으로 대체되는 것은 시간 문제일 것이다.

그러나, 스마트폰 보급은 좋은 것만은 아니다. 스마트폰이 사용되기 이전에는 [42 일어나지 않았던 유형의] 사고가 최근 문제가 되기 시작하고 있다. 그 사고라는 것은 스마트폰 화면을 보면서 걷는 '~하면서 걷기'에 의한 것이다.

'~하면서 걷기'에 의한 사고로는 다음과 같은 것이 있다. 하나는 자신이 직접 위험에 노출되는 것이다. 예를 들면 자동차나 오토바이가 다가오고 있는 것을 알아채지 못하고 교통사고를 당하거나, 혹은 전철역 플랫폼에서 발을 잘 못 디뎌 선로에 떨어지거나 하는 것이다. 스마트폰 화면을 보고 있지 않았으면 충분히 알아채고 피할 수가 있었는데 '~하면서 걷기'를 하고 있었던 것에 의해 사고를 당해 버리는 예이다.

또 하나는 [43 타인을 사고 당하게 하는] 예이다. 화면을 보면서 걷고 있다가 갑자기 멈춰 서서 뒤에서 오던 사람이 부딪혀 버리거나, 화면을 보면서 걷고 있는 사람이 앞에 서 있는 사람을 알아채지 못하고 부딪혀서 앞사람을 넘어지게 해 버리는 유형의 일이다. 다부진 체격의 젊은 사람이라도 뒤에서부터 갑자기 부딪혀 오면 균형이 무너지기 마련인데, 아이나 고령자라면 44 더욱 그러하다. 균형이 무너져 넘어져서 선로에 떨어지거나 차가 오고 가는 도로 쪽으로 쓰러져 버리면 큰 사고가 된다. 조금 부딪혔을 뿐이라는 것으로는 용납될(넘어갈) 수 없는 문제이다.

물론 자동차나 자전거, 오토바이 등을 운전하면서 스마트폰을 보는 행위는 도로 교통법에 의해 금지되어 위반한 경우는 벌금이나 징역형이 부과된다. 그에 비해서 아직 보행자의 '~하면서 걷기'를 규제할 법률이나 처벌은 없지만, '걸으면서 흡연'이 홍보 활동을 계속한 결과 10년 정도 걸려서 대부분 자취를 감춘 것처럼, 그 위험성을 알리는 활동을 끈기 있게 계속해 갈 필요가 있을 것이다. 45 그렇다고 해서 그때까지는 사고가 일어나도 어쩔 수 없다고는 결코 말할 수는 없다. 스마트폰의 '스마트'는 다시 말해 '똑똑하다'라는 의미인데, 이용자측도 부디 '똑똑해'져서, '~하면서 걷기'로 인한 사고를 일으키는 일이 없도록, '똑똑하게' 이용할 것을 간절히 요구하고 싶다.

문제8 다음 (1)에서 (4)의 글을 읽고, 다음 질문에 대한 답으로 가장 적당한 것을 1·2·3·4에서 하나 고르세요.

(1) p.70

나는 어릴 때부터 심술쟁이였던 탓인지 '모두와 같이'가 싫었다. 나이를 먹어 결혼하고 아이가 생기고 장남이 아직 초등학생 정도일 때,

"하지만 모두가……"

라는 말을 들으면 화를 내곤 했다.

"모두 따위 아무래도 좋아. 너는 어떻게 생각하는 거냐?"

그렇게 말하고 추궁한 적도 있다.

어쨌든 지금도 나는 (주1)다수파(majority)에 (주2)가담하고 싶지 않은 철저한 (주3)소수파(minority)이다. 전원 찬성 따위 기분 나쁘지 않은가?

지금도 앙케트 조사에서 대다수가 반대 등 이라고 할 때, 나는 불과 수 퍼센트인 찬성파 쪽의 의견을 듣는다.

(가와키타 요시노리 『'상식 발상'이 요구되는 시대는 끝났다.』
다이아몬드사 PR지 Kei 2011년 9월호 No119)

(주1) 다수파(majority): 지지하는 사람이 많은 측
(주2) 가담하다: 동의하다
(주3) 소수파(minority): 지지하는 사람이 적은 측

46 필자의 생각과 맞는 것은 어느 것인가?

1 다수파가 말하는 것을 따라 두는 것이 무난하다.
2 무엇이든 반대하는 것이 중요하다.
3 소수파의 의견을 소중하게 해야 한다.
4 화내야 할 때에는 제대로 화내는 편이 좋다.

(2) p.71

자신의 주위만을 보면 우연으로 밖에 생각되지 않는 사건도 전체적으로 보면 커다란 필연이 부상된다. 예를 들면, 각 가정을 보면, 여자만의, 남자만의 형제도 있어서 남녀 비율에는 아무런 법칙도 없는 것처럼 보인다. 그러나, 지구 전체에서 90%가 남성이 되어 버렸다는 일은 일어나지 않는다. 자신의 인생에 언제 불운한 사고가 일어날지 모르지만, 전체적으로는 매년 사고 건수는 거의 같고, 마치 정해져 있는 것 같다. 불운도 행운도 시야를 넓히면 필연이 된다.

47 이 글에서는 필연을 어떻게 설명하고 있는가?

1 관점에 따라서는 우연으로도 필연으로도 된다.
2 지구상의 남녀 비율에 법칙은 없다.
3 자신의 주위에 불운한 사건이 일어나는 것은 필연이다.
4 사건은 모두 필연이고, 처음부터 정해져 있다.

(3) 아래는 어느 회사가 웹 사이트에 게재한 공지이다. p.72

동영상 공유 서비스 종료 공지

평소 동영상 공유 사이트「미요토모」를 사랑해 주셔서, 진심으로 감사드립니다.

2009년 9월 22일부터 시행해 온 서비스입니다만, 외람되오나 여러 가지 사정에 의해 계속하기 어렵게 되어, 2024년 12월 31일(화)을 끝으로 모든 서비스 제공을 종료하게 되었습니다. 또한 10월 말 시점으로 포인트를 소지하신 고객님에 대해서는 1포인트 = 1엔으로 환급해 드리므로 11월 말까지는 입금처를 알려 주시기를 부탁드립니다.

지금까지 후원해 주셔서 진심으로 감사의 말씀을 드립니다.

48 동영상 공유 서비스에 대해서, 이 글은 무엇을 알리고 있는가?

1 서비스 종료 경위와 포인트 제도의 종료
2 오래된 서비스의 종료와 새로운 서비스로의 변경 방법
3 서비스 종료의 기일과 환불 절차 방법
4 서비스 개시 기일과 가입 절차 방법

(4) p.73

2011년 동일본 대지진 때 발생한 후쿠시마 원자력 발전소 사고는, 에너지 문제의 해결이라는 큰 과제를 우리에게 남겼다. 이른바 재생 가능한 에너지로의 전환이 이전에 없을 정도로 절실한 의미를 가지게 된 것이다. 지금까지 화석 연료가 가진 한계, 즉 유한한 자원이며, 수급 시스템이 국제 정세 등에 영향을 받고, 환경에 유해한 물질을 배출한다는 많은 문제를 극복할 것이라고 생각된 것이 원자력 발전이었다. 하지만 상황에 따라서는 인간의 통제가 불가능하게 된다는 치명적인 리스크를 경험한 후, 여태까지의 선택지는 무효가 되었다. 대신 태양광, 풍력, 지열 등 자연을 이용하여 안전하면서도 안정적인 전력 공급을 실현하기 위한 대책이 더욱 현실적인 선택지가 된 것이다.

49 필자는 에너지 문제를 해결하기 위한 선택지는 무엇이라고 생각하고 있는가?

1 원자력 발전소 사고의 교훈을 살려서 앞으로는 사고가 일어나지 않도록 하는 것
2 화석 연료의 한계를 극복하기 위한 대책을 세우는 것
3 인간의 통제가 불가능해지는 자연의 이용을 그만두는 것
4 자연을 이용한 발전 시스템을 보다 안정적으로 운용해 가는 것

문제9 다음 (1)에서 (3)의 글을 읽고, 다음 질문에 대한 답으로 가장 적당한 것을 1·2·3·4에서 하나 고르세요.

(1)

p.74

2009년에 교토대학 영장류 연구소의 편저로 『새로운 영장류 학(고단샤 블루백스)』라는 책이 나왔다. ①영장류 학(学)이라고 하면 원숭이 학이라고 생각하는 사람이 지금도 상당히 많은데 그것은 옳지 않다. '영장류=원숭이'가 아니다. 영장류는 인간을 포함한 원숭이의 동류로 인간이 포함된다. (주1)시중에 넘쳐 나는 서적 중에는 '인간과 영장류'라고 표현하고 있는 것도 있다. '영장류=원숭이'라고 생각하니까 '인간과 영장류'라고 써 버리게 되는 것이다. 그러나 '인간과 포유류'라고 한다면 조금 위화감이 있지 않을까? '인간과 (주2)척추동물'은 상당히 위화감이 있다. 왜냐하면 인간은 척추동물이기도 하고 표유류이기 때문이다.

②그런 (주3)대치가 불가능한 것과 마찬가지로 '인간과 영장류'라는 대치는 불가능하다. '인간과 조류'나 '인간과 어류'와 같이 자기 자신을 포함하지 않는 것과의 대치는 상관없다. 그러나 자기 자신을 포함하는 것과의 대치는 기묘하다. '인간과 영장류'는 있을 수 없다. '인간과 그 외의 영장류'라는 것이 올바른 표현이다.

또 한 가지 알아 두었으면 하는 것은 '침팬지는 인간 과(科)'라는 것이다. 인간 과(科) 인간 속(属) 인간이라는 표현 방식에는 굉장히 특별한 생물체가 있다는 뉘앙스가 따라붙는다. 인간이라는 생물체가 1과 1속 1종이라고 생각하기 쉽지만, 그것은 틀리다. 동물 분류학에서 인간 과는 4속이라는 것이 현재의 일반적 통례이다. 즉 인간 과, 인간 속(호모 속)뿐만 아니라 인간 과(科) 침팬지 속(팬 속), 인간 과 고릴라 속, 인간 과 오랑우탄 속의 4속이 있다. 게다가 침팬지는 학문적으로 인간 과일뿐만 아니라 법률상으로도 그렇게 되어 있다. 이미 일본의 법률에서는 침팬지는 인간 과로 분류되어 있는 것이다.

(마쓰자와 데츠로 『상상하는 힘』 이와나미쇼텐)

(주1) 시중: 세상 속, 사회
(주2) 척추동물: 등뼈를 가진 동물
(주3) 대치: 성질이 다른 두 가지의 물건을 비교하듯이 놓는 것

50 필자에 의하면 ①영장류 학은 어떤 학문인가?

1 인간 이외의 원숭이 동류를 연구하는 학문
2 인간을 넣은 원숭이 동류를 연구하는 학문
3 인간이나 원숭이를 넣은 척추동물을 연구하는 학문
4 인간과 원숭이의 차이점에 대해 연구하는 학문

51 ②그런 대치가 불가능하다고 하는데, 이 글에서는 어떤 경우에 불가능하다고 서술하고 있는가?

1 「A와 B」라는 표현에 있어서 A가 B의 일부를 구성하고 있는 경우
2 「A와 B」라는 표현에 있어서 A와 B의 공통점이 명백한 경우
3 「A와 B」라는 표현에 있어서 A와 B가 동일한 것인 경우
4 「A와 B」라는 표현에 있어서 B가 A의 일부를 구성하는 경우

52 필자는 '인간 과'에 대해서 어떻게 설명하고 있는가?

1 인간 과에 속하는 것은 인간뿐이고 침팬지, 고릴라, 오랑우탄은 속하지 않는다.
2 인간 과에는 인간, 침팬지, 고릴라, 오랑우탄이라는 4개의 속이 있다.
3 학문상 인간 과는 4속이지만, 일본의 법률상으로는 인간 과는 인간 1속뿐이다.
4 학문상 인간 과는 침팬지와 인간 2속이지만, 일본의 법률상은 4속이다.

(2) p.76

‘나는 왜 가난한가?’ 나는 이 질문이 사회 계층론의 근본 문제라고 생각한다. 부자는 ‘나는 왜 부자인가?’라는 질문을 하지 않을 것이다. 그러나 빈곤에 허덕이는 사람들은 ‘왜 자신의 생활은 이렇게 괴로운가? 왜 자신은 가난한 것인가?’라는 의문을 품고 있다. 이 의문에 적절하게 답하며, (주1)바라건대 그런 사람들의 고통을 경감시키는 것이 ①사회 계층론의 기본적인 과제이다.

이 질문에 대해서 많은 연구자가 해답을 제시해 왔다. 고전적인 마르크스 주의에서는 자본가 계급에 의한 노동자 계급 착취라는 답을 내놓았다. ‘노동자인 당신이 가난한 것은 당신의 책임이 아니다. 당신들 노동자 계급은 자본가 계급에게 착취당하고 있기 때문에 가난한 것이다’라는 답이다. 한편, 경제학의 인적 자본론에서는 ‘당신이 가난한 것은 당신의 인적 자본이 낮기 때문이다. 대학에 가지 않았기 때문에 인적 자본이 낮고, 그 때문에 당신은 가난하다’라는 해답이 나온다. 고전적 마르크스주의는 이를테면 ‘(주2)치유 계통’의 해답을 제시하고 있는 것에 반해, 인적 자본론은 ‘자기 책임’을 강조한다. ②내가 전문으로 하는 사회 계층론 · 사회 이동론은 인적 자본론에 대해서 비판적이다. 확실히 학력이 높을수록 높은 계층의 직업에 취업하기 쉽고 소득도 높은 것은 사실이다. 그러나 대학에 진학하지 않은 것은 자기 책임일까? 사회 계층론의 해답은 ‘아니, 그렇지 않다. 출신 계층의 책임이다’라는 것이다. 어떤 사람이 대학에 진학하지 않은 것에는, 아니 진학하지 못한 것에는 몇 가지 이유가 있다. 바로 떠오르는 것은 경제적 요인이다. 설령 본인이 대학에 갈 희망을 강하게 품고 있다고 해도 대학 수업료, 입시에 합격하기 위한 보습 학원이나 입시 학원의 수업료, 게다가 고졸자로서 4년 동안 일할 경우의 기회 비용을 조달할 만한 자금력이 없으면 대학에 가는 것은 불가능하다. 일본의 경우, 그 대부분은 부모가 부담하고 있다. 그렇게 되면, 부모의 계층이나 수입이 본인의 대학 진학의 가능성을 좌우하는 것이 된다.

(사토 요시미치 릴레이 연재 ‘현대의 계층 사회 1 나는 왜 가난한가?’
『UP』 도쿄대학 출판회)

(주1) 바라건대: 원하는 것은, 희망으로는

(주2) 치유 계통: 사람의 기분을 온화하게 하는, 사람에게 다정한

53 필자는 ①사회 계층론의 기본적인 과제를 어떤 것이라고 인식하고 있는가?

1 가난한 사람에게 빈곤의 원인을 생각하게 하고, 사회가 불평등한 것을 이해시키는 것
2 가난한 사람의 왜 가난한가라는 질문에 해답을 주고, 상황을 좋게 하는 것
3 가난한 사람이 빈곤의 원인에 의문을 갖지 않도록 괴로운 상태를 개선하는 것
4 가난한 사람의 고통을 부자인 사람에게도 이해시키고 풍요로운 사회를 만드는 것

54 ②내가 전문으로 하는 사회 계층론 · 사회 이동론은 인적 자본론에 대해서 비판적이다란 어떠한 것인가?

1 학력이 낮기 때문에 가난한 것이라는 자기 책임론은 지지하지 않는다.
2 노동자가 가난한 것은 자본가의 착취라는 마르크스 주의를 지지한다.
3 사회 계층을 올리기 위해서는 학력이 중요하다는 학력 주의는 지지하지 않는다.
4 가난한 사람도 자신의 실력으로 대학에 가야 한다는 자기 책임론을 지지한다.

55 필자는 일본에서의 대학 진학 상황을 어떻게 생각하고 있는가?

1 부모의 경제 상황에 상관없이, 대학 진학을 포기하면 자기 책임이 된다.
2 부모의 경제 상황이 좋으면, 본인이 노력하지 않아도 좋은 대학에 진학할 수 있다.
3 부모의 경제 상황이 나빠도, 본인이 노력하면 좋은 대학에 진학할 수 있다.
4 부모의 경제 상황에 따라서, 대학에 진학할 수 있을지 어떨지 크게 영향을 받는다.

(3) p.78

최근 2, 30년간 현대 일본의 구어체를 변혁시켜 온 큰 원동력 중 하나는 개그 프로그램이며, 개그맨이지 않았을까? 줄곧 그렇게 느껴 왔다.

개그 세계의 사람들이 이끌어 현대 일본어를 변화시켜 온 것은 아닐까?

버라이어티 방송을 포함한 개그 프로그램은 옛날부터 한 번에 큰 웃음을 주는 개그나 유행어의 종류를 많이 내보내 사람들을 즐겁게 해 왔다. 그러나 그것들은 일시적인 것으로 한때는 화제가 되었지만 얼마 안 있어 시간이 지나면서 잊혀지는 것이 많았다. 개그 세계의 힘은 줄곧 ①그 정도의 것이라고 여겨져 왔다.

그러나 최근의 개그 프로그램에 나오는 것은 얼마 안 가 덧없이 사라질 운명의 말뿐만이 아니었다. 한때 세간에 화제가 되는 것뿐만 아니라 시간이 지나 이 일본 사회에 정착해서 일본어를 바꿔 나간 말도 적지 않았던 것이다. 우리들은 지금까지 그런 사실에 대해서 너무나도 무관심했다. ②그것은 일본어와 커뮤니케이션의 본연의 모습을 근본부터 바꿨다는 의미로 '혁명'이라고 불러도 좋은 사태가 아닐까?

'일본어에 혁명을 가져온다'라는 것은 단순하게 오래된 표현을 떨쳐 버리고 새로운 표현으로 바꾼다는 것에 그치지 않는다. 지금까지의 일본어에 없었던 새로운 표현의 방법을 더하는 것이기도 하다. 지금까지는 표현할 수 없었던 감정이나 사물의 상태를 새롭게 표현한다. 또 지금까지는 없었던 화법을 넓힌다. 일본어에 혁명을 가져오는 것은 그렇게 일본어를 변혁하고 더욱더 풍부한 언어로 만드는 것이다.

(마쓰모토 슈 『'개그' 일본어 혁명』 신쵸샤)

56 ①그 정도의 것이란 어떤 의미인가?

1 일시적으로 아무리 인기가 있어도 개그맨은 사라진다는 것
2 사람들을 아무리 웃겨도 일시적인 재미를 줄 뿐이라는 것
3 개그나 유행어를 만들어 내도 곧 유행에 뒤쳐지는 말이 된다는 것
4 일시적인 인기가 있어도 일본어를 바꿀 정도의 영향력은 없다는 것

57 ②그것은 무엇을 가리키는가?

1 개그 프로그램에 나온 유행어는 시간이 지나면 잊혀진다는 것
2 인기가 있는 개그 프로그램은 시간이 지나도 잊혀지지 않는다는 것
3 지금의 유행어 중에는 옛날 개그맨이 만든 것이 많은 것
4 개그 프로그램에 나온 것 중에는 일본어를 바꾼 말이 있는 것

58 필자에 따르면 '일본어에 혁명을 가져온다'란 어떠한 것인가?

1 유행어를 점점 받아들여 상황을 정확하게 표현할 수 있게 되는 것
2 오래된 표현을 버리고 현대의 사람들이 알기 쉬운 간단한 표현으로 하는 것
3 종래의 일본어에는 없었던 새로운 말이나 말투를 사용하여 표현할 수 있게 되는 것
4 일본어에는 없는 외래어를 도입하여 새로운 개념을 표현할 수 있게 되는 것

문제10 다음 글을 읽고, 다음 질문에 대한 답으로 가장 적당한 것을 1·2·3·4에서 하나 고르세요.

p.80

시간은 항상 동일한 속도로 흐르고 있다. 자신에게 있어서 1초의 속도가 다른 사람의 2배라는 것은 있을 수 없고, 상황에 따라 시간의 속도를 변경하는 것도 불가능하다. 누구에게라도, 언제든지, 평등하게 주어지고 있는 것이 시간이라는 것이다. 그럼에도 그때의 자신의 상태에 따라서 시간의 흐름을 빠르게 느끼거나 느리게 느끼거나 하는 경우가 있는 것은 재미있다. 또 시간의 길이는 항상 일정한데 삶의 길이가 사람에 따라서 가지각색인 것도 ①신기하다.

실은 이 삶의 길이, 즉 수명이라는 것은 뇌가 느끼는 시간의 속도와 관계가 있다. 단지 그것은 자기 자신이 실제로 느끼고 있는 시간의 속도와는 다른 것이다.

예를 들어 친구와 재미있게 놀다가 무심코 시계를 봤을 때, 벌써 이런 시간인가 하고 생각한 적이 있을 것이다. 이것은 시간을 빠르게 느끼고 있는 것일까, 느리게 느끼고 있는 것일까? 대부분의 사람은 시간이 빠르다고 느낄 것이다. 좀 더 놀 수 있을 거라고 생각했었는데 시간이 없어져 버린 것이니까. 그렇지만 뇌 속에서는 느리게 느끼고 있는 것이다. 한 시간밖에 지나지 않았다고 생각했는데 실제로는 다섯 시간이나 지났을 경우, 주위는 다섯 시간이나 지나 있는데 뇌는 한 시간밖에 지나지 않은 것이 된다. 그리고 그만큼 노화도 느려진다.

반대로 따분한 일을 할 때는 시간이 좀처럼 가지 않는다고 느낄 것이다. 이 경우 뇌에서는 시간을 빠르다고 느끼고 있다. 12시라고 생각해서 시계를 봤는데 아직 10시였을 때, 뇌에서는 2시간이나 빨리 시간이 흐른 것이 되기 때문이다. 그리고 ②뇌의 노화는 촉진된다.

철을 보고 있으면 동일한 조건하에 일정한 시간이 흐르면 모든 것이 같은 속도로 동일하게 녹슬어 갈 것이다. 시간의 흐름과 상태의 변화가 항상 일치한다. 그러나 인간은 일치하지 않는다. 즐거움이나 따분함을 느끼는 것에 따라 뇌 속의 시간 흐름이 변하기 때문이다. 그것이 노화 속도의 차이가 되어 나타난다. 그만큼 인간의 감정에는 큰 힘이 있는 것이다.

건강한 노인이 즐겁게 생활하는 것이 장수의 비결이라고 말하는 것은 뇌 속의 시간이 사람의 수명과 관계있다는 증거이다. 웃으며 생활하는 편이 좋다는 것은 정신론이 아니다. 뇌 속의 시간을 느리게 하여 노화를 막기 위해서는 꼭 필요한 것이다.

59 ①신기하다고 했는데, 무엇이 신기한 것인가?

1 시간이 항상 같은 속도로 흐르고 있다는 것
2 자신의 수명은 자신이 하기에 따라 얼마든지 변화시킬 수 있다는 것
3 몇 살까지 살 수 있는지가 사람에 따라 각각 다른 것
4 시간의 속도는 일정하지만 인간의 감정은 일정하지 않은 것

60 ②뇌의 노화는 촉진된다고 했는데, 여기에서는 어떤 의미인가?

1 따분하게 시간을 보내고 있을 때, 뇌는 시간을 천천히 느끼기 때문에 그만큼 노화도 빠르다.
2 따분하게 시간을 보내고 있을 때, 뇌는 시간을 빠르게 느끼기 때문에 그만큼 노화도 빠르다.
3 따분하게 시간을 보내고 있을 때, 뇌는 시간을 천천히 느끼기 때문에 그만큼 노화도 느리다.
4 따분하게 시간을 보내고 있을 때, 뇌는 시간을 빠르게 느끼기 때문에 그만큼 노화도 느리다.

61 필자는 철을 제시해서 무엇을 설명하고 있는가?

1 물체와 인간이 상태가 변화하는 데까지 걸리는 시간의 차이
2 물체에 감정이 없는 것의 이점
3 물체의 상태가 시간과 함께 변화하는 이유
4 감정 유무에 따른 시간의 의미 차이

62 필자는 인간의 수명을 어떻게 인식하고 있는가?

1 수명은 마음의 상태로 결정되는 것이며 실제 시간과는 관계없다.
2 수명은 어떻게 할 수 있는 것이 아니므로 밝게 사는 것이 좋다.
3 노화를 막기 위해서 다양한 노력을 한 사람은 오래 산다.
4 바빠서 시간이 없다고 생각하면 노화가 진행되어 오래 살 수 없다.

문제11 다음 A와 B의 글을 읽고, 다음 질문에 대한 답으로 가장 적당한 것을 1·2·3·4에서 하나 고르세요. p.84

A

초·중학생의 학력 저하를 인정하여 전국 학력 테스트가 수십 년 만에 부활했다. 수십 년 동안 실시되지 않았던 것은 학력 테스트에 대한 비판이 집중되었기 때문이다. 그것은 '전국에서 몇 등이었는가라는 숫자에 의미는 없다', '점수에 따라 순위를 정하는 것은 차별로 연결된다' 등과 같은 의견인데 나도 그것에 찬성한다.

애당초 아이들의 학력과 학력 테스트의 결과에 연관이 있다고는 생각되지 않는다. 테스트 점수가 나쁜 것을 아이들의 학습 부족의 탓으로 돌릴 것이 아니라 교사의 지도력 부족을 물어야 할 것이다. 학력 테스트에 쓸 비용이 있다면 교사에 대한 지도나 소수 학급의 도입 등 교육 환경을 정비하는 것에 사용하는 것이 효과가 올라갈 것이다.

B

어떤 학교에서는 운동회에서 아이들에게 순위를 매기지 않는다고 한다. 경쟁을 시켜 순위를 매기는 것은 차별이라는 이유 때문이다. 같은 이유로 성적표는 A·B의 2단계로 평가를 하고 있어서 대부분의 경우는 좋은 쪽으로 성적을 매긴다.

이렇게 해서는 개성의 존중에 반한다고 나는 생각한다. 사람은 각각 다른 것이 당연한 것이고, 타인에게는 없는 나만의 개성이라는 것을 스스로 발견해 나가는 것이 아이들에게 있어서 중요한 일이다. 아이들에게서 경쟁을 빼앗는 것으로 인해 개성을 발견하기 위한 소중한 기회마저 빼앗는 것이 된다. 이걸로 교육이라고 말할 수 있는 것일까?

개인의 능력을 부정하고 모두와 같은 수준을 요구하는 것이야말로 차별이다. 좀 더 아이들의 다양성을 인정해야만 한다.

63 A가 주장하고 있는 것은 어떠한 것인가?

1 학력 테스트를 부활시킨 것은 좋았지만 효과가 오르진 않았다.
2 순위를 매기지 않는다는 것은 개성의 존중에 반하는 것이다.
3 아이들에게 지식이 부족한 것이 아니라 교사에게 부족한 것이다.
4 교사에 대한 지도나 소수 학급을 부활시켜야 한다.

64 A와 B의 양쪽 글에서 언급하고 있는 것은 무엇인가?

1 아이들의 학력을 향상시키기 위한 방법
2 아이들이 행복을 빼앗기고 있는 현 상황
3 순위를 정하는 것이 차별이라는 견해가 있는 것
4 중요한 것은 개성의 부정이 아니라 존중이라는 것

문제12 다음 글을 읽고, 다음 질문에 대한 답으로 가장 적당한 것을 1·2·3·4에서 하나 고르세요. p.86

밤중에 벌떡 일어나서 분유를 타거나, 매일 보육원에 데려가고 데려오고 하거나, (주1)A형 유아차 채로 안아 올려 역의 계단을 뛰어오르거나 하는 고행을 다시 한번 반복하고 싶다고는 생각하지 않는다. 단지 아기를 기르는 것은 그 나름대로 재미있는 체험이었다. 말을 익히기 전과 후로 인간이 어떻게 변하는가도 관찰할 수 있다. 말을 하기 전의 아들은 뒤집어진 채로 놓여진 (주2)퍼즐 조각으로 직소 퍼즐을 완성시켜 아이를 돌봐주던 사람을 감탄시켰다. 어린아이가 지닌, 형태에 관한 그러한 종류의 능력을 실감하신 분이 많을 것이다. 그리고 그것은 대부분의 경우 말의 마력을 알게 되면서 사라져 버리는 것이다. 말은 이곳에는 없는 것을 가리킬 수 있어 눈앞에 없는 것을 불러올 수 있다. 손가락 하나 움직이지 않고. 아들은 많은 말을 흡수하고 나를 닮지 않아 그림을 전혀 그리지 않는 아이가 되었다.

나는 아주 단순하게 개체의 성장에서 인류사의 축소판을 보고 말았다. 음식물과 독을 구별하고, 무해한 상대와 적을 분간할 수 없으면 동물은 살아갈 수 없다. 물건의 형태나 색은 냄새와 함께 사활(생사)이 걸린 판단 재료이므로 당연히 인간도 그 원초적인 상태에 있어서는 그것들에 대한 예민한 감각을 소유하고 있었을 터이다. 그리고 자연을 가공하기 위한 손 기술은 누구에게 있어서도 불가결한 것이었으리라. 그런데 사람이 말에 의한 커뮤니케이션을 발달시켜, 언어를 기반으로 한 추상적 사고가 문명을 진보시킴에 따라 자연을 형태나 색의 모양으로 인식하고 표상하는 능력은 중요하지 않게 된다. 언어의 구사가 교묘하고 옷을 입는 센스가 나쁜 사람이 지배자의 자리에 오르게 된다. 모양이나 색에 대한 감각은 대부분의 개인의 뇌에서는 사용되지 않는 능력이 되고, 사회에서는 극히 일부의 사람이 담당하는 세련된 일에서 발휘된다. 즉, 조형에 종사하는 사람들의 전업이 되는 것이다.

그러나 그렇지 않은 사람들도, 말의 나라에 살면서 적잖이 조형에 대해서 그리움과 같은 감정을 느끼고 있는 것은 아닐까? 말의 중개 없이 세상과 관계를 맺고 있었던 시절의 희미한 기억이 자극되기 때문에. 과거에도 현재에도 뛰어난 조형 작가가 사랑받는 이유의 (주3)한 부분은 긴 세월 동안 인간이 상실해 왔던 힘을 높은 수준으로 보존해온 것에 대한 무의식의 공감이 아닐까?(근대의 작가는 종종 스스로를 짐승에 비교했다) 설령 미술사의 대부분이 권력자가 돈과 노동력을 집약해서 만들게 한 사치품의 역사였다 하더라도, 조형 그 자체는 본래 사람이 사람인 것의 근원적인 조건에 결부되어 있다. 조형에 대해서 알고 생각하는 것은 말로 구축된 여러 가지 문화를 상대화시켜, 어둠 속에 잠긴 반신, 자칫 잊혀지기 십상인 인간의 가능성을 상기하기 위해서도 중요한 것이다. 미술사는 취미나 기호의 영역에 그치는 소수파의 학문이 아닌, 일찍이 말을 할 수 없었던 모든 사람들을 위해 존재한다.

(사토 야스히로 '일본 미술사부안내' 『UP』 도쿄대학 출판회)

(주1) A형 유아차: 눕힌 상태로 달릴 수 있는 유아차. 일본 기준으로 A·B형이 있다
(주2) 퍼즐 조각: 흩어진 퍼즐의 한 조각
(주3) 한 부분: 일부분

65 뒤집어진 채로 놓여진 퍼즐 조각으로 직소 퍼즐을 완성시키는 능력이란 어떠한 것인가?

1 그림의 일부가 가려져 있어도 퍼즐을 완성할 수 있는 능력
2 물건의 형태와 말의 의미를 결부시켜 인식할 수 있는 능력
3 말을 몰라도 물건의 형태를 식별할 수 있는 능력
4 본 적이 있는 물건이라면 보지 않아도 말로 설명할 수 있는 능력

66 필자는 물건의 모양이나 색에 관한 감각을 어떻게 파악하고 있는가?

1 냄새에 관한 감각보다도 둔하지만 성장함에 따라 예민해진다.
2 동물은 상당히 예민하지만 인간은 언어를 사용할 수 있기 때문에 보통은 동물보다도 열등하다.
3 말을 획득하는 능력과 마찬가지로 막 태어난 아이의 뇌 안에 존재한다.
4 생사가 걸린 중요한 것이지만 성장하고 말을 배움에 따라 무뎌진다.

67 그렇지 않은 사람들이란 어떠한 사람들을 말하는가?

1 말하는 것이 서툴러 출세하지 못하는 사람들
2 커뮤니케이션 능력이 없는 사람들
3 예술가나 공예가가 아닌 사람들
4 그림을 그리는 것을 좋아하지 않는 사람들

68 조형을 아는 것에 대해 필자가 말하고 싶은 것은 무엇인가?

1 권력과 돈을 가진 사람이 취미로 사치품을 즐기기 위해 필요하다.
2 정말로 미술품을 사랑하고 문화를 지키고자 하는 사람을 위해 필요하다.
3 말의 획득에 의해 상실해 버린 능력을 상기하기 위해 필요하다.
4 예민한 감각을 지녀온 사람이 새로운 조형물을 만들어 내기 위해 필요하다.

문제13 오른쪽 페이지는 야마니시시 '물과 꽃의 도시 페스티벌'의 로고 마크 & 캐치프레이즈 모집 안내이다. 아래 질문에 대한 답으로 가장 적당한 것을 1·2·3·4에서 하나 고르세요. p.90

69 다음 사람 중 A, B 양쪽 부문에 응모할 수 있는 것은 누구인가?

	이름	연령	직업
1	오카와	16세	아버지가 시내 공립 중학교의 교장을 하고 있는 고등학생
2	모리시타	18세	시내 디자인 전문학교에 통학하고 있는 학생
3	하시모토	35세	시내 공립 중학교에서 수학을 가르치고 있는 교원
4	야마다	52세	시내의 디자인 회사에 근무하는 디자이너

70 학생인 가와모토 씨는 컴퓨터로 로고 마크를 디자인했다. 가와모토 씨가 응모할 때, 응모 용지 이외에 준비해야 하는 것은 다음 중 어느 것인가?

1 A4 용지에 로고 마크를 한 개 인쇄한 것
2 A4 용지에 로고 마크를 한 개 인쇄한 것과 복사본 1부
3 A4 용지에 로고 마크를 한 개 인쇄한 것과 복사본 2부
4 A4 용지에 로고 마크를 한 개 인쇄한 것과 전자 데이터

야마니시시 '물과 꽃의 도시 페스티벌'
로고마크 & 캐치프레이즈 모집

본 이벤트의 의의를 상징하는 로고 마크와 캐치프레이즈를 시민분들로부터 모집합니다. 채용된 작품은 홍보 활동의 일환으로 작성하는 알림 포스터, 팸플릿 등에 사용합니다.

● 모집 부문 · 응모 자격 등

A. 로고 마크 부문

《응모 자격》 · 시내에 거주하는 분, 또는 시내에 통근, 통학하고 계신 분

· 연령은 묻지 않습니다.(연령 불문)

※ 공평성의 관점에서, 시 직원 및 시내 공립 초·중·고교의 교원과 그 가족분의 응모는 삼가 주십시오.

※ 프로로 디자인 업무를 하고 계신 분의 응모는 삼가 주십시오.
디자인 학교, 미술 대학 등에 다니는 학생은 응모 가능합니다.

B. 캐치프레이즈 부문

《응모 자격》 ① 어린이 부: 초등학생, 중학생

② 성인부: 고교생 이상

※ ①② 모두 시내에 거주하는 분, 또는 시내에 통근, 통학하고 계시는 분

※ 공평성의 관점에서, 시 직원 및 시내 공립 초·중·고교의 교원과 그 가족분의 응모는 삼가 주십시오.

● 응모 방법

A. 주소, 성명, 전화번호, 소속 회사명·학교명을 기입한 응모 용지와 아래에 해당하는 것을 우송해 주세요.

① 손으로 그린 작품의 경우: A4 용지에 한 작품을 그린 것
※ 작품 반환은 불가능하므로, 필요한 분은 복사를 하고 나서 보내 주세요.

② 컴퓨터로 작성한 경우: A4 용지에 한 작품을 인쇄한 것. 또한, 입상자에게는 후일, 작품의 전자 데이터를 제출 받습니다.

B. 엽서에 작품과 주소, 성명, 전화번호, 소속 회사명·학교명을 기입해서 보내 주세요.
※ 반드시 엽서 한 장에 한 작품을 써 주십시오. 두 작품 이상 응모하시는 분은 주의해 주세요.

● 모집 기간: 20○○년 4월 10일 ~ 20○○년 7월 31일

● 그 밖의 주의 사항

· 오리지널 작품일 것

· 입상 작품의 저작권은 시가 소유하는 것을 양해 바랍니다. 같은 작품을 다른 콘테스트 등에 응모하시지 않도록 부탁드립니다.

· 입상 작품 발표는 9월 1일 배포 예정인 시 홍보지에 게재 및 시 홈페이지에 오전 10시에 업로드할 예정입니다. 또한 입상자에게는 별도로 엽서로도 연락 드리겠습니다.

● 응모처 〒4X4-0085 야마니시시 1-1-1 야마니시 시청 관광진흥과
'로고 마크 & 캐치프레이즈 모집' 담당자

문제1 문제1에서는 우선 질문을 들으세요. 그리고 이야기를 듣고 문제지의 1에서 4 중에서 가장 적당한 것을 하나 고르세요.

1번 2-01

大学で男の学生と先生が話しています。男の学生は、このあとまず何をしますか。

男 先生、すみません。来週大学院に提出する研究計画書ですが、見ていただけたでしょうか。

女 ええ、リンさんがどうして社会衛生学に興味を持ったのか、大学院で何を研究したいのか、研究動機と目的はよく説明されていると思いましたよ。

男 研究背景の部分はどうでしょうか。私としては、もっと詳しく書いたほうがいいんじゃないか、とも思っているんですが……。

女 確かにそうですね。リンさんが自分の国の現状について書いている部分は面白いのだけれど、同じテーマを研究している人が、過去にどんな論文を書いているか、もう少し詳しく書いたほうがいいかもしれませんね。

男 わかりました。そうします。

女 そうそう、先月の学会発表は聞きに行った？最新の研究データが発表されたので、時間があるときにでも、目を通しておいたほうがいいですよ。学会のサイトに公表されていますから。

男 そうですか。ありがとうございます。

男の学生は、このあとまず何をしますか。

1 研究動機と目的を細かく説明する
2 自分の国の現状を書き加える
3 同じテーマの論文について詳しく書く
4 最新の研究データを調べる

대학에서 남학생과 선생님이 이야기하고 있습니다. 남학생은 이다음 우선 무엇을 합니까?

남 선생님, 실례합니다. 다음 주 대학원에 제출할 연구 계획서인데요, 봐 주셨을까요?

여 네, 린 씨가 어째서 사회 위생학에 흥미를 가졌는지, 대학원에서 무엇을 연구하고 싶은지, 연구 동기와 목적은 잘 설명되어 있다고 생각했어요.

남 연구 배경에 대한 부분은 어떤지요? 제 생각에는 좀 더 자세하게 쓰는 편이 더 좋지 않을까 하고 생각하는데요…….

여 확실히 그렇네요. 린 씨가 자국의 현재 상태에 대해 쓴 부분은 재미있지만, 같은 주제를 연구하고 있는 사람이 과거에 어떤 논문을 썼는지 좀 더 상세하게 쓰는 편이 좋을지도 모르겠네요.

남 알겠습니다. 그렇게 하겠습니다.

여 아 참, 지난달 학회 발표는 들으러 갔었나요? 최신 연구 데이터가 발표되었으니까 시간이 있을 때라도 한번 봐 두는 편이 좋아요. 학회 사이트에 올라와 있으니까요.

남 그렇습니까? 감사합니다.

남학생은 이다음 우선 무엇을 합니까?

1 연구 동기와 목적을 자세하게 설명한다
2 자국의 현재 상태를 추가로 적는다
3 같은 주제의 논문에 대해 자세히 쓴다
4 최신 연구 데이터를 조사한다

2번 🔈 2-02

会社で、男の人と女の人が話しています。女の人は、このあとまず何をしなければなりませんか。

男 価格改定の件、先方の仕入れ部長さんは何て言ってるの？

女 はい、値段が高くなることはわかってもらえたんですが、値段を高くするなら納品を早めて、来週金曜までにできないか、と言われてしまって……。

男 来週金曜は厳しいなあ。工場には聞いてみた？

女 はい。工場長の話では、土曜、日曜も作業をして、再来週の月曜日ならなんとかできる、ということでした。なので、部長さんと交渉してみようと考えているんです。

男 そうか。じゃあ、そっち、頼むよ。ただ、週末も出て作業となると、休日出勤の届けを社長に出さないといけないなあ。

女 そうですね。それと出来上がった部品を先方に運ぶ手配もしないと。

男 じゃ、社長への届けは私のほうでやるから。先方の部長さんにOKもらえたら、運送会社への手配、頼むよ。

女 承知しました。

女の人は、このあとまず何をしなければなりませんか。

1 仕入れ部長に納期延期を頼む
2 工場長に休日出勤を頼む
3 社長に休日出勤の届けを出す
4 運送会社に部品を手配する

회사에서 남자와 여자가 이야기하고 있습니다. 여자는 이다음 우선 무엇을 하지 않으면 안 됩니까?

남 가격 개정 건, 그쪽 구매 부장님은 뭐라고 말하고 있어?

여 네, 가격이 비싸지는 건 이해해 주었는데, 가격을 높게 한다면 납품을 서둘러서, 다음 주 금요일까지 되는지 하고 말씀하셔서…….

남 다음 주 금요일은 힘든데. 공장에는 물어봤어?

여 네. 공장장님의 말로는, 토요일, 일요일도 작업을 해서 다다음 주 월요일이라면 어떻게든 가능하다고 합니다. 그래서 부장님과 교섭해 보려고 생각하고 있습니다.

남 그렇군. 그럼 그쪽은 부탁해. 단 주말에도 나와서 작업을 하게 되면 휴일 출근서를 사장님에게 내지 않으면 안 되는데.

여 그러게요. 그리고 마무리 된 부품을 그쪽 회사에 보낼 준비도 해야 합니다.

남 그럼, 사장님에게 제출하는 것은 내가 할 테니까. 그쪽 부장님이 OK해 주면, 운송 회사 준비는 부탁할게.

여 잘 알겠습니다.

여자는 이다음 우선 무엇을 하지 않으면 안 됩니까?

1 구매 부장에게 납기 연기를 부탁한다
2 공장장에게 휴일 출근을 부탁한다
3 사장님에게 휴일 출근서를 제출한다
4 운송 회사에 부품을 준비한다

3번 🔈 2-03

スーパーで店員と店長が話しています。店員は、これから何をしますか。

女　店長、すみません。交換をしたいというお客様がいらして……。

男　品物は何？

女　お菓子です。賞味期限が切れているっておっしゃるんですが。

男　レシートを持っているかどうか、確認した？

女　はい、確かにうちの店でお買い上げになったものなんですが、そのときは期限切れではなかったんです……。

男　そう。原則として賞味期限が切れたものと新しいものは交換しないんだけど、わざわざ来ていただいたし、今回のみ特別、ということで対応しましょう。倉庫にあるか、確認してきてくれる？

女　わかりました。あの、お客さま、お待たせしてるんですが……。

男　じゃ、私が行って説明しましょう。早くお願いね。

女　はい。

店員は、これから何をしますか。

1 レシートを確認する

2 賞味期限を確認する

3 倉庫に品物を取りに行く

4 売り場に行って説明する

슈퍼에서 점원과 점장이 이야기하고 있습니다. 점원은 이제부터 무엇을 합니까?

여　점장님, 죄송합니다. 교환을 하고 싶다는 손님이 오셔서…….

남　물건은 뭐지?

여　과자입니다. 소비 기한이 지났다고 말씀하시는데요.

남　영수증 가지고 있는지 확인했어?

여　네, 확실히 우리 가게에서 구입하신 물건인데요, 그때는 기한이 지나지 않았었어요…….

남　그렇군. 원칙적으로는 소비 기한이 지난 물건과 새 상품은 교환이 안 되지만, 일부러 와 주셨고, 이번만 특별히 해 준다는 것으로 대응합시다. 창고에 있는지 확인하고 와 줄래요?

여　알겠습니다. 저, 손님이 기다리고 계신데요…….

남　그럼, 내가 가서 설명할게요. 빨리 부탁해.

여　네.

점원은 이제부터 무엇을 합니까?

1 영수증을 확인한다

2 소비 기한을 확인한다

3 창고에 물건을 가지러 간다

4 매장에 가서 설명한다

4번 🔈 2-04

電話で女の人と男の人が話しています。女の人は、このあと何をしますか。

女 はい。営業部、加藤です。

男 あ、鈴木です。今、ミツワ産業との打ち合わせ、終わったんだけど、至急、やってほしいことが出てきたんだ。今日の午後、時間空いてるかな。

女 えーと、1時から3時まで会議が入ってますが、その後なら。

男 うーん、そっち、だれか別の人に出てもらって、こっちの仕事、手伝ってもらえない？

女 えーと、今日、代わってもらえそうな人、みんな午後から外出なんですよね。

男 困ったなあ。今日4時までに資料を直してミツワ産業に送らないといけないんだよ。1時間、会議の始まる時間、遅くしてもらえないだろうか。

女 えーと、30分ならなんとか。出席者に連絡しておきます。

男 30分でも助かるよ。悪いね。

女 出席者に連絡したら早めに昼食とって待ってますから、早く帰ってきてくださいね。

女の人は、このあと何をしますか。

1 会議に出席する

2 資料の間違いを直す

3 会議の時間を変更する

4 昼ごはんを食べる

전화로 여자와 남자가 이야기하고 있습니다. 여자는 이다음 무엇을 합니까?

여 네, 영업부 가토입니다.

남 아, 스즈키입니다. 지금 미쓰와 산업과의 회의 끝났는데, 급히 해 줬으면 하는 일이 생겼어. 오늘 오후, 시간 비어 있나?

여 음, 1시부터 3시까지 회의가 들어 있는데, 그 이후라면 (괜찮습니다).

남 으음, 그쪽은 누군가 다른 사람이 들어가게 부탁하고 이쪽 일을 도와줄 수 있을까?

여 음, 오늘은 바꿔 줄 수 있을 것 같은 사람, 모두 오후부터 외출이네요.

남 곤란하네. 오늘 4시까지 자료를 고쳐서 미쓰와 산업에 보내지 않으면 안 되는데. 1시간, 회의 시작 시간을 늦춰 달라고 할 수 있을까?

여 음, 30분이라면 어떻게든. 출석자에게 연락해 두겠습니다.

남 30분이라도 고맙지. 미안해.

여 출석자에게 연락하고 나면 조금 일찍 점심을 먹고 기다리고 있을 테니까 빨리 돌아와 주세요.

여자는 이다음 무엇을 합니까?

1 회의에 출석한다

2 자료의 오류를 수정한다

3 회의 시간을 변경한다

4 점심을 먹는다

5번 🔈 2-05

男の人と女の人が話しています。女の人は、明日の朝、何をしなければなりませんか。

男 あさって、公園の掃除日だよね。スケジュールと担当者、決めないと。

女 やることは、草取り、道路のごみ拾い、花壇の花の植え替え、あとは……。

男 休憩所の屋根が壊れちゃったから、それも修理しないといけないんだ。

女 やること、たくさんあるなあ。

男 うん、グループにわけて作業したほうが早いね。出席者のリストがあるから、その割り振りをお願いできる？当日の朝までにあれば大丈夫だから。

女 うん、わかった。それと、花壇に植える花、どうしようか。当日の朝じゃ、間に合わないから、私、これから買いに行ってもいいけど。

男 でも、今日はもうお店、閉まってるよ。

女 そうだね。じゃ、明日の朝、花屋に寄って買ってくる。

男 ああ、頼むよ。お金はあとで銀行で下ろしてくるから。

女 うん、わかった。

女の人は、明日の朝、何をしなければなりませんか。

1 花を買いに行く
2 出席者リストを作る
3 屋根の修理をする
4 銀行でお金を下ろす

남자와 여자가 이야기하고 있습니다. 여자는 내일 아침, 무엇을 하지 않으면 안 됩니까?

남 모레, 공원 청소하는 날이에요. 스케줄과 담당자 정해야 하는데.

여 할 일은, 제초와 도로의 쓰레기 줍기, 화단의 꽃 갈아 심기, 그리고…….

남 휴게소 지붕이 망가져 버려서, 그것도 수리하지 않으면 안 돼.

여 할 일이 많이 있네.

남 응, 그룹으로 나눠 작업하는 편이 빠르겠어. 출석자 리스트가 있으니까, 일 분배 부탁할 수 있을까? 당일 아침까지 하면 되니까.

여 응, 알겠어. 그리고 화단에 심을 꽃 어떻게 할까? 당일 아침이면 시간에 맞추기 어려우니까, 내가 지금 사러 가도 괜찮은데.

남 하지만, 오늘은 벌써 가게 문 닫았어.

여 그렇네. 그럼 내일 아침에 꽃집에 들러서 사 올게.

남 그래, 부탁해. 돈은 나중에 은행에서 찾아올게.

여 응, 알았어.

여자는 내일 아침, 무엇을 하지 않으면 안 됩니까?

1 꽃을 사러 간다
2 출석자 리스트를 만든다
3 지붕 수리를 한다
4 은행에서 돈을 찾는다

6번 2-06

電話で女の人と男の人が話しています。男の人は、娘に何を用意させなければなりませんか。

女 はい、こちらはJUトーク、お客さまセンターです。

男 すみません、今、契約している携帯電話のほかに、もう一つ、別の携帯電話を契約したいのですが、できるんでしょうか。

女 はい、できますよ。ご利用になるのはご契約者さまご本人でしょうか。

男 いいえ。私ではなく娘なんです。それと、利用料金の引き落とし口座を別にすることもできますか。

女 ええ、できますが、ご住所はご契約者さまとご一緒ですか。

男 いいえ、大学の寮に入ってるので、別なんですが……。

女 その場合、お嬢さんに住民票を取っていただく必要がありますね。また、口座を別にします、という同意書も必要になります。

男 そうですか。手続きは私がすることはできますか。

女 はい、今、申し上げました必要書類と、ご契約者さまの身分証明書をご用意ください。

男 はい。あ、娘の通帳のコピーも必要ですね？

女 それは大丈夫です。

男の人は、娘に何を用意させなければなりませんか。

1 住民票・身分証明書

2 住民票・同意書

3 同意書・通帳のコピー

4 同意書・身分証明書

전화로 여자와 남자가 이야기하고 있습니다. 남자는 딸에게 무엇을 준비시키지 않으면 안 됩니까?

여 네, 이쪽은 JU 토크, 고객 센터입니다.

남 미안합니다만, 지금 계약하고 있는 휴대 전화 외에 또 하나 다른 휴대 전화를 계약하고 싶은데요, 가능할까요?

여 네, 가능합니다. 이용하시는 것은 계약자 본인이신가요?

남 아니요. 내가 아니라 딸이에요. 그리고, 이용 요금 인출 계좌를 따로 하는 것도 가능합니까?

여 네, 가능합니다만, 주소는 계약자 분과 동일합니까?

남 아니요, 대학 기숙사에 들어가 있어서 다릅니다만…….

여 그런 경우, 따님에게 주민표를 받아 오실 필요가 있습니다. 또, 계좌를 별도로 하겠다는 동의서도 필요해집니다.

남 그렇습니까? 수속은 내가 할 수 있습니까?

여 네, 지금 말씀드린 필요 서류와 계약자 분의 신분증명서를 준비해 주세요.

남 네. 아, 딸의 통장 사본도 필요하지요?

여 그건 괜찮습니다.

남자는 딸에게 무엇을 준비시키지 않으면 안 됩니까?

1 주민표・신분증명서

2 주민표・동의서

3 동의서・통장 사본

4 동의서・신분증명서

문제2 문제2에서는 우선 질문을 들으세요. 그 후 문제지의 선택지를 읽으세요. 읽을 시간이 있습니다. 그리고 이야기를 듣고 문제지의 1에서 4 중에서 가장 적당한 것을 하나 고르세요.

1번 2-07

会社で男の人と女の人が話しています。女の人が、学校を選ぶのに最も重視すると言っていることは何ですか。

男 島田さんが、英語を習ってる学校って、どうですか。

女 あー、いい先生が揃ってると思うよ。

男 へー、いい先生が多いならそこに通おうかなあ。僕、会話力、つけたいんですよ。

女 うーん、でも、会話力をつけたいんだったら、うちの学校はどうかな。資格試験合格を目的にしてるから……。

男 そうなんですか。英語力が上がれば会話力も上がるものだと思いますけど。

女 うーん、それはどうかな。自分の目的と授業の内容は合ってないとね。

男 島田さんは授業内容を重視して選んだんですね。

女 というより、授業の振替ができるかどうかがポイントかな。

男 ああ、急に仕事で行けなくなることも多いですもんね。

女 そう。休んでも違う日に授業を受けられるかどうか、私にはそれが絶対条件なの。

男 となると、会社のそばにあるのも大切ですよね。

女 私は家に近いほうがいいけどね。休みの日に行くこともあるから。

女の人が、学校を選ぶのに最も重視すると言っていることは何ですか。

1 いい先生がたくさんいること
2 授業内容が目的に合っていること
3 休んだ授業を別の日に受けられること
4 会社のそばにあること

회사에서 남자와 여자가 이야기하고 있습니다. 여자가 학교를 선택하는데 가장 중시한다고 하는 것은 무엇입니까?

남 시마다 씨가 영어를 배우는 학교는 어때요?

여 아~, 좋은 선생님이 모여 있다고 생각해.

남 오~, 좋은 선생님이 많다면 거기를 다닐까? 전, 회화 실력을 쌓고 싶어요.

여 음, 근데 회화 실력을 쌓고 싶다면 우리 학교는 좀 어떨지. 자격시험 합격을 목적으로 하고 있어서…….

남 그렇습니까? 영어 실력이 오르면 회화 실력도 오를 것이라고 생각하는데요.

여 음, 그건 어떠려나. 자신의 목적과 수업 내용은 맞아야지.

남 시마다 씨는 수업 내용을 중시해서 고른 것이군요.

여 그렇다기보다는 교차 수강이 가능한지 아닌지가 포인트 아닐까.

남 아, 갑자기 일 때문에 갈 수 없게 되는 경우도 많지요.

여 맞아. 결석해도 다른 날에 수업을 받을 수 있는지 어떤지, 나에겐 그게 절대 조건이야.

남 그렇다면, 회사 근처에 있는 것도 중요하네요.

여 나는 집에 가까운 쪽이 좋은데. 쉬는 날 가는 경우도 있으니까.

여자가 학교를 선택하는데 가장 중시한다고 하는 것은 무엇입니까?

1 좋은 선생님이 많이 있는 것
2 수업 내용이 목적에 맞는 것
3 결석한 수업을 다른 날에 들을 수 있는 것
4 회사 근처에 있는 것

2번 2-08

テレビで、女の人と男の人が「佐藤選手」について話しています。男の人は、佐藤選手には、今、何が必要だと言っていますか。

女 佐藤選手は、今年は、思ったような成績が出せなかったようですね。

男 そうですね。去年の活躍で、急に人気が上がってテレビ出演が増えましたからね。もっと休んで疲れを取る必要があったのではないか、という声もあるようですが、若いですからそれは大丈夫でしょう。ただ、以前は思い切りのいい演技が多かったのですが、最近は、負けるのが怖いのか、失敗を恐れている様子が感じられます。もともと非常に才能のある選手ですから、テレビに出演するのもいいですが、それよりも今は、練習に専念できる環境をつくることが大事ではないでしょうか。練習量を増やせば、体のコンディションも整いますし、自信も回復すると思いますよ。

男の人は、佐藤選手には、今、何が必要だと言っていますか。

1 休んで疲れをとること
2 練習の時間を増やすこと
3 テレビ出演を増やすこと
4 自分の演技に自信を持つこと

TV에서 여자와 남자가 '사토 선수'에 대해서 이야기하고 있습니다. 남자는 사토 선수에게는 지금, 무엇이 필요하다고 말하고 있습니까?

여 사토 선수는 올해는 생각했던 것만큼 성적을 내지 못했던 모양이네요.

남 그래요. 작년의 활약으로, 갑자기 인기가 올라서 TV 출연이 늘었으니까요. 더 쉬어서 피로를 풀 필요가 있었던 것은 아닌가라는 소리도 있는 모양입니다만, 젊으니까 그건 괜찮을 거예요. 다만, 예전에는 과감한 연기가 많았습니다만, 최근에는 지는 게 무서운 것인지 실패를 두려워하는 모습이 느껴집니다. 애당초 굉장히 재능이 있는 선수이기 때문에 TV에 출연하는 것도 좋지만, 그보다도 지금은 연습에 전념할 수 있는 환경을 만드는 것이 중요하지는 않을까요? 연습량을 늘리면 몸 상태도 갖추어지고 자신감도 회복될 것이라고 생각합니다.

남자는 사토 선수에게는 지금, 무엇이 필요하다고 말하고 있습니까?

1 쉬어서 피로를 푸는 것
2 연습 시간을 늘리는 것
3 TV 출연을 늘리는 것
4 자신의 연기에 자신을 갖는 것

3번 2-09

カルチャー教室で男の人と女の人が話しています。女の人は、「小林さん」が授業に来ないのはどうしてだと言っていますか。

男 最近、小林さん、授業に顔出さないね。体の調子でも悪いのかなあ。

女 うーん、この間、電話したら、確かに先週は風邪引いて調子悪かったみたい。

문화 센터에서 남자와 여자가 이야기하고 있습니다. 여자는 '고바야시 씨'가 수업에 오지 않는 것은 어째서라고 말하고 있습니까?

남 요즘, 고바야시 씨 수업에 출석 안 하네. 몸 상태라도 안 좋은가?

여 음. 요전에 전화했는데 분명 지난주는 감기 걸려서 상태가 안 좋았던 것 같아.

男 それは心配だな。風邪が長引いているのかな。

女 風邪は治ったみたいなんだけど。実はね、お孫さんが生まれたの。

男 ああ、その世話で大変なのかあ。

女 うーん、お世話はそうでもないみたいだけど、お孫さんを写真に残したいって、写真の講座に通っているんだ。それがちょうど、こっちと同じ曜日らしくて……。

男 ああ、そうなんだ。

女 新しいこと始めると覚えることが多くて大変って言いながら、楽しそうだったよ。

男 それならよかった。

남 그거 걱정이네. 감기가 오래가고 있나?

여 감기는 나은 모양인데. 실은 말이야, 손자가 태어났어.

남 아, 돌봐주느라 힘든가?

여 으음, 돌봐주는 것은 그렇지도 않은 모양인데, 손주를 사진에 남기고 싶다고 사진 강좌에 다니고 있어. 그게 마침 이쪽하고 같은 요일이라는 것 같아…….

남 아, 그렇구나.

여 새로운 일을 시작하면 외워야 할 것도 많아서 힘들다고 말하면서 즐거워 보였어.

남 그렇다면 다행이네.

女の人は、「小林さん」が授業に来ないのはどうしてだと言っていますか。

1 体調がよくないから

2 新しい仕事を始めたから

3 ほかの講座に通っているから

4 孫の世話をしているから

여자는 '고바야시 씨'가 수업에 오지 않는 것은 어째서라고 말하고 있습니까?

1 몸 상태가 안 좋기 때문에

2 새로운 일을 시작했기 때문에

3 다른 강좌에 다니고 있기 때문에

4 손주를 돌봐주고 있기 때문에

4번 2-10

ラジオで女の人が話しています。高齢者の事故に関して、最近、急に増えているケースは何だと言っていますか。

女 高齢者が関係する事故が増えています。依然として多いのが道を歩いているときに自動車にはねられるなど、高齢者が事故の被害者となるケースです。特に、信号がない道を横断中に車にはねられる事故が多く見受けられます。一方、車を運転する高齢者が加害者となるケースも増えています。むしろ、最近はこちらのケースが急増しています。特に多いのがブレーキとアクセルの踏み間違えによるもの。年齢とともに瞬間的な判断力や行

라디오에서 여자가 이야기하고 있습니다. 고령자 사고에 관해서, 최근에 갑자기 늘고 있는 케이스는 무엇이라고 말하고 있습니까?

여 고령자와 관계있는 사고가 늘고 있습니다. 여전히 많은 것이 길을 걷고 있을 때에 자동차에 치이는 등, 고령자가 사고 피해자가 되는 케이스입니다. 특히, 신호가 없는 길을 횡단 중에 차에 치이는 사고가 많이 보입니다. 한편, 차를 운전하는 고령자가 가해자가 되는 케이스도 늘고 있습니다. 오히려 최근에는 이쪽 케이스가 급증하고 있습니다. 특히 많은 것이 브레이크와 액셀을 잘못 밟는 것에 의한 것. 연령과 함께 순간적인 판단력이나 행동력은 어쩔 수 없이 저하되기 때문에 자

動力はどうしても低下しますから、自分の運転技術を過信しないこと、それが高齢者の事故を防ぐカギといえます。

신의 운전 기술을 과신하지 않는 것, 그것이 고령자의 사고를 막는 열쇠라고 말할 수 있겠습니다.

高齢者の事故に関して、最近、急に増えているケースは何だと言っていますか。

1 交通規則を無視して被害者になるケース
2 交通規則を無視して加害者になるケース
3 車の誤操作によって被害者になるケース
4 車の誤操作によって加害者になるケース

고령자 사고에 관해서, 최근에 갑자기 늘고 있는 케이스는 무엇이라고 말하고 있습니까?

1 교통 규칙을 무시해서 피해자가 되는 케이스
2 교통 규칙을 무시해서 가해자가 되는 케이스
3 차를 잘못 조작함으로 인해 피해자가 되는 경우
4 차를 잘못 조작함으로 인해 가해자가 되는 경우

5번 2-11

男の人と女の人が話しています。女の人はどうしてライトをつけて走るように言っていますか。

男 ちょっと買い物に行ってくるね。
女 自転車で行くの？もうすぐ暗くなるからライトはつけて走ったほうがいいよ。
男 この辺は街灯が明るいから大丈夫。８時過ぎてもよく見えるよ。
女 そんな問題じゃなくて、ライトをつけないと警官に停められるから。
男 え、何で？自動車じゃないんだから本人が見えればいいんじゃないの。
女 知らないの？自転車も自動車と同じルールになってるのよ。それに、このごろ人の自転車を勝手に乗っていっちゃう人が多いんだって。
男 どろぼうってこと？いくら警察でも証拠もないのに人をどろぼうだと疑うなんて。これは自分の自転車だって強く言えば何も言えないでしょ？
女 今は自転車は防犯登録をすることになっててね。番号を調べれば持ち主の名前がわかるのよ。でも、この自転車は古くて防犯登録もしてないからあなたが持ち主だって証明できないでしょ？

남자와 여자가 이야기하고 있습니다. 여자는 왜 라이트를 켜고 달리라고 말하고 있습니까?

남 뭐 좀 사러 다녀올게.
여 자전거로 갈 거야? 이제 곧 어두워지니까 라이트는 켜고 달리는 게 좋아.
남 이 근처는 가로등이 밝아서 괜찮아. 8시 넘어도 잘 보여.
여 그런 문제가 아니라, 라이트를 켜지 않으면 경찰이 세우니까.
남 응? 왜? 자동차가 아니니까 본인이 보이면 되지 않아?
여 몰라? 자전거도 자동차와 같은 규칙으로 되어 있어. 게다가 요즘 남의 자전거를 마음대로 타고 가버리는 사람이 많대.
남 도둑이라는 거야? 아무리 경찰이라도 증거도 없는데 사람을 도둑이라고 의심하다니. 이건 내 자전거라고 강하게 말하면 아무 말도 못하지 않아?
여 지금은 자전거는 방범 등록을 하게 되어 있어서 말이야. 번호를 조사하면 주인의 이름을 알 수 있어. 하지만 이 자전거는 낡고 방범 등록도 하지 않아서 당신이 주인이라는 것을 증명할 수 없잖아?

男 そんな……。こんなまじめそうな青年をつかまえるなんて許せないよ！

女 いいから、そんなことが起きないように、ちゃんとライトをつけて左側を走ってね。スピードも出しちゃだめよ。

男 はいはい。

女の人はどうしてライトをつけて走るように言っていますか。

1 もうすぐ暗くなって危ないから
2 自動車と同じルールで走らなくてはいけないから
3 防犯登録をしなかったために警官につかまるから
4 男の人がまじめそうに見えないから

남 그럴 리가……. 이런 성실해 보이는 정년을 붙잡다니 용서할 수 없어!

여 됐으니까, 그런 일이 일어나지 않도록 제대로 라이트를 키고 좌측을 달려. 속도도 내면 안 돼.

남 네네.

여자는 왜 라이트를 켜고 달리라고 말하고 있습니까?

1 이제 곧 어두워져서 위험하기 때문에
2 자동자와 같은 규칙으로 달려야 하기 때문에
3 방범 등록을 안 해서 경찰에게 잡히기 때문에
4 남자가 성실해 보이지 않기 때문에

6번 🔊 2-12

大学で先生が話しています。先生は、これから社会に出る若い人に何を期待すると言っていますか。

男 これから社会に出て働きはじめる皆さんは、自分と会社の考え方の違いに悩む場面が出てくると思います。そんな時、どうするか。逆らわずに会社に従うのも一つの方法。あるいは、尊敬できる先輩に相談し、その意見に従うのも一つの選択肢でしょう。しかし、これからの社会は変化が激しく、「今までうまくいった方法」が通じないことが多くなると考えたほうがよい。どうか自分が瞬間的によいと感じたことを信じてください。私が若い皆さんに期待するのは、それに素直に従うことです。その結果、考えが浅かったことに気付くのも経験です。

대학에서 선생님이 이야기하고 있습니다. 선생님은 앞으로 사회에 나갈 젊은 사람에게 무엇을 기대한다고 말하고 있습니까?

남 앞으로 사회에 나가 일하기 시작할 여러분은 자신과 회사의 사고방식 차이에 고민하는 상황이 나올 것이라고 생각합니다. 그럴 때, 어떻게 할까? 거스르지 않고 회사에 따르는 것도 하나의 방법. 혹은 존경할 수 있는 선배에게 상담해서 그 의견에 따르는 것도 하나의 선택지겠지요. 그러나, 앞으로의 사회는 변화가 심해서, '지금까지 잘 되었던 방법'이 통하지 않는 경우가 많아질 거라고 생각하는 편이 좋아요. 모쪼록 자신이 순간적으로 좋다고 느낀 것을 믿으세요. 내가 젊은 여러분들에게 기대하는 것은 그것에 순순히 따르는 것입니다. 그 결과, 생각이 얕았다는 것을 깨닫는 것도 경험입니다.

先生は、これから社会に出る若い人に何を期待すると言っていますか。

1 尊敬する先輩に相談し意見を聞くこと
2 会社に逆らわず素直に従うこと
3 今までうまくいった方法で頑張ること
4 自分の直感を大切にして行動すること

선생님은 앞으로 사회에 나갈 젊은 사람에게 무엇을 기대한다고 말하고 있습니까?

1 존경하는 선배에게 상담하여 의견을 물어 보는 것
2 회사에 거스르지 않고 순순히 따르는 것
3 지금까지 잘 된 방법으로 노력하는 것
4 자신의 직감을 소중히 여겨 행동하는 것

7번 2-13

男の学生と女の学生が話しています。女の学生は、面接に落ちた一番の理由は何だと言っていますか。

男 どうだった、この間の面接の結果。

女 うーん、ダメだった。

男 そうか。残念だったね。

女 私、3年の時、1年留学したじゃない？それで留年してるのが印象悪かったみたい。留学してた割に語学力はあまりついてないんですね、とか言われて。確かに一番難しいレベルはまだ受かってないけど。

男 わざと、そういうこと言う役の人がいるって言うけどね。

女 わかってる。でも、アルバイトして、自分で費用貯めて行った、って言ったら、じゃ、勉強はしなかったんですね、とか言われて……。

男 そりゃ、ひどいね。

女 なんで、こんな頭にくること言うんだろうって……。

男 「不愉快です」って言っちゃった？

女 さすがに言葉には……。でも、そう思ってるの、顔に出ちゃったからね。相手の挑発にのってバカだったと思うけど、それで、あ、私、終わったな、と思ったよ。

男 ま、そんな会社、たとえ入ったとしても君には合わないよ。

남학생과 여학생이 이야기하고 있습니다. 여학생은 면접에서 떨어진 가장 큰 이유는 무엇이라고 말하고 있습니까?

남 어땠어? 요전 면접 결과.

여 으음, 떨어졌어.

남 그렇군. 아쉽다.

여 나, 3학년 때 1년간 유학했잖아. 그래서 한 학년 유급했던 것이 인상이 안 좋았나봐. 유학한 것치고는 어학 실력이 그다지 붙지 않았네요, 같은 말도 듣고. 확실히 가장 어려운 레벨은 아직 합격 못했지만 말이야.

남 일부러 그런 말을 하는 역할의 사람이 있다고 하던데.

여 알고 있어. 하지만 아르바이트해서 내가 비용 모아서 갔다고 했더니, 그럼 공부는 안 한 거네요, 따위로 말하고…….

남 그건 심하네.

여 어째서 이런 열 받는 이야기를 하는 건지…….

남 '불쾌합니다'라고 말해 버렸어?

여 아무리 그래도 말로는……. 근데, 그렇게 생각하는 게 얼굴에 나와 버렸기 때문에. 상대의 도발에 넘어가서 어리석었다고 생각하지만, 그래서 '아, 나 끝났구나'라고 생각했어.

남 뭐, 그런 회사, 설령 들어갔다고 해도 너에겐 안 맞아.

女の学生は、面接に落ちた一番の理由は何だと言っていますか。

1 留学していたから
2 語学力が足りないから
3 面接官に反論したから
4 不愉快な表情を見せたから

여학생은 면접에서 떨어진 가장 큰 이유는 무엇이라고 말하고 있습니까?

1 유학했었기 때문에
2 어학 실력이 부족하기 때문에
3 면접관에게 반론했기 때문에
4 불쾌한 표정을 보였기 때문에

문제3 문제3에서는 문제지에 아무것도 인쇄되어 있지 않습니다. 이 문제는 전체적으로 어떤 내용인지를 묻는 문제입니다. 이야기 전에 질문은 없습니다. 우선 이야기를 들으세요. 그리고, 질문과 선택지를 듣고 1에서 4 중에서 가장 적당한 것을 하나 고르세요.

1번 2-14

大学で先生が話しています。

女 日本の企業や大学におけるロボットの開発研究は世界から注目されています。例えば、関節の動きをなめらかにして歩き方をスムーズにする、あるいは顔の表情をより自然に見えるようにするといった「ロボットをより人間らしくする」研究は他国を一歩リードしているといえるでしょう。また、ロボットの外見をより人間らしくする研究も盛んです。やわらかいシリコン素材などでロボットを覆い、まるで人間の体のような弾力性を持ったものも開発されています。いずれもまだ完璧な技術とは言えませんが、日本が優れた技術を持っていることは間違いありません。

先生は、日本のロボット開発についてどう考えていますか。

1 技術力が低く、多くの課題がある
2 技術力は高いが、分野が偏っている
3 技術力は高いが、完全ではない
4 技術力が高く、他国は追いつけない

대학에서 선생님이 이야기하고 있습니다.

여 일본 기업이나 대학에 있어서의 로봇 개발 연구는 세계로부터 주목받고 있습니다. 예를 들면, 관절의 움직임을 매끄럽게 해서 걷는 모습을 부드럽게 하는, 혹은 얼굴 표정을 보다 자연스럽게 보이도록 하는 등의 '로봇을 보다 인간답게 만드는' 연구는 타국을 한발 앞서가고 있다고 말할 수 있겠지요. 또한, 로봇의 외견을 보다 인간답게 만드는 연구도 활발합니다. 부드러운 실리콘 소재 등으로 로봇을 덮어 싸고, 마치 인간의 몸 같은 탄력성을 가진 것도 개발되고 있습니다. 어느 것이나 아직 완벽한 기술이라고는 말할 수 없습니다만, 일본이 뛰어난 기술을 가지고 있는 것은 틀림없습니다.

선생님은 일본의 로봇 개발에 대해 어떻게 생각하고 있습니까?

1 기술력이 낮고 많은 과제가 있다
2 기술력은 높지만 분야가 치우쳐 있다
3 기술력은 높지만 완전하지 않다
4 기술력이 높고 타국은 따라갈 수 없다

2번 2-15

テレビでアナウンサーが話しています。

男「振り込め詐欺」の電話、お宅にもかかってきたことがあるでしょうか。これは、息子や娘などになりすまして他人の家に電話をかけ、「交通事故を起こして相手に金を払わないといけない」などといって、金を振り込むことを要求するもの。こんな電話がかかってきたら、一度電話を切り、自分から息子さん、娘さんに確認の電話をしてください。忙しいから悪いのではないか、などと遠慮してはダメです。最近は、携帯電話の番号が変わったなどとウソの番号を犯人が言うこともあるので、元の番号にかけることがポイントです。子供の声ぐらいわかると思っている人ほど、危険ですから、気をつけてください。

アナウンサーは、主に何について話していますか。

1 詐欺の被害を防ぐ方法
2 迷惑電話の断り方
3 事故を起こしたときの対処法
4 子供を犯罪から守る方法

TV에서 아나운서가 말하고 있습니다.

남 '보이스피싱' 전화, 여러분의 집에도 걸려온 적이 있는지요. 이것은 아들이나 딸 등으로 위장하여 타인의 집에 전화를 걸어, '교통사고를 일으켜서 상대에게 돈을 지불해야만 한다' 따위의 말을 해, 돈을 송금할 것을 요구하는 것. 이런 전화가 걸려 온다면, 일단 전화를 끊고, 자신 쪽에서 아드님, 따님에게 확인 전화를 하세요. 바쁜데 미안하다든가 하며 어려워해서는 안 됩니다. 최근에는 휴대 전화 번호가 바뀌었다며 거짓 번호를 범인이 말하는 경우도 있으므로, 원래 번호에 (전화를) 거는 것이 포인트입니다. 자녀의 목소리 정도 안다고 생각하는 사람일수록 위험하니까 조심하시기 바랍니다.

아나운서는 주로 무엇에 대해 이야기하고 있습니까?

1 사기 피해를 막는 방법
2 스팸 전화를 거절하는 법
3 사고를 일으켰을 때의 대처법
4 아이를 범죄로부터 지키는 방법

3번 2-16

ラジオで女の人が話しています。

女 野菜や果物を買ってきて、まず冷蔵庫に入れるという人は多いですね。野菜専用室がある冷蔵庫も、今はすっかり一般的になりました。しかし、中には冷蔵庫に入れないほうがいい物もあるんです。例えばサツマイモやジャガイモ。涼しく乾燥した場所に置くのはいいですが、これらは低温を嫌います。一方、ニンジンやダイコンも、イモと同じように土の中で育つものですが、これは入れたほうがいいです。ただし、葉のほうを上にすること。また、イチゴやブルーベリーは水で洗わないで入れたほうが長持ちします。

라디오에서 여자가 이야기하고 있습니다.

여 채소나 과일을 사 와서 우선 냉장고에 넣는다는 사람이 많아요. 채소 전용칸이 있는 냉장고도 지금은 완전히 일반적이 되었습니다. 그러나, 개중에는 냉장고에 넣지 않는 편이 나은 것도 있어요. 예를 들면, 고구마나 감자. 서늘하고 건조한 장소에 놓는 것은 좋지만, 이것들은 저온을 싫어합니다. 한편, 당근이나 무도 감자와 마찬가지로 흙 속에서 자라는 것이지만, 이것은 넣는 편이 좋습니다. 단, 잎 쪽을 위로 할 것. 또한, 딸기나 블루베리는 물로 씻지 않고 넣는 쪽이 오래갑니다.

女の人は、何について話していますか。

1 冷蔵庫の上手な活用法

2 土の中でできる野菜の育て方

3 野菜や果物の上手な保存法

4 果物と野菜の保存法の違い

여자는 무엇에 대해 말하고 있습니까?

1 냉장고를 잘 활용하는 법

2 흙 속에서 자라는 채소 재배법

3 채소나 과일을 잘 보존하는 법

4 과일과 채소 보존법의 차이

4번 2-17

携帯電話の留守番メッセージを聞いています。

女 あ、小島さん。今、山本先生との打ち合わせ、終わったんだけど、先生、明日から海外出張なんだって。それで、アンケート調査のデータを渡すことになってたんだけど、今日中に送ったほうがいいみたいなんだよね。ただ、私、これからもう1件、打ち合わせが入ってて、会社に帰るの遅くなりそうなんだ。たぶん、小島さんのほうが私より会社に早く帰れると思うから、先生にデータ、メールしておいてくれない？データはうちの部の共有パソコンに入ってるから。よろしく。

メッセージの内容は、どのようなことですか。

1 データを先生に送ってほしい

2 先に会社に帰ってほしい

3 データを自分のパソコンに送ってほしい

4 打ち合わせに一緒に行ってほしい

휴대 전화의 부재중 음성 메세지를 듣고 있습니다.

여 아, 고지마 씨. 지금 야마모토 선생님과의 미팅, 끝났는데, 선생님 내일부터 해외 출장이라고 하셔. 그래서 앙케트 조사 데이터를 넘기기로 했는데, 오늘 중에 보내는 편이 좋다는 것 같아. 다만, 나 지금부터 또 한 건, 미팅이 들어와 있어서 회사로 돌아가는 것이 늦어질 것 같아. 아마도 고지마 씨 쪽이 나보다 회사에 빨리 돌아갈 수 있다고 생각하니까 선생님에게 데이터, 메일로 보내 주지 않을래? 데이터는 우리 부서 공유 컴퓨터에 들어 있으니까. 부탁해.

메시지 내용은 어떠한 것입니까?

1 데이터를 선생님에게 보내 주길 바란다

2 먼저 회사에 돌아가길 바란다

3 데이터를 자기 컴퓨터로 보내 주길 바란다

4 미팅에 함께 가 주길 바란다

5번 2-18

テレビで、アナウンサーがカメラ店の店長にインタビューしています。

女 景気の低迷で、多くの企業が苦戦する中、こちらのお店では売り上げが右肩上がりだそうですね。

男 ええ、おかげさまで、昨年は15億円の利益が出ました。ただ15億稼ぐことが目標と思ってやっているわけではないんですよ。

女 と、おっしゃいますと？

男 当店は人気商品を揃えているわけでもないし、値段も特別安いわけでもありません。ただ店員にはお客さまのお話はとことん聞いて納得いただけるまで説明しろ、と。それを徹底したんです。

女 ええ、一人のお客さまに対する接客時間は平均1時間半だとか。

男 無駄にも思えますが、納得した上でご購入いただければ信頼が生まれます。実は購入の際に撮り方のコツをお教えしたおばあちゃんがいまして、後日、お孫さんの写真がきれいに撮れた、ありがとうと言ってくださったんです。この一言で私は目が覚めました。商売はただ売って終わりではないな、と。

女 なるほど。

この店長が言いたいのは、どのようなことですか。

1 効率のよい接客が売り上げを増やす
2 効率の悪い接客でも売り上げは増える
3 写真の撮り方を説明すれば売り上げが増える
4 高齢者に売れば、売り上げは増える

TV에서 아나운서가 카메라 가게 점장에게 인터뷰하고 있습니다.

여 경기 침체로 많은 기업이 고전하고 있는 가운데, 이쪽 가게에서는 매출이 늘고 있다고 하던데요?

남 네. 덕분에, 작년은 15억 엔 이익이 났습니다. 다만, 15억 버는 것이 목표라고 생각하고 운영하는 것은 아니에요.

여 라고 하시면?

남 우리 가게는 인기 상품을 갖추고 있는 것도 아니고, 가격도 특별히 저렴한 것도 아닙니다. 오직, 점원에게는 손님의 이야기는 철저히 듣고 납득하실 수 있을 때까지 설명하게 하는 것. 그것을 철저히 하고 있습니다.

여 네, 한 명의 손님에 대한 접객 시간은 평균 한 시간 반이라죠?

남 낭비라고도 생각됩니다만, 납득한 후에 구입해 주시면 신뢰가 생깁니다. 실은 구입하실 때, 사진 찍는 요령을 가르쳐 드린 할머니가 계셨는데 후일, 손주 사진이 예쁘게 찍혔어요, 고마워요라고 말해 주셨어요. 이 한마디로 저는 깨달았습니다. 장사는 그저 팔면 끝나는 것이 아니라고.

여 그렇군요.

이 점장이 말하고 싶은 것은, 어떠한 것입니까?

1 효율 좋은 접객이 매출을 늘린다
2 효율이 나쁜 접객으로도 매출은 늘어난다
3 사진 찍는 법을 설명하면 매출이 늘어난다
4 고령자에게 팔면 매출은 늘어난다

6번 🔈 2-19

テレビで災害予防の専門家が話しています。

女　災害に遭った場合、だれを優先的に助けるべきでしょうか。弱い人でしょうか。それとも、自分の命でしょうか。私の答えは「自分」です。もちろん、体の弱い人や病気の人の命は見捨ててよい、などと言っているわけではありません。自分の命が助からなければ、他人の命を助けることなんてできないからです。そのために、「まず自分」なのです。よく自己犠牲の精神などと言いますが、それは訓練された人が負うべき使命で、一般の方が負うのはかえって危ない。ヘタをすると両方の命を失うことになります。

この専門家は、災害時の何について話していますか。

1 犠牲になりやすいタイプ
2 優先して助けるべき人
3 訓練された人が負うべき義務
4 危険な救助の仕方

TV에서 재해 예방 전문가가 이야기하고 있습니다.

여　재해를 당했을 경우, 누구를 우선적으로 구해야 할까요? 약한 사람일까요? 그렇지 않으면 자신의 생명일까요? 나의 대답은 '자신'입니다. 물론, 몸이 약한 사람이나 병든 사람은 방치해도 된다고 말하고 있는 것은 아닙니다. 자신의 생명이 구조받지 못하면 타인의 생명을 구하는 것 따위 불가능하기 때문입니다. 그렇기 때문에 '먼저 자신'인 것입니다. 흔히 자기 희생의 정신 등을 말합니다만, 그것은 훈련받은 사람이 짊어져야 할 사명으로, 일반인이 감당하는 것은 도리어 위험합니다. 섣불리 하다간 양쪽의 생명을 잃게 됩니다.

이 전문가는 재해 시의 무엇에 대해서 이야기하고 있습니까?

1 희생되기 쉬운 타입
2 우선적으로 구해야 할 사람
3 훈련된 사람이 짊어져야 할 의무
4 위험한 구조 방법

문제4　문제4에서는 문제지에 아무것도 인쇄되어 있지 않습니다. 우선 문장을 들으세요. 그리고 그것에 대한 대답을 듣고 1에서 3 중에서 가장 적당한 것을 하나 고르세요.

1번 🔈 2-20

男　もうきれいごとじゃ済まないと思いますよ。

女　1 こちらこそ、感謝しております。
　　2 本当に、見事ですね。
　　3 ええ、私も覚悟しています。

남　이제 겉만 번지르르한(그럴싸한) 걸로는 넘어가지 않을 거예요.

여　1 이쪽이야 말로, 감사하고 있습니다.
　　2 정말로 훌륭합니다.
　　3 네, 저도 각오하고 있습니다.

2번 2-21

女 まさか、こんなご迷惑をおかけすることになるとは……。

男 1 いえ、お互いさまですからお気になさらずに。

2 ほんとに世の中、信じられないことばかりですね。

3 え、それはまったく知りませんでした。

여 설마, 이런 폐를 끼치게 될 줄이야…….

남 1 아뇨, 피차일반이니까 신경 쓰지 마세요.

2 정말로 세상 믿을 수 없는 일들뿐이네요.

3 앗, 그건 전혀 몰랐습니다.

3번 2-22

男 ここはひとつ、お許しいただくわけにはまいりませんか。

女 1 申し訳ありませんが、一緒には行けません。

2 え、ひとつと言わず、もっとお持ちください。

3 仕方ないですね、承知しました。

남 이번 한 번만 봐주실 수 없을까요?

여 1 죄송합니다만, 함께는 갈 수 없어요.

2 네? 하나라고 하지 말고 더 가져가세요.

3 어쩔 수 없군요, 알겠습니다.

4번 2-23

男 お、おまんじゅうか。私は甘いものに目がなくてねえ。

女 1 あら、それは大変でしたね。

2 じゃあ、たくさん召し上がってください。

3 お近くで、よくご覧ください。

남 오, 찐빵이네. 나는 단것에는 사족을 못 써서 말이야.

여 1 이런, 그건 큰일이었네요.

2 그럼, 많이 드세요.

3 가까이서 잘 보세요.

5번 2-24

男 この席でのご飲食はご遠慮くださいませんか。

女 1 ええ、私は構いませんよ。

2 まあ、そう言わずにどうぞ。

3 ああ、失礼しました。

남 이 자리에서의 취식은 삼가 주시지 않겠습니까?

여 1 네, 저는 상관없어요.

2 뭐, 그리 말씀하지 마시고 드세요.

3 아, 실례했습니다.

6번 2-25

女 昼(ひる)ごはん、食(た)べそこねちゃった。

男 1 えっ、それはお腹(なか)すいたでしょう。

2 おいしかったよね、あそこのランチ。

3 うん、ちょっと食(た)べ過(す)ぎたね。

여 점심밥, 미처 못 먹었어.

남 1 이런, 배고프시겠어요.

2 맛있었지, 저곳 런치.

3 응, 좀 과식했네.

7번 2-26

女 またデザイン変更(へんこう)だって。いい加減(かげん)にしてほしいよね。

男 1 えー、もう振(ふ)り回(まわ)すの、やめてほしいなあ。

2 やった！これですごく助(たす)かるね。

3 へー、それならもっとたくさん頼(たの)もうよ。

여 또 디자인 변경이래. 적당히 했으면 좋겠네.

남 1 응, 더 이상 휘두르는 것, 그만뒀으면 좋겠는데.

2 신난다! 이걸로 굉장히 도움이 되겠어.

3 으음, 그렇다면 더 많이 부탁하자.

8번 2-27

女 ちょっと手(て)を貸(か)してくれない？

男 1 うん、じゃ、借(か)りてくるよ。

2 悪(わる)い、今(いま)、取(と)り込(こ)んでて……。

3 そこに置(お)いてあるからどうぞ。

여 좀 도와주지 않을래?

남 1 응, 그럼 빌려 올게.

2 미안, 지금 경황이 없어서…….

3 거기에 놓여 있으니까 가지고 가.

9번 2-28

男 事情(じじょう)、お察(さっ)しいただけるとありがたいのですが……。

女 1 こちらこそ、ありがたいです。

2 かしこまりました。

3 ええ、お気遣(きづか)いなく。

남 사정을 헤아려 주시면 감사하겠습니다만…….

여 1 이쪽이야말로 감사합니다.

2 잘 알겠습니다.

3 네, 마음쓰지 마세요.

10번 2-29

女 お忙(いそが)しいとは思(おも)うのですが、弊社(へいしゃ)までおいでいただけますか。

男 1 承知(しょうち)しました、明日(あす)、伺(うかが)います。

2 うちは構(かま)いませんので、いつでもどうぞ。

3 ええ、たまたま、近(ちか)くまで来(き)たもので。

여 바쁘시리라고 생각합니다만, 저희 회사까지 와 주실 수 있을까요?

남 1 알겠습니다, 내일 찾아뵙겠습니다.

2 저희는 상관없으니까 언제라도 오세요.

3 네, 우연히 근처까지 왔기에.

11번 2-30

男 こんなに毎日(まいにち)、残業(ざんぎょう)ばかりじゃ、かなわないな。

女 1 思(おも)ったより早(はや)かったよね。

2 ほんと、あと少(すこ)しだったのにね。

3 ほんと、まいっちゃうよね。

남 이렇게 매일, 야근을 해서야 견뎌낼 수가 없지.

여 1 생각보다 빨랐네.

2 정말 이제 조금 남았었는데.

3 정말 질려 버려.

12번 2-31

女 いまひとつ、ピンと来(こ)ないなあ。

男 1 そうですね、何(なに)か違(ちが)う気(き)がします。

2 行(い)けばどうにかなりますよ。

3 もうすぐ、いらっしゃると思(おも)いますよ。

여 아직 뭔가 확 와닿지가 않네.

남 1 그러네요. 뭔가 아니라는 생각이 들어요.

2 가면 어떻게든 될 거예요.

3 이제 곧, 오실 거라고 생각해요.

13번 2-32

男 御社(おんしゃ)から仕事(しごと)をいただけるなんて願(ねが)ってもないお話(はなし)です。

女 1 そうですか、仕方(しかた)ないですね。

2 遠慮(えんりょ)なさらずにどうぞ。

3 期待(きたい)していますよ。

남 귀사로부터 일을 받게 되다니 바라지도 못했던 이야기에요.

여 1 그렇습니까? 어쩔 수 없네요.

2 사양하지 마시고, 자.

3 기대하고 있어요.

14번 2-33

女 今度のプロジェクト、なんか気が進まないなあ。

男 1 でも、引き受けたからにはやらざるを得ないよ。

2 うん、とっても楽しみだよね。

3 もう遅いかもしれないね。

여 이번 프로젝트, 왠지 내키지가 않네.

남 1 그래도 맡은 이상은 하지 않을 수 없지.

2 응, 정말 기대가 돼!

3 이미 늦었는지도 모르겠네.

문제5 문제5에서는 조금 긴 이야기를 듣습니다. 문제지에 메모를 해도 됩니다.
문제지에는 아무것도 인쇄되어 있지 않습니다. 우선 이야기를 들으세요. 그리고 질문과 선택지를 듣고 1에서 4 중에서 가장 적당한 것을 하나 고르세요.

1번 2-34

電話で、女の人と外国人の支援活動をしている団体の人が話しています。

女 すみません、あの一、そちらの活動を手伝いたいのですが、学生でも大丈夫ですか？

男 ええ、大丈夫ですよ。いろんな支援活動があるんですが、学生さんですと、子供の学習支援が多いですね。一つは「あおばクラス」といって、子供に日本語を教える活動です。もう一つは「さくらクラス」といって、母語で算数や社会などを教える活動ですね。両方とも小学生が対象ですが、中国人の子が多いので、中国語ができたほうがいいのですが……。

女 ええ、中国語なら大丈夫です。その子の家に行って教えるんでしょうか？

男 いえ、家庭教師ではないので、子供も教える人も、こちらの教室に来ていただく必要があります。

女 ああ、教室に行かないといけないんですね。

男 ええ。あるいは、ご自宅からインターネットを通じて日本語を教える活動もありますよ。「ひかりクラス」というんですが、これを利用しているのは中学生、高校生が多いですね。

女 小学生はいないんですか。あるいは大人の方は……。中学生、高校生は難しい年頃だし……。

전화로 여자와 외국인 지원 활동을 하고 있는 단체 사람이 이야기하고 있습니다.

여 실례합니다, 저, 그쪽 활동을 돕고 싶습니다만, 학생이라도 괜찮습니까?

남 네, 괜찮습니다. 여러 지원 활동이 있습니다만, 학생 분이라면 어린이 학습 지원이 많습니다. 하나는 '아오바 클래스'라고 해서 아이에게 일본어를 가르치는 활동입니다. 또 하나는 '사쿠라 클래스'라고 해서 모국어로 산수나 사회 등을 가르치는 활동입니다. 양쪽 다 초등학생이 대상입니다만, 중국인 아이가 많으므로 중국어를 할 수 있는 쪽이 좋습니다만…….

여 네, 중국어라면 괜찮습니다. 그 아이 집에 가서 가르치는 것인가요?

남 아니요. 가정 교사가 아니니까, 아이도 가르치는 사람도 이쪽 교실에 와 주실 필요가 있습니다.

여 아, 교실에 가지 않으면 안 되는 거군요.

남 네. 혹은 자택에서 인터넷을 통해 일본어를 가르치는 활동도 있습니다. '히카리 클래스'라고 합니다만, 이것을 이용하고 있는 것은 중학생, 고등학생이 많습니다.

여 초등학생은 없나요? 혹은 성인 쪽은……. 중학생, 고등학생은 어려운 나이 때이기도 하고…….

男 えーと、小学生は今のところ、いないですね。大人の方対象ですと「もみじクラス」というのがあります。ただ、これも教室に来ていただく形になりますね。

女 そうですか。

男 最初は教室に来て、ほかの方の教え方もご覧いただいたほうがいいとは思いますが……。

女 そうですね。小さい子に日本語を教えるのは初めてだけど、自分の勉強にもなるし、じゃあ……。

女の人は、どのクラスで活動をすることにしましたか。

1 あおばクラス

2 さくらクラス

3 ひかりクラス

4 もみじクラス

남 음, 초등학생은 지금 없네요. 성인 대상이라면 '모미지 클래스'라는 것이 있습니다. 다만, 이것도 교실에 와 주시는 방식입니다.

여 그렇습니까?

남 처음은 교실에 와서 다른 분의 교수법도 봐주시는 편이 좋을 것으로 생각합니다만…….

여 그러네요. 어린아이에게 일본어를 가르치는 것은 처음이지만, 자기 공부도 되고, 그럼…….

여자는 어느 클래스에서 활동하기로 하였습니까?

1 아오바 클래스

2 사쿠라 클래스

3 히카리 클래스

4 모미지 클래스

2번 2-35

会社で、上司と部下が3人で話しています。

男 来月、開店するレストランについて、ちょっと問題が出てきてね……。

女1 問題といいますと、料理の内容でしょうか。

男 いや、全国の契約農家から野菜や肉を取り寄せることになっているだろう。どれも品質は抜群なんだが、どうしてもコストがねえ……。今の価格設定じゃ無理じゃないか、って、社長が言い出したんだよ。

女1 でも、お客さまにおいしい料理を食べてほしい、っていうのが目標でしたよね。多少コストが高くても品質は守るべきではないでしょうか。

男 うーん。ただ、利益は出さないとなあ。安い食材を使った安いメニューも増やしたらどうか、って社長は言うんだが……。

회사에서 상사와 부하가 세 명이서 이야기하고 있습니다.

남 다음 달에 개점하는 레스토랑에 대해서 좀 문제가 나와서 말이야…….

여1 문제라고 하면, 요리의 내용인가요?

남 아니, 전국 계약 농가로부터 채소나 고기를 주문하기로 되어 있었잖아. 어느 것이나 품질은 뛰어난데, 아무래도 원가가 말이야……. 지금의 가격 설정으로는 무리가 아닌가 하고 사장님이 말을 꺼냈어.

여1 하지만, 손님에게 맛있는 요리를 먹어 주었으면 하는 것이 목표였잖아요. 다소 원가가 높더라도 품질은 지켜야 하는 것 아닌가요?

남 으음. 다만, 이익은 내야지. 싼 식재료를 사용한 저렴한 메뉴도 늘리면 어떨까 하고 사장님은 말하고 있는데…….

女2　私は賛成しかねますね。逆にメニューを絞ってはどうでしょうか。

男　え、でも、メニューが少ないと寂しい感じがするんじゃないか。

女2　ええ、その代わり、お店の看板メニューを作って、それに使う食材を大量に仕入れるんです。そうすればコストも下げられますし、お客さまにも安く料理を提供できると思うんですが……。

女1　ああ、確かになんでもあります、っていう店より、ここに行けばこれが食べられる、っていうメニューがある店は強いよね。

男　そうだな。じゃ、その方向で一度、社長と話してみるよ。

男の人は、社長に何を提案しますか。

1 使う食材の質を下げること

2 料理の値段を上げること

3 メニューの数を増やすこと

4 メニューの数を減らすこと

여2 저는 찬성하기 어렵습니다. 반대로 메뉴를 줄이면 어떻겠습니까?

남 아, 하지만, 메뉴가 적으면 허전한 느낌이 들지 않을까?

여2 네, 그 대신 가게의 간판 메뉴를 만들어서 거기에 사용하는 식재료를 대량으로 매입하는 거예요. 그렇게 하면 비용도 줄일 수 있고, 손님에게도 저렴하게 요리를 제공할 수 있다고 생각합니다만…….

여1 아, 확실히 뭐든지 있어요, 하는 가게보다 여기에 가면 이것을 먹을 수 있다고 하는 메뉴가 있는 가게는 강하지.

남 그렇지. 그럼 그 방향으로 한번 사장님과 이야기해 볼게.

남자는 사장님에게 무엇을 제안합니까?

1 사용하는 식재료의 질을 낮추는 것

2 요리 가격을 올리는 것

3 메뉴 수를 늘리는 것

4 메뉴 수를 줄이는 것

3번 먼저 이야기를 들으세요. 그리고 두 개의 질문을 듣고 각각 문제지의 1에서 4 중에서 가장 적당한 것을 하나 고르세요. 2-36

専門学校の教員がコースの説明をしています。

女1　今日は、当校における各コースの説明をしたいと思います。まずジャーナリズム研究の分野は2つのコースがあります。一つは新聞・テレビを対象とする「マス・メディアコース」、もう一つはインターネットメディアを対象とする「ネット・メディアコース」です。いずれのコースも、メディアの役割を社会学的に研究するもので、記事の書き方などといった実践的な内容は扱いません。新聞やテレビ、ネットメディアなどの記者を志望する人には「ジャーナリスト養成コース」がありま

전문학교 교직원이 코스 설명을 하고 있습니다.

여1 오늘은 본교에 있어서의 각 코스 설명을 하려고 합니다. 먼저 저널리즘 연구 분야는 두 개의 코스가 있습니다. 하나는 신문, TV를 대상으로 하는 '매스 미디어 코스', 또 하나는 인터넷 미디어를 대상으로, 하는 '넷 미디어 코스'입니다. 어느 코스나 미디어의 역할을 사회학적으로 연구하는 것으로 기사 작성법 등의 실전적인 내용은 다루지 않습니다. 신문이나 TV, 인터넷 미디어 등의 기자를 지망하는 사람에게는 '저널리스트 양성 코스'가 있습니다. 이 코스는 취재 방법이

す。このコースは、取材の仕方や記事の書き方など、ジャーナリストとしての基礎技術の習得を目指すコースです。また、来年からはインターネットメディアを使って起業したい人のための「メディア経営コース」が新しく開講されます。

男　井上さんは、記者志望だったよね、新聞の。

女2　うん。でも実はこれからはインターネットかなあ、と思いはじめてるんだ。

男　うん、僕もそう思う。新聞社やテレビ局に入らなくても、自分一人で発信できるしね。

女2　でも、いきなり一人で始めるっていうのも不安で。まずはこの学校で基礎的な技術を身につけて新聞社に入ることを目標にしたいから、このコースかな。

男　そうか。僕は自分が記者になるっていうより、学問的に研究したいから、こっちのコースだな。でも、テレビ、新聞はもういいや、って感じ。

質問1　男の人はどのコースを選びますか。

1 マス・メディアコース

2 ネット・メディアコース

3 ジャーナリスト養成コース

4 メディア経営コース

質問2　女の人はどのコースを選びますか。

1 マス・メディアコース

2 ネット・メディアコース

3 ジャーナリスト養成コース

4 メディア経営コース

나 기사 작성법 등, 저널리스트로서의 기초 기술 습득을 목표로 하는 코스입니다. 또한, 내년부터는 인터넷 미디어를 사용하여 창업하고 싶은 사람을 위한 '미디어 경영 코스'가 새롭게 개강됩니다.

남　이노우에 씨는 기자 지망이었지? 신문 기자.

여2　응. 하지만 실은 이제부터는 인터넷일 것이라고 생각하기 시작했어.

남　응, 나도 그렇게 생각해. 신문사나 TV 방송국에 들어가지 않아도, 자기 혼자서 발신할 수 있기도 하고.

여2　하지만, 갑자기 혼자서 시작하는 것도 불안하고. 우선은 이 학교에서 기초적인 기술을 익히고 신문사에 들어가는 것을 목표로 하고 싶으니까 이 코스겠지?

남　그렇군. 나는 내가 기자가 된다고 하기보다는 학문적으로 연구하고 싶으니까 이쪽 코스네. 하지만, TV, 신문은 이젠 충분하다고 생각해.

질문1　남자는 어느 코스를 선택합니까?

1 매스 미디어 코스

2 넷 미디어 코스

3 저널리스트 양성 코스

4 미디어 경영 코스

질문2　여자는 어느 코스를 선택합니까?

1 매스 미디어 코스

2 넷 미디어 코스

3 저널리스트 양성 코스

4 미디어 경영 코스

3회 정답표

• 1교시 언어지식(문자 어휘 · 문법)

問題1 [1] 2 [2] 1 [3] 2 [4] 1 [5] 3 [6] 3

問題2 [7] 1 [8] 2 [9] 1 [10] 1 [11] 4 [12] 2 [13] 1

問題3 [14] 1 [15] 1 [16] 3 [17] 4 [18] 4 [19] 1

問題4 [20] 1 [21] 4 [22] 1 [23] 3 [24] 1 [25] 1

問題5 [26] 4 [27] 3 [28] 4 [29] 3 [30] 3 [31] 1 [32] 2 [33] 2 [34] 1 [35] 3

問題6 [36] 3 [37] 1 [38] 1 [39] 3 [40] 1

問題7 [41] 4 [42] 1 [43] 1 [44] 2 [45] 3

• 1교시 독해

問題8 [46] 4 [47] 2 [48] 1 [49] 3

問題9 [50] 3 [51] 2 [52] 2 [53] 3 [54] 1 [55] 2 [56] 4 [57] 1 [58] 3

問題10 [59] 3 [60] 4 [61] 2 [62] 4

問題11 [63] 1 [64] 2

問題12 [65] 2 [66] 3 [67] 4 [68] 2

問題13 [69] 1 [70] 4

• 2교시 청해

問題1 [1] 4 [2] 1 [3] 4 [4] 1 [5] 4 [6] 4

問題2 [1] 2 [2] 3 [3] 3 [4] 1 [5] 2 [6] 3 [7] 2

問題3 [1] 2 [2] 4 [3] 2 [4] 3 [5] 1 [6] 1

問題4 [1] 1 [2] 2 [3] 3 [4] 1 [5] 3 [6] 2 [7] 1 [8] 3 [9] 3 [10] 2 [11] 3 [12] 1
[13] 3 [14] 1

問題5 [1] 4 [2] 1 [3] (質問1) 2 (質問2) 4

문제1 ______의 단어의 읽는 법으로 가장 적당한 것을 1·2·3·4에서 하나 고르세요. p.107

1 **2** 며칠 후에는 해바라기 씨가 발아 할(싹이 틈) 것이다.

2 **1** 깊은 침묵이 주위를 지배하고 있었다.

3 **2** 사장의 이야기가 옆길로 빠져서 오늘도 회의가 길어졌다.

4 **1** 3년 전, 아버지는 밭을 밀어 택지로 만들었다.

5 **3** 특허를 따는 데는 번거로운 절차가 필요하다.

6 **3** 개인 경영인 회사 등 중규모 이하의 기업을 영세 기업이라고 부른다.

문제2 (　　　)에 넣기에 가장 적당한 것을 1·2·3·4에서 하나 고르세요. p.108

7 **1** 정년퇴직 후에는 분재라도 (손질하며) 지낼까 하고 생각하고 있다.

8 **2** 희소가치가 높은 동물을 반려동물로 하는 것이 부유층 사이에서 (신분의 상징)이 되고 있다.

9 **1** 그녀는 화려한 겉모습과 달리 취향이 (수수하다).

10 **1** 역시 프로와 아마추어의 능력 차이는 (확연)하다.

11 **4** 증거만 발견되지 않는다면 끝까지 (시치미)를 뗄 생각이었다.

12 **2** 이 제품은 내열(성)을 높이는 것에 성공했다.

13 **1** 그녀의 눈에 (촉촉히) 눈물이 어렸다.

문제3 ______의 단어에 의미가 가장 가까운 것을 1·2·3·4에서 하나 고르세요. p.109

14 **1** 그는 회심의 미소를 띄웠다. ≒진심으로 만족하는 모습

15 **1** 성가신 일에 휘말려 버렸다. ≒귀찮은

16 **3** 숙명의 라이벌인 그 두 사람은 기이하게도 같은 날에 태어났다. ≒신기하게도

17 **4** 나는 주식에 관한 것은 전혀 모른다. ≒지식이 없다

18 **4** 이 시의 작자는 생기있는 감성을 지니고 있다. ≒신선한

19 **1** 나에게 있어서 이번 일은 허들이 너무 높다. ≒극복해야 할 장애

문제4 다음 단어의 사용법으로 가장 적당한 것을 1·2·3·4에서 하나 고르세요. p.110

20 일변, 완전히 달라짐

1 개발때문에 이 주변의 경치는 완전히 달라져 버렸다.

2 저 정치가는 대중의 인기를 완전히 달라지게 모았다. ➡ 一身(いっしん) 한 몸

3 나를 믿을 수 없다면 완전히 달라져서 해 보는 것이 좋다. ➡ 一遍 한 번
4 신문에서 사회의 완전히 달라짐을 알 수 있다. ➡ 一面 일면

21 요긴함, 요긴하여 자주 사용하는 것
1 부하의 요긴함을 부탁받아서, 곤란해 하고 있다. ➡ 教育 교육
2 아마추어라고는 해도, 프로에 요긴할 실력이 있다. ➡ 匹敵 필적
3 생활이 풍족해 지는 것에 요긴해서 사회 문제도 증가하기 시작했다. ➡ 比例 비례
4 이 가방은 쓰기 편해서 요긴하게 쓰고 있다.

22 웃음을 띠다, 미소 짓다
1 손자의 이야기가 나오자 노인이 얼굴에 웃음을 띠었다.
2 그 자리에 있던 사람은 그녀의 험담에 웃음을 띠었다. ➡ へきえきする 질리다, 난감해하다
3 여러 해 고생한 끝에, 우리들에게도 드디어 아이가 웃음을 띠었다. ➡ 授かる 얻다, 내려주시다
4 일본에 진정한 민주주의가 웃음을 띠기에는 아직 시간이 걸린다. ➡ 育つ 자라다

23 중요함
1 이번 기획은 고등학생이 중요함이 되어서 생각한 것이다. ➡ 中心 중심
2 아이가 입학할 때까지는 일보다 육아에 중요함을 둘 생각이다. ➡ 重点 중점
3 여기가 중요한 부분이므로, 잘 들어 주세요.
4 처음은 어색했지만 금방 중요함을 이해했다. ➡ 要領 요령

24 부족하다
1 그녀는 음악가로서의 재능이 부족하다.
2 담배를 끊은 그는 입이 부족해서, 자주 껌을 씹고 있다. ➡ 寂しい 허전하다
3 딸은 잔소리만 하는 아빠가 부족한 것 같다. ➡ わずらわしい 귀찮다
4 와인글라스는 부족하기 때문에 취급에 주의해 주세요. ➡ もろい 깨지기 쉽다, 무르다

25 복원
1 태풍으로 부서진, 헤이안 시대의 사원을 복원했다.
2 모든 수단을 강구해서, 명예를 복원할 작정이다. ➡ 回復 회복
3 1년간의 출산 휴가가 끝나고 회사로 복원했다. ➡ 復帰 복귀
4 큰비로 흐트러진 운행 시간표는 아직 복원의 전망이 서지 않았다. ➡ 復旧 복구

문제5 다음 문장의 (　　　)에 넣기에 가장 적당한 것을 1·2·3·4에서 하나 고르세요. p.112

26 **4** 2천 엔을 건네줄 테니 이걸로 과자를 살 수 있는 (만큼) 사 와 주세요.

27 **3** 이번에야 말로 반드시 우승해 보이겠다고 말했(기 때문에 체면상), 감기 정도로 연습을 쉴 수는 없다.

28 **4** 기명식 설문은 아이가 사실을 적기 힘들기 때문에, 괴롭힘을 파악하기 어려운 (반면), 대응책은 취하기 쉽다.

29 **3** 사정이 좋지 않아서 갈 수 없다고, 사전에 한마디 (양해를 구했더라면) 그도 저렇게 화내지 않았을 텐데.

30 **3** 그가 시험에 떨어지다니 누구 하나 (예상하지 못했다).

31 **1** 일전에 보내 주신 상품에 착오가 있어서 (연락드립니다).

32 2 A 엄마, 이번 주 토요일 야마다 군이랑 둘이서 바다에 가도 돼?
B 안돼. 아이들끼리 가서 만에 하나 (빠지기라도 하면) 큰일이잖아.

33 2 아이라는 것은 (있으면 있는 대로) 힘들지만, 아이가 없는 인생도 생각할 수 없다.

34 1 너무 무리하지 마세요. 언제까지나 (젊다고 생각하고 있으면) 다쳐요.

35 3 이번 재해로 많은 사람이 (희생된 것으로 인해) 국가는 방재 교육의 재검토를 진행하고 있다.

문제6 다음 문장의 ＿★＿에 들어갈 가장 적당한 것을 1·2·3·4에서 하나 고르세요. p.114

36 3 어제 천둥의 4 무시무시함 2 으로 말하자면 3 생각하는 것 1 만으로도 떨려 온다.

37 1 초등학생이나 중학생 2 이라면 3 모르겠지만, 1 나이 4 먹은 어른이 변명만 하다니 한심하다.

38 1 과거에 있던 괴로운 3 일은 2 지나간 1 것 4 으로 생각하고 잊어버리는 것이 좋다.

39 3 고교 시절을 떠올리면 2 다소의 고민 4 은 있을지언정 3 결코 1 헛된 나날은 아니었다.

40 1 그의 실력 2 으로 1 본다면 4 희망대로 3 취직할 수 있을 것이다.

문제7 다음 글을 읽고, 글 전체의 취지를 고려하여, 41 에서 45 안에 들어갈 가장 적당한 것을 1·2·3·4에서 하나 고르세요. p.116

우리 생활 속에서 종이에 적힌 글자나 일러스트를 볼 기회가 적어지고 있다. 지금은 스마트폰의 화면 등을 통해서, 순식간에 많은 사람에게 정보나 메시지를 전할 수 있게 되었기 때문일 것이다. 얼마 전까지 우리는 '삐라(전단)'나 '지라시(전단, 광고지)'라고 불리는 작은 종이를 흥미진진하게 바라보곤 했는데, 그 말 자체가 이제 국어사전에서 찾는 대상이 돼 버린 것처럼 보인다.

그러나 이 두 개의 단어는 어원도 다르고, 사용 기준도 다르다. '지라시'의 경우는 [41 문자 그대로] '흩뿌림'이라는 말이 어원이며, 그 옛날 선전 내용을 쓴 종이를 사람들이 왕래하는 길에서 흩뿌리던 것에서 유래한다. 기록에 의하면, 에도 시대에는 '지라시'에 해당되는 것이 뿌려진 적이 있으며, 아직 '정가'의 개념이 없고 상품을 안정 공급할 수 없었던 당시의 '지라시'의 내용은 그 가게에서 무엇을 취급하고 있는지, 다른 가게와 다른 특징은 무엇인지를 적어 기록했던 것으로 보인다. 그리고 처음에는 [42-a 흩뿌리는 행위]를 가리키는 말이었던 '지라시'가 [42-b 흩뿌려지는 종이]를 나타내게 되었으며, 이윽고 이 종이 자체가 '지라시'라는 명칭으로 불리게 되었다고 한다.

한편, '삐라'의 어원은 영어의 '빌라(=별장)'에서 왔다. 메이지 시대 초쯤 (주1)가루이자와나 (주2)이즈 등에 외국인을 대상으로 한 별장이 많이 건설되어, 그것을 판매하기 위해 '빌라'라고 표기된 광고가 곳곳에 붙여지게 되었다. 그래서 '삐라'라는 말은 널리 알려지게 되었고, 메이지 6년에는 어느 기사에서 소개된 것을 계기로 드디어 활자 매체에 '삐라'라는 말이 [43 출현하기에 이르렀다]. 그 후 사람들은 마을 여기저기에 붙여진 갖가지 메시지를 쓴 종이에 대해서도 '삐라'라고 부르게 되었다. 이 메시지가 비합법적인 경향이 강한 것이 주였고, 정치적인 선전에 사용되는 경우도 많아 [44 그 때문에] 약간의 위험성을 느낀 사람들이 굳이 '삐라'라는 은어로 불렀던 것인지도 모른다.

하지만 지금은 그런 시대가 아니게 되었다. 바쁜 현대에는 걸으면서 작은 화면에서 대량의 정보를 수집해야 한다. '삐라'나 '지라시'를 멈춰 서서 [45 가만히 바라보는] 사람은 이제 없다.

(주1) 가루이자와: 나가노현 사쿠 지방에 있는 지역
(주2) 이즈: 시즈오카현 남동부 이즈반도의 중앙부에 있는 시

문제8 다음 (1)에서 (4)의 글을 읽고, 다음 질문에 대한 답으로 가장 적당한 것을 1·2·3·4에서 하나 고르세요.

(1) p.118

휴대 전화로 손쉽게 인터넷을 이용할 수 있게 된 현재에는 인터넷에서의 정보 검색은 현대인의 일상 습관으로 자리 잡아 버렸다고 할 수 있을 것이다. 인터넷으로 검색한다는 것은 그것에 의해 동시에 자신의 관심이나 행동을 인터넷 상에 기록한다는 것이며, 개인 정보가 감시의 대상으로 드러낸다는 것이다. 그것이 계속되면 인터넷 상의 자신과 현실을 살아가는 자신이 뒤바뀌어 버릴 것 같은 착각에 빠질지도 모른다. 실제로 (주)인터넷에 빠져 사는 나날을 보내며 현실의 신체 감각을 잃어버린 존재가 늘고 있는 것은 아닐까?

(주) 인터넷에 빠짐: 인터넷을 하는 것에 시간을 많이 소비하는 것

46 필자는 인터넷 이용에는 어떤 문제가 있다고 말하고 있는가?

1 인터넷에서 얻는 정보에 치우쳐, 신문·TV 등의 종합적인 정보가 부족해지는 것
2 인터넷의 이용 횟수가 늘어나면, 개인 정보가 침해되어도 알아차리지 못하게 되는 것
3 인터넷 이용자는 자동적으로 개성을 잃고, 누구든 획일화되어 버리는 것
4 인터넷에서의 정보 검색이 습관화되면 현실의 자신을 잃기 십상이 되는 것

(2) p.119

시설이나 회사 안에서 에너지 소비량은 그 대부분이 조명에 의한 것입니다. 그것을 줄일 수 있다면 상당한 절약이 됩니다. 그러나 조명은 안전을 위해서도 중요하고 또 사람의 정신 상태에도 큰 영향을 주기 때문에 조명 수를 줄이는 것은 간단하지 않습니다. 그래서 줄이는 것이 아니라 에너지 절약형 조명으로 전환하기 위해서 상품 개발이 진행되고 있습니다. 국민의 의식을 높이고 적극적으로 도입해 갈 수 있도록 국가 전체가 제대로 대처하는 것이 바람직하다.

47 필자가 이 글에서 서술하고 있는 것은 무엇인가?

1 조명 수를 줄일 수 없는 것은 절전에 대한 국민 의식이 낮기 때문이다.
2 조명에 의한 에너지 절약은, 수가 아닌 질의 변경이 요구되고 있다.
3 에너지 절약형 조명으로 변경하기 위해서는 국가로부터의 원조가 필요하다.
4 안전이나 정신 상태에 영향이 있기 때문에 적극적으로 절전을 추진해야 한다.

(3) 아래는 어느 회사가 거래처에 보낸 문서로, 일부가 생략된 것이다. p.120

주식회사 시미즈 물산
총무부 다카하시 코이치 님

이번 지진에 의한 재해 시에는 정중하게도 문안 편지를 보내 주셔서 감사하기 그지없습니다.

그런데, 이번 지진으로 인한 저희 회사의 피해 상황입니다만, 예상 이상으로 커서 생산 라인의 일부가 아직 기능하지 못하고 있습니다. 그 때문에 복구 공사가 완료되는 다음 달 말까지 동안은 신규 주문을 보류하게 되었습니다. 부디 양해해 주시길 바랍니다.

또한, 이미 주문받은 제품에 대해서는 재고가 확인되어 희망하신 대로 보내드릴 수 있으니, 안심해 주십시오.

일방적인 부탁으로 대단히 죄송하지만, 앞으로도 지도, 지원을 해 주시기를 부탁드립니다.

야마다 산업 주식회사
영업 과장 나카야마 다케시

48 이 문서의 용건은 무엇인가?

1 문안 편지에 대한 감사 인사와 피해 상황 및 출하 상황 보고
2 지진에 의한 피해 상황 보고와 앞으로의 지원 부탁
3 거래 성사 축하 인사 및 감사 인사와 출하 상황 보고
4 지진 후의 수주 상황 보고와 재고 상황 보고

(4) p.121

사람이라는 것은 불완전한 생물이며, 자신의 등 뒤는 볼 수 없다. 뒤돌아보면 앞이 보이지 않게 된다. 그래서 눈을 감고 등 뒤를 느껴 보려 하면, 갑자기 불안감에 사로잡힌다. 사람이란 참으로 의지할 데 없는 존재이다.

사람이 거울을 볼 때도, 거기에 보이는 것은 좌우가 바뀐 자신의 앞모습뿐. 역시 등 뒤는 보이지 않는다. 그래서 거울 세계 속으로 뛰어들고자 공상하는 몽상가도 있지만, 그렇게 가만히 거울을 보고 있는 동안에 문득 깨닫는다. 도대체 여기에 서 있는 사람은 누구인가, 라고.

49 이 글에서 필자가 서술하고 있는 것은 무엇인가?

1 사람이 앞모습밖에 보이지 않는 것은 물리적 문제이며, 어떻게 할 수 없다.
2 거울을 통해서 자신의 등 뒤를 보려고 하는 것은 사람이 불완전한 생물이라는 증거이다.
3 사람은 불확실한 존재이며, 그것을 깨달으면 불안해지는 법이다.
4 사람은 거울에 보이는 자기 자신조차 믿을 수 없는 불안정한 존재이다.

문제9 다음 (1)에서 (3)의 글을 읽고, 다음 질문에 대한 답으로 가장 적당한 것을 1·2·3·4에서 하나 고르세요.

(1) p.122

'(주1)노래는 세상에 따르고, 세상은 노래에 따르고'라는 말이 있는데, 시대는 노래와 함께 흘러가는 것이라 생각하고 있었다. 특히 젊었을 때는 TV나 라디오, 인터넷을 통해서 지금 유행하고 있는 음악에 필사적으로 귀를 기울이는 법이다. 친구와 만나면 이번 주 순위 1위 곡은 무엇인지 화제가 된다. 그중에는 일본 곡은 거들떠보지도 않고 미국에서 유행하고 있는 음악에 빠져있는 사람도 있다. 모두 '지금'을 현재 진행형으로 살고 있다고 생각했다. 노래를 들으면 시대의 최첨단에 있는 듯한 기분이 들었다. 모두 같은 노래를 듣고 있다고 생각했다. 그곳에는 분명히 시대를 느낄 수 있었기 때문이었을 것이다.

그런데 점점 나이를 먹고 세상 돌아가는 방식이 보이게 되자 유행도 사람이 만들어 내고 있었던 것이라는 사실을 알게 된다. '이번 주 베스트10'이라고 해도 이미 반년 전부터 정해져 있었다는 이야기도 듣는다. 모두들 그 정도 준비를 하여 하나의 노래를 히트시키는 것이다. 그런 음악 업계의 시스템이 만들어져 있었던 것이다.

그뿐만 아니라 자신이 결혼해서 아이가 태어나, 그 아이가 사춘기가 되면 자신과 똑같이 유행가를 듣게 된다. 남자아이는 앳된 아이돌에 빠지고, 여자아이는 4인조 미남이나 음악 밴드에 열을 올린다. TV에서는 20년 전과 같은 광경이 펼쳐지고 있다. 그런가 하면 예전에 인기가 있었던 가수가 나이를 먹은 지금도 옛날 노래를 부르고 있기도 한다. 어디선가 ①시대의 흐름은 멈춰 버린 것은 아닐까 하고 착각할 정도이다.

그럴 무렵 일요일 오후, 집 근처를 어슬렁어슬렁 산책하고 있을 때, 문득 오래된 일본 시가 마음에 떠오르곤 한다.

「고향 산을 향해 있으니
말할 것도 없이
고향 산은 고맙구나」

오래전 교과서에서 배운 (주2)이시카와 다쿠보쿠의 시이다. 말은 조금 예스럽이지만 내용은 전혀 예스럽지 않다. 그런 생각이 들어, 도서관에서 다쿠보쿠의 시집을 빌려오자 이미 100년도 더 된 시라고 한다. 시집을 읽기 시작하자 몇 개나 마음을 저미는 시가 있어서 푹 빠지게 되어 버렸다. 시간을 뛰어넘어 남는 시가 있다. 이것이 ②문학의 힘이라고 실감했다.

(주1) 노래는 세상에 따르고, 세상은 노래에 따르고: 노래는 세상에 의해 변화하고 세상도 노래의 유행에 영향을 받는다
(주2) 이시카와 다쿠보쿠: 1900년대에 활약한 시인

50 필자는 젊은 시절, 노래에 대해 어떻게 생각하고 있었는가?

1 노래는 시청자의 연령에 따라 내용도 점점 성장해 가는 법이다.
2 노래는 듣는 사람과 마찬가지로 다양하고, 모두가 제각각 다른 노래를 듣는 법이다.
3 노래는 시대를 상징하는 것으로 시간과 함께 변해 가는 법이다.
4 노래를 필사적으로 듣지 않으면 유행에서 뒤쳐져 모두와 이야기를 나눌 수 없게 되는 법이다.

51 ①시대의 흐름은 멈춰 버린 것은 아닐까 하고 필자가 착각한 이유는 무엇인가?

1 유행가는 사람에 의해 의도적으로 만들어지고 있었다는 것을 알아 버렸기 때문에
2 유행가라고 해도 옛날과 같은 되풀이에 지나지 않는 것뿐이기 때문에
3 자신의 아이가 태어나면 부모는 아이와 함께 유행가를 듣게 되기 때문에
4 나이를 먹은 가수도 마치 서로 경쟁하듯 젊은 가수들과 똑같은 유행가를 부르고 있기 때문에

52 필자가 느낀 ②문학의 힘이란 어떠한 것인가?

1 시대 흐름에 맞춰 살아남는 힘
2 언제까지나 변함없이 사람을 감동시키는 힘
3 인생의 경험을 쌓은 사람만이 알 수 있는 특별한 힘
4 문학을 만난 것은 우연이 아니라 필연이라고 생각하게 하는 힘

(2)

p.124

보통 '귀가 좋은 사람'이라고 하면, 우리 일반인에게는 들리지 않는 높은 소리나 작은 소리가 들리는 사람, 또는 콘서트 공연장 등에서 소리의 균형이나 울림 상태를 듣고 구분할 수 있는 사람, 나아가 구급차의 사이렌 소리를 듣고 '저건 시와 솔의 음이야'라고 알아맞힐 수 있는 절대 음감을 가진 사람 등이라고 생각하기 쉽지만, 인간의 청각은 이러한 특수 능력이 아니라도 생각보다 ①풍부하고 심오한 것이다.

인간의 청각은 단순한 소리 측정기가 아니기 때문에 소란스러운 인파 속에서도 옆 사람이 하는 말은 잘 들리고, 반대로 평소에는 들리지 않는 침실 시계 바늘 소리가 귀에서 떠나지 않아 잠들지 못하게 되는 경우도 있다. 뇌의 연구도 진행되고 있어 청각을 통해서 들어온 정보가 뇌의 어느 부분에서 처리되고 있는지가 규명되고는 있으나, 인간의 귀가 어떻게 해서 소리를 선택할 수 있는지, 사람은 왜 음악을 듣고 감동하는지, 이런 중요한 문제에 대해서는 아무것도 밝혀지지 않았다.

생각해 보면 앞에서 말한 ②소리에 민감한 사람의 예는 모두 기계라면 보다 정확하게 감지할 수 있는 것뿐이다. 인간의 청각이 가진 풍부함은 그런 것이 아니다. 물론 청각 연구가 진행되면, 보다 정교한 로봇이 개발되고 인간의 귀에

가까워지려고 할 것이다. 사람이 말하는 음성을 인식하는 기술은 이미 귀가 잘 들리지 않는 노인을 위한 전화에 응용되고 있다고 한다.

그런데도 예를 들어 파티 등 주위가 소란스러운 환경 속에서는 기계가 많은 소리를 인식하기 위해서 오히려 그 많은 정보로 혼란스러워 하고, 기계가 정교하면 할수록 음성 인식 기능이 떨어지고 마는 일이 생길 수 있다. 이러한 곤란한 상황 속에서야말로, 인간의 풍부한 청각 능력이 발휘되는 것이다. 인간의 청각은 단순한 소리의 진동에 반응하고 있는 것이 아닌 마음의 표현으로서 존재하고 있기 때문이다.

53 ①풍부하고 심오하다고 서술하고 있는 것은 어째서인가?

1 인간의 귀는 절대 음감 등의 다양한 특수 능력을 가지고 있기 때문에
2 인간의 청각 연구는 거의 진행되지 않아서 아무것도 모르기 때문에
3 인간의 귀는 기계로서는 불가능한 능력을 가지고 있기 때문에
4 인간의 청각은 뇌 안에 있는 부분에서 감지되고 있기 때문에

54 ②소리에 민감한 사람의 예라고 하는데, 어떤 예인가?

1 굉장히 높은 소리나 작은 소리를 감지할 수 있다는 예
2 시계 바늘 소리가 귀에서 떠나지 않아 잠들지 못하게 된다는 예
3 소란스러운 환경에서도 사람의 이야기를 구분할 수 있다는 예
4 현실에는 존재하지 않는 소리나 음성이 들려온다는 예

55 인간의 청각에 대해서 필자는 어떻게 서술하고 있는가?

1 인간의 청각에 대한 연구는 발전 도중이며, 보다 정교한 로봇 개발이 기대된다.
2 인간의 청각은 단순한 기계가 아니라 마음과 연결되어 있기에 다양한 능력을 갖는 것이다.
3 귀가 불편한 사람을 위해서 인간의 청각과 뇌와의 관련성에 대한 연구를 진행해야 한다.
4 혼란한 상황 속에서야말로 그 특징을 발휘할 수 있도록 인간의 청각을 훈련할 필요가 있다.

(3) p.126

나는 어릴 적 축제의 피리와 북소리에 이끌려 (주1)미코시(가마)나 (주2)다시(수레)의 뒤를 따라 계속 걷는 것이 즐거웠다. 즐거워했던 것은 아이들뿐만이 아니라 어른들도 모두 행복한 웃음을 짓고 있었다. 이웃 할아버지나 할머니도 평소와 달리 기력이 좋았다. 그런 광경을 매년 보고 있는 사이 '축제는 사람들에게 활력을 준다'라는 것을 막연하게 믿게 되었다. 그 후에도 기회가 있을 때마다 축제 구경을 갔는데, 어느 날 ①축제가 가진 신기한 힘을 몸소 실감했다.

5, 6년 정도 전의 11월 상순, 히로시마현 오노미치시에서 열린 '벳챠 축제'를 보러 갔을 때의 일이다. 섬뜩한 가면을 뒤집어 쓴 (주3)귀신이 등장하는 이 축제를 보려고, 축제 전날 히로시마 시내에 묵었다. 그러나, 감기에 걸려 한밤중에 고열이 나고 말았다. 다음날 아침에도 열이 내리지 않아 축제 구경을 할 수 있는 몸 상태가 아니었으나, 포기하지 못하고 오노미치로 향했다.

오노미치 역에서 하차하자, 바로 피리와 북소리가 들리고, 그 소리에 이끌리듯이 종종걸음으로 달렸다. 곧 미코시가 보이고 수많은 구경꾼 사이를 귀신이 뛰어다니는 것을 보니 푹 빠져서 카메라 셔터를 계속 눌렀다. 큰북이나 징 소리에 취하면서 축제를 즐기기를 한 시간. 문득 정신을 차리고 보니 열은 내리고 발걸음도 가벼워져 있었다. 약을 먹은 것도 아닌데 거짓말처럼 건강해져 있었다. 대단한 감기가 아니었다고 하면 그만이겠지만, 나에게는 ②귀중한 체험이었다. 어릴 때부터 느끼고 있었던 것이 실제로 증명된 것 같아 ③묘하게 기뻤다.

(미우라 류 『일본인의 축제와 주술』 세이슌 출판사)

(주1) 미코시: 신이 타는 것으로서, 어깨에 짊어지는 것
(주2) 다시: 축제 때 끌고 걷는 것. 호화로운 장식을 달고 있는 것이 많다
(주3) 귀신: 무서운 신, 도깨비

56 ①축제가 가진 신기한 힘이란 무엇인가?
1 축제의 음악이 아이들의 마음을 끌어당기는 것
2 축제가 기력이 없는 노인들을 웃음 짓게 하는 것
3 축제가 사람들의 다양한 병을 치료하는 것
4 축제가 사람들에게 생명력을 주는 것

57 ②귀중한 체험이라고 하는데, 어떤 체험을 했는가?
1 축제의 사진을 찍고 즐기는 사이 감기가 나았다는 체험
2 한창 축제 도중에 귀신이 나타나 어느샌가 사라졌다는 체험
3 축제에 등장한 귀신이 필자를 만져 병을 고쳐 주었다는 체험
4 감기에 걸렸나 했는데 (사실은) 축제 때 술에 취해 있었을 뿐이었다는 체험

58 ③묘하게 기뻤다고 하는데 필자는 어째서 기뻤는가?
1 지방의 아주 진귀한 축제를 몸소 체험할 수 있었기 때문에
2 우연히 귀신이 뛰어다니는 것을 볼 수 있어서 고생한 보람이 있었기 때문에
3 사람들을 활기차게 해 주는 축제의 힘이 증명되었다고 생각했기 때문에
4 축제의 매력이 어디에 있는지, 그것을 규명할 수 있었다고 생각했기 때문에

문제10 다음 글을 읽고, 다음 질문에 대한 답으로 가장 적당한 것을 1·2·3·4에서 하나 고르세요. p.128

21세기 사회에서는 국가, 지역, 도시, 개인, 모든 수준에서 지금까지 이상으로 다양한 상호 교류가 전개될 것이다. 따라서, 예를 들어 지역의 진흥이나 환경 문제를 생각할 때에도 정착 인구의 요구뿐만 아니라 교류하는 사람들의 다양한 요구에도 대응할 수 있는 여러 가지 기획과 배려가 필요하게 된다. 고유 풍토나 전통이 만들어낸 지역 문화가 다른 지역에서 방문한 사람들의 마음을 치유하고 활기를 불어넣는다는 현대적 관광 특유의 요구에 부응할 수 있는 것이 되어가기 위해서는 정착 인구에 의한 자연이나 전통문화의 보존 노력뿐만 아니라, ①이와 같은 교류 인구와의 이른바, 이문화 교류에 의해 자문화의 재생, 활성화가 꾀해져야 한다. 이를 위해서는 확실한 지식과 방법을 가지고 그 책임을 다할 수 있는 인재, 결국에는 ②'문화 디자이너'라고 불릴 법한 인재 육성이 급선무일 것이다.

여기에서 말하는 디자인, 또는 디자이너가 좁은 의미로의 미술이나 예술의 틀을 넘은 것이라는 것은 말할 필요도 없다. 원래, 디자인이란 단순한 조형적 디자인에 머무르지 않고, 그 전제가 되는 구상, 아이디어, 상상, 의지, 지향 등에서부터 실제의 물건, 일, 또는 행위에 이르는 그 과정 전체의 설계, 기획, 제작을 가리키는 것이다. 예를 들어 기업에 있어서의 디자인 자원이란 좁은 의미로는 상품 디자인이나 선전 광고, 점포 디자인 등을 가리키는 것이겠지만, 그에 더하여 그 기업의 상품 개발 능력, 브랜드의 힘, 홍보, 서비스, 프레젠테이션 능력, 나아가서 (주1)메세나로서 문화 사업과의 연계 방법 등도 넓은 의미의 기업 디자인의 범주에 들어갈 것이다. 요컨대 디자인이란 (주2)정책이며 사상이고 철학이기도 하며, 우리들의 인생을 어떻게 구성하고, 어떻게 경영할 것인지, 넓은 의미의 라이프 디자인에 관계되는 것이다.

오늘날 지구 환경이나 소비 사회가 초래한 수많은 난문을 해결하기 위해서는 물건이나 기술에 의한 해결뿐만 아니라 사람들의 라이프 스타일을 비롯해 사회 시스템 그 자체의 변혁이 불가결하므로, 그러기 위해서라도 문제 해결을

위한 구상력과 실행력을 갖추고 기성의 틀을 뛰어넘는 발상을 실현 가능한 계획에 적용시키고, 그를 위한 작업 과정을 디자인할 수 있는 인재가 꼭 필요하다. 그것이 앞으로의 사회에 새로운 (주3)패러다임을 가져올 '문화 디자이너'이다.

(미요시 이쿠오 「'관광 디자인'의 이념과 목적」
『관광 디자인학의 창조』 구와타 마사요시 편 세카이시소우샤)

(주1) 메세나: 기업이 자금을 제공해 문화, 예술 활동을 지원하는 것
(주2) 정책: 정책, 방침
(주3) 패러다임: 어떤 시대나 분야에 있어서 지배적 규범이 되는 '사물의 견해나 파악법'을 일컫는 말

59 ①이와 같은 교류 인구란 어떤 사람들인가?
1 지역의 진흥이나 환경 문제를 생각하는 사람들
2 고유 풍토나 전통을 만들어 내는 사람들
3 다른 지역에서 방문하는 사람들
4 현대적 관광 특유의 요청에 부응할 수 있는 사람들

60 필자는 ②'문화 디자이너'를 어떻게 설명하고 있는가?
1 미술이나 예술의 틀을 뛰어넘어 경제 · 경영 분야의 디자인도 다루는 인재
2 단순한 조형적 디자인에 그치지 않고 지구 전체의 디자인을 다루는 인재
3 우선 첫째로 기업에 있어서의 디자인을 최우선으로 생각하고 사상, 철학을 가진 인재
4 구상력과 실행력을 갖추고, 계획을 실현시키기 위한 작업 과정을 디자인할 수 있는 인재

61 필자는 어째서 ②'문화 디자이너'가 필요하다고 말하고 있는가?
1 지역의 자연이나 전통문화를 보존할 필요가 있기 때문에
2 지역 문화의 재생, 활성화를 도모할 필요가 있기 때문에
3 디자인이란 라이프 스타일 전체와 연관되는 것이기 때문에
4 디자이너는 지구 환경 문제가 주된 테마이기 때문에

62 이 글에서 필자가 가장 말하고 싶은 것은 무엇인가?
1 문화 디자이너를 육성하기 위해서는 기업을 비롯해 사회 전체의 변혁이 불가결하다.
2 문화 디자이너는 기성의 틀을 뛰어넘는 발상을 가지고 실행력도 갖추고 있어야 한다.
3 지구 환경이나 소비 사회가 많은 문제를 일으키고 있는 것은 문화 디자이너에게 책임이 있다.
4 사회 시스템 자체의 변혁이 불가결한 현대 사회에서는 문화 디자이너의 육성이 급선무이다.

문제11 다음 A와 B의 글을 읽고, 다음 질문에 대한 답으로 가장 적당한 것을 1·2·3·4에서 하나 고르세요. p.132

A

아이의 예술성을 기르기 위해서는 '칭찬해서 발전시킨다', 이것이 기본입니다. 음악도 역시 마찬가지. 처음에는 아무리 서툰 아이라도 '굉장해!'라고 말하며 칭찬하면 기뻐서 연습하게 됩니다. 연습하는 기쁨이 있다면 기술은 자연히 익혀집니다. 어릴 때부터 이것에 익숙해져 있는 아이는 실로 당당하고 자신감이 넘치는 법입니다. 주위의 일은 신경 쓰지 않는다. 개성 덩어리 같은 아이들이 서로 개성을 부딪혀 가며 자유를 배우면서 성장해 간다. 그것은 실로 창의적이며, 둘도 없이 소중한 것입니다. 개성이 모이는 곳은 매우 자유로운 공간으로 그곳에 예술이 자라는 것입니다.

물론 칭찬하는 방법에도 기술이 있어서 일률적으로 누구나 다 똑같아서는 개성은 죽어 버립니다. 각자의 개성이 어디를 향해 있는지, 그것을 파악할 수 있는지 어떤지, 지도자의 자질은 여기에 달려 있습니다.

B

아이라는 건 분명 아이답게 자유롭게 자라주길 바란다고 생각한다. 나도 아이의 자유를 빼앗을 생각은 없지만 예술에 관해서는 이야기가 달라진다. 아이를 칭찬하는 것으로 개성을 발전시키고자 하는 사람이 음악 세계에도 있지만, 칭찬만으로 유일무이한 독자성이 생겨난다면 그렇게 간단한 일은 없을 것이다. 대체로 아이들의 개성 같은 것은 대단한 것도 아니고, 언젠가 잃어버리게 되는 것에 지나지 않는다. 혹독한 연습의 거듭됨 속에서야말로 진정한 오리지널리티는 생겨나기 시작하는 것이다.

그렇다고 하더라도, 음악을 표현하는 아이가 항상 지도자의 시선을 의식하고 있는 것으로는 곤란하다. 지도자에게 자유로운 정신이 있다면 연습이 아무리 혹독해도 아이들은 그것을 계승해 나간다. 자유 또한 혹독함 속에서 생겨나는 것이다.

63 아이들의 개성에 대해서 A와 B는 어떤 생각을 가지고 있는가?

1 A는 아이를 칭찬하는 것으로 개성을 성장시켜 줄 수 있다고 생각하고 있지만, B는 아이의 개성에 대해서는 부정적이다.
2 A는 아이의 개성이 무엇보다도 중요하다고 생각하고 있지만, B는 개성은 자연히 익혀지는 것이라고 생각하고 있다.
3 A는 아이의 개성보다 칭찬하는 것이 중요하다고 생각하고, B는 개성보다 혹독한 연습이 중요하다고 생각하고 있다.
4 A는 단지 칭찬하는 것으로 아이의 개성을 성장시켜 줄 수 있다고 생각하고, B는 아이에게 개성은 필요 없다고 생각하고 있다.

64 음악 교육에 대해서 A와 B가 공통적으로 서술하고 있는 것은 어느 것인가?

1 획일적인 음악 교육으로는 아이의 예술성은 키울 수 없다.
2 아이는 음악을 배우는 데 있어서 자유로운 정신을 익혀 간다.
3 음악 지도자에게는 엄격함과 동시에 자상함이 필요하다.
4 아이에게 개성이 없다면, 지도자에게 엄격함이 없기 때문이다.

문제12 다음 글을 읽고, 다음 질문에 대한 답으로 가장 적당한 것을 1·2·3·4에서 하나 고르세요. p.134

식물과 동물의 영양 섭취 방법 차이에 대해서는 어느 생물 교과서에나 자세하게 서술하고 있기 때문에 여기에서 그것을 반복하는 일은 하지 않겠다. 다만 여기에서는 그중에서 가장 중요한 한 가지, 이를테면 "식물이 가진 선천적인 합성 능력이 동물에게는 전혀 없다"라는 한마디만을 지적하는 것에 그치겠다. 그 이유는 바로 이 한마디로부터 양쪽의 사는 방법이 나뉘기 때문이다.

창문 밖으로 눈을 돌려 보자. 그곳에는 풍부하게 내리쬐는 태양(빛) 아래에서 지상 어디에나 있는 재료(물, 이산화탄소, 무기물)를 기반으로 자기 혼자서 생명의 근원을 만들어 나가는 식물들의 모습이 있다. 즉, 그들은 자연의 모든 것(땅·물·불·바람)을 최대한으로 이용하는 것인데, 이때 그들은 넓은 하늘과 대지를 향해 똑바로 그 몸을 뻗는다고 하는 매우 유효하고도 무리가 없는 자세를 취한다. 그리고 사계의 변화를 있는 그대로 따라서 생장과 번식 행위를 이어가는 것이다. 즉, 식물들의 살아가는 방법에는 아무런 무리가 없다.

이에 비해, 선천적으로 이 합성 능력이 결여된 동물들은 필연적으로 식물이 만들어 낸 "평화의 결실"에 의지하지 않을 수 없게 된다. 즉 가만히 앉아서 혼자서만으로 몸을 부양할 수 없게 되어, 결국 대자연 속에서 그저 자신의 기호에 맞는 "먹이"만을 찾아, 그것을 향해 움직인다는 새로운 일을 시작하는 것이다.

게다가 이때 그들은 헤엄치고(어류), 기어 다니며(파충류), 날고(조류), 걷는(포유류)다고 하는, 모두 지구의 중력을 거스르는 하나의 모험을 무릅쓴 것이며, 어떤 것은 겨울의 황야에 나무 열매를 찾아 헤매고(초식 동물), 어떤 것은 이 동물에 덤벼들고(육식 동물), 끝내는 동료를 덮친다(인류)라는 여러 가지 방법을 (주1)고안해 내는 것이다.

즉 이렇게 해서 좋든 싫든 관계없이 '감각 - 운동'이라는 특수한 영양 섭취 방법에 의지하지 않을 수 없게 된 동물들의 생존 방법에 자연의 많은 것을 무시한 하나의 무리가 생겨나게 되어도 그것은 어쩔 수 없는 것일 것이다.

'움직이는' 것은 그러니까 합성 능력이 결여된 동물들에게 부과된 하나의 "숙명"으로 여겨지는데, 이렇게 대자연 속에서 느긋하게 자리 잡고 풍요로운 일생을 보내는 식물의 생활은 결국 자연을 거스르며 단지 "먹이"라는 하나만을 목표로 끊임없이 움직이는 동물의 생활과 크게 달라져 가게 되어가는 것이다.

식물이란 '심어진 것', 동물이란 '움직이는 것'이라는 글자 그대로의 표현이 양쪽의 차이 중 일부분을 (주2)우연히도 이야기하고 있다고 할 수 있는 것은 아닐까…….

(미키 시게오 『생명형태학 서설』 우부스나쇼인)

(주1) 고안해 내다: 새로운 방법이나 물건을 만들어 내다
(주2) 우연히도: 뜻밖에도

65 식물의 설명으로서 본문 내용과 맞는 것은 어느 것인가?

1 진화의 과정에서 동물로부터 분리되어, 동물과는 전혀 다른 합성 능력을 가지고 있다.
2 자연을 이용해서 스스로 생명의 근원을 합성하는 능력을 가지고 있다.
3 주위 자연환경에 맞춰서 자라나기 때문에 동물에 비해서 생명력이 약하다.
4 기본적으로 영양 섭취 방법은 동물과 같으며, 자연으로부터 영양을 섭취하고 있다.

66 동물의 설명으로서 본문 내용과 맞는 것은 어느 것인가?

1 스스로의 몸속에 식물의 합성 능력을 받아들이고 있기 때문에 움직이는 것이 가능하게 되었다.
2 운동 능력을 얻었기 때문에 자유롭게 활동할 수 있고, 무리 없는 생활을 보낼 수 있게 되었다.
3 합성 능력이 전혀 없기 때문에 먹이를 찾아 돌아다니지 않으면 안 되게 되었다.
4 운동 능력을 이용해서 여러 가지 영양 섭취 방법을 고안할 수 있었다.

67 그것은 무엇을 가리키는가?

1 동물이 여러 가지 영양 섭취 방법을 취하는 것
2 동물이 주위 자연환경에 적합하고자 노력하는 것
3 동물에게는 합성 능력이 결여되어 있는 것
4 동물의 생존 방법에 무리가 생겨나는 것

68 필자가 말하고 있는 동물의 숙명이란 무엇인가?

1 끝내는 같은 동료와 전쟁을 하기에 이르는 것
2 먹이를 목표로 끊임없이 움직이게 되는 것
3 대자연 속에서 느긋하게 자리 잡고 생활하는 것
4 살기 위해서 감각과 운동 능력을 획득한 것

문제13 오른쪽 페이지는 어떤 재단 법인이 환경 문제에 관한 연구를 모집한 것이다. 아래 질문에 대한 답으로 가장 적당한 것을 1·2·3·4에서 하나 고르세요. p.138

69 다음 네 명 중 젊은 층 연구 부문에 응모할 수 있는 것은 누구인가?

	대표자/소속	연령	국적	과제	현주소
1	켄 다나카 (비영리 활동 법인 환경 과학 연구소 이사)	40	미국	'인구 감소에 적응한 도시 계획의 제안 - 에코 로컬시티 모델'	교토
2	히노 미치오 (야마다대학 생명 과학과 특별 연구원)	32	일본	'재해 후의 어업 재건을 위한 생물 경제 분석과 지역 부흥 프로그램의 개발'	후쿠시마
3	나카야마 타로 (바이오 주식회사 임원)	28	중국	'식물이 '한약'을 생산하는 구조 연구'	히로시마
4	사사키 쿄코 (리욘대학 농학 연구과 석사 과정)	30	일본	'삼림 자원의 순환 시스템 구축 - 저탄소 사회를 목표로'	프랑스

70 인도네시아인인 타노무 씨는 도쿄에 살고 있는 32세 회사원으로, 도쿄의 대학에서 강사를 하고 있는 30세 친구와 '바이오 연료를 중심으로 한 자연 에너지'의 연구를 계속하고 있다. 친구는 이미 같은 주제로 책을 출판했다. 두 사람이 이 연구 조성에 응모하기 위해서는 어떻게 하면 좋은가?

1 두 사람에게는 자격이 없기 때문에, 새롭게 대표 연구자 자격을 충족한 공동 연구자를 찾는다.
2 '부흥을 위한 자연 에너지의 이용'으로 주제를 좁히고, 신청서에 친구의 저서를 첨부하여 종합 연구 부문에 제출한다.
3 친구가 일본어로 신청서를 쓰고, 타노무 씨가 영어로 쓴 신청서를 첨부해서 제출한다.
4 친구를 대표 연구자로 하여 젊은 층 연구 부문에 신청서를 제출한다.

✽ 일본 환경 재단 환경 문제 연구 조성 모집 요강 ✽

◎ 모집 과제 : ① 종합 연구 부문
'자연 재해로부터의 부흥과 지역 재생'에 관한 연구
※주로 지역의 부흥과 재생을 테마로 한 연구를 모집합니다.
② 젊은 층 연구 부문
'인간성에 기초한 생활 환경 - 지속 가능한 순환형 사회'를 창출하기 위한 연구
※ 폭넓은 시야에 서서 발전성이 있는 것으로 기초적인 연구, 새로운 분야에 도전하는 연구를 모집합니다.
※ 종합 부문의 과제와 중복되지 않도록 주의해 주세요.

◎ 응모 자격 : 40세 이하인 분(학생, 대학원생은 대상 외로 합니다)
※ 대표 연구자의 국적 · 소속이나 자격은 묻지 않습니다. 단, 이하에 해당하는 경우는 무효로 합니다.
• 해외 거주자
• 주식회사 등의 이익 추구를 목적으로 하는 기관에 소속된 사람

◎ 주의 사항 : 이하의 연구 내용은 조성 대상이 되지 않으므로 주의해 주세요.
※ 이익 추구를 목적으로 한 연구

※ 다른 기관으로부터 위탁을 받고 있는 연구
※ 조사를 주된 목적으로 한 연구
※ 기술 개발 · 교재 개발 중심의 연구

◎ **응모 기간**: 20XX년 10월부터 1년간

◎ **응모 절차**: 모두 당 재단 법인 소정의 신청서에 기입하고 날인할 것. 작성한 신청서는 사본 2부와 함께 당 재단 사무국 앞으로 송부해 주십시오.
※ 신청서는 일본어로 기입할 것.
※ 첨부 자료도 포함하여 소정의 신청서 이외의 지면은 인정하지 않습니다. 지면의 추가나 규격 외의 지면 사용은 인정하지 않습니다.
※ 지면 이외의 첨부 자료 제출에 대해서는 1차 선발 후, 당 사무국으로부터 해당자에게 통지합니다. 신청 시에는 첨부 자료의 유무만 기재할 것.
※ 신청서의 사본은 양면 인쇄로 작성해 주십시오.

2교시 **청해**

3회 음성 듣기

3회

문제1 문제1에서는 우선 질문을 들으세요. 그리고 이야기를 듣고 문제지의 1에서 4 중에서 가장 적당한 것을 하나 고르세요.

1번 3-01

会社で男の人と女の人が話しています。女の人は、このあとまず何をしますか。

男 佐藤さん、ちょっといい？

女 はい、何でしょうか。課長。

男 この間、君が出してくれた企画書、明日の会議にかけることになったんだ。それで、コピーを10人分用意してほしいんだけどね。

女 はい、わかりました。

男 で、その前に、ちょっと直してもらいたいところがあるんだ。

女 あ、どこか間違っているところがありましたか。

男 いや、誤字脱字はなかったから大丈夫なんだけど、ここに書いてあるデータ、これね、これうちの会社が調査したものじゃないから、これだけ消しておいてほしいんだ。

회사에서 남자와 여자가 이야기하고 있습니다. 여자는 이다음 우선 무엇을 합니까?

남 사토 씨, 잠시 괜찮아?

여 예, 무슨 일이세요? 과장님.

남 요전에 자네가 제출한 기획서 내일 회의에 올리게 되었어. 그래서 복사를 10명분 준비해 줬으면 하는데.

여 네, 알겠습니다.

남 그리고 그 전에 조금 고쳐 줬으면 하는 부분이 있어.

여 아, 어딘가 잘못된 부분이 있었나요?

남 아니, 오탈자는 없어서 괜찮은데, 여기에 쓰여 있는 데이터, 이거 말이지, 이거 우리 회사가 조사한 것이 아니라서 이것만 지워 줬으면 좋겠어.

女 わかりました。では別のデータに差し替えておきます。

男 あ、いいよ。なくても大丈夫でしょ、これ。今から探すんじゃ時間かかるだろうし。

女 そうですか。では、そのように。

女の人は、このあとまず何をしますか。

1 企画書を人数分コピーする

2 企画書の文章の間違いを直す

3 企画書のデータを新しいものと変える

4 企画書のデータを一部削除する

여 알겠습니다. 그럼 다른 데이터로 교체해 놓겠습니다.

남 아, 괜찮아. 없어도 괜찮을 거야, 이거. 지금부터 찾으면 시간이 걸릴 테고.

여 그렇습니까? 그럼 그렇게 (하겠습니다).

여자는 이다음 우선 무엇을 합니까?

1 기획서를 인원수만큼 복사한다

2 기획서 글의 잘못된 부분을 고친다

3 기획서의 데이터를 새로운 것으로 바꾼다

4 기획서의 데이터를 일부 삭제한다

2번 3-02

駅で女の人と男の人が話しています。二人は、このあと何を買いますか。

女 あ、あったよ、券売機。えーっと、美術館までは260円か。片道の切符でいいの？往復切符もあるみたいだけど。

男 あ、一日乗車券もあるよ。地下鉄だけのと、地下鉄とバスが一緒のと、2種類。バスに乗れるのがいいかな。

女 え、美術館の後、どこか行くの？

男 え、買い物したいって言ってなかったっけ？買い物行くなら、どこでも行けるやつがいいんじゃない？

女 買い物は明日でいいわ。今日は美術館を見て、ホテルでゆっくりする。

男 あ、そう。じゃあ、帰りのも一緒に買っとこう。

女 ねぇ、駅から美術館まで結構歩くんでしょ？帰りはタクシーでそのままホテルに戻りましょうよ。

男 えー。ま、いいか。そうしよう。

역에서 여자와 남자가 이야기하고 있습니다. 두 사람은 이다음 무엇을 삽니까?

여 아, 있다 매표기. 음~, 미술관까지는 260엔인가. 편도표면 돼? 왕복표도 있는 것 같은데.

남 아, 일일 승차권도 있어. 지하철뿐인 것과 지하철과 버스가 함께인 것 두 종류. 버스를 탈 수 있는 것이 좋으려나.

여 어? 미술관 다음에 어딘가 갈 거야?

남 뭐? 쇼핑하고 싶다고 하지 않았어? 쇼핑 가려면 어디든 갈 수 있는 것이 좋지 않아?

여 쇼핑은 내일이면 돼. 오늘은 미술관을 보고, 호텔에서 쉴래.

남 아, 그래. 그럼, 돌아오는 것도 함께 사 두자.

여 있잖아. 역에서 미술관까지 꽤 걷지? 돌아오는 길은 택시로 그대로 호텔로 돌아오자.

남 아, 뭐, 좋아. 그렇게 하자.

二人は、このあと何を買いますか。

1 美術館への片道切符

2 美術館との往復切符

3 地下鉄の一日乗車券

4 地下鉄とバスの一日乗車券

두 사람은 이다음 무엇을 삽니까?

1 미술관으로 가는 편도표

2 미술관과의 왕복표

3 지하철의 일일 승차권

4 지하철과 버스의 일일 승차권

3번 3-03

大学で男の先生と女の学生が話しています。女の学生は、このあと何をしますか。

男 どう？準備は進んでる？

女 あ、先生。

男 悪いねぇ、みんなに準備押し付けちゃって。

女 いえ、大事な国際大会ですから、こういうのはみんなでやらないと。

男 そう？ところで、看板がまだ外に出てなかったようだけど……。

女 ああ、それが、まだ頼んだところから届いてなくて……。届き次第すぐに出します。

男 そう。資料は大丈夫？

女 はい、これからコピーして、そこの受付の机に並べる予定です。

男 ポスターは？

女 ポスターはさっき先輩が入口に貼りに行くって言ってました。

男 そう。じゃあ、大丈夫だね。

女の学生は、このあと何をしますか。

1 看板を外に出す

2 ポスターを入口にはる

3 受付に机を並べる

4 資料をコピーする

대학에서 남자 선생님과 여학생이 이야기하고 있습니다. 여학생은 이다음 무엇을 합니까?

남 어때? 준비는 잘 되고 있어?

여 아, 선생님.

남 미안해, 모두에게 준비 떠맡겨 버려서.

여 아뇨, 중요한 국제 대회니까, 이런 건 모두 함께 해야죠.

남 그래? 그런데, 간판이 아직 밖에 나와 있지 않은 것 같은데…….

여 아, 그게 아직 부탁한 곳에서 오지 않아서……. 오는 대로 바로 내놓겠습니다.

남 그래. 자료는 괜찮아?

여 네, 이제부터 복사해서 저기 접수처 책상에 진열해 놓을 예정입니다.

남 포스터는?

여 포스터는 아까 선배가 입구에 붙이러 간다고 했습니다.

남 그래. 그럼, 괜찮겠네.

여학생은 이다음 무엇을 합니까?

1 간판을 밖으로 내놓는다

2 포스터를 입구에 붙인다

3 접수처에 책상을 배열한다

4 자료를 복사한다

4번 3-04

女の学生と男の学生が話しています。男の学生は、このあと何をしますか。

女 スピーチコンテスト。いよいよ来週ですね。原稿覚えました？

男 いや、全然。今日、やっと書き終わったんで、これから先生に原稿を見てもらって、文法の間違いがないか、チェックしてもらうんです。それから、漢字に振り仮名を振って、それでようやく読む練習なんですよ。

女 そうなんですか。私はこれからネイティブの人と会って、リハーサルなんです。私、発音が苦手なので、ちょっと不安なんですよね。

男 大丈夫ですよ。僕よりよほど上手ですし。ああ、僕も早くリハーサルしないと。あ、どこでやるんですか、リハーサル。

女 図書館のカフェです。教室を予約してやる人もいるって聞いたので、私もそうしようと思ったんですけど、今日はどこもいっぱいだったんで。

男 教室使えるんですか。じゃあ、僕も教室が使えるかどうか聞いてみようかな。

女 お互い頑張りましょうね。

男 ええ。頑張りましょう。

男の学生は、このあと何をしますか。

1 原稿のチェックをしてもらう

2 スピーチのリハーサルをする

3 漢字に振り仮名をふる

4 発音のチェックをする

여학생과 남학생이 이야기하고 있습니다. 남학생은 이다음 무엇을 합니까?

여 스피치 콘테스트. 드디어 다음 주네요. 원고 외웠어요?

남 아니요, 전혀. 오늘 겨우 다 써서, 지금부터 선생님께 원고 보여 드리고 문법 오류가 없는지 체크받을 거예요. 그다음에 한자에 후리가나를 달고, 그리고 드디어 읽는 연습이에요.

여 그래요? 전 이제부터 원어민과 만나서 리허설이에요. 저는 발음이 서툴러서 좀 불안해요.

남 괜찮아요. 저보다 훨씬 잘하는걸요. 아~, 나도 빨리 리허설하지 않으면 안 되는데. 아, 어디서 해요? 리허설.

여 도서관 카페요. 교실을 예약해서 하는 사람도 있다고 들어서 저도 그렇게 하려고 했는데 오늘은 어디나 꽉 차서요.

남 교실을 사용할 수 있어요? 그럼, 저도 교실을 사용할 수 있는지 어떤지 물어 볼까.

여 서로 분발해요.

남 네. 힘냅시다.

남학생은 이다음 무엇을 합니까?

1 원고 체크를 받는다

2 스피치 리허설을 한다

3 한자에 후리가나를 단다

4 발음 체크를 한다

5번 3-05

女の先生と男の学生が話しています。男の学生は、今日このあと何をしなければなりませんか。

여자 선생님과 남학생이 이야기하고 있습니다. 남학생은 오늘 이다음 무엇을 해야 합니까?

女 あ、山田さん。ちょっと頼みたいことがあるんですけど、いいですか？

男 はい。何でしょうか。

女 来週の市立美術館の見学なんですけど、私の代わりに美術館にお金を持って行ってくれませんか。団体予約なので、入館料を事前に払わないといけないんですけど、ちょっと私、行けそうになくて。予約は、もう電話して、済んでるんですけど。

男 ええ。いいですよ。今日明日はちょっと無理ですけど、明後日でもよければ。

女 よかった。じゃあ、これ、お願いします。あと、他のみんなに時間と入館料のこと、知らせておいてもらえますか？

男 集合時間はもうみんな知ってるので大丈夫です。お金のことは知らないと思うので、帰ったらみんなにメールします。

女 お願いしますね。

여 아, 야마다 씨. 좀 부탁하고 싶은 것이 있는데 괜찮아요?

남 네, 뭔가요?

여 다음 주 시립 미술관 견학말인데요, 저 대신 미술관에 돈을 가지고 가 줄 수 없을까요? 단체 예약이기 때문에 입장료(입관료)를 사전에 지불하지 않으면 안 되는데, 제가 좀 갈 수 없을 것 같아서요. 예약은 이미 전화로 끝냈거든요.

남 네, 괜찮아요. 오늘 내일은 좀 무리이지만, 모레라도 괜찮다면요.

여 다행이다. 그럼 이거, 부탁해요. 그리고 다른 사람 모두에게 시간과 입장료에 대해서 알려 줄 수 있나요?

남 집합 시간은 이미 모두 알고 있기 때문에 괜찮습니다. 돈에 관해서는 모를 거라고 생각하니까 돌아가면 모두에게 메일 하겠습니다.

여 부탁할게요.

男の学生は、今日このあと何をしなければなりませんか。

1 美術館に予約の電話をする
2 他の学生に集合時間を知らせる
3 美術館に入館料を払いに行く
4 他の学生に入館料を知らせる

남학생은 오늘 이다음 무엇을 해야 합니까?

1 미술관에 예약 전화를 한다
2 다른 학생에게 집합 시간을 알린다
3 미술관에 입장료를 지불하러 간다
4 다른 학생에게 입장료를 알린다

6번 3-06

お店で女の店員と男の店長が話しています。女の店員はこのあとどうしますか。

女 店長、新しい商品のカタログ、届きましたよ。

男 ああ、ありがとう。どれどれ……。あ、この青いマグカップいいじゃない。これ、20個注文しておいてよ。

가게에서 여자 점원과 남자 점장이 이야기하고 있습니다. 여자 점원은 이다음에 어떻게 합니까?

여 점장님, 새로운 상품의 카탈로그 도착했어요.

남 아, 고마워. 어디 보자……. 아, 이 파란 머그컵 좋네. 이거 20개 주문해 놔 줘.

女 はい。あ、でもこれ、色違いで赤いのもあるみたいですよ。クリスマス用ならこっちのほうがいいんじゃないですか？

男 うーん、そうだねぇ。じゃあ、両方注文しようか。

女 わかりました。両方20個でいいですか。

男 いや、そんなには要らないから、合わせて20個でいいかな。

女 はい。じゃあ、半分ずつで注文しときます。

女の店員は、このあとどうしますか。

1 赤いマグカップを20個注文する

2 青いマグカップを20個注文する

3 赤と青のマグカップを20個ずつ注文する

4 赤と青のマグカップを10個ずつ注文する

여 네. 아 하지만 이거 다른 색으로 빨강도 있는 것 같아요. 크리스마스용이라면 이쪽이 좋지 않을까요?

남 음, 그렇네. 그럼 양쪽 다 주문할까?

여 알겠습니다. 양쪽 다 20개면 될까요?

남 아니, 그렇게는 필요 없으니까 합쳐서 20개면 되려나.

여 네. 그럼 반씩으로 주문해 두겠습니다.

여자 점원은 이다음 어떻게 합니까?

1 빨간 머그컵을 20개 주문한다

2 파란 머그컵을 20개 주문한다

3 빨강과 파랑 머그컵을 20개씩 주문한다

4 빨강과 파랑 머그컵을 10개씩 주문한다

문제2 문제2에서는 우선 질문을 들으세요. 그 후 문제지의 선택지를 읽으세요. 읽을 시간이 있습니다. 그리고 이야기를 듣고 문제지의 1에서 4 중에서 가장 적당한 것을 하나 고르세요.

1번 3-07

女の人と男の人が仕事について話しています。男の人は、何が一番大変だと言っていますか。

女 どう？仕事は。コピーライターだっけ？

男 そう。まあ、楽しいけど、結構大変だよ。給料は悪くないけどね。

女 ああ、締め切りとかあるんでしょ？

男 うん。いくつも重なると、寝る間もなくて。2、3日徹夜とか、当たり前だし。昼と夜が逆になったみたいなときもあるし。まあ、でもそのぶん、スケジュールは自由だから、友達と会うときはありがたいけど。

女 ずっと家でやってるの？

男 書いてる時はね。でも取材に行くこともあるから、そうすると全国各地だよ。でも、俺旅行とか好きだし、そういうのは苦にならないかな。

여자와 남자가 일에 관해서 이야기하고 있습니다. 남자는 무엇이 가장 힘들다고 말하고 있습니까?

여 어때? 일은. 카피라이터였지?

남 맞아. 뭐, 즐겁지만, 꽤 힘들어. 급여는 나쁘지 않지만.

여 아~, 마감 같은 게 있지?

남 응. 몇 개나 겹치면, 잘 틈도 없어서. 2, 3일 철야 같은 건 당연하고. 낮과 밤이 바뀐 것 같은 때도 있고. 뭐, 그래도 그만큼 스케줄은 자유로우니까 친구와 만날 때는 고맙기도 하지만.

여 쭉 집에서 하는 거야?

남 (글을) 쓸 때는 그렇지. 하지만, 취재하러 가는 경우도 있으니까, 그렇게 되면 전국 각지야. 그래도, 난 여행 같은 거 좋아해서 그런 건 고생이 안 된다 랄까.

女 ふーん。

男の人は、何が一番大変だと言っていますか。

1 いろいろな所へ取材に行くこと
2 生活が不規則になること
3 友達と予定が合わないこと
4 給料が安いこと

여 흠~.

남자는 무엇이 가장 힘들다고 말하고 있습니까?

1 여러 곳으로 취재하러 가는 것
2 생활이 불규칙해지는 것
3 친구와 예정(일정)이 맞지 않는 것
4 급여가 낮은 것

2번 3-08

男の人と女の人が話しています。女の人は、何が一番大変だと言っていますか。

男 先輩って、去年お子さん生まれたんでしたよね。何人目ですか？

女 うちは去年ので３人目。もう１歳半よ。

男 3人もいると大変でしょう。お金もかかりますよね。あと、なかなか遠出ができないって聞きますけど。

女 そうね。まあ、うちは幸い旦那も私も働いてるから、お金は大丈夫だけど、旅行ができないっていうのは確かにあるわね。

男 そうですよね。

女 でもやっぱり3人いると、いろんなことが３人分あるわけじゃない？それが一番大変ね。お宮参りとか、幼稚園に入れるとか、学校の入学式、卒業式、それから結婚も。

男 あー、この先ずっとですもんね。そういえば、夜泣きとかはどうなんですか？

女 うーん。一番上の子は毎晩泣いて大変だったけど、一番下の子は静かなもんよ。

男 そうなんですか。じゃあ、いいですね。

남자와 여자가 이야기하고 있습니다. 여자는 무엇이 가장 힘들다고 말하고 있습니까?

남 선배는 작년에 자녀분이 태어났었죠? 몇 명째인가요?

여 우리 집은 작년으로 세 명째. 벌써 한 살 반이야.

남 세 명이나 있으면 힘들겠어요. 돈도 들고요. 그리고 좀처럼 멀리 나갈 수 없다고 들었는데요.

여 그렇지. 뭐, 우리 집은 다행히 남편도 나도 일하고 있기 때문에 돈은 괜찮은데, 여행을 할 수 없다는 건 확실히 있지.

남 그렇군요.

여 하지만, 역시 세 명 있으면 여러 일이 세 명 분량 있기 마련이잖아? 그게 가장 힘들지. 참배라든가, 유치원에 입학시키는 거라든가, 학교 입학식, 졸업식, 그리고 결혼도.

남 아~, 이제 앞으로 쭉이니까요. 그러고 보니, 밤에 우는 건 어떻습니까?

여 음. 제일 큰 아이는 매일 밤 울어서 힘들었는데 막내 아이는 조용하더라고.

남 그렇습니까? 그럼, 다행이네요.

女の人は、何が一番大変だと言っていますか。

1 お金がかかること

2 旅行に行けないこと

3 行事が多いこと

4 夜に子供が泣くこと

여자는 무엇이 가장 힘들다고 말하고 있습니까?

1 돈이 드는 것

2 여행을 갈 수 없는 것

3 행사가 많은 것

4 밤에 아이가 우는 것

3번 3-09

男の人が会議で話しています。会社で植物を育てることの利点は何だと言っていますか。

男 今日は、わが社でも「緑のカーテン」を取り入れることについて、ご提案したいと思います。「緑のカーテン」とは、建物の壁で、野菜や花を育てることです。壁一面に植物を育てるので、壁が緑で覆われ、見た目もきれいです。今回用いるのは花ですので、野菜はできませんが、この花は非常に成長が早いので、すぐに緑のカーテンができあがるでしょう。生育過程で害虫が発生することもありますが、この緑のカーテンにより、建物内の温度が下がるため、夏場のエアコン代を削減することができます。

会社で植物を育てることの利点は何だと言っていますか。

1 野菜が収穫できること

2 害虫を減らすことができること

3 電気代を節約できること

4 建物の壁が掃除できること

남자가 회의에서 이야기하고 있습니다. 회사에서 식물을 키우는 것의 이점은 뭐라고 말하고 있습니까?

남 오늘은 우리 회사에서도 '초목의 커튼'을 도입하는 것에 대해서 제안드리고 싶습니다. '초목의 커튼'이란 건물 벽에서 채소나 꽃을 키우는 것입니다. 벽 한 면에 식물을 키우기 때문에, 벽이 초록색으로 뒤덮여 보기에도 예쁩니다. 이번에 사용할 것은 꽃이라서 채소는 달리지 않습니다만, 이 꽃은 굉장히 성장이 빠르기 때문에 바로 초목의 커튼이 만들어질 겁니다. 생육 과정에서 해충이 발생하는 경우도 있습니다만, 이 초목의 커튼으로 인해 건물 내의 온도가 내려가기 때문에 여름철 에어컨 비용을 삭감할 수 있습니다.

회사에서 식물을 키우는 것의 이점은 뭐라고 말하고 있습니까?

1 채소를 수확할 수 있는 것

2 해충을 줄일 수 있는 것

3 전기료를 절약할 수 있는 것

4 건물 벽을 청소할 수 있는 것

4번 3-10

女の学生と男の先生が話しています。女の学生が書いた論文は、どうして採用されませんでしたか。

여학생과 남자 선생님이 이야기하고 있습니다. 여학생이 쓴 논문은 어째서 채택되지 않았습니까?

女 先生。この間私が書いた論文、どうでしたか。

男 うーん、残念だけど、今回の雑誌には採用しないってことになったんだ。

女 そうですか……。やっぱり量が多すぎたんでしょうか。

男 いや、分量はあとでどうにでもなるんだけどね。

女 じゃあ、目的と結果にずれがあったとか……。

男 その辺の記述は悪くなかったって、他の先生方も言ってたよ。研究の背景もちゃんと調べられてたし。ただ、この雑誌で取り上げる分野を考えると、きみの論文のテーマはちょっとふさわしくないんじゃないかっていう意見があって……。僕はそうは思わないんだけどね。

女 そうなんですか。

여 선생님. 요전에 제가 쓴 논문 어땠습니까?

남 음, 유감스럽지만, 이번 잡지에는 채택하지 않게 되었어.

여 그렇군요……. 역시 분량이 너무 많았던 걸까요?

남 아니, 분량은 나중에 어떻게든 되는 건데.

여 그럼, 목적과 결과에 차이가 있었다던가…….

남 그 부분의 기술은 나쁘지 않았다고 다른 선생님들도 말했어. 연구 배경도 제대로 조사되었고. 다만, 이 잡지에서 채택하는 분야를 생각하면, 자네의 논문 주제는 약간 어울리지 않는 건 아닌가 하는 의견이 있어서……. 나는 그렇게 생각하지 않지만 말야.

여 그런가요.

女の学生が書いた論文は、どうして採用されませんでしたか。

1 論文のテーマが雑誌の分野と合わないから
2 研究の目的と結果が合っていないから
3 書いた分量が多かったから
4 研究の背景についての記述が少ないから

여학생이 쓴 논문은 어째서 채택되지 않았습니까?

1 논문 주제가 잡지의 분야와 맞지 않기 때문에
2 연구의 목적과 결과가 맞지 않기 때문에
3 작성한 분량이 많았기 때문에
4 연구 배경에 대한 기술이 적기 때문에

5번 3-11

会議で男の人が話しています。男の人は新商品で何が変わったと言っていますか。

男 こちらがワイヤレスイヤホン「キャララ」シリーズの新商品EX999です。このシリーズは若い女性をターゲットに、かわいさあふれるキャラクターでイヤホンをデザインしてきましたが、今回は年齢層を少しアップして大人の雰囲気を身につける、洗練されたデザインにイメージアップをしました。もちろん充電時間はわずか15分、使用時間は12時間というスペックはそのままです。サイズも

회의에서 남자가 이야기하고 있습니다. 남자는 신상품에서 무엇이 바뀌었다고 말하고 있습니까?

남 이쪽이 와이어리스 이어폰 '캬라라' 시리즈의 신상품 EX999입니다. 이 시리즈는 젊은 여성을 타깃으로 귀여움이 넘치는 캐릭터로 이어폰을 디자인해 왔습니다만, 이번에는 연령층을 조금 올려서 어른의 분위기를 연출하는, 세련된 디자인으로 이미지업을 했습니다. 물론 충전 시간은 불과 15분, 사용 시간은 12시간이라는 사양은 그대로입니다. 사이즈도 다섯 종류로 풍부한 '캬라라'의

5種類と豊富な「キャララ」の特徴は今回も幅広い年齢の消費者にアピールするでしょう。

男の人は新商品で何が変わったと言っていますか。

1 キャラクターのデザインが今までよりかわいくなった
2 大人の雰囲気を持つ洗練されたデザインに変わった
3 充電時間が同じで使用できる時間が長くなった
4 サイズが5種類になって様々な消費者が買えるようになった

특징은 이번에도 폭넓은 연령의 소비자에게 어필할 수 있을 것입니다.

남자는 신상품에서 무엇이 바뀌었다고 말하고 있습니까?

1 캐릭터 디자인이 지금까지보다 귀여워졌다
2 어른의 분위기를 지닌 세련된 디자인으로 바뀌었다
3 충전 시간이 같고 사용할 수 있는 시간이 길어졌다
4 사이즈가 다섯 종류가 되어서 다양한 소비자가 살 수 있게 되었다

6번 3-12

男の学生と女の学生が話しています。女の学生は、どうしてスペイン語を勉強していますか。

男 よっ。おぉ、勉強中？スペイン語じゃん。
女 そうよ。
男 何、留学でもしたいの？
女 ううん。そういうわけじゃないけどね。
男 あ、そういえばスペインに従兄弟がいるって言ってたっけ？遊びに行きたいとか？
女 うーん、スペインっていうより、南アメリカに行ってみたくて。
男 へぇ。
女 最近、南アメリカから日本に来てる留学生と友達になって、話を聞いてるうちに、ツアーでもいいからちょっと行ってみたいなぁって思って。それで、スペインの従兄弟に教えてもらってるの。
男 なんだぁ。スペイン留学なら、僕も考えてたから、一緒に行けるかと思ったのに。
女 留学もいいけどね……。それはまたいずれ。

남학생과 여학생이 이야기하고 있습니다. 여학생은 어째서 스페인어를 공부하고 있습니까?

남 안녕. 오~, 공부 중? 스페인어잖아.
여 응.
남 뭐야, 유학이라도 가고 싶은 거야?
여 아니. 그런 건 아니지만.
남 아, 그러고 보니, 스페인에 사촌이 있다고 했었나? 놀러 가고 싶다든가?
여 아니, 스페인이라기보다 남아메리카에 가 보고 싶어서.
남 흠.
여 최근, 남아메리카에서 일본에 와 있는 유학생과 친구가 돼서, 이야기를 듣고 있는 사이에 패키지 여행이라도 좋으니까 좀 가 보고 싶다는 생각이 들어서. 그래서 스페인에 있는 사촌에게 배우고 있어.
남 뭐야. 스페인 유학이라면, 나도 생각하고 있던 참이라 함께 갈 수 있을 거라고 생각했는데.
여 유학도 좋지만 말야……. 그건 언젠가 다시.

女の学生は、どうしてスペイン語を勉強していますか。

1 スペインに留学したいから

2 スペインに親戚がいるから

3 南米に旅行に行きたいから

4 南米に日本人の友達がいるから

여학생은 어째서 스페인어를 공부하고 있습니까?

1 스페인으로 유학 가고 싶기 때문에

2 스페인에 친척이 있기 때문에

3 남미로 여행 가고 싶기 때문에

4 남미에 일본인 친구가 있기 때문에

7번 3-13

男の人と女の人がパーティーの料理について話しています。二人はどうすることにしましたか。

男 来週のパーティー、料理が足りないかもしれないって本当？

女 はい、予想以上にいろんなところにお金がかかってしまって、もう料理にあまりお金が使えないんです。

男 そうか……。どうしよう。

女 考えたんですけど、私たちスタッフで料理を作って持ち寄るというのはどうでしょう？

男 いや、そういうわけにはいかないよ。100人も来るパーティーだし、それに使ったお金の報告もしなきゃいけないし。

女 じゃあ、値段の高いものを何かキャンセルして、かわりに少し安いものを多く用意するとか。

男 そうだな……。でもお酒のほうは手をつけられないから、料理は料理のほうでやりくりするしかないな。

女 そうですね。

男 これが学生のパーティーだったらなぁ……。お菓子とかジュースでごまかすんだけど。

남자와 여자가 파티 요리에 대해서 이야기하고 있습니다. 두 사람은 어떻게 하기로 했습니까?

남 다음 주 파티, 요리가 부족할지도 모른다는 거 사실이야?

여 네, 예상 이상으로 여러 부분에 돈이 들어 버려서, 이제 요리에 그다지 돈을 쓸 수 없어요.

남 그런가……. 어쩌지.

여 생각해 봤습니다만, 우리들 스태프가 요리를 만들어서 가져오는 건 어떨까요?

남 아니, 그럴 순 없어. 100명이나 오는 파티고, 게다가 사용한 돈의 보고도 해야 하고.

여 그럼, 가격이 비싼 것을 뭔가 취소하고 대신에 조금 저렴한 것을 많이 준비한다든가.

남 글쎄……. 하지만 술 쪽은 손댈 수 없으니까 요리는 요리대로 조정(융통)할 수 밖에 없겠네.

여 그렇네요.

남 이게 학생 파티였다면……. 과자나 주스로 얼버무릴 텐데.

二人はどうすることにしましたか。

1 料理をキャンセルして自分たちで作る

2 値段の高い料理をやめて安い料理にする

3 値段の高いお酒をやめて安いお酒にする

4 お酒をキャンセルしてジュースにする

두 사람은 어떻게 하기로 했습니까?

1 요리를 취소하고 자신들이 만든다

2 가격이 비싼 요리를 그만두고 저렴한 요리로 한다

3 가격이 비싼 술을 그만두고 저렴한 술로 한다

4 술을 취소하고 주스로 한다

문제3 문제3에서는 문제지에 아무것도 인쇄되어 있지 않습니다. 이 문제는 전체적으로 어떤 내용인지를 묻는 문제입니다. 이야기 전에 질문은 없습니다. 우선 이야기를 들으세요. 그리고, 질문과 선택지를 듣고 1에서 4 중에서 가장 적당한 것을 하나 고르세요.

1번 3-14

留守番電話のメッセージを聞いています。

男 パソコン修理の「PCサービス」でございます。先日ご依頼いただいたノートパソコンの修理ですが、お送りいただいたパソコンが届きまして、えー、修理代金は先日お知らせしたとおり31,500円なんですけれども、えー、お支払いの方法が、銀行振込みでのお支払いか、またはお届けの時に代金引換でお支払いいただくかのどちらかからお選びいただけます。また、今日の５時前にお電話いたしますので、その時にご希望をお聞かせいただければと思います。もしご都合が悪い場合には、この番号にお電話いただければ幸いです。では失礼いたします。

何についてのメッセージですか。

1 パソコンの修理代金

2 修理代金の支払い方法

3 お店の営業時間

4 パソコンの配達方法

부재중 전화 메시지를 듣고 있습니다.

남 컴퓨터 수리 'PC 서비스'입니다. 요전에 의뢰하신 노트북 수리입니다만, 보내 주신 컴퓨터가 도착해서, 음, 수리 대금은 요전에 알려드린 대로 31,500엔입니다만, 그, 지불 방법이 은행 입금으로 지불하시거나 또는 보내드릴 때 대금 상환으로 지불해 주시거나 어느 한 쪽을 선택하실 수 있습니다. 오늘 5시 전에 다시 전화드릴 테니, 그 때 희망사항을 말씀해 주시기 바랍니다. 혹시, 상황이 안 되실 경우에는, 이 번호로 전화 주시면 감사하겠습니다. 그럼, 실례하겠습니다.

무엇에 대한 메시지입니까?

1 컴퓨터의 수리 대금

2 수리 대금의 지불 방법

3 가게의 영업시간

4 컴퓨터의 배달 방법

2번 🔊 3-15

大学の授業で先生が話しています。

男 最近、個人や企業などを傷つける目的で、事実と異なる内容のニュースを流す、いわゆる「フェイクニュース」の問題が深刻になっています。スマートフォンの普及やSNSの広まりとともに毎日流される悪質なにせ情報は膨大な量になっていると言われます。この授業では私たちの生活の中で頻繁に見かけるこうした「フェイクニュース」をどうやって見分けるか、皆さんといっしょに考えていきたいと思います。たとえばこれまで言われている対策としては、発信元を探る方法がありますね。また他のメディアでも報道しているか、その内容が発信者の意見や推測なのか、事実の伝達なのかなどをチェックすることも重要です。基本的な見分け方に触れながらほかにどんな対策があるか皆さんのアイデアに期待しています。

この授業のテーマは何ですか。

1 フェイクニュースの原因

2 フェイクニュースの被害例

3 フェイクニュースの作り方

4 フェイクニュースの見分け方

대학 수업에서 선생님이 이야기하고 있습니다.

남 최근 개인이나 기업 등을 흠집 낼 목적으로 사실과 다른 내용의 뉴스를 흘리는, 이른바 '페이크 뉴스' 문제가 심각해졌습니다. 스마트폰의 보급이나 SNS의 확산과 함께 매일 흘러나오는 악질적인 가짜 정보는 방대한 양이 되었다고 합니다. 이 수업에서는 우리의 생활 속에서 빈번하게 볼 수 있는 이러한 '페이크 뉴스'를 어떻게 구분하는지, 여러분과 함께 생각해 가고 싶습니다. 예를 들어 지금까지 알려진 대책으로는, 발신원을 찾는 방법이 있습니다. 또 다른 미디어에서도 보도하고 있는지, 그 내용이 발신자의 의견이나 추측인지, 사실의 전달인지 등을 체크하는 것도 중요합니다. 기본적인 구분 방법을 언급하며 그 밖에 어떤 대책이 있는지 여러분의 아이디어를 기대하고 있습니다.

이 수업의 주제는 무엇입니까?

1 페이크 뉴스의 원인

2 페이크 뉴스의 피해 사례

3 페이크 뉴스를 만드는 법

4 페이크 뉴스의 구분 방법

3번 🔊 3-16

テレビで専門家が話しています。

女 最近、若い人の言葉づかいが、乱れているとか間違っていると言われています。しかし、こういった若い人の言葉づかいについての議論は、実は、今に始まったことではありません。これまでの長い歴史の中で考えますと、言葉は常に変化してきたと言えます。大昔には当たり前のように使われていた言葉が、今では古い言葉として研究の対象となっているように、今私たちが話している言葉

TV에서 전문가가 이야기하고 있습니다.

여 최근 젊은이의 말투가 흐트러지고 있다거나 잘못되어 있다고 합니다. 그러나 이러한 젊은이의 말투에 관한 의논(논의)은 실은 이제 시작된 것은 아닙니다. 이제까지의 오랜 역사 속에서 생각해 보면, 말은 항상 변화해 왔다고 할 수 있습니다. 아주 먼 옛날에는 당연한 듯이 사용되던 말이 지금은 예스러운 말로써 연구의 대상이 되어 있는 것처럼, 지금 우리들이 하고 있는 말도, 그것이

も、それが若い人の言葉づかいであってもなくても、いずれはそれが古い言葉になっていくのだろうと思います。

専門家は、何について話していますか。

1 若者の言葉づかい
2 言葉の変化
3 歴史の中の若者
4 古い言葉と新しい言葉

젊은이의 말투든 아니든 언젠가는 그것이 예스러운 말이 되어 갈 것이라고 생각합니다.

전문가는 무엇에 대해서 이야기하고 있습니까?

1 젊은이의 말투
2 말의 변화
3 역사 속의 젊은이
4 예스러운 말과 새로운 말

4번 3-17

テレビでアナウンサーが話しています。

男 テレビを「ほとんど見ない」と答えた中学生の割合が10年前に比べて4.3倍、高校生の割合が3.2倍に増えたことがNHKの調査で明らかになりました。一方インターネットの利用は2時間以上という回答が中学生で73.3%, 高校生で83.7%にのぼって、テレビからインターネットに関心が移ったことがよく表れています。インターネットの利用内容としてはSNS、動画、音楽などが90%近くを占めていて、これらがスマートフォンによって利用されているのはSNSの内容がYouTube, LINE, TikTok, Instagramの順であることからも推測できるでしょう。子供のテレビ離れを歓迎する親も、今はスマホを手から離さない子供の姿を見てため息をついているかもしれません。

何についてのニュースですか。

1 テレビの果たす役割について
2 中高生の時間の使い方について
3 中高生の関心の変化について
4 スマートフォンの利用方法について

TV에서 아나운서가 이야기하고 있습니다.

남 TV를 '거의 보지 않는다'고 답한 중학생의 비율이 10년 전에 비해 4.3배, 고등학생의 비율이 3.2배 늘어난 것이 NHK 조사로 밝혀졌습니다. 한편 인터넷 이용은 2시간 이상이라는 답변이 중학생에서 73.3%, 고등학생에서 83.7%로 올라서, TV에서 인터넷으로 관심이 바뀐 것이 잘 나타나 있습니다. 인터넷 이용 내용으로는 SNS, 동영상, 음악 등이 90% 가까이를 차지하고 있고, 이것들이 스마트폰으로 이용되고 있는 것은 SNS의 내용이 YouTube, LINE, TikTok, Instagram 순인 것에서도 추측할 수 있을 것입니다. 아이들의 TV 이탈을 환영하는 부모도 지금은 스마트폰을 손에서 놓지 않는 아이의 모습을 보고 한숨을 쉬고 있을지도 모릅니다.

무엇에 대한 뉴스입니까?

1 TV가 하는 역할에 대해서
2 중고생의 시간 사용법에 대해서
3 중고생의 관심 변화에 대해서
4 스마트폰 이용 방법에 대해서

5번 🔈 3-18

就職のためのセミナーで、男の人が話しています。

男 えー、これから就職活動を始める皆さんは、就職と言えば、まず有名な会社に応募しようと思うかもしれませんが、大きな会社や有名な会社ばかりが、いい会社ではありません。有名な会社に入っても、自分がやりたいことをさせてもらえずに結局辞めてしまう人も少なくありません。大事なのは、その会社が、入ってから何年、何十年と、勤め続けられる会社かどうかを見極めることです。ずっと続けていける会社に入ることは精神的な安定にもつながります。就職活動中は何かと大変なことも多いと思いますが、諦めずに粘り強く頑張ってもらいたいと思います。以上です。

男の人が伝えたいことは何ですか。

1 長く勤められる会社に入ってほしい
2 失敗しても諦めないでほしい
3 自分がやりたいことを探してほしい
4 一流の会社に入ってほしい

취직을 위한 세미나에서 남자가 이야기하고 있습니다.

남 에, 앞으로 취업 활동을 시작하는 여러분은 취업이라고 하면 우선 유명한 회사에 응모하려고 할지 모르겠습니다만, 큰 회사나 유명한 회사만이 좋은 회사는 아닙니다. 유명한 회사에 들어가도 자신이 하고 싶은 일을 담당하지 못하고, 결국 그만둬 버리는 사람도 적지 않습니다. 중요한 것은 그 회사가 들어가고 나서 몇 년, 몇십 년이고 계속 근무할 수 있는 회사인지 어떤지를 판별하는 것입니다. 쭉 계속해 갈 수 있는 회사에 들어가는 것은 정신적인 안정으로도 이어집니다. 취업 활동 중에는 이런저런 힘든 일도 많을 거라고 생각합니다만, 포기하지 말고 끈기 있게 분발하기를 바랍니다. 이상입니다.

남자가 전하고 싶은 것은 무엇입니까?

1 오래 근무할 수 있는 회사에 들어가기를 바란다
2 실패해도 포기하지 않기를 바란다
3 자신이 하고 싶은 일을 찾기를 바란다
4 일류 회사에 들어가기를 바란다

6번 🔈 3-19

テレビで女のアナウンサーと専門家が話しています。

女 いよいよ国会で予算案が審議されるわけですが、今回の注目ポイントはどこでしょうか。

男 やはり年金に関する予算でしょうね。これからますます高齢社会が深刻化して、年金のための予算を確保することが難しくなってきます。保険料と支給額を今のままというわけにはいかないでしょうから、保険料を上げたり、支給額を下げたりする必要があると思います。

女 ですが、国民はその前に国の無駄遣いを徹底的に省くべきだと思っているのではないでしょうか。

TV에서 여자 아나운서와 전문가가 이야기하고 있습니다.

여 드디어 국회에서 예산안이 심의되는 것입니다만, 이번 국회의 주목 포인트는 어디일까요?

남 역시 연금에 관한 예산이겠죠. 이제부터 점점 고령 사회가 심각화되어, 연금을 위한 예산을 확보하는 것이 어려워질 것입니다. 보험금과 지급액을 지금대로 해서는 안 될 테니까, 보험료를 올리거나, 지급액을 낮춘다거나 할 필요가 있을 겁니다.

여 하지만, 국민은 그 전에 국가의 낭비를 철저하게 없애야 한다고 생각하고 있지 않을까요?

男 もちろん、それはもっともな意見ですが、それだけでは今の年金制度を維持していくことは難しいでしょう。しかし目先の負担を増やすと、若者の保険料未払いがますます増えかねないので、ひとまずは、支給額のほうから考えていく必要があるのではないかと私は思います。

女 徐々に減らしていく、ということですか？

男 そうですね。

専門家は、年金についてどう考えていますか。

1 保険料はそのままで、支給額は下げるべきだ
2 支給額はそのままで、保険料は上げるべきだ
3 保険料は上げて、支給額は下げるべきだ
4 年金より先に他の無駄遣いを減らすべきだ

남 물론, 그것은 지당한 의견입니다만, 그것만으로는 지금의 연금 제도를 유지해 가는 것은 어려울 겁니다. 하지만, 당장의 부담을 늘리면, 젊은이의 보험료 미납이 점점 늘어날지도 모르기 때문에 우선은 지급액 쪽부터 생각해 갈 필요가 있는 것이 아닐까 하고 저는 생각합니다.

여 서서히 줄여 나간다는 것입니까?

남 그렇죠.

전문가는 연금에 대해서 어떻게 생각하고 있습니까?

1 보험료는 그대로 두고, 지급액은 내려야 한다
2 지급액은 그대로 두고, 보험료는 올려야 한다
3 보험료는 올리고 지급액은 내려야 한다
4 연금보다 먼저 다른 낭비를 줄여야 한다

문제4 문제4에서는 문제지에 아무것도 인쇄되어 있지 않습니다. 우선 문장을 들으세요. 그리고 그것에 대한 대답을 듣고 1에서 3 중에서 가장 적당한 것을 하나 고르세요.

1번 3-20

男 いやぁ、うまくいったね、商談。君のおかげだよ。

女 1 いえ、とんでもないです。
2 確かに、そうですよね。
3 はい、おかげさまで。

남 와~, 잘 진행됐지, 상담(거래). 자네 덕분이야.

여 1 아뇨, 당치도 않습니다.
2 확실히 그렇죠.
3 네, 덕분에.

2번 3-21

男 こんな地図じゃわかりっこないよね。会場。

女 1 場所わかったの？
2 そうだね、これじゃあね……。
3 じゃ、行こう行こう。

남 이런 지도로는 절대 알 수가 없겠어. 행사장.

여 1 장소 알았어?
2 그렇네, 이걸로는…….
3 그럼, 가자 가자.

3번 3-22

男 あ、すみません。この間の契約なんですが、なかったことにしていただけないでしょうか。

女 1 え？何がなかったんですか。

2 まだ契約書はできていないんですが。

3 えっ、どういうことでしょうか。

남 아, 죄송합니다. 지난번 계약 말인데요, 없었던 일로 해 주실 수 없겠습니까?

여 1 에? 뭐가 없었던 겁니까?

2 아직 계약서는 다 되지 않았습니다만.

3 네? 무슨 말씀이십니까?

4번 3-23

女 お買い上げありがとうございます。こちらはご自宅用ですか？

男 1 プレゼントにしたいんですが。

2 袋に入れてください。

3 あ、これはうちにあります。

여 구매해 주셔서 감사합니다. 이쪽은 자택용입니까?

남 1 선물로 하고 싶습니다만.

2 봉지에 넣어 주세요.

3 아, 이건 우리 집에 있습니다.

5번 3-24

女 あれ？今日は仕事じゃなかったっけ？行かないの？

男 1 行くよ。今日は仕事じゃないからね。

2 うん。今日は仕事だから、行けないんだよ。

3 うーん。今日は仕事休もうかと思って……。

여 어? 오늘은 일(근무) 아니던가? 안 가는 거야?

남 1 갈 거야. 오늘은 일(업무)이 없기 때문에.

2 응. 오늘은 일(업무)이 있어서 갈 수가 없어.

3 응. 오늘 일을 쉴까 해서…….

6번 3-25

女 お客様、恐れ入ります。こちらのカードは有効期限が切れているようなんですが……。

男 1 あ、はい。そのカードでお願いします。

2 あ、じゃあ、こっちのカードで。

3 あ、大丈夫です。期限はまだ先ですから。

여 손님, 죄송합니다. 이쪽 카드는 유효 기간이 다 된 것 같습니다만…….

남 1 아, 네. 그 카드로 부탁합니다.

2 아, 그럼, 이쪽 카드로.

3 아, 괜찮습니다. 기한은 아직 남았기 때문에.

7번 🔊 3-26

男 あれ、窓(まど)開(あ)けっ放(ぱな)しじゃないか。

女 1 あ、あれ？開(あ)けておいたのよ。

2 あ、今(いま)開(あ)けるね。

3 あ、寒(さむ)いから開(あ)けないで。

남 어라, 창문이 열린 채로 있네.

여 1 아, 그거? 열어 둔거야.

2 아, 지금 열게.

3 아, 추우니까 열지 마.

8번 🔊 3-27

女 では、次回(じかい)の診察(しんさつ)ですけど、来月(らいげつ)のご都合(つごう)はいかがですか。

男 1 はい、来月(らいげつ)がいいです。

2 先生(せんせい)の都合(つごう)を聞(き)いてみます。

3 火曜日(かようび)ならいつでも構(かま)いません。

여 그럼, 다음번 진찰입니다만, 다음 달 사정(상황)은 어떠신가요?

남 1 네, 다음 달이 좋습니다.

2 선생님 사정을 물어보겠습니다.

3 화요일이라면 언제든 상관없습니다.

9번 🔊 3-28

女 あ、こんにちは。どうもご無沙汰(ぶさた)してます。

男 1 あ、そうですか。

2 はい。そうですね。

3 いや、こちらこそ。

여 아, 안녕하세요. 격조했습니다.

남 1 아, 그렇습니까?

2 네. 그렇네요.

3 아뇨, 이쪽이야 말로.

10번 🔊 3-29

男 みんな連休(れんきゅう)を楽(たの)しみにしているけど、うちは忙(いそが)しくてそれどころじゃありませんよ。

女 1 やっぱり連休(れんきゅう)ですよね。

2 休(やす)みたくても休(やす)めないんですね。

3 いつから連休(れんきゅう)ですか。

남 다들 연휴를 기대하고 있는데, 우리는 바빠서 그럴 상황이 아니에요.

여 1 역시 연휴지요.

2 쉬고 싶어도 쉴 수 없죠.

3 언제부터 연휴인가요?

11번 3-30

男 はぁ。今日は社内をあっち行ったりこっち行ったりで大変だったよ。まったく。

女 1 今日？どこに行くの？

2 遠いと大変なのよねぇ。

3 忙しかったのねぇ。

남 휴. 오늘은 사내를 여기 갔다 저기 갔다 해서 힘들었어. 정말이지.

여 1 오늘? 어디 가?

2 멀면 힘들지.

3 바빴구나.

12번 3-31

女 恐れ入ります。この書類はご本人様でないとお受け取りいただけないんですが。

男 1 えっ。代理じゃだめなんですか。

2 そうですか。じゃあ、私が受け取ります。

3 受け取りのサインはどこに書けばいいですか。

여 죄송합니다. 이 서류는 본인이 아니면 수취할 수가 없습니다만.

남 1 네? 대리(인)는 안 되는 겁니까?

2 그렇습니까? 그럼, 제가 받겠습니다.

3 수령 사인은 어디에 하면 됩니까?

13번 3-32

女 ねぇ、この本の感想文、今日中に提出しなきゃなんないんですって。

男 1 あ、今日じゃなくていいんですか。

2 あ、今日その本を提出すればいいんですね？

3 えっ。今日じゃないとだめなんですか。

여 있잖아, 이 책의 감상문, 오늘 중으로 제출하지 않으면 안 된대.

남 1 아, 오늘이 아니어도 괜찮은 겁니까?

2 아, 오늘 그 책을 제출하면 되는 거네요?

3 어? 오늘이 아니면 안 되는 겁니까?

14번 3-33

女 玄関に見慣れない靴があったけど、どなたかお見えなの？

男 1 ああ、今、部長の奥さんが来られて。

2 あれ？新しい靴買ったんだね。

3 あ、今そこから先生が見えたけど……。

여 현관에 낯선 신발이 있었는데, 누가 오셨어?

남 1 아~, 지금 부장님 사모님이 오셔서.

2 어? 새로운 구두 샀구나.

3 아, 지금 저기에서 선생님이 보였는데…….

문제5 문제5에서는 조금 긴 이야기를 듣습니다. 문제지에 메모를 해도 됩니다.
문제지에는 아무것도 인쇄되어 있지 않습니다. 우선 이야기를 들으세요. 그리고 질문과 선택지를 듣고 1에서 4 중에서 가장 적당한 것을 하나 고르세요.

1번 3-34

お店で、店員と男の客が贈り物について話しています。

女 いらっしゃいませ。

男 すみません。友達に結婚祝いでプレゼントを送りたいんですが。

女 ギフトですね。それでしたら、こちらにセットになっているものがございます。Aセットは紅茶とお菓子のセットで、2,500円です。Bセットは紅茶とティーカップのセットで、3,500円。Cセットは緑茶とお菓子とマグカップで4,000円。Dセットは緑茶と紅茶、それからお菓子とマグカップ、あとティーポットがセットで、6,000円ですね。

男 あ、お菓子おいしそう。この、お菓子が入ってるのがいいな。この緑茶のセットは紅茶に換えられないんですか？紅茶が好きみたいなので、紅茶がいいんですけど……。

女 申し訳ございません。こちらのセットは緑茶だけなんです。

男 そうですか。うーん。紅茶とお菓子だけじゃなぁ。結婚祝いにはちょっと物足りないし。仕方ない、ちょっと高いけど、これにするか。いろいろ入ってた方が楽しめるもんな。

女 では、こちらのセットで。

男の客は、どのセットを買うことにしましたか。

1 Aセット

2 Bセット

3 Cセット

4 Dセット

가게에서 점원과 남자 손님이 선물에 대해서 이야기하고 있습니다.

여 어서 오세요.

남 실례합니다. 친구에게 결혼 축하로 선물을 보내고 싶은데요.

여 선물이군요. 그렇다면, 이쪽에 세트로 되어 있는 것이 있습니다. A세트는 홍차와 과자 세트로 2,500엔입니다. B세트는 홍차와 찻잔 세트로 3,500엔. C세트는 녹차와 과자와 머그컵으로 4,000엔. D세트는 녹차와 홍차, 그리고 과자와 머그컵, 거기에 찻주전자가 세트로 6,000엔입니다.

남 아, 과자 맛있겠다. 이, 과자가 들어 있는 것이 좋겠다. 이 녹차 세트는 홍차로 바꿀 수 없나요? 홍차를 좋아하는 것 같아서, 홍차가 좋은데요…….

여 죄송합니다. 이쪽 세트는 녹차뿐입니다.

남 그렇습니까? 음, 홍차와 과자만으로는. 결혼 축하 선물로는 좀 부족하고. 어쩔 수 없지, 좀 비싸지만 이걸로 할까? 여러 가지 들어 있는 편이 즐길 수 있고 말이야.

여 그럼, 이쪽의 세트로.

남자 손님은 어느 세트를 사기로 했습니까?

1 A세트

2 B세트

3 C세트

4 D세트

2번 🔊 3-35

会社で、男性社員が、女性社員二人に新商品について聞いています。

男　どうでしたか。新しいダイエットヌードルの味は。

女1　美味しかったですよ。スープにコクがあって。ねぇ？

女2　はい。でもちょっと値段の割に量が……。

女1　あぁ。そうですね。値段はいいんですけど、満足するにはちょっと足りないっていうか。

男　もうちょっと量があった方がいいですか。

女1　ええ。

男　わかりました。パッケージはどうですか。

女2　いいんじゃないですか。女性が手に取りやすい感じで。名前も面白いですし。

女1　変わった名前ですけど、覚えやすいですよねぇ。

男　そうですか。

회사에서 남성 사원이 여자 사원 두 사람에게 신상품에 대해서 묻고 있습니다.

남　어땠습니까? 새로운 다이어트 면의 맛은?

여1　맛있었어요. 국물에 감칠맛이 있어서. 그렇죠?

여2　네, 하지만 약간 가격에 비해 양이…….

여1　아, 맞아요. 가격은 괜찮지만, 만족하기엔 약간 부족하다 랄까.

남　좀 더 양이 있는 편이 좋을까요?

여1　네.

남　알겠습니다. 패키지는 어떻습니까?

여2　괜찮지 않습니까? 여성이 손에 들기 쉬운 느낌이고. 이름도 재미있고요.

여1　독특한 이름이지만, 기억하기 쉽겠어요.

남　그렇습니까?

女性社員二人は、新商品についてどう思っていますか。

1 美味しいが、量が少ない
2 値段はいいが、美味しくない
3 美味しいが、名前が良くない
4 値段は高いが、美味しい

여성 사원 두 사람은 신상품에 대해서 어떻게 생각하고 있습니까?

1 맛있지만, 양이 적다
2 가격은 괜찮지만, 맛있지 않다
3 맛있지만, 이름이 좋지 않다
4 가격은 비싸지만, 맛있다

3번 먼저 이야기를 들으세요. 그리고 두 개의 질문을 듣고 각각 문제지의 1에서 4 중에서 가장 적당한 것을 하나 고르세요. 3-36

テレビを見ながら、男の人と女の人が話しています。

男1 ではここで、番組をご覧の皆さんにプレゼントのお知らせです。まず、応募番号1番のプレゼントは、ペアで行く世界一周旅行です。こちらは約1か月の旅行日程で、世界中の最高級ホテルに泊まれるという、何とも豪華なツアーですね。こちらを1組の方に。2番はヨーロッパ旅行券をペアで3組の方に。こちらはヨーロッパの世界遺産15か所をめぐるツアーとなっています。それから、応募番号3番は、国内温泉旅行ですね。国内5か所の温泉地からお好きな場所をお選びいただくことができます。こちらのペアチケットを15組の方に。4番は苺狩りの日帰りバスツアーのチケットを50名の方に差し上げます。応募は、葉書に住所、氏名、年齢……。

男2 豪華ツアーかぁ。いいなぁ。これ応募しようかな。

女 どうせそんなの当たりっこないわよ。うーん。私はどうしよう。温泉旅行なんかどうかな？場所は自分で選べるって言うし。

男2 ええ？夢がないなぁ君は。どうせ応募するなら海外でしょ。

女 じゃあ、世界一周？

男2 いや、それもいいけど、1か月も会社休めないからこっちだな。君は？

女 当たってもないのにもう会社休むこと考えてるの？私は、50名に当たるっていう、この一番当たりそうなのにするわ。

TV를 보면서 남자와 여자가 이야기하고 있습니다.

남1 그럼 여기서, 프로그램을 보시는 여러분께 선물을 알려 드리겠습니다. 먼저, 응모 번호 1번 선물은 2인이 가는 세계 일주 여행입니다. 이쪽은 약 1개월의 여행 일정으로, 전 세계의 최고급 호텔에 묵을 수 있다는 대단히 호화스러운 여행입니다. 이쪽은 1팀에게. 2번은 2인 유럽 여행권을 2인 1팀인 총 3팀에게. 이쪽은 유럽의 세계 유산 15군데를 도는 여행으로 되어 있습니다. 그리고 응모 번호 3번은 국내 온천 여행입니다. 국내 다섯 군데의 온천지 중에 맘에 드는 장소를 선택할 수 있습니다. 이쪽의 2인 티켓을 15팀에게. 4번은 딸기 따기 당일치기 버스 여행 티켓을 50분께 드립니다. 응모는 엽서에 주소, 성명, 연령…….

남2 호화 여행인가. 괜찮네. 이거 응모할까.

여 어차피 그런 거 당첨될 리가 없어. 음~. 나는 어쩌지. 온천 여행 같은 건 어떨까? 장소는 직접 고를 수 있다고 하고.

남2 뭐? 꿈이 없네 넌. 어차피 응모할 거라면, 해외지.

여 그럼 세계 일주?

남2 아니, 그것도 좋지만, 한 달이나 회사를 쉴 수 없으니까 이쪽이지. 넌?

여 당첨된 것도 아닌데 벌써 회사 쉴 걸 생각하는 거야? 난, 50명이 당첨된다고 하는, 가장 잘 당첨될 것 같은 이걸로 할래.

質問1　男の人は何番に応募しますか。

1　1番

2　2番

3　3番

4　4番

질문1　남자는 몇 번에 응모합니까?

1　1번

2　2번

3　3번

4　4번

質問2　女の人は何番に応募しますか。

1　1番

2　2番

3　3番

4　4番

질문2　여자는 몇 번에 응모합니까?

1　1번

2　2번

3　3번

4　4번

4회 정답표

● 1교시 언어지식(문자 어휘 · 문법)

問題1 [1] 3 [2] 1 [3] 4 [4] 3 [5] 1 [6] 2

問題2 [7] 3 [8] 4 [9] 3 [10] 1 [11] 2 [12] 4 [13] 1

問題3 [14] 4 [15] 2 [16] 1 [17] 2 [18] 1 [19] 2

問題4 [20] 4 [21] 2 [22] 2 [23] 4 [24] 1 [25] 1

問題5 [26] 3 [27] 1 [28] 4 [29] 1 [30] 1 [31] 3 [32] 1 [33] 4 [34] 1 [35] 3

問題6 [36] 1 [37] 4 [38] 1 [39] 3 [40] 2

問題7 [41] 2 [42] 2 [43] 4 [44] 2 [45] 2

● 1교시 독해

問題8 [46] 3 [47] 2 [48] 4 [49] 4

問題9 [50] 2 [51] 3 [52] 4 [53] 3 [54] 4 [55] 1 [56] 2 [57] 4 [58] 4

問題10 [59] 3 [60] 2 [61] 4 [62] 4

問題11 [63] 3 [64] 3

問題12 [65] 2 [66] 4 [67] 3 [68] 2

問題13 [69] 2 [70] 1

● 2교시 청해

問題1 [1] 3 [2] 3 [3] 2 [4] 3 [5] 4 [6] 2

問題2 [1] 1 [2] 1 [3] 2 [4] 4 [5] 3 [6] 2 [7] 4

問題3 [1] 3 [2] 4 [3] 3 [4] 2 [5] 4 [6] 2

問題4 [1] 3 [2] 2 [3] 2 [4] 1 [5] 3 [6] 3 [7] 2 [8] 1 [9] 2 [10] 1 [11] 1 [12] 2
[13] 1 [14] 3

問題5 [1] 2 [2] 3 [3] (質問1) 3 (質問2) 4

문제1 ______의 단어의 읽는 법으로 가장 적당한 것을 1·2·3·4에서 하나 고르세요. p.155

1 **3** 컴퓨터 시스템에 의외의 약점이 있는 것이 밝혀졌다.

2 **1** 그는 권력의 중추에 있다.

3 **4** 사용한 접시는 잘 헹구고 나서 넣어 주세요.

4 **3** 이번 봄, 나는 처음으로 해외로 부임했다.

5 **1** 그녀가 나에 대해 남모를 적의를 가지고 있다고는 눈치채지 못했다.

6 **2** 꽃의 좋은 향기가 주변에 감돈다.

문제2 (　　　)에 넣기에 가장 적당한 것을 1·2·3·4에서 하나 고르세요. p.156

7 **3** 결과가 어찌 될지, 아직 (예측)이 서지 않는다.

8 **4** 그의 발견은 그때까지의 상식을 (근본)부터 뒤엎는 것이었다.

9 **3** 쓰기 편리함을 우선으로 고려했더니, 필연(적)으로 이 형태가 되었다.

10 **1** 밭에 (별안)간 큰 구멍이 나타나 사람들을 놀라게 했다.

11 **2** 임금 인하에 항의하기 위해, 집단으로 일을 (보이콧)했다.

12 **4** 삼일 밤낮을 (소비해) 그녀는 그 작품을 만들어 냈다.

13 **1** 설명회에서는 시에 대한 주민들의 불만이 (분출)되었다.

문제3 ______의 단어에 의미가 가장 가까운 것을 1·2·3·4에서 하나 고르세요. p.157

14 **4** 이 잡지는 시기 적절한 기사가 많이 실려 있다. ≒시기에 맞는

15 **2** 이번 계획에 그의 존재는 불가결하다. ≒없어서는 안 된다

16 **1** 그녀는 언제나 부산하게 걷고 있다. ≒침착함이 없는 모습으로

17 **2** 그의 이야기에 모두들 질려 버렸다. ≒질렸다

18 **1** 저 사람은 남이 만든 것을 모방하는 것은 나쁘다고 생각하고 있지 않은 것 같다. ≒흉내 내는

19 **2** 이제 그런 추한 짓은 하지 마세요. ≒꼴사나운

문제4 다음 단어의 사용법으로 가장 적당한 것을 1·2·3·4에서 하나 고르세요. p.158

20 매우

1 아버지를 만나면 매우 안부를 전해 주세요. ➡ なにとぞ 모쪼록, 부디

2 그녀는 학창 시절부터 매우 존재였다. ➡ はなやか 화려함

3 아들이 유명 대학에 합격해서, 엄마는 매우였다. ➡ 鼻高々(はなたかだか) 기고만장, 콧대가 높은 모양

4 나에게 있어 그 제안은 매우 민폐이다.

21 중복

1 저 빌딩에는 중복한 체크를 받지 않으면 들어갈 수 없다. ➡ 厳重(げんじゅう) 엄중

2 지난달 분과 이번 달 분의 요금을 중복해서 지불하고 있었던 것 같다.

3 아무리 춥다고 해도 그렇게 옷을 중복하면 더울 거야. ➡ 重ね着(かさねぎ) 껴입음

4 '두 번 다시 그런 일을 하지 마'라고 중복했는데도 그는 해 버렸다. ➡ 忠告(ちゅうこく) 충고

22 물의

1 그의 제안은 물의의 가치가 있다. ➡ 検討(けんとう) 검토

2 그 정치가의 발언은 물의를 일으켰다.

3 물의에 비추어도 그 판단은 이상하다. ➡ 常識(じょうしき) 상식

4 나에게 있어서 유학 체험은 물의가 있는 것이었다. ➡ 意義(いぎ) 의의

23 달성

1 어쨌든 무언가 먹을 것을 달성해서 오지 않으면 안 된다. ➡ 調達(ちょうたつ) 조달

2 이 근방에서는 쓰나미는 최대 20미터에 달성한다. ➡ 達(たっ)する 달하다

3 그들은 결혼식을 달성해서 하와이에 신혼여행을 갔다. ➡ 終了(しゅうりょう) 종료

4 그녀는 1년에 200만 엔 저축한다는 목표를 달성했다.

24 못쓰게 됨, 허사

1 얼마 전의 폭우로 인해 지금까지의 고생이 허사가 되었다.

2 하루 걸려서 청소를 해서 방은 완전히 허사가 되었다. ➡ こぎれい 깔끔함

3 살 곳도 일할 곳도 잃고 헛된 생활을 하고 있다. ➡ 一文無(いちもんな)し 빈털터리

4 대사는 전부 암기했기 때문에, 헛되어도 괜찮다. ➡ 台本無(だいほんな)し 대본 없이

25 왜곡하다

1 사실을 왜곡하면서까지 자신이 옳다고 주장하는 그를 용서할 수 없다.

2 다음 신호를 오른쪽으로 왜곡하면, 큰 슈퍼가 있습니다. ➡ 曲(ま)がる 돌다

3 이제와서 말을 왜곡해도, 결과가 바뀌는 것은 아니다. ➡ 改(あらた)める 고치다, 바로잡다

4 내 배려심 부족한 발언으로, 친구의 신뢰를 왜곡하고 말았다. ➡ 損(そこ)ねる 해치다

문제5 다음 문장의 ( )에 넣기에 가장 적당한 것을 1·2·3·4에서 하나 고르세요. p.160

26 **3** 그녀에게는 (천부적으로) 뛰어난 예술적 재능이 갖추어져 있다.

27 **1** 솔직히 사과하면 (용서해 주었을) 것을, 그렇게 변명만 해서는 용서할 마음도 사라진다.

28 **4** 누나가 결혼, 남동생은 대학 합격, 우리 집은 연초부터 (좋은 일 일색)이다.

29 **1** (명색이) 자네라는 사람이 그런 초보자가 할 듯한 실수를 하다니 곤란하군.

30 **1** (전화로)

손님 상품 배달은 언제 되나요?

점원 오늘은 무리입니다만, 내일 점심까지라면 (전해드릴 수 있을) 것 같습니다.

31 3 이번 사고로 이렇게까지 많은 희생자가 나온 것은 행정 태만(이라고밖에 할 수 없을 것이다).

32 1 지금까지 그들이 말한 대로 해 왔는데, 더 무리한 요구를 해 오다니, 이 계획은 이제 백지로 (돌릴 수밖에 없다).

33 4 A 가토 씨, 요즘 얼굴을 볼 수 없네요. 잘 지내실까요?
B 네, 일 때문에 상당히 (바쁘신) 것 같아요.

34 1 그 사장은 주변에 '돈으로 살 수 없는 것은 없다'라고 (아무 거리낌 없이 말한다).

35 3 대학에 합격은 하고 싶은데, (붙으면 붙은 대로) 이번에는 학비를 낼 수 있을지 걱정이다.

문제6 다음 문장의 ＿★＿에 들어갈 가장 적당한 것을 1·2·3·4에서 하나 고르세요. p.162

36 1 봄부터 여름에 걸쳐 반년간 4 세계 각국의 기대를 모으고 2 감동을 불러일으킨 1 박람회는 3 오늘로 드디어 폐막한다.

37 4 전체 인구가 감소하는 가운데, 저출산 문제도 3 물론 1 이지만 4 젊은이들의 실업 문제도 2 심각 하기 짝이 없다.

38 1 이번 사건에서 원고측의 증언에는 2 합리적인 4 의심을 1 제기할 3 여지는 전혀 없다.

39 3 3월 중순을 지났지만, 전날까지의 4 봄같은 날씨 1 와는 달리 3 마치 2 겨울로 돌아간 듯한 비가 내리고 있었다.

40 2 진로를 정하는 중요한 시험을 1 앞두고 있는 탓일까 4 평소에는 밝은 2 학생들의 3 얼굴에도 긴장한 표정이 드러나 있었다.

문제7 다음 글을 읽고, 글 전체의 취지를 고려하여, 41 에서 45 안에 들어갈 가장 적당한 것을 1·2·3·4에서 하나 고르세요. p.164

지금까지 몇몇 대학에서 일본 음악사 강의를 담당해 왔지만, 학생이 제출하는 리포트 부류를 읽고 있으면, 정해진 (주1)상투어, 예를 들면 '일본 전통 음악을 소중히 하고 싶다고 생각했다'라든가 '세계에 자랑할 수 있는 일본 음악을 다음 세대에게 전해 나가고 싶다'와 같은 말이 자주 나온다. 이것이 41 일단 우등생적인 겉치레 말을 표명해 두면 좋은 점수를 받을 것이라는 약아빠진 전략이라면, 혹은, (주2)샤미센곡에 (주3)탐닉하고 있는 희소한 학생의 주장이라면 그나마 이해가 된다. 그러나, 학생들과 이야기해 보면 평소에는 j-pop이나 락(rock)밖에 안 듣고, (주4)쟁 · 샤미센은 (주5)일고조차 하지 않았음 42 에도 불구하고 아무래도 진심으로 '일본 전통 음악은 훌륭하다'라고, 들은 적도 없으면서 소박하게 믿고 있는 것 같다. 43 물론 모든 학생이 그렇다고는 할 수 없지만 왠지 걱정이 된다.

속마음과 겉치레를 가려 쓰는 것을 비난하고 있는 것은 아니고, 전통 음악은 안 된다고 주장하고 있는 것도 아니다. 그 음악을 좋아하는지 싫어하는지, 좋은지 나쁜지, 자신 속의 평가를 (주6)저울질하기 전에 '일본의 전통문화는 훌륭하다'라는 관념이 주입되어 있는 것에 의문을 느끼는 것이다. 적어도 44 건전하다고는 할 수 없을 것이다. 원인은 여러 가지로 생각할 수 있지만, 최근 문부과학성의 전통문화를 중시하려고 하는 교육 정책의 성과일지도 모르겠다. 교육이란 본질적으로 주입이라고 한다면 그만이지만, 그다지 찬동할 수 없다. 이러한 경향에 전통 음악 업계가 기회가 왔다는 듯이 편승하는 것도 45 탐탁지 않고, 애초에 전통 음악의 장래에도 좋은 일이라고는 생각하지 않는다.

(오쿠나카 야스토「<로쿠단>을 부르는 다마짱」『춘추』 춘추사)

(주1) 상투어: 어떤 상황에서 언제나 으레 사용되는 말
(주2) 샤미센: 일본의 전통적인 현악기
(주3) 탐닉, 빠짐: 한 가지 일에 열중해 다른 것은 눈에 들어오지 않는 상태인 것

(주4) 쟁: 일본의 전통적인 현악기
(주5) 일고조차 하지 않다: 조금도 생각해 보지 않다
(주6) 저울질하다: 두 개의 물건의 우열 등을 비교하다

1교시 독해

4회

문제8 다음 (1)에서 (4)의 글을 읽고, 다음 질문에 대한 답으로 가장 적당한 것을 1·2·3·4에서 하나 고르세요.

(1)

p.166

초원에서 생활하는 사람의 시력은 6.0이나 된다고 한다. 그러나 같은 나라라도 도시에 사는 사람은 좋아야 2.0. 보는 기능이 있어도 필요가 없기 때문에 사용하지 않는 것이다. 현재의 펭귄은 하늘을 나는 대신에 바다를 헤엄친다. 하늘을 나는 기능은 있지만 그것보다도 헤엄치는 것에 에너지를 쓰기로 한 것이다. 사람은 곧잘 다른 사람을 보고 '○○를 할 수 있어서 부럽다'라고 말한다. 그러나 자신에게 능력이 없는 것이 아니라 필요가 없을 뿐이다. 지금 할 수 있는 것이야말로 자신에게 있어서 가장 필요한 것이다.

46 필자의 생각과 일치하는 것은 어느 것인가?

1 능력은 그 사람의 재능과 노력에 크게 관계한다.
2 가지고 있는 능력은 간단히 사용하지 않는 편이 좋다.
3 자신에게 필요한 능력은 이미 갖추어져 있는 법이다.
4 기능은 있어도 능력이 없기 때문에 사용하지 않는 것이다.

(2)

p.167

컴퓨터는 결코 인간 대신이 되지 않는다. 예를 들어 컴퓨터에게 폭탄 처리를 시킨다고 하자. 그런데 도중에 예기치 못한 일이 일어났을 때에는 판단을 할 수 없다. 입력되어 있지 않기 때문이다. 그러나 인간은 직감이나 감각을 사용하여 곤란한 상황을 극복하면서 폭탄을 처리한다. 그 감각이라는 것은 컴퓨터는 할 수 없는 분야일 것이다. 우리들은 평소 지식이나 교양에 의해 사리를 판단하고 있다고 착각하기 쉽지만, 실은 직감이 상당한 역할을 하고 있다. 성공에는 지식을 동반한 직감력이 필요하다.

47 필자는 컴퓨터에는 무엇이 부족하다고 생각하고 있는가?

1 곤란한 상황이 일어났을 때 그것을 극복하려는 감정
2 비상 사태에도 직감이나 감각에 의해 사리를 판단하는 힘
3 예기치 못한 사고를 일으키지 않도록 하는 감각
4 입력된 정보를 바탕으로 정확하게 처리하는 힘

(3)

p.168

아이들에게 정리를 시키는 것은 힘듭니다. 어느 유치원에서는 서로 엉겨 붙는 놀이를 30분 한 후에 정리를 시킨다고 합니다. 몸을 열심히 움직이는 놀이는 자극이 크기 때문에 뇌가 잘 활동합니다. 하지만 뇌는 익숙해지면 질려 버려

의욕을 잃습니다. 그것을 30분 후에 멈추면 막을 수가 있는 것입니다. 그렇게 하면, 효율적으로 뇌가 발달해 가고 놀이와 일을 능숙하게 양립해 감정을 제어할 수 있는 어른으로 성장해 간다는 것입니다. 뇌에 한껏 자극을 준 후에 딱 멈춘다. 그 반복이 좋은 것 같습니다.

48 필자에 의하면 뇌에 대해 어떤 움직임을 가하는 것이 중요한가?

1 뇌가 의욕을 잃었을 때는 자극을 주지 않는 것
2 뇌가 익숙해지지 않도록 계속 자극하는 것
3 뇌가 잘 활동하는 상태를 유지하는 것
4 뇌가 질리기 직전에 자극을 멈추는 것

(4) 아래는 어느 회사가 거래처에 보낸 메일이다. p.169

미나미하라 주식회사
마쓰모토 미에코 님

히라타공업 주식회사
히라타 나오타카

부품 대금 지불 확인

삼가 아룁니다. 귀사가 더욱 발전하실 것이라 생각합니다.

다름이 아니라, 4월에 납품한 부품 대금에 대하여 6월 말에는 지불해 주신다고 하셨는데, 오늘까지 입금 확인이 되지 않고 있습니다. 청구서는 5월 5일에 보내 드렸습니다. 또한, 5월에는 다른 부품을 새로 납품해 드렸고 이쪽의 지불 기한은 7월 말로 되어 있으며, 청구서는 6월 5일에 보내 드렸습니다.

저희 회사 입장에서도 사무 처리에 있어 지장이 생기므로 7월 말에 맞춰 주시길 부탁드립니다.

경구

49 부품 대금에 대해서 이 문서에서 말하고 있는 것은 어느 것인가?

1 4월에 납품한 부품 대금과 5월에 납품한 부품 대금이 7월 말에 지불되었다.
2 5월에 청구한 부품 대금의 지불 기한은 7월 말이었다.
3 4월에 납품한 부품 대금과 6월에 납품한 부품 대금은 아직 지불되지 않았다.
4 7월에 지불해 주길 바라는 부품 대금의 일부는 지불 기한이 6월 말이었다.

문제9 다음 (1)에서 (3)의 글을 읽고, 다음 질문에 대한 답으로 가장 적당한 것을 1·2·3·4에서 하나 고르세요.

(1) p.170

일본에 제철 기술이 없었던 시절, 철은 한반도로부터의 수입에 의존하고 있었습니다. 그 후, 철의 생산 방법이 전해지자 ①각지에서 경쟁하며 철 생산에 착수했습니다. 철은 농지를 넓히는 농기구가 되고, 무기로서의 칼이 되었습니다. 세력 확대에 없어서는 안 될 귀중한 것이었습니다.

특히, 잘 잘리고 잘 부러지지 않는 칼을 만드는 것은 중요한 과제였습니다. 왜냐하면 잘 잘리는 것과 부러지지 않는 것과는 철의 성질상 모순되기 때문입니다. 잘 잘리는 칼은 단단해서 부러지기 쉽고, 잘 부러지지 않는 칼은 자르기 어렵습니다. 그 모순을 해결하기 위한 다양한 노력이 오랜 세월 동안 거듭되어 왔습니다. 그리고 마침내 이 모순을 훌륭하게 극복한 (주1)일본도가 탄생한 것입니다. 일본도의 특징은 「부러지지 않는다, 구부러지지 않는다, 아름답다」입니다. 이것은 당시로서는 ②대단히 획기적인 것이었습니다.

일본도로 유명한 장소는 오카야마현입니다. 오카야마현에서 채굴되는 철에는 불순물이 많이 포함되어 있어 칼의 생산에는 적합하지 않았습니다. 그러나 노력의 결과, 그 결점을 활용하는 것에 성공했습니다. 철은 몇 번이고 두드려 날카롭게 만드는 것인데, 불순물이 많은 철은 불순물이 없는 철보다도 많이 두드릴 수 있었던 것입니다. 현재 (주2)명도라 불리는 것의 대부분은 사실 오카야마현에서 만들어진 것이며, 예술품으로서 사랑받고 있습니다.

철의 생산이 환경 파괴를 가속화시키고 사람을 죽이는 무기를 발달시켰다는 비윤리적인 측면은 기뻐할 만한 일은 아닐지도 모릅니다. 그러나, 결점조차도 이점으로 바꾼다는, 물건 만들기에 대한 열의와 정열은 잊어서는 안 되는 정신이 아닐까요.

(주1) 일본도: 일본 고유의 방법으로 만들어진 칼
(주2) 명도: 뛰어난 칼, 유명한 칼

50 ①각지에서 경쟁하며 철 생산에 착수한 것은 어째서인가?
1 철은 매우 아름답고 귀중한 것이며, 예술품으로서 사랑받게 되었기 때문에
2 영토를 넓히기 위해서는, 어느 곳보다도 뛰어난 철제품을 만들 필요가 있었기 때문에
3 일본에 제철 기술이 없기 때문에, 한반도와의 무역에 불리함이 생겼기 때문에
4 잘 잘리고 부러지지 않는 칼을 오랜 세월에 걸쳐 연구할 필요가 있었기 때문에

51 ②매우 획기적인 것이라고 하는데, 무엇이 획기적인가?
1 잘 잘리는 것과 잘 부러지지 않는 것은 철의 성질로서 모순되는 것
2 철 성질의 모순점을 극복하기 위한 노력을 오랫동안 거듭해 온 것
3 철의 성질로부터는 상상도 할 수 없었던 우수한 칼이 만들어졌다는 것
4 옛날에는 수입에 의존할 수 밖에 없었는데, 아름다운 일본도를 탄생시킨 것

52 이 글에서 필자가 가장 말하고 싶은 것은 무엇인가?
1 철 생산으로 인해 삼림을 잃고, 전쟁 무기가 발달했다는 비윤리성은 부인할 수 없다.
2 불순물을 포함하고 있다는 결점조차도 이점으로 바꿔서, 명도를 탄생시킨 점이 훌륭하다.
3 철 생산으로 인해 환경 파괴가 가속화되고, 인간의 윤리관이 무너지기 시작했다는 것을 잊어서는 안 된다.
4 어떤 상황에서도 이점을 만들어내는 정신을, 어느 시대에서나 중요하게 여기고 싶다.

(2) p.172

학습성 무력감이라는 말이 있다. 예로서는 서커스 오두막의 코끼리 이야기가 유명하다.

서커스 오두막으로 끌려온 어린 코끼리는 몇 번이고 몇 번이고 도망치려고 시도한다. 하지만, 다리에는 무거운 쇠사슬이 묶여 있어 어린 코끼리의 작은 힘으로는 도저히 잡아당겨 끊을 수가 없다. 그 후, 성장해서 어른이 된 코끼리는 쇠사슬을 끊을 힘이 생겼음에도 불구하고, 이제는 도망가려고는 하지 않는다. 어째서일까? 그것은 어린 시절에 몇 번이나 했지만 무리였다는 것을 학습해 버렸기 때문이다. 즉, '나는 할 수 없다'라고 생각했던 경험이 있으면, ①기회가 생겨도 노력을 하지 않게 된다는 것이다.

한 번 뇌에 입력되어 버린 정보는 상황이 바뀌어도 그대로 남아 버리는 모양이다. 뭔가 문제가 생겼을 때 '나는 할 수 없다'라고 생각했던 적이 있는 사람은 차근차근히 생각해 보자. 이전에 할 수 없었다고 해서 지금도 할 수 없다고는 할 수 없다. 어릴 때는 과자를 사는 일조차 사치였던 자신도 지금은 과자 정도는 바로 살 수 있지 않은가? ②과거의 자신과 현재의 자신은 분명히 다른 것이다. 자신의 마음 속에 자신도 모르는 사이에 생겨 버린 쇠사슬은 무엇일까? '할 수 없다'라고 생각하고 있는 사람에 한해서 '할 수 있는' 일은 꽤 많이 있는 법이다.

53 ①기회가 생겨도 노력을 하지 않게 되는 것은 어째서인가?

1 몇 번이나 도전해 보고, 겨우 포기할 마음이 되었기 때문에
2 어린이는 몇 번이나 시도할 마음이 있지만, 어른에게는 없기 때문에
3 아무리 노력해도 할 수 없다는 것을 기억하고 있기 때문에
4 옛날에는 노력이 필요했지만, 지금은 노력하지 않아도 할 수 있기 때문에

54 ②과거의 자신과 현재의 자신은 분명히 다르다고 하는데, 여기에서 필자가 말하고 싶은 것은 무엇인가?

1 과거에는 생각할 수 없었지만, 지금의 나는 잘 생각할 수 있다.
2 과거에는 힘이 없었지만, 지금의 나에게는 힘이 있기 때문에 무엇이든 할 수 있다.
3 과거에 자신이 생각하고 있던 상황과 지금 눈앞에 있는 상황은 전혀 다르다.
4 과거의 자신에게 무리였던 것과 지금의 자신에게 무리인 것은 똑같지 않다.

55 필자의 생각과 일치하는 것은 어느 것인가?

1 할 수 없다고 생각해도, 실은 할 수 있는 힘을 가지고 있는 경우가 많다.
2 할 수 없는 것을 할 수 있게 하는 것이 중요하다.
3 왜 할 수 없는지 잘 생각해 보면 그 원인을 알게 된다.
4 할 수 있다고 생각하는 사람은 과거에 실패를 하지 않은 사람이다.

(3)

p.174

일본인은 비교적 안심·안정감을 추구한다. 그러한 풍토가 (注)종신 고용이라는 제도를 만들어 냈고, 성공으로 이끌었다. 오래 근무하면 근무할수록 보수와 평가를 받을 수 있다. 그래서 안심하고 회사에 충성을 다하고, 열심히 일한 것이다. 연소자는 연장자를 공경해야만 한다는 유교적인 생각이 있었던 것도 조직에는 도움이 되었다. 오랫동안 일한 사람이 리더가 된다는 것은 ①도덕적으로도 납득할 수 있는 체제였기 때문이다. 임금이 낮고, 남에게 고용되는 입장에 있는 젊은이도 목표가 명확하기 때문에 불만을 가지지 않고 일을 했다. 또 근속 연수가 길다는 것은 ②회사에 있어서도 안정적인 노동력이 된다. 자사에서 개발한 것을 타사에 유출할 위험도 없고, 회사를 잘 알고 있는 사람이 리더가 되면, 통솔력을 발휘해 준다. 이러한 제도가 일본의 고도 경제 성장을 지탱한 것이며, 경제학자들 사이에서도 높이 평가받고 있는 것이다.

그러나 불황으로 인해, 그 안정이 무너졌다. 연장자에게 지불하는 높은 임금이 부담이 되어 구조 조정이 이루어진다. 그 모습을 본 젊은 사람들에게 있어 회사는 이미 의지할 수 있는 장소가 아니게 되었다. 또한, 사회적으로 연장자를 공경한다는 사고가 희미해진 것도 그것을 가속시켰다. 일본 사회는 전에 없는 불안정한 경쟁 사회에 직면하게 된 것이다. 그 속에서 정신적으로도 불안정해지는 사람이 많다. 안정을 좋아하는 일본인이 불안정한 사회를 어떻게 극복해 나갈 것인가, 큰 과제이다.

(주) 종신 고용: 기업이 노동자를 정년까지 고용하는 것

56 여기에서의 ①도덕적으로도 납득할 수 있는 체제란 무엇인가?

1 안정을 우선으로 생각해 오랫동안 일하고 싶다고 생각하는 사람이 많은 것
2 오랫동안 근무하고 있는 연장자가 상사가 되어 지도하는 것
3 안심하고 회사에 충실할 수 있기 때문에 열심히 일할 수 있는 것
4 오래 근무할수록 인정받아, 보수가 높아지는 것

57 ②회사에 있어서도 안정적인 노동력이 되는 것은 어째서인가?

1 오래 일하고 있는 사람은 목표가 명확하고, 불만도 없이 열심히 일하기 때문에
2 리더가 되면, 회사를 잘 알려고 힘을 발휘하기 때문에
3 일본의 경제 성장을 지탱할 만큼의 힘을 가지고 있는 사람이 많기 때문에
4 회사의 사정을 알고 있을뿐더러, 외부로 유출될 걱정도 없기 때문에

58 필자는 일본 사회에 있어서 무엇이 과제라고 생각하고 있는가?

1 마음이 불안정해진 사람들에게 적절한 치료를 해 나가는 것
2 회사가 의지할 수 있는 장소가 아니게 되어, 젊은이가 안정을 추구하지 않게 된 것
3 불황으로 인해, 높이 평가되었던 안정된 제도가 무너진 것
4 경험한 적 없는 불안정한 사회에서 살아갈 방법을 찾는 것

문제10 다음 글을 읽고, 다음 질문에 대한 답으로 가장 적당한 것을 1·2·3·4에서 하나 고르세요.

p.176

'어째서 이해해 주지 못하는 것일까'라고 낙담한 경험은 누구나 있을 것이다. 때로는, 말하는 것이 무의미함을 느끼거나, 인간관계의 어려움에 절망해 버리는 경우도 틀림없이 있을 것이다. 그러나 글로벌 사회가 펼쳐져, 가치관의 다양화가 진행되고 있는 현대에는 ①그것은 당연한 것이며, 공연히 고민할 필요는 없다. 정확하게 말하면, 고민할 필요가 없는 것이 아니라 고민 방법을 바꿔야 한다. '어째서 이해해 주지 못하는 것일까'가 아니라 '서로 이해할 수 없는 사람과 어떤 식으로 커뮤니케이션을 하면 좋을까', 그것을 고민해야 하는 것이다.

애초부터 상대에 대한 것은 전혀 모른다. 자라 온 환경도, 가지고 있는 가치관도, 경험해 온 것도 전혀 다르다. 그럼에도 서로 이해하는 것을 목적으로 하고 있기 때문에 오해가 생기고, 싸움이 일어나는 것이다. 우선 자신과 상대는 다르다고 인정해야 한다. 좋은 의미에서의 '포기'이다. '보통은 이렇게 해' '그건 상식이 아니야'라고 생각해도, 보통이 보통이 아니게 되고, 상식이 상식이 아니게 된 것이 현대이다. 우리들은 ②아주 힘든 시대에 살고 있는 것이다. 옛날에는 지금보다도 (주)틀에 박힌 생활을 해서, 사람의 일생은 어느 정도 정해져 있었다. 틀에 박히면 안심하고 매뉴얼이 없으면 불안해지는 것은 과거의 흔적일지도 모른다. 일본의 무사도라는 것은 전형적으로 틀에 박힌 도(道)이다. 지금은 그러한 공통의 틀은 통용되지 않는다.

우선은 상대방에 대해서 모르기 때문에 물을 수밖에 없다. 그러나 가치관이 다르기 때문에 좀처럼 납득할 수 없는 법이다. 그래서 자주 나오는 말이 '좀 더 잘 생각해 봐' 즉, '너의 생각은 틀렸어. 주위 생각에 맞춰'라는 것이다. 하지만, 정말로 상대가 틀렸고 주위가 맞는 것일까? 게다가, 사람은 자신의 지식이나 경험을 통해서만 사물을 이해할 수 있다. 그 지식이나 경험이 사람에 따라 다른 것이라면 이해하는 것은 무리이며, 이해할 수 없기 때문에 주위의 생각에 맞추는 것도 당연히 할 수 없는 것이다.

중요한 것은 상대를 공격하는 것이 아니라 상대를 인정하는 것이며 존중하는 것이다. 의견은 강요하는 것이 아니다. 서로 인정할 수 밖에 없는 것이며, 옳음을 판정하기 위한 대화는 아니다. ③'가치관은 공유할 수 없다'라는 전제에서의 커뮤니케이션이야 말로 필요하다. 완벽한 상호 이해 같은 것은 의미가 없는 것이며, 원하면 원할수록 실망할 뿐이다.

(주) 틀에 박히다: 정해진 방법으로, 개성이나 독창성이 없다

59 ①그것은 무엇을 가리키는가?

1 인간관계에서 싫은 경험을 반복함으로 인해 절망해 버리는 것
2 남과 대화하는 의미를 알지 못하고, 항상 혼자 지내려고 하는 것
3 남과 서로 이해할 수 없는 것에 고민하며, 좋은 관계를 좀처럼 만들 수 없는 것
4 이해하고자 하는 마음이 부족하기 때문에 대화가 잘 안 되는 것

60 ②아주 힘든 시대란 어떤 의미인가?

1 곤란한 일을 간단히 포기하고, 상식을 무시하게 되어 버린 시대
2 사람의 삶의 방식이 다양해졌기 때문에, 획일적인 의견으로는 판단할 수 없게 된 시대
3 옛날에는 상식이었던 것이 지금은 비상식이 되어 버려, 옛날 사람이 살기 어려운 시대
4 틀에 박히지 않은 자유로운 생활이 가능해져, 상식을 지키는 사람이 적어진 시대

61 ③'가치관은 공유할 수 없다'라는 전제에서의 커뮤니케이션에 해당하는 예는 어느 것인가?

1 설명해도 통하지 않기 때문에, 포기하고 상대의 의견만을 듣기로 했다.
2 상대의 의견은 틀렸다고 생각했지만, 공격하고 싶지 않아서 아무 말도 하지 않았다.
3 자신의 의견을 이해해 주지 않는 사람은 이해력이 없는 사람인 것이라고 생각하고 있다.
4 상대의 의견에는 납득이 가지 않지만, 그런 사고방식도 있는 것이라고 참고로 했다.

62 이 글에서 필자가 말하고 싶은 것은 무엇인가?

1 가치관을 공유할 수 있는 시대로 만들기 위해서는, 커뮤니케이션이 필요하다.
2 어느 의견이 바른가를 판정하기까지, 대화를 계속하는 것이 중요하다.
3 대화를 해도 실망할 뿐인 상대와는 인간관계를 계속하는 의미는 없다.
4 서로 이해할 수 없었다고 하더라도, 서로 존경하면서 대화해 갈 수밖에 없다.

문제11 다음 A와 B의 글을 읽고, 다음 질문에 대한 답으로 가장 적당한 것을 1·2·3·4에서 하나 고르세요. p.180

A

즐겁지 않은 일은 계속해서는 안 됩니다. 인간은 좋아하는 일, 즐거운 일에는 집중할 수 있지만 싫은 일, 즐겁지 않은 일은 고통스러울 뿐입니다. 고통을 느낀다는 것은 자신이 정말로 하고 싶은 일이 아니라는 것입니다. 한다면 정말로 자신이 하고 싶은 일을 하는 편이 효율적입니다. 즐겁지 않은 일을 참으면서 계속하는 것은 시간 낭비인 것입니다. 무엇을 하고 싶은지 모른다는 사람도 있을 겁니다. 하지만, 무엇을 하고 싶지 않은지는 명확해진 것입니다. 하고 싶지 않은 일은 하지 않는다는 선택을 하지 않는 한, 하고 싶은 일을 한다는 선택도 할 수 없습니다. 주위의 시선이 있기 때문에, 안정된 생활이 중요하니까라는 이유를 드는 것은, 사실은 자신이 하고 싶은 일이 아니라는 증거입니다.

B

최종 학력이란, 대학을 말하는 것이 아닙니다. 지금 일하고 있는 곳이야말로 최종 학력이 되는 것입니다. 현재의 직장에서 배우고 싶은 것을 정하고, 그것을 모두 배웠을 때에 졸업, 즉 이직을 결정하는 것은 아주 좋은 일입니다. 하지만, 즐겁지 않기 때문이라는 이유만으로 그만두면 아무것도 익힐 수 없습니다. 애당초 즐거운 일이라는 것은 없습니다. 일인 이상, 괴로운 것이 있는 것은 당연합니다. 등산과 마찬가지로, 오르고 있기 때문에 괴로운 겁니다. 그래도 노력해서 계속 오른 결과, 훌륭한 경치를 만날 수 있는 것입니다. 그것이 이직인 경우도 있을 것이고, 지금의 회사에서 하고 싶은 일을 발견하는 경우도 있을 것입니다. 무엇보다도 괴로움을 즐거움으로 바꾸는 힘이 생기는 것이야말로 일을 하는 의미라고 생각합니다.

63 일에 대해서 A와 B는 어떻게 생각하고 있는가?

1 A는 한 가지의 일을 계속하는 것은 쓸데없다고 생각하고, B는 무슨 일이 있어도 이직해서는 안 된다고 생각하고 있다.
2 A는 안정된 일에는 즐거움은 없다고 생각하고, B는 어떤 일이든 괴로운 것밖에 없다고 생각하고 있다.

3 A는 자신의 욕구를 믿고 일을 해야 한다고 생각하고, B는 고뇌를 즐거움으로 바꾸는 것이 일이라고 생각하고 있다.
4 A는 일에 집착할 필요는 없다고 생각하고, B는 일이야말로 인생에 있어서 중요한 것이라고 생각하고 있다.

64 A와 B에서 공통으로 서술하고 있는 것은 무엇인가?
1 고통을 수반하는 일은 피해야만 한다.
2 인간은 즐거운 일에 보람을 느낀다.
3 자신이 하고 싶은 일은 반드시 있을 것이다.
4 즐거운 일보다도 눈앞의 일이 중요하다.

문제12 다음 글을 읽고, 다음 질문에 대한 답으로 가장 적당한 것을 1·2·3·4에서 하나 고르세요. p.182

인간에게는 주로 쓰는 손이 있다. 그리고 그 대부분이 오른손잡이며, 대다수의 물건이 오른손잡이용으로 만들어져 있다. 생각해 보면 신기한 일이다. 어째서 오른손잡이인가? 모두 다 똑같이 오른손잡이여야 할 필요가 있는 것일까?

현재 오른손잡이인 사람은 전 세계적으로도 90%를 차지한다고 한다. 그리고 놀랍게도 5,000년 전에도 같은 상황이었다는 것이 밝혀졌다. 그것은 (주1)동굴에 남겨진 그림이 오른손으로 그려져 있는 것이나 발굴된 도구가 오른손잡이용으로 만들어졌다는 것 등으로부터 판명되고 있는 것이다. 단, 250만 년 전까지 거슬러 올라가면 오른손잡이는 59%로 적어지고, 또 원숭이나 침팬지의 경우에는 50%라고 한다. 이 사실은 인류가 진화해 가는 과정에서 ①오른손잡이로 변해 간 것을 나타내고 있는 것 같기도 하다.

자주 듣는 말이 심장이 왼쪽에 있기 때문이라는 이유이다. 왼쪽에 있는 심장을 지키기 위해 필연적으로 오른손을 사용하게 되었다는 것이다. 그러나 이것은 그다지 설득력이 없는 설이다. 왜냐하면 심장은 다소 좌측에 치우쳐져 있기는 하지만 거의 중앙에 위치하고 있다. 그 다소의 차이만으로는 오른손을 쓰는 것에 대한 영향은 그다지 크지 않다. 그 밖에도 오른손잡이가 많은 이유에는 여러 설이 있는데, 어떤 것도 과학적으로는 증명되지 않은 것이 현재 상황이다. 그중에서도 나는 좌뇌의 발달과 관련이 있다는 설을 지지하고 싶다.

뇌의 역할이란 무엇인가? 우선 운동 능력에서는 좌반신(몸의 왼쪽 절반)을 우뇌가, 우반신(몸의 오른쪽 절반)을 좌뇌가 제어하고 있다는 것은 잘 알려진 사실이다. 그 이외의 기능으로서 좌뇌는 논리적 사고를 담당하고 있으며, 언어나 개념, 계산, 분석 등의 분야를 지배하고 있다. 말하자면 인간의 지성의 근원이며, '언어 뇌'라고도 불리고 있다. 좌뇌가 손상된 사람이 (주2)우반신불수가 되는 동시에 (주3)실어증에 걸리는 경우가 많은 것은 이 때문이다.

한편, 우뇌는 '이미지 뇌'라고 불리며, 직감적 사고를 담당하고 있다. 도형의 인식, 직감 등이며, 예술가 중에 우뇌가 우수한 사람이 많다고 하는 것은 이 때문이다. 그렇다면 좌뇌와 오른손잡이의 관련이란 무엇인가?

그 옛날 인류는 도구를 만드는 것을 익히고, 집단으로 작업하게 되었다. 그것은 논리적으로 생각하는 힘이나 타인과 고도의 커뮤니케이션을 할 수 있게 되었다는 것으로, 결국은 ②좌뇌가 발달한 것을 의미한다. 우리들은 평소에 주로 좌뇌를 구사해서 사회생활을 영위하고 있는 것이다.

요컨대, 인류가 진화하는 과정 속에서 좌뇌가 발달하고, 그로 의해 우측 몸의 능력이 향상하여 오른손잡이가 되었다는 것이다. 그렇게 생각하니 항상 무심코 사용하고 있는 오른손에도 아득히 먼 인류의 역사를 느끼게 되고, 오른손을 사용하는 것이 즐거워지지 않는가?

(주1) 동굴: 절벽이나 바위 등에 생긴 구멍
(주2) 우반신불수: 오른쪽 반신이 생각대로 움직이지 않는 것
(주3) 실어증: 말을 이해하거나 말하거나 할 수 없게 된 상태

65 필자는 무엇이 ①오른손잡이로 변해 간 것을 나타내고 있다고 말하고 있는가?

1 5,000년 전에는 이미 90%가 오른손잡이였고, 현재도 거의 같은 것

2 옛날로 거슬러 올라갈수록 오른손잡이가 적어지고, 원숭이의 경우는 50%라는 것

3 인류가 진화해 가는 과정에서, 오른손잡이용으로 만들어진 도구가 많아졌다는 것

4 원숭이의 오른손잡이는 50%인 것에 비해, 250만 년 전의 인류는 59%라는 것

66 심장이 좌측에 있기 때문이라는 설에 설득력이 없는 것은 어째서인가?

1 과학적으로 증명되어 있긴 하지만 설명이 부족하기 때문에

2 왼손 쪽이 심장을 지키는 데에 적절하기 때문에

3 오른손을 사용해 심장을 지켰다는 예가 없기 때문에

4 심장은 중앙에 있어서 어느 쪽 손을 사용해도 같기 때문에

67 이 글에 따르면 ②좌뇌가 발달한 것을 의미하는 예에 해당하는 것은 어느 것인가?

1 도구를 만들 때에 완성된 형태를 이미지화하는 것

2 어떤 재료로 무엇을 만들면 편리해질까를 상상해 도구를 만드는 것

3 서로 협력해 작업을 하기 위해 복잡한 과정을 상대에게 설명하는 것

4 어려운 작업을 전달하기 위해 문자나 그림을 사용하여 설명하는 것

68 이 글에서 필자가 가장 말하고 싶은 것은 무엇인가?

1 오른손잡이인 이유를 생각하면 일이 즐거워지지 않게 되어 버린다.

2 오른손잡이와 인류 역사와의 관계가 보여 두근거리는 기분이 되었다.

3 좌뇌의 발달에 의해 오른손잡이가 늘어났다는 것을 증명하고 싶다.

4 인류는 도구를 사용해 집단으로 작업을 하기 위해 좌뇌를 발달시켰다.

문제13 오른쪽 페이지는 언론 업계의 인턴십 모집 안내이다. 아래 질문에 대한 답으로 가장 적당한 것을 1·2·3·4에서 하나 고르세요. p.186

69 다음 학생 중 인턴십에 응모할 수 있는 것은 누구인가?

다카하시	매스컴 취직을 목표로 공부 중. 1일 3시간 이상 근무가 가능. 현재 휴학 중.
야마시타	대학원 진학 희망이지만 언론사도 생각해 보고 싶다. 수업은 주 2회. 인문학부 4학년.
사사키	매스컴에 흥미가 있다. 수업은 오전 중만이고 아르바이트는 하고 있지 않다. 이공계 학부 4학년.
리	매스컴 희망인 유학생. 사회학부 1학년. 일본어 시험에서는 필기에 약하고 청해에 강하다.

1 다카하시 씨

2 야마시타 씨

3 사사키 씨

4 리 씨

70 마쓰시타 씨는 현재 이 대학의 대학원 석사 과정에 재학하고 정치학을 전공하고 있다. 마쓰시타 씨가 이 인턴십에 응모할 경우, 응모 시에 반드시 하지 않으면 안 되는 것은 무엇인가?

1 석사 과정에 재학 중이라는 증명서를 취득한다.
2 출신 대학 지도 교수의 추천서를 받아 온다.
3 소논문 양식을 대학 학생과에 가지러 간다.
4 희망 면접 일시를 학생과에 전화로 연락한다.

니지노 대학 학생
매스컴 업계 인턴십 모집 안내

업계에 대해 자세하게 알게됨과 동시에 사회에 공헌하기 위한 시점이나 능력을 익혀, 장래에 도움이 되는 인재를 육성하는 것을 목적으로, 인턴십 희망자를 모집합니다. 수용 기업은 면접 시에 상담 후 결정합니다.

● **응모 조건**

- 본교(대학, 대학원)에 재학 중인 학생으로 문과 계열 전공자(학년 불문)
- 1일 5시간, 1개월에 10일 이상 3개월 간, 출근할 수 있는 사람(수업에 지장이 없는 학생에 한함)
- 언론 업계로 취직 희망자 혹은 흥미가 있는 사람
- 아르바이트를 하고 있지 않는 사람
- 규칙을 준수하고 주체적으로 행동할 수 있는 사람
  따르지 않는 경우, 기간 도중이라도 그만두게 하는 경우가 있습니다
- 외국인 유학생도 가능(단, 일본어로 문장 작성을 잘하는 사람에 한함)

● **필요 서류**

- 응모 용지(지정 용지가 학생과에 있습니다)
- 재학 증명서
- 현재 지도 교수에게 받은 추천서
- 소논문: 다음 주제 중 한 가지를 골라 800자 정도로 정리할 것. (서식 자유)
  「매스컴에 기대하는 것」「어떠한 사회인이 되고 싶은가」

● **응모 방법**

- 필요 서류를 학생과 담당 창구로 제출해 주세요.
  면접 일시는 후일 전화로 연락합니다.

문제1 문제1에서는 우선 질문을 들으세요. 그리고 이야기를 듣고 문제지의 1에서 4 중에서 가장 적당한 것을 하나 고르세요.

1번 4-01

女の人が旅行会社に電話をしています。女の人は、このあと何をしますか。

女 もしもし。このあいだエジプトツアーに申し込んだんですけど、何にも送られてこなくって……。

男 そうですか。通常、ツアー料金をお支払いいただいてから一週間ほどで旅行の案内書をお送りしているんですが……。

女 ええ？もうとっくに振り込み済なんですけど。

男 そうですか。では、お調べいたしますので、お名前とご出発日を教えていただけますか。

女 田中よし子です。12月17日出発のエジプトツアーなんですが。

男 はい。ええー、田中よしこ様「エジプト魅惑の10日間」ですね。……ええーと、ああ、お部屋を一人でお使いになられるんですね。

女 ええ。それはこの前追加でお願いしたんですけど。

男 そうなりますと、その分の料金をまた別でいただくことになるんですが……。

女 あっ！そうでした。すみません。すぐ振り込みます。

男 では、お支払いが確認でき次第、旅行の案内書を送らせていただきます。あ、それから、旅行のあとでアンケートにお答えいただくと抽選で旅行券が当たりますので、よかったらやってみてください。案内書に同封いたしますので。

女の人は、このあと何をしますか。

1 ツアー料金を振り込む

2 旅行の案内書を送る

3 一人部屋代金を支払う

4 アンケートに答える

여자가 여행사에 전화를 하고 있습니다. 여자는 이다음 무엇을 합니까?

여 여보세요. 요전에 이집트 투어에 신청했는데요, 아무것도 오지 않아서요…….

남 그러십니까? 일반적으로 투어 요금을 지불하시고 나서 일주일 정도에 여행 안내서를 보내 드리고 있습니다만…….

여 네? 이미 한참 전에 송금했는데요.

남 그러신가요? 그럼 알아보겠으니 성함과 출발일을 알려 주시겠습니까?

여 다나카 요시코입니다. 12월 17일 출발인 이집트 투어인데요.

남 네. 음, 다나카 요시코 님 '이집트 미혹의 10일간' 이군요. ……그러니까, 아, 방을 혼자서 쓰시는 거군요.

여 네. 그건 지난번에 추가로 부탁드렸는데요.

남 그러시면 그만큼의 요금을 다시 별도로 받게 되는데요…….

여 앗! 그랬어요. 죄송해요. 바로 송금할게요.

남 그럼, 지불이 확인되는 대로 여행 안내서를 보내 드리겠습니다. 아, 그리고 여행 후에 앙케트에 응해 주시면 추첨으로 여행권이 당첨되니 괜찮으시면 해 봐 주세요. 안내서에 동봉해 드릴 테니까요.

여자는 이다음 무엇을 합니까?

1 투어 요금을 송금한다

2 여행 안내서를 보낸다

3 1인실 요금을 지불한다

4 앙케트에 답한다

2번 🔈 4-02

動物病院で男の人と医者が話しています。男の人はこれから薬をどのように飲ませますか。

男 すみません。うちの犬、こないだいただいた薬、全然飲んでくれないんです……。薬を粉にして水に溶かしてみたんですが、見向きもしなくて。

女 それはにおいのせいでしょうね。食べ物と一緒に飲ませるといいですよ。

男 ええ。薬を潰して、えさに混ぜてみたんですけど……。あんまり。

女 ああ、そうじゃなくて、食べ物の中にそのまま入れるんですよ。

男 へえ。

女 潰すとやっぱりにおいがしてしまいますから。

男 なるほど。においに気づかれないようにしないとだめなんですね。

女 ええ。それでも頑として飲まない場合は、無理にでも口を開けさせて飲ませるしかないんですが、まずは、今言ったのを試してみてください。

男 そうですね。やってみます。

男の人はこれから薬をどのように飲ませますか。

1 粉にして水に溶かして飲ませる
2 つぶしてえさに混ぜて飲ませる
3 食べ物につぶさずに入れて飲ませる
4 口を開けさせて飲ませる

동물병원에서 남자와 의사가 이야기하고 있습니다. 남자는 이제부터 약을 어떻게 먹입니까?

남 저기요. 우리 강아지가 요전에 받은 약을 전혀 먹질 않아요……. 약을 가루로 만들어 물에 녹여 봤는데, 쳐다보지도 않고요.

여 그건 냄새 때문일 거예요. 음식과 함께 먹이면 좋아요.

남 네, 약을 으깨서 먹이에 섞어 봤는데……. 그다지.

여 아, 그게 아니라 음식 안에 그대로 넣는 겁니다.

남 네?

여 으깨면 역시 냄새가 나 버리니까요.

남 그렇군요. 냄새를 알아차리지 못하게 하지 않으면 안 되는 거군요.

여 네. 그래도 완강히 먹지 않을 때는 억지로라도 입을 벌리게 해서 먹게 하는 방법밖엔 없습니다만, 우선은 지금 말씀 드린 것을 시험해 보세요.

남 그렇군요. 해 보겠습니다.

남자는 이제부터 약을 어떻게 먹입니까?

1 가루로 만들어 물에 녹여 먹게 한다
2 으깨서 먹이에 섞어 먹게 한다
3 음식에 으깨지 않고 넣어 먹게 한다
4 입을 벌리게 해서 먹게 한다

3번 🔈 4-03

プールで先生と男の学生が話しています。男の学生は、このあと何に注意しなければなりませんか。

女 ずいぶんタイムがよくなりましたよ。前に言ったポイント、理解したようね。

수영장에서 선생님과 남학생이 이야기하고 있습니다. 남학생은 이다음 무엇에 주의하지 않으면 안 됩니까?

여 상당히 타임(기록)이 좋아졌어. 전에 말했던 포인트 이해한 것 같네.

男 ありがとうございます。息継ぎの時、頭を動かさないように意識してます。

女 うん。おかげで水の抵抗を受けにくくなってる。次はもっと深いところで手を回すように気をつけてみて。

男 ああ、できるだけ速く回そうと思うと、つい浅いところで回しちゃって。

女 今は速く回すことより、そっちが優先よ。手の角度はまっすぐになったから、今のままでオッケー。

男 そうですか。自分では、まっすぐというより手をそらせてる感じなんですが。

女 うん。そのくらいの感覚でちょうどいいのよ。

남 고맙습니다. 숨을 쉴 때 머리를 움직이지 않도록 의식하고 있습니다.

여 응. 덕분에 물의 저항을 덜 받게 됐어. 다음엔 더 깊은 곳에서 손을 젓도록 신경을 써 봐.

남 아, 되도록 빨리 저으려고 하다 보니 그만 얕은 곳에서 저어 버려서요.

여 지금은 빨리 젓는 것보다는 그쪽이 우선이야. 손의 각도는 일직선이 됐으니까, 지금 이대로 오케이야.

남 그렇습니까. 전 일직선이라기 보다는 손을 젖히는 느낌인데요.

여 응, 그 정도의 감각이 딱 좋아.

男の学生は、このあと何に注意しなければなりませんか。

1 頭を動かさないようにすること
2 水の深いところで手を回すこと
3 手をできるだけ速く回すこと
4 手の角度をまっすぐにすること

남학생은 이다음 무엇에 주의하지 않으면 안 됩니까?

1 머리를 움직이지 않도록 하는 것
2 수심이 깊은 곳에서 손을 젓는 것
3 손을 되도록 빨리 젓는 것
4 손의 각도를 곧게 쭉 뻗는 것

4번 4-04

女の人と男の人が、広告のデザインについて話しています。男の人はこのあと何をしなければなりませんか。

女 広告のデザイン、こないだ直してもらったところ、確認しました。

男 あ。問題なかったでしょうか。

女 タイトルの文字は、前にお願いした通り小さくなってるんですが、別のところの色合いがちょっと……。

男 え、どのあたりでしょうか。

여자와 남자가 광고 디자인에 대해 이야기하고 있습니다. 남자는 이다음 무엇을 하지 않으면 안 됩니까?

여 광고 디자인, 요전에 수정해 주신 부분 확인했습니다.

남 아, 문제 없었나요?

여 타이틀 글자는 전에 부탁한 대로 작아져 있는데요, 다른 부분의 색상이 조금…….

남 예? 어느 부분이요?

女 このまえ背景の点とか汚れをきれいにしていただけるよう、お願いしたと思うんですが。

男 ええ、だいぶ消したので、すっきりしたと思いますが。

女 ええ、本当に。でも、それが直ったら今度は俳優の肌の色が気になっちゃって。もっと明るく健康そうな感じにしていただけるとありがたいんですが。

男 ああ、確かに暗いかもしれませんね。わかりました。外枠の太さなんかは大丈夫ですか。

女 ええ。それは問題ないです。

男 分かりました。修正が終わったらまたご連絡します。

여 지난번에 배경의 점이나 지저분한 것을 깨끗하게 해 달라고 부탁드린 것 같은데요.

남 네, 거의 다 지워서 깔끔해졌다고 생각합니다만.

여 네, 그러게요. 근데, 그게 수정되니까 이번엔 배우의 피부색이 신경 쓰여서요. 좀 더 밝고 건강한 것 같은 느낌으로 해 주시면 고맙겠는데요.

남 아, 확실히 어두울지도 모르겠네요. 알겠습니다. 바깥 윤곽선의 굵기 같은 건 괜찮습니까?

여 네. 그건 문제 없습니다.

남 알겠습니다. 수정이 끝나면 다시 연락드리겠습니다.

男の人はこのあと何をしなければなりませんか。

1 タイトルを小さくする
2 背景の点や汚れを消す
3 肌の色を明るくする
4 外枠の太さを変える

남자는 이다음 무엇을 하지 않으면 안 됩니까?

1 타이틀을 작게 한다
2 배경의 점이나 지저분한 것을 지운다
3 피부색을 밝게 한다
4 바깥 윤곽선의 굵기를 바꾼다

5번 ◀) 4-05

会社で男の人と女の人が話しています。女の人はこれから資料をどうしますか。

男 この資料なんだけどね。

女 はい、課長。

男 ちょっと内容を修正してもらいたいんだ。

女 はい。このメモがついている部分ですね。

男 うん。それと、ここところのページ。数字が細かくて分かりにくいんだよね。なんとかならないかな。

女 確かにそうですね。見てすぐ分かるように、表にしてみましょうか。

회사에서 남자와 여자가 이야기하고 있습니다. 여자는 지금부터 자료를 어떻게 합니까?

남 이 자료 말인데.

여 네, 과장님.

남 조금 내용을 수정해 줬으면 하는데.

여 네. 이 메모가 달린 부분 말씀이죠?

남 응. 그거랑, 여기랑 여기 페이지. 숫자가 작아서 알아보기 어려워. 어떻게 안 되나?

여 확실히 그렇네요. 보고 바로 알 수 있도록 표로 만들어 볼까요?

男 おお、いいね。じゃ、表を追加して。僕はこれから出かけちゃうから頼んだよ。

女 これから外出なんですか。

男 うん。5時には戻るけど。あ、もしかして、さっきの、表を追加したら枚数も増えるかな。

女 ええ。そうなりますね。

男 それは、ちょっとまずいな。やっぱり、そのままでいいや。

女 はい。じゃ、できたら課長の机の上に置いておきますね。

男 あ、いや、斉藤君にチェックしてもらって。彼には言っておくから。

남 아, 괜찮네. 그럼, 표를 추가해. 나는 지금부터 외출할테니 부탁할게.

여 지금부터 외출하세요?

남 응. 5시에는 돌아올 건데. 아! 혹시 아까 그 표를 추가하면 매수도 늘어날까?

여 네. 그렇게 되네요.

남 그건 좀 곤란한데. 역시 그대로가 좋겠어.

여 네. 그럼, 다 되면 과장님 책상 위에 올려 놓을게요.

남 아, 아냐. 사이토 군에게 체크해 달라고 해. 그에게는 내가 말해둘 테니까.

女の人はこれから資料をどうしますか。

1 表を追加して課長の机の上に置く
2 表を追加して斉藤さんに渡す
3 内容を修正して課長の机の上に置く
4 内容を修正して斉藤さんに渡す

여자는 지금부터 자료를 어떻게 합니까?

1 표를 추가해서 과장님 책상 위에 둔다
2 표를 추가해서 사이토 씨에게 건네준다
3 내용을 수정해서 과장님 책상 위에 둔다
4 내용을 수정해서 사이토 씨에게 건네준다

6번 4-06

男の人と女の人が話しています。女の人は、このあとまず何をしますか。

男 うわ。暑いなー、この部屋。

女 またエアコンの調子が悪くなっちゃって。

男 ええ、また？修理は頼んだ？

女 うん。でも忙しいらしくて、来てくれるのは明後日だって。

男 ええー、この暑さにエアコンなしはきついなー。

女 前に修理してもらった時、そろそろ寿命ですよ、とは言われてたんだけど。とりあえず、扇風機買ってくるから、明後日まで我慢してよ。

男 うん。でも、こうしょっちゅう故障するんじゃ、買い換えたほうがいいんじゃない？

남자와 여자가 이야기하고 있습니다. 여자는 이다음 우선 무엇을 합니까?

남 우와. 덥네, 이 방.

여 또 에어컨 상태가 나빠져서.

남 뭐, 또? 수리는 부탁했어?

여 응. 하지만 바쁜 것 같아서 와 주는 건 모레래.

남 아~, 이 더위에 에어컨이 없으면 힘든데….

여 전에 수리받았을 때 이제 수명이 거의 다 됐다고는 했는데. 일단, 선풍기 사 올 테니 모레까지만 참아.

남 응. 하지만 이렇게 툭하면 고장 나는데 새로 사는 게 낫지 않을까?

女 そうねえ。でもお金もかかるだろうし、修理して使えるならそれに越したことはないでしょ。

男 そもそも、値段ってどれくらいなんだろ。一度調べてみるか。

女 ああ、だったら、前に取り寄せたカタログがあるよ。

男 そっか。じゃ、一応値段のチェックだけしておくよ。買うかどうかは、修理の人にみてもらってから決めよう。

女の人は、このあとまず何をしますか。

1 エアコンの修理を頼む
2 扇風機を買いに行く
3 エアコンを買い換える
4 カタログを取り寄せる

여 그러게. 하지만 돈도 들 테고, 수리해서 사용할 수 있으면 그게 제일 좋잖아.

남 애초에 가격이 어느 정도 되려나. 한번 알아볼까?

여 아, 그럼 전에 주문한 카탈로그가 있어.

남 그래? 그럼 일단 가격만 체크해 둘게. 살지 어쩔지는 수리하는 사람이 봐 준 후에 결정하자.

여자는 이다음 우선 무엇을 합니까?

1 에어컨 수리를 부탁한다
2 선풍기를 사러 간다
3 에어컨을 새로 산다
4 카탈로그를 주문한다

문제2 문제2에서는 우선 질문을 들으세요. 그 후 문제지의 선택지를 읽으세요. 읽을 시간이 있습니다. 그리고 이야기를 듣고 문제지의 1에서 4 중에서 가장 적당한 것을 하나 고르세요.

1번 4-07

レポーターがお店の人にインタビューしています。お店の人は、人気の理由は何だと言っていますか。

女 こちらのお店は大人気で、いつも行列が絶えませんね。

男 あ、ありがとうございます。うちでは創業以来、ずっと火を止めずにスープを煮込み続けているので、味に深みがあるんです。うちのお客様のほとんどは、これを目的に来てくださっていて、美味しいと言ってくれます。麺は毎朝私が手作りして、スープにぴったり合うように調整しています。店舗が狭く、客席が少ないので、食事時にはどうしても外まで行列になってしまうんですが、待ってから食べると余計に美味しいと言ってくれるお客様もいらっしゃるんですよ。でも、回転が速いのでそれほどお待たせすることはないと思い

리포터가 가게 사람에게 인터뷰하고 있습니다. 가게 사람은 인기의 이유는 무엇이라고 말하고 있습니까?

여 여기 가게는 매우 인기가 있어, 언제나 줄이 끊이질 않네요.

남 아, 고맙습니다. 저희 가게에서는 창업 이래로 쭉 불을 끄지 않고 국물을 계속 졸이고 있기 때문에 맛에 깊이가 있습니다. 저희 손님들 대부분은 이것을 목적으로 와 주시고 계시며, 맛있다고 말씀해 주십니다. 면은 매일 아침 제가 직접 만들어 국물과 딱 맞게끔 조정하고 있습니다. 점포가 좁고 좌석이 적어서 식사 때는 어쩔 수 없이 밖까지 줄이 생겨 버립니다만, 기다렸다가 먹으니 더욱 맛있다고 말씀해 주시는 손님도 계십니다. 하지만, 회전이 빨라서 그렇게 많이 기다리게는 하지

ます。メニューは、3種類にこだわってやってきましたが、今後はもう少し増やしていこうと思っています。

않는다고 생각합니다. 메뉴는 세 종류로 고집해 왔습니다만, 앞으로는 조금 늘려 가려고 생각하고 있습니다.

お店の人は、人気の理由は何だと言っていますか。

1 スープの味がいいから
2 麺を手作りしているから
3 店が狭く席が少ないから
4 メニューが3種類だから

가게 사람은 인기의 이유는 무엇이라고 말하고 있습니까?

1 국물 맛이 좋기 때문에
2 면을 직접 만들고 있기 때문에
3 가게가 좁고 자리가 적기 때문에
4 메뉴가 세 종류이기 때문에

2번 4-08

女の人と男の人が話しています。男の人は、どうして美術館に行くと言っていますか。男の人です。

女 山田君。週末、美術館行ってきたんだって？よく行くの？

男 うん、ひと月に一回ぐらいかな。建物のしくみとか、空間の使い方とか勉強になるから。

女 ああ、そういえば山田君、建築学科だったよね。

男 うん。美術館って建物自体が芸術作品になってるところも多くて、面白いんだよ。佐藤さんは、美術館行ったりする？

女 たまにね。気持ちが疲れちゃったときとか。気分転換にもなるし。

男 ああ、確かにそうだね。僕、絵のことはよく分からないから、こないだ、解説ツアーに参加してみたんだけど、なかなか良かったよ。

女 解説ツアー？そんなのあるんだ。

男 うん。時間が決まってて、学芸員の人が作品の時代背景とか魅力なんかをタダで解説してくれるんだよ。けっこう色んな人が参加してる。

女 へえ、そうなんだ。

여자와 남자가 이야기하고 있습니다. 남자는 어째서 미술관에 간다고 말하고 있습니까? 남자입니다.

여 야마다 군. 주말에 미술관 다녀왔다며? 자주 가?

남 응, 한 달에 한 번 정도. 건물의 구조라든지, 공간의 이용법 등이 공부가 되니까.

여 아, 그러고 보니 야마다 군, 건축학과였지.

남 응. 미술관은 건물 자체가 예술 작품이 되어 있는 곳도 많아서 재미있거든. 사토 씨는 미술관에 가거나 해?

여 가끔. 기분이 쳐지거나 할 때. 기분 전환도 되고.

남 아, 확실히 그렇지. 난 그림에 관한 건 잘 모르니까, 요전에 해설 투어에 참가해 봤는데, 상당히 좋았어.

여 해설 투어? 그런 게 있구나.

남 응. 시간이 정해져 있어서, 큐레이터가 작품의 시대 배경이라든지, 매력 같은 걸 공짜로 해설해 줘. 꽤 다양한 사람들이 참가해.

여 흐음, 그렇구나.

男　いかにも美大生って感じの人もたくさんいるよ。

女　ああ、きっと勉強のために来てるんだろうね。

男の人は、どうして美術館に行くと言っていますか。

1 美術館の建築構造を見るため

2 心を休めて気分転換するため

3 作品の時代背景や魅力を知るため

4 作品を見て美術の勉強をするため

남 그야말로 미대생이라는 느낌이 드는 사람도 많이 있어.

여 아~, 분명 공부를 위해 오는 거겠지.

남자는 어째서 미술관에 간다고 하고 있습니까?

1 미술관의 건축 구조를 보기 위해

2 마음을 쉬게 하고 기분 전환하기 위해

3 작품의 시대 배경이나 매력을 알기 위해

4 작품을 보고 미술 공부를 하기 위해

3번 4-09

ラジオで女の人が話しています。この歌の一番の魅力は何だと言っていますか。

女　この歌は、東京都にお住まいの木村さんのリクエストにお応えしてお送りしました。あぁ、懐かしいなーなんて思いながら聞いてくださった方も多いかと思います。この歌、聴くたびに感動しますよね、どうしてなんでしょう。まず、この歌のリズムが好きっていう方、たくさんいらっしゃると思いますが、これ、沖縄地方の独特の音楽リズムなんですよね。それから、なんとも切ない歌詞。これは、亡くなったお兄さんへの想いを歌っているんだそうです。また、歌手の夏木みりさんの澄んだ声や深い表現力も本当に見事なんですが、でもやっぱり、誰もが経験する悲しみに、みんな共感するんでしょうね。

この歌の一番の魅力は何だと言っていますか。

1 独特のリズム

2 歌詞の内容

3 澄んだ歌声

4 見事な表現力

라디오에서 여자가 이야기하고 있습니다. 이 노래의 가장 큰 매력은 무엇이라고 말하고 있습니까?

여 이 노래는 도쿄에 사시는 기무라 씨의 신청을 받아 보내드렸습니다. 아~, 그립네 하며 들으신 분도 많으리라 생각합니다. 이 노래, 들을 때마다 감동이네요. 왜일까요? 우선 이 노래의 리듬이 좋다고 하시는 분도 많이 계실 거라고 생각합니다만, 이건 오키나와 지방의 독특한 음악 리듬이지요. 그리고 정말로 애절한 가사. 이것은 돌아가신 형님에 대한 마음을 노래한 것이라고 합니다. 또한, 가수인 나쓰키 미리 씨의 맑은 목소리와 깊은 표현력도 정말 훌륭합니다만, 그래도 역시, 누구나 경험하는 슬픔에 모두들 공감하는 거겠지요.

이 노래의 가장 큰 매력은 무엇이라고 말하고 있습니까?

1 독특한 리듬

2 가사의 내용

3 맑은 노랫소리

4 훌륭한 표현력

4번 4-10

男の人と女の人が話しています。女の人は、どうしてこの病院を選んだと言っていますか。

男 おじいさんが手術することになったそうですね？どちらの病院なんですか。

女 そうなんです。山内総合病院ってご存知ですか。昨日、入院の手続きして手術の予約も入れてきたんですけど。

男 ああ、そう。あそこなら技術の高い先生が多いって評判だし、良さそうですね。

女 ええ。施設も建て直したばっかりだし、最新機器も揃ってるそうなんで。

男 それなら安心して任せられますね。でもあそこ、紹介がないとなかなか難しいって聞いてますけど。

女 そうらしいですね。でも、今診てもらってる病院の先生が紹介状を書いてくださったんで。

男 ああ、そうだったんですか。それはよかった。確か、お宅からもそんなに遠くないですよね。

女 ええ。色んな病院を調べたんですけど、結局母と私が通いやすいところにしたんです。

男 これからしばらく大変ですね。何か僕にできることがあったらいつでもおっしゃってください。

女 はい、お気遣いありがとうございます。

남자와 여자가 이야기하고 있습니다. 여자는 어째서 이 병원을 선택했다고 말하고 있습니까?

남 할아버님이 수술하시게 됐다면서요? 어느 병원이에요?

여 맞아요. 야마우치 종합 병원이라고 아세요? 어제 입원 수속하고 수술 예약도 하고 왔는데요.

남 아아, 그래요. 그곳이라면 기술이 뛰어난 선생님이 많다고 평판이 자자하니, 좋을 것 같네요.

여 네. 시설도 새로 지은 지 얼마 안 되었고, 최신 기기도 갖추고 있다고 해서요.

남 그러면 안심하고 맡길 수 있겠네요. 하지만, 거긴 소개가 없으면 좀처럼 어렵다고 들었는데요.

여 그런 것 같아요. 하지만, 지금 다니는 병원 선생님이 소개장을 써 주셔서.

남 아, 그랬군요. 잘 됐네요. 분명 댁에서도 그다지 멀지 않죠.

여 네. 여러 병원을 알아봤는데, 결국 어머니와 제가 다니기 편한 곳으로 했어요.

남 앞으로 한동안은 힘드시겠네요. 뭔가 제가 할 수 있는 일이 있으면 언제든지 말씀해 주세요.

여 네, 신경 써 주셔서 감사해요.

女の人は、どうしてこの病院を選んだと言っていますか。

1 腕のいい医者がたくさんいるから
2 病院の設備が整っているから
3 今の病院で紹介してもらったから
4 自宅から通うのに便利だから

여자는 어째서 이 병원을 선택했다고 말하고 있습니까?

1 실력이 좋은 의사가 많이 있기 때문에
2 병원 설비가 갖춰져 있기 때문에
3 지금 다니는 병원에서 소개해 주었기 때문에
4 집에서 다니기에 편리하기 때문에

5번 🔊 4-11

会社で女の人と男の人が話しています。この会社が男性化粧品の分野に進出しない、一番大きな理由は何ですか。

女 会議、いかがでしたか。

男 うん、うちは男性化粧品の分野には進出しないって決まったよ。

女 ええ！あまり利益が見込めないってことですか？

男 うん。最近注目されてる分野だからって意見もあったけど、男性化粧品ってやっぱり買う人が限られてるからね。

女 うちは、女性化粧品で培ったノウハウもあるし、開発費用が新たにかかる訳じゃないのに、進出しないなんて…… ちょっと残念ですね。

男 ああ、でも、それだけじゃないんだ。うちの会社と協力関係を結んでる男性化粧品の会社があるだろう？

女 ああ、もしうちが男性市場に進出してライバルになったら、今のような関係を維持するのは難しくなるってことですか。

男 うん、実はそこが問題でね。将来的にはともかく、当面は女性化粧品の分野でさらに専門性を追求していこうってことになったんだ。

女 そうでしたか。

この会社が男性化粧品の分野に進出しない、一番大きな理由は何ですか。

1 男性化粧品はあまり注目されていないから
2 開発費用が新たにかかってしまうから
3 男性化粧品の会社と業務協力しているから
4 女性化粧品の専門性を追求したいから

회사에서 여자와 남자가 이야기하고 있습니다. 이 회사가 남성 화장품 분야에 진출하지 않는 가장 큰 이유는 무엇입니까?

여 회의 어떠셨어요?

남 응, 우리는 남성 화장품 분야에는 진출하지 않기로 결정됐어.

여 네? 그다지 이익을 기대할 수 없다는 건가요?

남 응. 최근 주목받고 있는 분야라는 의견도 있었지만, 남성 화장품은 역시 사는 사람이 제한돼 있으니까.

여 우리는 여성 화장품에서 길러 낸 노하우도 있고, 개발 비용이 새롭게 드는 것도 아닌데 진출하지 않다니…… 좀 아쉽네요.

남 응, 하지만, 그게 다가 아니야. 우리 회사와 협력 관계를 맺고 있는 남성 화장품 회사가 있잖아?

여 아~, 만약 우리가 남성 시장에 진출해서 라이벌이 되면, 지금과 같은 관계를 유지하는 것은 어려워진다는 거군요?

남 응, 실은 그게 문제라서. 장래성을 차치하고 당분간은 여성 화장품 분야에서 더욱 전문성을 추구해 가자고 이야기가 되었어.

여 그랬군요.

이 회사가 남성 화장품 분야에 진출하지 않는 가장 큰 이유는 무엇입니까?

1 남성 화장품은 그다지 주목 받고 있지 않기 때문에
2 개발 비용이 새로 들어 버리기 때문에
3 남성 화장품 회사와 업무 협력을 하고 있기 때문에
4 여성 화장품의 전문성을 추구하고 싶기 때문에

6번 4-12

男の人と女の人が話しています。女の人は、どうして会社を辞めると言っていますか。

男 なんか最近疲れてますね。どうしたんですか。

女 それがね。このところ毎日残業が続いてて、寝られる時間がせいぜい3、4時間ぐらいなのよ。

男 わあー、それは大変ですね。

女 うん。まあ、でもこれは一時的なものだからなんとか。それより、私、会社辞めようと思ってるんだ。

男 え、どうして？他にやりたい仕事でもあるんですか？

女 ううん。そうじゃないんだけど、上司がけっこう厳しい人でね。

男 ええ、そうなんですか。でも、すごくお給料はいいって言ってたじゃないですか。

女 それはそうなんだけど、なんかもう人の顔色を伺って仕事するのに疲れちゃって。

男 えー、でもこの不景気にいい条件で会社を移るのって簡単なことじゃないですよ。

女 うん、それは重々承知してるんだけど。

女の人は、どうして会社を辞めると言っていますか。

1 残業が多いから
2 上司に不満があるから
3 給料が安いから
4 他の仕事がしたいから

남자와 여자가 이야기하고 있습니다. 여자는 어째서 회사를 그만둔다고 말하고 있습니까?

남 왠지 요즘 피곤해 보이네요. 무슨 일 있어요?

여 그게 말야. 요즘 매일 야근이 계속돼서 잘 수 있는 시간이 기껏해야 3, 4시간 정도야.

남 우와, 되게 힘들겠네요.

여 응. 뭐, 그래도 이건 일시적인 거니까 할만한데. 그보다 나 회사 그만둘까 생각 중이야.

남 네, 왜요? 달리 하고 싶은 일이라도 있나요?

여 아니. 그런 건 아닌데 상사가 꽤나 엄격한 사람이라서.

남 에, 그래요? 하지만 상당히 급여가 좋다고 하셨잖아요.

여 그건 그런데, 뭐랄까 더 이상 남의 비위 맞추며 일하는 게 피곤해서.

남 에~, 그래도 이 불경기에 좋은 조건으로 회사를 옮긴다는 게 간단한 일이 아니잖아요.

여 응, 그건 충분히 알고 있지만 말야.

여자는 어째서 회사를 그만둔다고 말하고 있습니까?

1 잔업이 많아서
2 상사에게 불만이 있어서
3 월급이 적어서
4 다른 일을 하고 싶어서

7번 4-13

会社で女の人と男の人が話しています。女の人は、どうしてダンス教室をやめましたか。

女 よし。これで終わり。さー帰ろう。

男 あ、これからダンス教室ですか？

회사에서 여자와 남자가 이야기하고 있습니다. 여자는 어째서 댄스 교실을 그만뒀습니까?

여 좋아. 이걸로 끝. 자, 집에 가야지.

남 아, 지금부터 댄스 교실인가요?

女 ああ、あれ？もうやめちゃった。

男 えっ。そうなんですか？どうして？あ、そういえば、衣装代がばかにならないって言ってましたっけ。

女 んー、それ以前に、なんか私、ダンス駄目みたいでさ。全然うまくならなくて。

男 そうなんですか。

女 何か別の物を習おうかとも考えたんだけど、これっていうのがなくて……。あーあ、せっかく仕事が落ち着いてきたからいい機会だと思ったんだけどなぁ。

女の人は、どうしてダンス教室をやめましたか。

1 他の教室に行くことにしたから

2 仕事が忙しくて時間がないから

3 衣装にお金がかかるから

4 自分には向いていないと思ったから

여 아아, 그거? 이제 그만둬 버렸어.

남 앗, 그래요? 왜요? 아, 그러고 보니, 의상비가 장난 아니라고 했었죠?

여 음, 그 이전에, 왠지 나, 춤이 영 아닌 것 같아서. 전혀 늘지를 않아서.

남 그러세요?

여 뭔가 다른 걸 배울까 하고도 생각했는데, 딱히 이거다 싶은 게 없어서……. 아~, 모처럼 일이 안정되기 시작해서 좋은 기회라고 생각했는데.

여자는 어째서 댄스 교실을 그만뒀습니까?

1 다른 교실에 가기로 했기 때문에

2 일이 바빠서 시간이 없기 때문에

3 의상에 돈이 들기 때문에

4 자신에게는 맞지 않는다고 생각했기 때문에

문제3 문제3에서는 문제지에 아무것도 인쇄되어 있지 않습니다. 이 문제는 전체적으로 어떤 내용인지를 묻는 문제입니다. 이야기 전에 질문은 없습니다. 우선 이야기를 들으세요. 그리고, 질문과 선택지를 듣고 1에서 4 중에서 가장 적당한 것을 하나 고르세요.

1번 4-14

テレビでレポーターが話しています。

女 こちらは、狭い空間を生かした間取りが自慢の永井さんのお宅です。わずか10坪の土地に4人が暮らしています。普段使わない荷物や家具の置き場所は、どの家でも悩みの種ですよね。でも、このお宅では、なんと地下に収納スペースを作り、狭い家特有の物の圧迫感を解消しました。また、こちらのリビングでは、キッチンとの仕切りをなくし、部屋を実際より広く見せることに成功しています。とはいえ、調理から配膳まで一度に済ませられるという、狭さゆえの長所はきちんと生かさ

TV에서 리포터가 이야기하고 있습니다.

여 여기는 좁은 공간을 살린 방 배치가 자랑인 나가이 씨의 댁입니다. 불과 10평의 토지에 네 명이 살고 있습니다. 평소 사용하지 않는 짐이나 가구의 보관 장소는 어느 집이나 고민거리지요. 하지만 이 댁에서는 놀랍게도 지하에 수납 공간을 만들어 좁은 집 특유의 압박감을 해소했습니다. 또, 이쪽 거실에서는 부엌과의 벽을 없애, 방을 실제보다 넓게 보이는 것에 성공했습니다. 그렇지만, 조리부터 상을 차리기까지 한번에 끝낼 수 있다는, 좁기 때문에 가능한 장점은 확실히 살리고 있

れていますね。それから、こちらの窓。通常より窓が大きいことで開放的な印象を受けますよね。おかげで、人が集まっても息苦しさを感じさせないので、自然と家族が集まり、家の雰囲気は明るいということです。

습니다. 그리고 이쪽의 창문. 일반 창보다 크기 때문에 개방적인 인상을 받지요? 덕분에 사람이 모여도 답답함을 느끼게 하지 않아서 자연스럽게 가족이 모여, 집의 분위기는 밝다고 합니다.

レポーターは、何について話していますか。

1 狭い空間での過ごし方
2 狭い家の住みやすさ
3 狭さを感じさせない工夫
4 狭い家に住む家族の絆

리포터는 무엇에 대해 이야기하고 있습니까?

1 좁은 공간에서의 생활 방법
2 좁은 집의 살기 편함
3 협소함을 느끼게 하지 않는 궁리
4 좁은 집에 거주하는 가족의 유대감

2번 4-15

高校で先生が話しています。

男 今、大学全入時代なんて言われているのは知ってるか？これは、少子化で、大学の入学希望者数が定員数を下回って、計算上では全員が大学に入れる状況を指すんだ。だからと言って、みんなが希望の大学に入れるわけじゃない。みんなが有名大学の受験を希望するのは当然だし、そういう大学の競争率は、昔と全然変わっていないんだ。でも一方で、それ以外の大学は、今学生不足に直面して、対策を練っている。中には、特色を出してどんどん専門性を高めているところもある。だからもし、目標分野がはっきりしていて、それが、こういった大学の専門性と合うんであれば、知名度とか人気にとらわれることはないということを頭に入れておいて欲しい。

고등학교에서 선생님이 이야기하고 있습니다.

남 지금, 대학 전입 시대라고 한다는 것을 알고 있는가? 이것은 저출산으로 대학 입학 희망자 수가 정원을 밑돌아 계산상으로는 전원이 대학에 들어갈 수 있는 상황을 가리킨다. 그렇다고 해서 모두가 희망하는 대학에 들어갈 수 있는 것은 아니다. 모두가 유명 대학 수험을 희망하는 것은 당연하고, 그러한 대학의 경쟁률은 옛날과 전혀 변함이 없다. 하지만 한편 그 외의 대학은 지금 학생 부족에 직면해 대책을 짜고 있다. 그중에는 특색을 내서 속속 전문성을 높이고 있는 곳도 있다. 그러니 만일 목표 분야가 명확하고 그것이 이러한 대학의 전문성과 일치한다면, 지명도나 인기에 얽매일 필요는 없다는 것을 염두에 두었으면 한다.

先生が伝えたいのはどのようなことですか。

1 希望すれば全員が大学に入れること
2 有名な大学を受験すべきだということ
3 大学は学生不足に苦しんでいること
4 大学選びの基準はひとつではないこと

선생님이 전하고 싶은 것은 어떠한 것입니까?

1 희망하면 전원이 대학에 들어갈 수 있다는 것
2 유명한 대학을 지원해야 한다는 것
3 대학은 학생 부족으로 힘들어 하고 있다는 것
4 대학 선택의 기준은 하나가 아니라는 것

3번 4-16

テレビで女の人が話しています。

女　喫茶店でコーヒーを飲みながらおしゃべりをしたり、本を読んだりすることがあると思いますが、喫茶店の壁の色を意識したことはありますか？あるいは、コーヒーカップの色を特に注意して見たことはあるでしょうか？実は色の違いが味の違いを左右するということが、実験の結果わかっています。同じものを飲んだり食べたりしても、見ている色によって感じる味が違うというのです。例えば、コーヒーを飲むとき、茶色のカップで飲むと非常に濃く感じられ、黄色のカップで飲むと薄く感じるのだそうです。

女の人は、どのようなテーマで話していますか。

1 喫茶店のインテリアの色
2 コーヒーの色の実験結果
3 色が味覚に与える影響
4 コーヒーの上手ないれ方

TV에서 여자가 이야기하고 있습니다.

여　커피숍에서 커피를 마시면서 수다 떨거나, 책을 읽거나 하는 경우가 있을 겁니다만, 커피숍 벽의 색을 의식한 적은 있습니까? 혹은 커피 잔의 색을 특히 주의해서 본 적은 있습니까? 실은 색의 차이가 맛의 차이를 좌우한다는 것이, 실험 결과 밝혀졌습니다. 같은 음식을 마시거나 먹거나 해도 보고 있는 색에 따라 느끼는 맛이 다르다는 것입니다. 예를 들면, 커피를 마실 때, 갈색 컵으로 마시면 상당히 진하게 느껴지고, 노란색 컵으로 마시면 연하게 느낀다고 합니다.

여자는 어떠한 주제로 이야기하고 있습니까?

1 커피숍의 인테리어 색
2 커피 색의 실험 결과
3 색이 미각에 미치는 영향
4 커피를 잘 타는 방법

4번 4-17

ジムでインストラクターが話しています。

男　トレーニングと言っても、目的はそれぞれ違うと思います。基礎体力を向上させたい方、体脂肪を落としたい方、筋力をアップさせたい方、そのほか色々いらっしゃるでしょう。目的に応じてトレーニング方法や回数は変わってきますが、全てに共通しているのはトレーニング前のストレッチを忘れてはいけないということです。トレーニングとは、体に負担をかけて少し無理をさせることですから、事前に体を動かさずにいきなりトレーニングを始めてしまうと、怪我をする恐れがあります。たとえばスパゲティを作るときも、まず麺を茹でますよね。茹でずにソースを混ぜると、ど

스포츠 센터에서 트레이너가 이야기하고 있습니다.

남　트레이닝이라 해도 목적은 각각 다르다고 생각합니다. 기초 체력을 향상시키고 싶으신 분, 체지방을 줄이고 싶으신 분, 근력을 키우고 싶으신 분, 그 밖에 다양하게 계실 겁니다. 목적에 따라 트레이닝 방법이나 횟수는 달라집니다만, 모두에게 공통된 것은 트레이닝 전의 스트레칭을 잊어서는 안 된다는 것입니다. 트레이닝이란 몸에 부담을 줘서 조금 무리를 하게 하는 것이므로 사전에 몸을 움직이지 않고 갑자기 트레이닝을 시작해 버리면 부상을 당할 우려가 있습니다. 예를 들면, 스파게티를 만들 때도 우선 면을 삶지요. 삶지 않고 소스에 섞으면 어떻게 될까요? 똑똑 부러져

うなりますか？ポキポキ折れてしまいます。みなさんの体も同じです。まずは体を温めながら、少しずつ柔らかくしていきましょう。

버립니다. 여러분의 몸도 마찬가지입니다. 우선은 몸의 체온을 올리면서 조금씩 부드럽게 해 나갑시다.

インストラクターは何について話していますか。

1 トレーニングの目的
2 ストレッチの重要性
3 けがをする原因
4 スパゲティの作り方

트레이너는 무엇에 대해 이야기하고 있습니까?

1 트레이닝 목적
2 스트레칭의 중요성
3 부상을 당하는 원인
4 스파게티 만드는 법

5번 4-18

雑誌の記者と企業の人事担当者が話しています。

女 昨年から始められた新卒採用ですが、説明会の参加率も高く、順調なようですね。社内での反応はいかがですか。

男 そうですね。かなり好評です。定期的に新人が入ってくることで、随分と社内の雰囲気が変わり、活性化されました。

女 経験者採用から新卒採用に切り替えられた目的も、その辺りにあったんでしょうか？

男 いえ。昨年、弊社ではグループ会社の統合がありましたので、ひとつの会社としてのまとまりを対外的にアピールすることがそもそもの狙いでした。

女 それは狙いどおりになりましたね。

男 ええ、十分アピールできたと思います。また、既存の社員に対しても「新卒の採用を始めるということは、長い目で人材の活用を考えているんだな」という安心感を与えることにもつながったようです。

女 昨年の新卒の社員の方は、既に入社して働かれていると思いますが、現場での評価はいかがですか。

잡지 기자와 기업의 인사 담당자가 이야기하고 있습니다.

여 작년부터 시작하신 신졸(그 해 졸업한 사람) 채용입니다만, 설명회 참가율도 높고 순조로운 것 같은데요. 사내에서의 반응은 어떻습니까?

남 글쎄요. 상당히 평이 좋습니다. 정기적으로 신입이 들어옴으로써 상당히 사내 분위기가 바뀌고 활성화 되었습니다.

여 경험자 채용에서 신졸 채용으로 전환하신 목적도 그 부분에 있었던 건가요?

남 아뇨. 작년 저희 회사에서는 그룹 회사의 통합이 있었기 때문에 하나의 통합된 회사라는 것을 대외적으로 어필하는 것이 본래의 목적이었습니다.

여 그건 목적대로 되었네요.

남 네, 충분히 어필이 됐다고 봅니다. 또, 기존 사원에 대해서도 '신졸 채용을 시작한다는 것은 긴 안목으로 인재의 활용을 생각하고 있구나'라는 안도감을 주는 것으로도 이어진 것 같습니다.

여 작년 신졸 사원 분들은 이미 입사해서 근무하고 계실 텐데요, 현장에서의 평가는 어떻습니까?

男 やる気があると評判ですね。また新卒から採用した社員というのは会社に対する愛着が強いので、他の社員にもいい刺激になっているようです。

女 新卒採用は、初めての取り組みということでしたが、得るものが多かったようですね。

男 はい。結果的に社内外両方に有効だったと思っています。

企業の人事担当者は何について話していますか。

1 経験者採用の目的

2 企業のアピール方法

3 新卒の社員の評判

4 新卒採用の効果

남 의욕이 있다고 평판이 좋습니다. 또 신졸로 채용한 사원은 회사에 대한 애착이 강해서, 다른 사원에게도 좋은 자극이 되고 있는 것 같습니다.

여 신졸 채용은 처음이라고 하셨는데, 얻은 것이 많은 것 같군요.

남 예. 결과적으로 회사 내외 양쪽에 유효했다고 생각합니다.

기업의 인사 담당자는 무엇에 대해 이야기하고 있습니까?

1 경험자 채용의 목적

2 기업의 어필 방법

3 신졸 사원의 평판

4 신졸 채용의 효과

6번 4-19

テレビで女の人が話しています。

女 歳をとっても周りに迷惑をかけず、最期の瞬間まで自立して生活したいというのは、多くの人の願いでしょう。年齢と共に脳が衰えるのは仕方がないとしても、なんとか最小限にとどめたいものですよね。最近、脳トレーニングゲームなど脳を鍛える様々な製品が売られていますが、普段の生活の中でも、意識的にいつもと違うことを行ってパターン化した生活に変化を持たせ、脳を活性化させることが可能です。また、脳は死ぬまで成長できる器官とも言われていて、楽しいことや好きなことをすると神経細胞が増えるそうです。ただ、栄養が足りなくなると働きが鈍るので、毎日おやつなどで適度に糖分を摂取し、さらに、散歩など少しでも体を動かして脳に刺激を与えることが重要です。

TV에서 여자가 이야기하고 있습니다.

여 나이를 먹어도 주위에 폐를 끼치기 않고, 마지막 순간까지 자립해 살고 싶다는 것은 많은 사람들의 바람이겠지요. 연령과 함께 뇌가 쇠퇴하는 것은 어쩔 수 없다 쳐도, 어떻게든 최소한으로 막고 싶은 법이지요. 최근 뇌 트레이닝 게임 등 뇌를 단련하는 다양한 제품들이 팔리고 있습니다만, 평상시 생활 속에서도 의식적으로 평소와 다른 것을 해서 패턴화된 생활에 변화를 가져와 뇌를 활성화시키는 것이 가능합니다. 또, 뇌는 죽을 때까지 성장할 수 있는 기관이라 일컬어지고 있어, 즐거운 일이나 좋아하는 일을 하면 신경 세포가 증가한다고 합니다. 단, 영양이 부족해지면 기능이 둔화되기 때문에, 매일 간식 등으로 적절히 당분을 섭취하고, 또한 산책 등 조금이라도 몸을 움직여 뇌에 자극을 주는 것이 중요합니다.

女の人の話のテーマは何ですか。

1 脳が衰える原因

2 脳の老化を防ぐ方法

3 脳が成長する理由

4 脳に刺激を与える薬

여자의 이야기의 주제는 무엇입니까?

1 뇌가 쇠퇴하는 원인

2 뇌의 노화를 막는 방법

3 뇌가 성장하는 이유

4 뇌에 자극을 주는 약

문제4 문제4에서는 문제지에 아무것도 인쇄되어 있지 않습니다. 우선 문장을 들으세요. 그리고 그것에 대한 대답을 듣고 1에서 3 중에서 가장 적당한 것을 하나 고르세요.

1번 4-20

男 昨日は迷惑かけちゃって、すまなかったね。

女 1 そんなに迷惑だったんですか。

2 はい、大変だったはずです。

3 いいえ、気にしないでください。

남 어제는 폐를 끼쳐 버려서 미안했어.

여 1 그렇게 민폐였나요?

2 네, 힘들었을 겁니다.

3 아니에요, 신경 쓰지 마세요.

2번 4-21

女 わざわざ買うまでもないですよ。

男 1 やっぱり買った方がいいですか。

2 そうですね、ネットでも見れますし。

3 友達に頼みました。

여 굳이 살 것까지 없어요.

남 1 역시 사는 편이 나은가요?

2 그러게요, 인터넷으로도 볼 수 있고요.

3 친구에게 부탁했어요.

3번 4-22

男 お時間あるときにでも、一度おいでいただけませんか？

女 1 ええ、そのうちいらっしゃいます。

2 ええ、今月末でしたらいいですよ。

3 ええ、置いておきましたから。

남 시간 있으실 때라도, 한번 와 주실 수 없겠습니까?

여 1 네, 조만간 가십니다.

2 네, 이달 말이라면 괜찮습니다.

3 네, 놔두었으니까요.

4번 4-23

女 あの時、私が一言確認してあげていれば、こんなミスは起こさなかったでしょうに。

男 1 いえ、気づかなかった私が悪いんです。

2 え？本当に確認してくださったんですか。

3 ええ。おかげでミスをしないで済みました。

여 그때 내가 한마디 확인해 줬더라면, 이런 실수는 일으키지 않았을 텐데.

남 1 아뇨, 알아채지 못한 제 잘못이에요.

2 네? 정말로 확인해 주셨던 겁니까?

3 네. 덕분에 실수하지 않고 끝났습니다.

5번 4-24

女 彼に頼んでばかりで気が引けちゃって。

男 1 それは困ったことになったね。

2 これからもよろしく頼むね。

3 たまには別の人にお願いしたら？

여 그에게 부탁하기만 해서 말하기가 좀 그래.

남 1 그거 곤란하게 됐네요.

2 앞으로도 잘 부탁해.

3 가끔은 다른 사람에게 부탁하는 게 어때?

6번 4-25

女 子供相手に、それはちょっと大人げないんじゃない？

男 1 うん、投げるのはあんまりよくないよね。

2 そう？もっと落ち着いた感じにしようか。

3 いや、本気でやらないと面白くないでしょう。

여 아이를 상대로 그건 좀 어른답지 못하잖아?

남 1 응, 던지는 건 별로 좋지 않아.

2 그래? 좀 더 차분한 느낌으로 할까?

3 아니, 진짜로 하지 않으면 재미없잖아.

7번 4-26

男 話を聞いて、とても人ごととは思えなくて……。

女 1 じゃ、あなたはどうお考えなんですか。

2 まあ、それでわざわざ？ありがとうございます。

3 聞いてばかりじゃ、困るんですよ。

남 이야기를 듣고 도무지 남 일 같지 않아서요…….

여 1 그럼, 당신은 어떻게 생각하십니까?

2 아, 그래서 일부러? 고맙습니다.

3 듣기만 해서는 곤란합니다.

8번 4-27

男 この日、どうにかなりませんかね。

女 1 じゃ、ちょっと調整してみます。

2 え？この日なら問題ないんでしょう？

3 そんなつもりじゃなかったんですが。

남 이날, 어떻게 안 될까요?

여 1 그럼, 조금 조정해 보겠습니다.

2 네? 이날이라면 문제없는 거죠?

3 그럴 생각은 아니었는데요.

9번 4-28

男 これ、佐藤さんにお返しいただけると助かるんですが。

女 1 え？もうちょっと借りたいんだけど。

2 いいですよ。私から渡しておきます。

3 ええ。じゃ、返していただけますか。

남 이거 사토 씨에게 돌려주시면 감사하겠는데요.

여 1 뭐? 좀 더 빌리고 싶은데.

2 알았어요. 제가 건네줄게요.

3 네. 그럼 반납해 주시겠습니까?

10번 4-29

女 私、取り返しがつかないことをしました。

男 1 今さらそんなこと言われてもね。

2 そうですか。調べればわかりますよ。

3 力を合わせて取り返しましょう。

여 저, 돌이킬 수 없는 일을 저질렀어요.

남 1 이제 와서 그런 말을 들어도(그런 말을 해 봤자).

2 그러세요? 조사하면 알 수 있어요.

3 힘을 합쳐 되찾읍시다.

11번 4-30

女 あの人、とても私の手には負えません。

男 1 え？そんなに問題があるんですか。

2 ええ。とても優秀な方ですよね。

3 ああ、彼、手が大きいですからね。

여 저 사람, 도저히 제가 감당할 수 없어요.

남 1 네? 그렇게 문제가 있는 건가요?

2 네. 매우 우수한 분이지요.

3 아, 그는 손이 크니까요.

12번 4-31

男 直接担当者の方とお話したいんですが。

女 1 じゃ、お願いしますね。

2 今、席を外してるんですよ。

3 すぐに呼んでいただきます。

남 직접 담당자분과 이야기하고 싶습니다만.

여 1 그럼, 부탁드릴게요.

2 지금, 자리를 비웠습니다.

3 바로 불러 주세요.

13번 4-32

男 観光がてら、大阪の知人の家に行ってきました。

女 1 そうでしたか、それはよかったですね。

2 いろいろ見れなくて、残念でしたね。

3 へえ。有名な家なんですか。

남 관광하는 김에, 오사카의 지인 집에 다녀왔어요.

여 1 그러셨어요? 좋으셨겠어요.

2 다양하게 보지 못해 아쉬웠어요.

3 와, 유명한 집인가요?

14번 4-33

女 そこまで、ご一緒してもいいですか。

男 1 あなたと一緒にしないでください。

2 では、お言葉に甘えて。

3 ええ。一緒に行きましょう。

여 거기까지 제가 함께해도 될까요?

남 1 당신과 같이 취급하지 말아 주세요.

2 그럼, 호의를 받아들여서.

3 네, 같이 갑시다.

문제5 문제5에서는 조금 긴 이야기를 듣습니다. 문제지에 메모를 해도 됩니다. 문제지에는 아무것도 인쇄되어 있지 않습니다. 우선 이야기를 들으세요. 그리고 질문과 선택지를 듣고 1에서 4 중에서 가장 적당한 것을 하나 고르세요.

1번 4-34

家電売り場で女の人と店員が話しています。

女 すみません、洗濯機を見にきたんですが。予算は5万円ぐらいまでで、できたら乾燥できるのがいいんですけど……。あの、これは、いくらぐらいしますか。

가전제품 매장에서 여자와 점원이 이야기하고 있습니다.

여 저기요, 세탁기를 보러 왔는데요. 예산은 5만 엔 정도까지이고, 가능하면 건조 기능이 있는 게 좋은데요……. 저, 이건 얼마 정도 하나요?

男 そちらのエア洗濯機は基本的な洗濯機能のみのシンプルなタイプですね。これは単身の方向けの大きさなんですが、25,000円になります。

女 ああ、うちは、家族４人なんで、もう少し大きいのがいいんですけど。

男 ああ、それでしたら、これより一回り大きい方がいいですね。これと同じタイプで家族サイズのアクア洗濯機ですと、40,000円になります。

女 そうですか。

男 乾燥機能付きのものでしたら、こちらのトップ洗濯機なんていかがでしょうか？洗濯から乾燥まで全自動でできて、もともと65,000円なんですが、今ちょうどセール中で58,500円になってます。お買い得ですよ。

女 わあ。やっぱり乾燥機能がついてるタイプだと、だいぶ高くなっちゃうんですね。

男 そうですねえ。ああ、でしたら、こちらの簡易乾燥機能付きのビート洗濯機はいかがでしょうか？ヒーター乾燥じゃないので完全に乾かすことはできませんが、干し時間が大幅に短縮できて、55,000円です。

女 へえ、こういうのもあるんですね。

男 ええ。こちらのビート洗濯機もセールの対象になりますので、今なら49,500円ですよ。

女 そうねえ。あんまり高いのは買えないし、予算内でもちゃんと乾かないのはちょっとね。とりあえず洗濯だけできるやつでいっかな。それじゃ……。

女の人は、どの洗濯機を選びますか。

1 エア洗濯機

2 アクア洗濯機

3 トップ洗濯機

4 ビート洗濯機

남 그 에어 세탁기는 기본적인 세탁 기능뿐인 심플한 타입입니다. 이건 혼자 사는 분들을 위한 크기인데요, 25,000엔입니다.

여 아아, 저희는 4인 가족이라서 좀 더 큰 게 좋은데요.

남 아, 그러시면, 이것보다 한 사이즈 큰 쪽이 좋겠네요. 이것과 같은 타입으로 가족용 사이즈인 아쿠아 세탁기라면 40,000엔입니다.

여 그래요?

남 건조 기능이 있는 거라면, 이쪽 톱 세탁기는 어떠신가요? 세탁에서 건조까지 전자동으로 가능하며, 원래 65,000엔입니다만, 지금 마침 세일 중이라 58,500엔입니다. 싸게 잘 사시는 겁니다.

여 우와. 역시 건조 기능이 있는 타입은 상당히 비싸져 버리는군요.

남 그렇죠. 아, 그럼, 이쪽의 간이 건조 기능이 딸린 비트 세탁기는 어떠신지요? 히터 건조가 아니라서 완전히 건조되는 건 아닙니다만, 말리는 시간을 대폭 단축할 수 있고, 55,000엔입니다.

여 흠, 이런 것도 있군요.

남 네, 이 비트 세탁기도 세일 대상이라서 지금이라면 49,500엔입니다.

여 글쎄요. 너무 비싼 건 살 수 없고, 예산 내라도 제대로 건조가 안 되면 좀. 일단은 세탁만 가능한 걸로 좋으려나. 그럼…….

여자는 어떤 세탁기를 선택합니까?

1 에어 세탁기

2 아쿠아 세탁기

3 톱 세탁기

4 비트 세탁기

2번 🔊 4-35

会社で、部長と女の人二人が話しています。

女1 部長、秋のトレンドセミナーの会場、そろそろ検討を始めた方がいいと思うんですが。

男 そうだな。なるべく交通の便がいいところがいいんだが。

女2 ええ、主要駅に直結とか、徒歩圏内で探すのがいいと思います。

男 ああ、そうだね。あと今回は地方から参加する人もいて人数が増えると思うから、セッティング次第で収容人数が調節できるようなところじゃないと困るな。

女1 そうですね。まあ、でも大体の人数は把握できると思うんですが。

女2 あ、地方から参加される方がいる……ということは、前日から来て一泊される方もいるってことですよね？

男 ああ、そうか。それなら、近くに泊まれるところがないとな。

女1 わかりました。それ優先で、いくつかピックアップしてみます。

女2 ええ、お願いします。それから、できれば施設自体もある程度きちんとしたところがいいですよね。美容業界の方もたくさん集まりますし、会社のイメージにもかかわりますから。

女1 そうですね。わかりました。

会場を決めるのに、一番大切なことは何ですか。

1 交通の便がいいこと
2 収容人数が調節できること
3 近くに宿泊施設があること
4 設備が整っていること

회사에서 부장님과 여자 두 사람이 이야기하고 있습니다.

여1 부장님, 가을 트렌드 세미나 회장, 슬슬 검토를 시작하는 게 좋을 것 같은데요.

남 그러게. 가급적 교통편이 좋은 곳이 좋겠는데.

여2 네, 주요 역과 직결돼 있다든가, 도보권 내에서 찾는 게 좋을 것 같습니다.

남 아, 그래. 그리고 이번에는 지방에서 참가하는 사람도 있어서 인원수가 늘어날 거라고 생각하니까, 세팅 여하에 따라 수용 인원을 조절할 수 있을 것 같은 곳이 아니면 곤란해.

여1 그렇네요. 뭐, 하지만 대략적인 인원수는 파악할 수 있을 거라고 생각합니다.

여2 아, 지방에서 참가하시는 분이 있다…… 라는 건 전날 와서 1박 하시는 분도 있다는 거네요?

남 아, 그런가. 그럼 근처에 묵을 곳이 있어야 하는데.

여1 알겠습니다. 그걸 우선으로 몇 개 골라 보겠습니다.

여2 네, 부탁해요. 그리고, 가능하면 시설 자체도 어느 정도 제대로 된 곳이 좋겠네요. 미용 업계 분도 많이 모이고, 회사 이미지와도 관계되니까요.

여1 그렇네요. 알겠습니다.

회장을 결정하는 데 가장 중요한 것은 무엇입니까?

1 교통편이 좋을 것
2 수용 인원수를 조절할 수 있을 것
3 근처에 숙박 시설이 있을 것
4 설비가 갖춰져 있을 것

3번 먼저 이야기를 들으세요. 그리고 두 개의 질문을 듣고 각각 문제지의 1에서 4 중에서 가장 적당한 것을 하나 고르세요. 4-36

合同企業説明会の会場で、係の人の説明を聞いたあと、男の学生と女の学生が話しています。

男1 皆さん、本日の合同企業説明会は、業界ごとに4つのコーナーに分かれています。興味のある業界を自由にご訪問ください。Aコーナーでは、銀行、証券会社などの金融系企業をはじめ、ＩＴ・通信、建設、機械系といった、理系の方に人気の企業がブースを設けています。Bコーナーは、映画、ゲームなどのエンターテインメント系、テレビ、広告などのマスコミ系の企業となります。本日は、空きスペースにて就職コンサルタントによる相談も行っています。Cコーナーは、商社、スーパーなどの流通、また衣料、雑貨など生活用品の企業が集まっています。そしてDコーナーでは、アメリカ、中国、韓国など外資系の企業がブースを設けています。こちらでは11時より、「就職活動、成功への道」と題した講演が行われる予定です。以上です。では、各自訪問を開始してください。

男2 どのブースに行くか決めた？

女 それが、私まだ業界が決まってないのよね。とりあえず講演は聞こうと思ってるんだけど。林君は、確か金融系を目指してるんだよね？

男2 うん。就職先は銀行か、ＩＴ企業って決めてたんだけど、最近別の業界にも興味が出てきてさ、今日は商社で話を聞いてみようと思ってるんだ。田中さん、まだ決まってないなら、まずは、コンサルタントの相談が受けられるところに行ってみたら？

女 うん、そうしよっかな。林君は相談はいいの？

男2 うん、いい。それより講演は僕も聞きたいと思ってたんだ。

女 あ、ほんと。じゃ、あとでまた会いましょ。

합동 기업 설명회 회장에서 담당자의 설명을 들은 후 남학생과 여학생이 이야기하고 있습니다.

남1 여러분, 오늘 합동 기업 설명회는 업계별로 네 개의 코너로 나눠져 있습니다. 관심 있는 업계를 자유롭게 방문해 주세요. A코너에서는 은행, 증권 회사 등 금융계 기업을 비롯해 IT·통신, 건설, 기계 관련과 같은 이과 계열 분들에게 인기인 기업이 부스를 마련하고 있습니다. B코너는 영화, 게임 등 엔터테인먼트 계열, TV, 광고 등 매스컴 계열 기업입니다. 오늘은 별도 공간에서 취직 컨설턴트에 의한 상담도 진행하고 있습니다. C코너는 상사, 슈퍼 등의 유통, 그리고 의류, 잡화 등 생활용품 기업이 모여 있습니다. 그리고 D코너에서는 미국, 중국, 한국 등 외국계 기업이 부스를 마련하고 있습니다. 여기에서는 11시부터, '취직 활동, 성공으로 가는 길'이란 제목으로 강연이 열릴 예정입니다. 이상입니다. 그럼, 각자 방문을 시작해 주세요.

남2 어느 부스로 갈지 결정했어?

여 그게, 난 아직 업계가 정해지지 않아서. 일단, 강연은 들을 생각인데. 하야시 군은 분명 금융 계열을 목표로 하고 있지?

남2 응. 취직은 은행이나 IT 기업으로 결정했었는데, 최근 다른 업계에도 흥미가 생겨서, 오늘은 상사에서 이야기를 들어 볼까 해. 다나카 씨 아직 결정되지 않았으면, 우선은 컨설턴트 상담을 받을 수 있는 곳으로 가보는 게 어때?

여 응, 그럴까. 하야시 군은 상담은 괜찮은 거야?

남2 응, 괜찮아. 그보다 강연은 나도 듣고 싶었어.

여 아, 정말? 그럼, 나중에 다시 만나자.

質問1　男の学生が行きたいところはどこですか。

1 Aコーナー

2 Bコーナー

3 Cコーナー

4 Dコーナー

質問2　二人が一緒に行くのはどこですか。

1 Aコーナー

2 Bコーナー

3 Cコーナー

4 Dコーナー

질문1 남학생이 가고 싶은 곳은 어디입니까?

1 A코너

2 B코너

3 C코너

4 D코너

질문2 두 사람이 함께 가는 곳은 어디입니까?

1 A코너

2 B코너

3 C코너

4 D코너

MEMO

5회 정답표

• 1교시 언어지식(문자 어휘 · 문법)

問題1 [1] 1 [2] 2 [3] 3 [4] 4 [5] 3 [6] 4

問題2 [7] 1 [8] 4 [9] 2 [10] 4 [11] 3 [12] 1 [13] 2

問題3 [14] 2 [15] 4 [16] 4 [17] 3 [18] 1 [19] 3

問題4 [20] 3 [21] 2 [22] 4 [23] 1 [24] 1 [25] 2

問題5 [26] 2 [27] 4 [28] 4 [29] 2 [30] 3 [31] 3 [32] 1 [33] 1 [34] 4 [35] 3

問題6 [36] 4 [37] 1 [38] 4 [39] 3 [40] 4

問題7 [41] 4 [42] 1 [43] 3 [44] 4 [45] 2

• 1교시 독해

問題8 [46] 3 [47] 2 [48] 4 [49] 3

問題9 [50] 4 [51] 1 [52] 3 [53] 3 [54] 2 [55] 3 [56] 1 [57] 4 [58] 2

問題10 [59] 4 [60] 2 [61] 1 [62] 4

問題11 [63] 1 [64] 2

問題12 [65] 2 [66] 4 [67] 2 [68] 3

問題13 [69] 1 [70] 4

• 2교시 청해

問題1 [1] 3 [2] 3 [3] 2 [4] 3 [5] 4 [6] 4

問題2 [1] 3 [2] 2 [3] 2 [4] 1 [5] 3 [6] 1 [7] 2

問題3 [1] 1 [2] 2 [3] 2 [4] 2 [5] 3 [6] 2

問題4 [1] 3 [2] 3 [3] 2 [4] 1 [5] 1 [6] 2 [7] 1 [8] 3 [9] 1 [10] 2 [11] 1 [12] 3 [13] 2 [14] 1

問題5 [1] 1 [2] 4 [3] (質問1) 3 (質問2) 2

문제1 ＿＿＿의 단어의 읽는 법으로 가장 적당한 것을 1·2·3·4에서 하나 고르세요. p.203

1 **1** 야마다 씨는 마지막까지 초지를 관철했다.

2 **2** 이 일이 성공할지 어떨지는 미묘하다.

3 **3** 고생 끝에, 그는 현재의 지위를 획득했다.

4 **4** 쌍방이 양보해서 화해 안을 승낙했다.

5 **3** 이번 달은 지출이 많아져 버렸다.

6 **4** 다나카 씨가 피아노를 칠 수 있다는 것은 금시초문이었다.

문제2 (　　　)에 넣기에 가장 적당한 것을 1·2·3·4에서 하나 고르세요. p.204

7 **1** 우승자에게 (성대한) 박수가 보내졌다.

8 **4** 보석 가게가 습격당해서 5천만 엔 (상당)의 물건이 도난당했다.

9 **2** TV 광고에서 타사 제품과 비교하여 자사 제품의 메리트를 (어필)했다.

10 **4** 그는 선조로부터 이어받은 토지의 소유(권)을 넘기기로 했다.

11 **3** 혼다 씨는 너무 고지식해서 (융통성)이 없다.

12 **1** 조합장은 노동자를 대표해서 '회사 방침에 (단호히) 반대한다'고 말했다.

13 **2** 모리 씨는 근거 없는 중상모략에 대해 분노를 (노골적으로) 드러냈다.

문제3 ＿＿＿의 단어에 의미가 가장 가까운 것을 1·2·3·4에서 하나 고르세요. p.205

14 **2** 두 사람은 탁 털어놓고 이야기했다. ≒솔직하게

15 **4** 다나카 씨는 고의로 하야시 씨의 파티에 참석하지 않았다. ≒일부러

16 **4** 차를 운전하는 이상, 만의 하나 사고를 당했을 때의 일도 생각해 두지 않으면 안 된다. ≒만약, 만일의 경우

17 **3** TV 광고는 성능이나 효과를 과장한 것이 많다. ≒과장되게 보이게

18 **1** 그는 그녀에 대해 매우 허물없는 태도를 취한다. ≒스스럼없는

19 **3** 결론에 이르기까지의 프로세스를 경시해서는 안 된다. ≒과정

문제4 다음 단어의 사용법으로 가장 적당한 것을 1·2·3·4에서 하나 고르세요. p.206

20 훨씬

1 오늘은 아침부터 훨씬 선 채로 일을 하고 있었다. ➡ ずっと 쭉, 계속

2 아까까지 좋은 날씨였는데, 훨씬 하늘이 흐려지기 시작했다. ➡ にわか 갑자기

3 수비면에 관해서는 A보다 B 쪽이 훨씬 뛰어나다.

4 일본계 기업에 취직하고 싶다면 훨씬 일본어를 공부하라고 들었다. ➡ しっかり 똑바로, 정신차려서

21 직전, 아슬아슬

1 이번 주는 예정이 가득 차 있어서 완전히 아슬아슬하다. ➡ きちきち 빠듯한, 시간적 여유가 없는

2 그가 학교에 도착하는 것은 언제나 수업 시작 직전이다.

3 남겨진 시간은 이제 5분 아슬아슬이었다. ➡ こっきり 뿐

4 이 계획이 실현될 가능성은 아슬아슬이다. ➡ ほぼない 거의 없다

22 경위, 진행 과정

1 화재의 경위는 담배꽁초였다. ➡ 原因(げんいん) 원인

2 그는 일에서 실패해서는 경위만 하고 있다. ➡ 言(い)い訳(わけ) 핑계, 변명

3 예측할 수 없기 때문에 당분간은 경위를 지켜보기로 했다. ➡ 経過(けいか) 경과

4 부모님이 결혼에 이른 경위를 누나에게 들었다.

23 향상

1 교사의 노력에 의해 학생의 학력이 향상되었다.

2 오야마 씨는 단독으로 세계에서 가장 높은 산에 향상했다. ➡ 登頂(とうちょう) 등정, 산꼭대기에 올라감

3 A사의 주가가 단숨에 향상했다. ➡ 上昇(じょうしょう) 상승

4 태풍이 규슈의 남부에 향상했다. ➡ 上陸(じょうりく) 상륙

24 필사적

1 시험 전날은 학생은 모두 필사적이었다.

2 저런 높은 빌딩 위에서 떨어지면 필사적이다. ➡ 即死(そくし) 즉사

3 이대로 아무것도 하지 않으면 회사의 도산은 필사적이다. ➡ 必至(ひっし) 불가피함

4 친구가 회사를 그만둔다고 말해서, 또 여느 때의 농담이라고 생각했더니, 필사적이었다. ➡ 本気(ほんき) 진심

25 단행하다

1 그는 가장 친한 친구를 단행해 버렸다. ➡ 裏切(うらぎ)る 배신하다

2 위험을 인지하고 있는 상태에서 회사는 규모 확대를 단행했다.

3 위험하니까 노란 선에서 단행하지 말도록 해 주세요. ➡ 踏(ふ)み出(だ)す 발을 내딛다

4 무리일지도 모르지만, 단행해서 국가 시험에 도전하기로 했다. ➡ 思(おも)い切(き)る 큰맘 먹다

문제5 다음 문장의 (　　　)에 넣기에 가장 적당한 것을 1·2·3·4에서 하나 고르세요. p.208

26 **2** 일본어 공부를 시작한 지 얼마 안 되었을 때는 일본어로 인사하는 (것도) 생각대로 되지 않았다.

27 **4** 과연 미래에 대한 희망 (없이) 사람은 이 험한 시대를 극복할 수 있는 것일까.

28 **4** 여러분의 지원에 보답할 수 (있도록) 노력을 거듭해 나가고자 합니다.

29 **2** A 죄송합니다, 부장님. 어제 출장 보고서 말인데요, (보셨습)니까?
B 아, 읽었어. 잘 진행되어서 다행이야.

30 **3** 상대의 사정도 생각해서 답변을 애매하게 해 왔지만, 역시 '안 되는 (것은 안 된다)'고 확실히 거절하는 편이 상대를 위해서도 좋을 것 같다.

31 **3** A 이번 대전 상대는 강호라는 것 같아.
B 우리 팀이 만전의 때(라면 모를까) 지금은 부상자가 많아서, 이번은 힘들지도 모르겠네.

32 **1** A 이거 받아도 되는 건가요?
B 마음에 든(다면 기쁘겠는데요).
A 감사합니다. 이런 세련된 장갑 처음이에요.

33 **1** A 야마다 씨 일행, 어제 마시러 갔었대.
B 뭐야, 그렇다면 말이라도 걸어 주었으면 좋았(을 텐데) 정 없네.

34 **4** 회사에 대한 불만을 (말하기 시작하면 끝이 없지만), 그렇다고 해서 불만을 억누르기만 해서는 몸에 안 좋다.

35 **3** 이러한 사태를 일으켜 놓고, 담당자 본인이 '예상외였다'라고 하는 것은 책임 회피 (이외의 아무것도 아니지 않은가).

문제6 다음 문장의 ___★___에 들어갈 가장 적당한 것을 1·2·3·4에서 하나 고르세요. p.210

36 **4** 친구의 취직이 정해져서 '축하해'라고 휴대 전화로 메일을 보냈더니, 친구도 3 어지간히 1 기뻤던 4 것인지 2 바로 답장을 보내왔다.

37 **1** 그가 결혼을 선택하지 않은 것은, 4 독신인 채로 2 자유롭게 있고 싶었기 때문 1 이라기 보다도 3 오히려 상대가 없었기 때문이라고 하는 편이 옳다.

38 **4** A 다나카 씨의 일, 힘들어 보이네요.
B 응, 외국인 상대라서 1 자타공인 3 인 4 다나카 씨도 2 고전하고 있는 것 같아.

39 **3** 부하 직원들은 이 일에 대한 부장님의 열정을 4 알고 있었던 1 만큼 3 더더욱 2 도중에 중지할 수밖에 없었던 부장님의 마음이 아플 정도로 이해되었다.

40 **4** 나카가와 씨가 입 다물고만 있었더라면 2 이 일은 4 누구에게도 알려지지 않고 3 끝났을 텐데 1 그녀는 도대체 무슨 짓을 해 준 것인가.

문제7 다음 글을 읽고, 글 전체의 취지를 고려하여, 41 에서 45 안에 들어갈 가장 적당한 것을 1·2·3·4에서 하나 고르세요. p.212

아래의 글은 친구로부터 일에 대해 상담을 받은 여성이 쓴 것이다.

어제까지 계속된 추위도 완화되어, 이쪽은 벌써 봄의 방문이 가까워진 모양입니다.
일에 대한 것은 전화로도 이야기했습니다만, 그때부터 다시 생각해 본 것을 써 보겠습니다. 사고방식 자체는 저도 아키코와 다르지 않습니다. 되도록 [41 지금의 일을 계속하는 편이 좋다]고 생각합니다. 이것은 저 자신의 경험으로부터도 말할 수 있는 것이고, 또한 지금의 상황에서도 일을 바꾸는 것은 힘들다고 생각합니다. 더 좋은 일자리를 찾는다면 아무 문제는 없습니다만, [42 그렇지 않다면] 한번 정사원 일을 놓고 다음 일을 찾을 때까지 아르바이트를 하게 된다고 생각합니다만, 그렇게 되면 이번에는 좀처럼 정사원으로 돌아갈 수 없는 [43 것은 아닐까]하고 걱정이 됩니다.
전에 아키코에게도 말한 적이 있다고 생각합니다만, 저도 한번 회사를 그만 둘까하고 생각한 적이 있는데, 그때 저희 아버지에게 들은 말이 있습니다.

세상에는 TV나 잡지를 보고 모두 좋아하는 일을 하고 있는 것처럼 보이지만, 그런 일은 없다. 모두 보이지 않는 곳에서는 노력하고 있고, 참기도 하고 있다. 그게 보이지 않는 사람이 자꾸 일을 바꾸는 것이다. 44 다만, 네가 만약 지금의 일을 계속하면 인간으로서 몹쓸 사람이 된다고 생각한다면, 그때는 망설이지 말고 그만두는 편이 좋다고.

이 말이 지금의 나를 45 지탱해 주고 있습니다. 아키코에게 도움이 될지 어떨지는 모르겠습니다만, 부디 후회하지 않도록 해 주세요. 멀리서 응원하고 있겠습니다.

1교시 **독해** 5회

문제8 다음 (1)에서 (4)의 글을 읽고, 다음 질문에 대한 답으로 가장 적당한 것을 1·2·3·4에서 하나 고르세요.

(1)

p.214

병원에 정기적으로 다니는 노인을 보고 있으면 봉지에 가득한 약을 받아 온다. 그걸 보고 '병원은 돈을 벌기 위해 필요 없는 약까지 처방하고 있다'라는 이야기를 하는 사람이 있다. 하지만 현실에는 약 판매가의 90% 이상이 원가이기 때문에, 거의 벌이가 없다고 한다. 게다가 지금은 병원 밖에 있는 약국에서 약을 받는 것이 보통이므로, 아무리 많은 약을 처방해도 병원에서는 처방료를 얻을 뿐이다. 노인의 약이 많아지는 것은 복합적인 병을 가진 사람이 많기 때문이다. 각각의 증상에 표준적인 처방을 하면 자연히 약은 늘어난다. 의료의 분업이 진행되어 자신의 전문 이외에는 매뉴얼에 따를 수밖에 없으므로, 표준 처방은 피할 수 없다. 조제할 수 있는 의사는 이제 먼 옛날의 이야기가 된 것이다.

46 이 글에서 필자가 서술하고 있는 것은 무엇인가?

1 이전에는 병원이 약으로 돈을 벌었지만, 지금은 병원에서 약을 처방할 수 없게 되었다.
2 노인이 약을 많이 받는 것은, 그것을 먹으면 안심할 수 있기 때문이다.
3 병원에서 약을 많이 처방하는 것은, 환자의 병에 맞는 약의 종류가 많기 때문이다.
4 의사가 어떤 병도 혼자서 고칠 수 있던 시대에는 약은 지금보다 적었다.

(2)

p.215

'친환경'이라는 말이 상품의 선전 문구로 많이 사용되게 되면서, 그것이 무언가 좋은 것처럼 여겨지고 있지만, 그 상품을 만들어 내는 과정에 있어서는 대량의 환경 오염 물질이 배출되는 것은 감춰져 있다. 거기에 함정이 있다. 인간이 공업 제품을 만들어 내는 것과 '친환경'이라는 말 사이에는 본질적인 모순이 있으며, 그 두 가지가 결부되어 있기 때문이다.

47 필자에 의하면 본질적인 모순이란 무엇인가?

1 '친환경' 상품은 다른 상품과 비교해도 그다지 차이는 없다는 것
2 아무리 '친환경' 상품이라도 환경을 오염시키지 않고는 생산할 수 없다는 것
3 소비자는 상품의 선전에 속아 '친환경'이라고 믿어 버리는 것
4 '친환경' 상품은 상품으로서의 효과나 성능을 기대할 수 없다는 것

(3) 아래는 어느 회사가 거래처에 보낸 문서이다. p.216

주식회사 도시 디자인
총무과 가와무라 신이치 님

주식회사 야마다 제작소
판매과 야마다 타로

(생략)

지난번 귀사로 보내 드린 주문품을 조사해 본 바, 다른 제품을 보낸 것이 판명되었습니다. 진심으로 죄송합니다.

즉시 주문서대로 제품을 보내 드렸으니 확인하신 후, 수령해 주십시오.

저희들의 부주의로 인해 폐를 끼쳐 드린 결과가 되어, 깊은 사과의 말씀을 드립니다. 앞으로는 한층 더 엄격하게 검사 태세를 갖추어 갈 것이오니, 부디 지금까지와 같이 거래를 계속할 수 있도록 부탁드립니다.

그리고, 오배송 된 제품은 죄송합니다만, 바로 착불로 반송해 주실 것을 아울러 부탁 드리겠습니다.

48 이 문서를 받은 사람은 무엇을 하지 않으면 안 되는가?

1 잘못된 물품이 도착한 시점에서, 내용물을 살펴보고 확인 전화를 한다.
2 주문한 대로 물품이 도착한 시점에서, 내용물을 살펴보고 확인 전화를 한다.
3 잘못된 물품을 반품하고, 재차 주문을 한다.
4 잘못된 물품을 반품하고, 주문서대로 물품이 도착하면 확인한다.

(4) p.217

예를 들어 선물 하나를 받아 보더라도 다른 사람이 물건을 보낼 때 갑자기 고가의 물건을 보내거나 하면, 상대방에게 의심을 품게 만들어 버리는 것은 당연한 일이겠지요. 최근의 소비 사회에 푹 빠져 있는 젊은 사람 중에는 그것을 척척 기꺼이 받는 사람도 있을지도 모르겠습니다만, 그런 자신에게 어울리지 않는 물건은 민폐라고 생각하고 받지 않는 것이 정상적인 사람의 대응이라는 것이겠지요.

그래서, 그런 식으로 생각하게 하지 않는 것이 보내는 측의 마음가짐이 되는 것입니다.

49 필자는 보내는 측의 마음가짐을 어떻게 인식하고 있는가?

1 젊은 사람에게 어울리지 않는 물건은 보내지 않도록 하는 것
2 고가의 물건을 보낼 때는 사전에 연락하는 것
3 기꺼이 받을 수 있을 만한 것을 고르는 것
4 상대가 받지 않을 경우가 있다는 것도 알아 두는 것

문제9 다음 (1)에서 (3)의 글을 읽고, 다음 질문에 대한 답으로 가장 적당한 것을 1·2·3·4에서 하나 고르세요.

(1) p.218

무언가를 습득하려고 할 때, 남에게 직접 배우기보다도 남이 하는 방법을 눈으로 보고 필사적으로 흉내를 낸 사람 쪽이 몸에 밴다고 한다.

스승과 제자라는 관계가 그것이다. 스승은 처음에는 아무것도 가르치지 않는다. 의미가 없는 듯한 잡무만 시킨다. 제자는 언제 가르쳐 주는지 언제쯤 되면 자신은 성장할 수 있는 건지, 초조함과 의욕이 점점 커져 간다. 머지않아 스

승의 모습을 몰래 보면서 어떻게 하면 똑같이 할 수 있을까 스스로 연구하기 시작한다. 그리하여, 마침내 똑같이 할 수 있게 된 기쁨. 혼자서 해냈다고 하는 만족감. 실은 그것이야말로, ①스승이 의도하고 있던 것이다.

처음부터 하나하나 가르쳐 줘 버리면, 반대로 성장하지 않게 되는 것 같다. 시켜서 하는 ②수동적인 자세가 되어, 모르면 물어보면 된다는 응석이 나온다. 가르침을 받을 수 없다는 초조함이 의욕과 자발적인 마음을 길러, 스스로 궁리함으로써 자신감과 프라이드가 생기는 것이다.

'배운다(学ぶ)'의 어원은 '흉내 낸다(真似ぶ)'라고 한다. 흉내를 내는 것이 배우는 것이다. 아무도 가르쳐 주지 않는다, 누구도 알아주지 않는다고 생각하고 있을 동안은 안타깝게도 성장할 가능성이 없다. 존경할 수 있는 사람을 찾아, 그 모습을 흉내 내는 것이 성장으로 가는 지름길이다.

50 ①스승이 의도하고 있던 것이란 무엇인가?

1 의미가 없는 듯 한 잡무도 중요한 훈련인 것을 이해시키는 것
2 성장할 수 없는 것에도 안달하지 않는 강한 정신력을 가지게 하는 것
3 자신의 능력 부족을 자각하고, 필사적으로 배우는 습관을 가지게 하는 것
4 스스로 생각하여, 스스로 달성감을 느낄 수 있게 하는 것

51 여기에서 ②수동적인 자세란 어떠한 것인가?

1 자신의 의욕과는 관계없이 배우는 것
2 스승의 모습을 그대로 흉내 내는 것
3 스승이 처음부터 끝까지 꼼꼼하게 가르치는 것
4 배울 수 없다는 불안이 없는 것

52 이 글에서 필자가 말하고 싶은 것은 무엇인가?

1 모르는 것을 누군가에게 배운다는 것에는 의미가 없다.
2 아무도 가르쳐 주지 않는 경우라도, 스스로 충분히 성장할 수 있다.
3 성장하려고 생각한다면, 좋은 사람의 모습을 흉내 내는 것이 가장 좋다.
4 존경할 수 있는 사람을 발견할 때까지는 가까이에 있는 사람을 흉내 내면 된다.

(2)

p.220

(주1)입추 소식이 왔는데도, 군마현 우에노무라의 우리 집에는 아직 여름의 일이 산더미같이 쌓여 있다. 밭일, 여름 산 손질, 풀베기, 나무 (주2)가지치기, 이러한 상태가 계속되면 마을의 한 사람으로서는 ①좋지 않은 일을 하고 있는 것 같은 기분이 들기 시작한다.

그렇다고 해도 그것들은 모두 경제적 합리성으로 보면 하지 않아도 되는 일뿐이다. 직접 밭을 경작하는 것보다는 작물을 받거나 사는 쪽이 효율적이고, 산을 손질하지 않으면 곤란한 경제적인 이유가 나에게 있는 것도 아니다. 내가 하는 일이 늦어진다고 해서 환경이나 사회에 부담을 주는 것도 아닐 것이다. 그럼에도 불구하고 마을의 한 사람으로서는 ②그리 간단히 태도를 바꾸어 버릴 기분은 들지 않는다는 것이다.

우리들이 아무렇지 않게 사용하고 있는 '일'이라는 말에는 두 개의 다른 의미가 있다고 생각한다. 하나는 자신의 역할을 해낸다는 것이고, 또 하나는 자신의 목적을 실현하기 위한 노동이다. 예를 들어 '그것은 나의 일입니다.'라고 말할 때의 '일'은 자신의 역할을 가리키고 있다. 그에 비해 '자신의 능력을 살릴 수 있는 일'이라고 말할 때의 '일'은 자신의 목적을 달성할 수 있는 노동을 의미하고 있다.

나에게는 이 차이가 일본의 전통적인 직업관과 근대 이후의 직업관과의 차이에서 발생한 것 같은 느낌이 든다. 전통적인 일본의 직업관은 자신의 역할을 해내는 것 안에 있었던 것이 아닐까, 라고 말이다. 그렇기 때문에 여름의 마을

일이 산더미같이 쌓여 있을 때, 나는 전통적인 직업관에 근거하여 마을의 한 사람으로서의 역할을 해내지 못하고 있다는 죄책감을 갖는다. 하지만 자신의 목적을 실현한다는 근대 이후의 직업관의 견해로 보면, 여름의 마을 일이 늦어지고 있다고 해서 부끄러워할 필요는 없어진다. 나의 밭일 같은 것은 취미에 지나지 않는 것이 될 것이다.

(우치야마 다카시 「'스스로'를 느끼다」 『시나노마이니치 신문』 2005년 8월 13일)

(주1) 입추: 가을이 시작되는 날. 8월 8일경

(주2) 가지치기: 나무 모양을 정리하기 위해 가지의 일부를 잘라내는 것

53 ①좋지 않은 일을 하고 있는 것 같은 기분이 들기 시작했다란 어떠한 것인가?

1 법률을 어긴 범죄자와 같은 느낌이 든다.

2 자신이 게으름뱅이가 된 것 같은 부끄러운 마음이 든다.

3 해야 할 일을 하지 않은 죄책감을 느낀다.

4 무엇을 해도 잘 되지 않아 한심해진다.

54 ②그리 간단히 태도를 바꾸어 버릴 기분은 들지 않는다란 어떠한 것인가?

1 자신 때문에 주위에 폐를 끼치고 있기 때문에 태연하게 있을 수 없다.

2 마을 일은 하지 않아도 된다고 딱 구분 지어 생각할 수 없다.

3 돈 때문에 자신의 밭에서 채소를 길러 팔 생각은 없다.

4 밭일을 할 수 없다고 해서 마을 사람에게 도움받을 생각은 없다.

55 일에 대해 필자가 말하고 싶은 것은 무엇인가?

1 일이란 말의 의미는 두 가지가 있으므로, 마을 일로 부끄러워할 필요는 없다.

2 일이란 말의 의미는 두 가지가 있으므로, 자신의 역할은 제대로 해내야 한다.

3 일이란 말의 의미에는 두 가지가 있고, 자신은 전통적인 직업관에 서 있다.

4 일이란 말의 의미에는 두 가지가 있고, 양쪽을 나누어 생각해야 한다.

(3) p.222

공포란, 생물이 선천적으로 가지고 있는 위험에 대처하는 마음의 장치이다. 공포를 느끼는 상태가 되면 심장은 두근두근하고 손에 땀이 나며 다른 생각은 머리에서 사라져 공포의 대상에 의식을 집중한다. 예를 들어 어떠한 적이 어둠 속에서 덮쳐 오면 생사를 건 판단을 순식간에 내려야 한다. 싸울지 도망갈지 어느 쪽이든 날렵한 행동이 요구되므로 심장이라는 펌프가 손발에 혈액을 보내 준비를 하는 것이다.

게다가 ①이 준비는 '과잉'이 되기 쉽다. 정말로 위험한지 어떤지 알 수 없는 단계에서도 평온해서는 안 된다. 위험이 확실해질 때까지 상태를 보고 있다가는, 준비가 늦어져 목숨과 관계될지도 모르기 때문이다. 시간이 걸리는 논리적인 사고도 일시 정지해야 한다. 즉, 사소한 위험이라도 재빨리 알아차리는 '공포를 잘 느끼는 생물'이 살아남는 것이다.

오늘날까지 살아남은 우리 인류도 '공포를 잘 느끼는 생물'이다. 그러나 현대의 생활 환경에서는 필요가 없어진 공포 감정도 많다. 위험한 뱀이 없는 환경에서는 뱀 공포는 이제 도움이 되지 않는다. 게다가 폐해가 생긴 공포 감정도 많다. 어떤 종류의 위험에 민감한 사람은 자주 그 공포가 (주)심해져 일상생활에 지장이 생길 정도가 되어, '공포증'이라고 불린다. 고소 공포증인 사람은 도시의 고층 사무실에서는 일할 수 없고, 폐소 공포증인 사람은 만원 전철이나 엘리베이터에 타지 못한다. 살아남기 위해서 예민해진 감정이 현대 사회에서는 오히려 화가 된다니, ②얄궂은 일이다.

(이시카와 마사토 『사람은 어째서 속는가』 고단샤 블루백스)

(주) 심해지다: 정도가 심해지다

56 필자는 공포를 느끼면 심장이 두근두근하는 것은 어째서라고 말하고 있는가?

1 민첩하게 행동하기 위해서는 혈액을 손발에 보내야 하기 때문에

2 원래 사람이 생물로서 태어났을 때부터 가지고 있는 마음의 반응이기 때문에

3 다른 것은 생각하지 않고 공포의 대상에 의식을 집중해야 하기 때문에

4 적으로부터 몸을 보호하기 위해서는 순식간에 도망칠지 어쩔지 판단해야 하기 때문에

57 ①이 준비는 '과잉'이 되기 쉽다고 하는데, 어째서인가?

1 위험을 확인할 수 있을 때까지 평온해야 하기 때문에

2 위험할 때 평온하기 위해서 몇 번이고 훈련해야 하기 때문에

3 살아남기 위해서는 위험한 상태에 익숙해져 있어야 하기 때문에

4 위험에 대해 과잉 반응을 할 정도가 아니면 살아남을 수 없기 때문에

58 ②얄궂은 일이다라고 하는데, 필자는 무엇이 얄궂다고 말하고 있는가?

1 위험으로 가득 찬 현대 사회인데 공포를 느끼지 않게 되었다는 것

2 살아남기 위한 공포 감정이 정신적인 병의 원인이 되는 것

3 사회가 발전하면 할수록 공포 감정은 도움이 되지 않게 되는 것

4 '공포증'은 본래 현대의 생활 환경에는 필요 없는 것이라는 것

문제10 다음 글을 읽고, 다음 질문에 대한 답으로 가장 적당한 것을 1·2·3·4에서 하나 고르세요.

p.224

나는 전략을 '사람, 조직이 사활적으로 중요하다고 생각함에 있어 목표를 명확하게 인식한다. 그리고 그것을 실현시킬 길을 생각한다. 또 상대의 움직임에 따라 자신에게 최적인 길을 선택하는 수단'이라고 정의하고 싶다.

언뜻 보기에는 아무것도 아니다. 하지만 통상적으로 전략의 정의에 '상대의 움직임에 따라 자신에게 최적인 길을 선택하는 수단'이라는 기술은 없다. 그러나 ①전략을 생각할 때 '자신에게 최적'이라는 의식을 갖는 것은 대단히 중요하다.

솔직히 나는 예전에는 전략을 다른 형태로 정의하고 있었다. '자신에게 최적인 길을 선택하는 수단'이 아닌 '상대보다 우위에 서는 수단'으로 보고 있었다. 영토 분쟁이나 전쟁에서는 나의 득은 상대의 실이다. '상대보다 우위에 선다' '상대를 박살낸다'라는 시점에서 전략을 생각한다. 그것을 세련되게 표현한 것이 과거의 전략론이었다.

세계의 많은 정치가는 '상대보다 우위에 서는' 것을 바라며 정치에 임해 왔다. 미국을 대표하는 국제 정치학자인 조셉 · 나이 교수는 '키신저나 닉슨은 미국의 국력을 극대화하고 미국의 안전 보장을 저해하는 타국의 능력을 극소화하려고 했다'라고 기술하고 있다.

이것은 이른바 ②'제로섬 게임'이다. 제로섬 게임이란 경제학·수학에 있어 '게임 이론'에서 온 용어로 참가자의 득점과 실점의 (주1)총합이 제로가 되는 상황을 말한다. 즉, 자신의 득은 상대의 실, 상대의 실은 자신의 득. 이기기 위해서는 상대의 마이너스를 찾아 약점을 찌르면 된다.

제로섬 게임을 명확하게 나타낸 것이 (주2)마작이다. 한편 '상대의 움직임에 따라 자신에게 최적인 길을 선택하는' 것은 (주3)바둑이다. 오늘날 전략을 생각할 때 '게임 이론'이나 컴퓨터 이용이 불가결하다. 신기하게도 전략과 관련된 사람에는 바둑 기사가 많다.

'게임 이론'이란, 이해가 일치하지 않는 상황에서 당사자 간의 합리적 의사 결정이나 합리적 배분법이란 무엇인가를 생각하기 위한 이론이다.

(중략)

나는 이 책을 쓰면서, 다시 한번 전략 책이나 논문을 되풀이해서 읽었다. 나아가 경영 전략론이나 '게임 이론'으로 범위를 넓혔다.

그리고 '게임 이론'을 보고 새로운 확신이 생겼다. '일본의 전략은 어떻게 해야 하는가'를 생각할 때, 전략을 '상대 보다 우위에 서는 수단'이라고 규정하는 것은 너무 좁다는 것을 깨달았다. '자신에게 최적인 길을 선택하는 수단'의 시점을 지님으로써 선택의 폭이 넓어진다. 그리고 궁극적으로 승리할 수 있는 것이다.

(마고사키 우케루 『일본인을 위한 전략적 사고 입문』 쇼덴샤신쇼)

(주1) 총합: 전체의 합계

(주2) 마작: 중국을 기원으로 하는 4인용 테이블 게임

(주3) 바둑: 중국을 기원으로 하는 2인용 보드 게임

59 ①전략을 생각할 때 '자신에게 최적'이라는 의식을 갖는 것은 대단히 중요하다고 하는데, 필자는 어째서 이렇게 생각하는가?

1 세계의 많은 정치가에는 전례가 없는 독특한 사고방식이기 때문에
2 통상적인 전략에는 없는 경영이나 게임 전략을 도입한 사고방식이기 때문에
3 목표를 명확하게 하고 조직을 위기에서 구하는 사고방식이기 때문에
4 선택의 폭을 넓히고 승리로 이끌어 줄 사고방식이기 때문에

60 필자는 전략에 관해서 예전에는 어떻게 생각하고 있었는가?

1 '상대보다 우위에 서는 수단'을 더욱 세련되게 표현하려고 생각하고 있었다.
2 '상대보다 우위에 서는' 것이 전략의 목적이라고 생각하고 있었다.
3 '상대보다 우위에 서는' 것보다 영토를 빼앗는 것이 우선이라고 생각하고 있었다.
4 '상대보다 우위에 서기' 위해서 상대의 손실보다도 자신의 이득이 중요하다고 생각하고 있었다.

61 여기에서의 ②'제로섬 게임'이란 무엇인가?

1 상대의 손실이 그대로 자신의 이익을 의미하는 게임
2 상대의 약점을 찾아 자신에게 최적인 방법을 찾는 게임
3 최신 컴퓨터를 이용한 바둑 같은 게임
4 대립 상대가 있는 상황에서 합리적인 해결 방법을 겨루는 게임

62 이 글에서 필자가 가장 말하고 싶은 것은 무엇인가?

1 올바른 전략을 세우기 위해서는 '게임 이론'을 응용하는 것이 매우 중요하다.
2 우선 상대에게 이기는 것만이 전략의 목적이 아님을 자각하는 것에서부터 모든 것은 시작된다.
3 아무리 뛰어난 전략을 세워도 전략의 정의가 틀렸다면 승리로 연결되지 않는다.
4 상대와의 이해관계만 의식하는 것이 아닌 자신에게 최적인 길을 찾는 것이야말로 전략이다.

문제11 다음 A와 B의 글을 읽고, 다음 질문에 대한 답으로 가장 적당한 것을 1·2·3·4에서 하나 고르세요. p.228

A

성숙한 사회에서는 행정에 의료나 복지를 돌보게 할 것이 아니라, 필요할 때에 자신의 판단으로 필요한 만큼 서비스를 받을 수 있도록 하는 편이 합리적이라고 할 수 있을 것이다.

일본인은 미리 월급에서 세금이 공제되는 시스템에 익숙해져 버려 있어서 세금을 내고 있다는 실감이 약하고, 또 그것의 사용법에도 관심을 갖지 않는 사람이 많다. 그래서는 언제까지라도 행정의 보살핌을 받는다는 의식을 버릴 수 없다. 세금은 낮추고, 그 대신 병이나 노후의 일은 자기 책임으로 대응해야 한다.

B

젊었을 적부터 열심히 일해 자신의 일에 자부심을 갖고 가족을 부양하여 사회인으로서의 의무를 다해 온 사람이 노후도 안심하고 보낼 수 있는 사회야말로 성숙한 사회라고 할 수 있을 것입니다. 그러기 위해서는 의료나 복지가 충실해야 합니다. 그러기 위해서는 아무래도 국가나 지방 자치 단체의 보장이 필요합니다. 무엇이든지 자신의 뜻대로 되는 풍족한 사람은 괜찮습니다. 그런 극히 적은 사람이 아니라 일반적인 대다수의 사람이 장래에 불안한 마음을 품는 일 없이 살 수 있도록 하는 것이 행정의 역할이라고 생각합니다. 그 때문에 비싼 세금을 내고 있는 것이니까요.

63 의료나 복지에 대해 A와 B는 어떠한 생각을 가지고 있는가?

1 A는 행정에 의한 의료나 복지로부터 자립을 주장하고 있지만, B는 그 필요성을 주장하고 있다.
2 A는 행정에 의한 의료나 복지는 필요 없다고 주장하고, B는 그것이 부족하다고 주장하고 있다.
3 A도 B도 의료나 복지가 충실한 것이 사회의 성숙도를 나타낸다고 말하고 있다.
4 A도 B도 의료나 복지를 충실하게 하기 위해서는 행정의 힘이 필요하다고 말하고 있다.

64 세금에 대해서 A와 B는 어떠한 생각을 가지고 있는가?

1 A는 세금에 별로 관심이 없지만, B는 좀 더 세금을 높게 하는 편이 좋다고 생각하고 있다.
2 A는 세금은 낮은 편이 좋다고 생각하고, B는 좀 더 노후 보장에 써야 한다고 생각하고 있다.
3 A도 B도 세금은 낮추고, 일반 시민의 부담을 덜어 불안을 없애야 한다고 생각하고 있다.
4 A도 B도 세금은 낮은 편이 좋지만, 의료나 복지가 소홀해지는 것은 곤란하다고 생각하고 있다.

문제12 다음 글을 읽고, 다음 질문에 대한 답으로 가장 적당한 것을 1·2·3·4에서 하나 고르세요.

p.230

야마오카시에서는 3월 18일(토)부터 3월 20일(월)까지 야마오카선 중앙역 앞과 시내 오도리 공원 앞에서 도로 공간의 유효 활용을 위한 (주1)사회 실험을 실시했다. 그 목적은 이제까지 중앙역 앞의 버스 로터리 주변의 공간이 교통기관 이용을 위한 공간으로밖에 인식되고 있지 않았던 것과, 시내에서 가장 번화한 지역인 오도리 공원이 역과 분리되어 있다는 비판이 있었기 때문에, ①그 해소 방법을 검증하기 위해서였다. 지금까지 중앙역의 승하차객이 오도리 공원에 가기 위해서는 야마오카선에서 다음 역까지 가서 하차 후, 도보로 10분 정도 걷는다는 불편함이 있었다. 한편, 버스를 이용해서 '오도리 공원 앞'에서 하차하려고 하는 승객은 복잡한 역 앞 로터리에서 공원행 버스를 찾기 위해 (주2)우왕좌왕할 수밖에 없었다.

②실험의 내용은 역 앞에서 오도리 공원까지 직선으로 1km 사이를 교통 규제로 광장화하는 것으로, 그 공간을 다양한 목적으로 이용하고, 사람들이 광장을 통과하면서 무리 없이 오도리 공원에 이르도록 이끌기 위한 것을 목적으로 했다. 광장 이용 방법에 대해서는 지금까지 시의 홍보지를 통해 보내져 온 다양한 아이디어를 살려서, 각 연령대의 요청에 맞춰 설계하기로 했다. 구체적으로는 역에 가장 가까운 로터리에는 분수와 느긋한(편안한) 의자나 화단을 설치하여 중장년층이 여유 있는 시간을 보낼 수 있도록 했다. 다른 구역에서는 (주3)노상 퍼포먼스를 할 수 있는 야외 공간과 (주4)오픈 카페를 메인으로 한 젊은이를 위한 이벤트 회장을 확보했다. 게다가 공원과 바로 연결된 야스라기 연못의 수로와 잔디 광장에서는 아이들이 자연과 친해질 수 있는 관찰 코너를 정비하여 학습과 놀이를 겸한 장소로 하는 것을 시도했다.

실험 결과에서 3일간에 걸쳐 만 명의 사람들이 방문한 것은 무엇보다 시민의 적극적인 참가가 실현된 것을 말해 주고 있다. '시민을 위한 정책'을 일방적으로 지자체가 진행하는 방식에서 시민이 주체적으로 정책을 수용해서 진행시킴으로써, 보다 활기 넘치는 지역 사회를 만들어 낼 수 있는 가능성이 나타났다. 역 앞 광장의 유효 활용이나 관광 · 상업 지역의 활성화 대책과 같은 한정된 과제와 대책을 위해 실시된 사회 실험이 당초의 예상을 뛰어넘은 주민의 긍

정적인 반응에 의해 지방 자치의 새로운 방향성을 제기한다는, 주최자의 기대를 뛰어넘어 의미 있는 실험 결과를 가져왔다고도 할 수 있을 것이다.

(주1) 사회 실험: 새로운 정책이나 기술을 도입하기 전에 지역이나 기간을 한정하여 실시하면서 효과나 문제점을 밝히는 것
(주2) 우왕좌왕하다: 어떻게 하면 좋을지 몰라서 당황하는 것
(주3) 노상 퍼포먼스: 도로 위에서 악기 연주나 무용 등을 보이는 것
(주4) 오픈 카페: 가게 밖에 좌석을 두는 등 개방적인 연출을 한 카페

65 필자는 중앙역 앞의 공간을 어떻게 하려고 생각하고 있는가?
1 역 앞의 버스 로터리를 정비해서, 버스를 찾기 쉽게 한다.
2 버스를 이용하기 위해서만 사용하던 공간을 다른 목적으로 이용한다.
3 버스를 타는 장소를 옮겨서 오픈 카페를 만든다.
4 오도리 공원에 연결되도록 새로운 통로를 만든다.

66 ①그 해소 방법이란 무엇을 해소하려고 하고 있는 것인가?
1 중앙역 앞과 오도리 공원 사이의 교통 혼잡
2 중앙역 앞과 오도리 공원 앞의 집객 격차
3 역의 승하차객의 정리와 공원에서 역까지의 거리 단축화
4 역 앞 로터리 주변과 오도리 공원으로 가는 교통의 불편함

67 ②실험의 내용은 어떤 것이었는가?
1 역 앞에서 오도리 공원까지 교통 규제를 하여 소요 시간이 단축될 수 있을지 측정했다.
2 다양한 연령대의 요청에 맞춘 시설을 설치하여 이용자 참가 인원수 등을 조사했다.
3 시의 홍보지를 통해 광장 이용 아이디어 내용을 비교 검토했다.
4 연령에 따라 시정에 기대하는 것이 다른 것을 확인했다.

68 필자는 이 사회 실험을 통해서 어떠한 것이 밝혀졌다고 생각하고 있는가?
1 시민의 대부분이 도로를 광장으로 이용하는 것을 희망하고 있다.
2 역 앞 광장의 유효 이용 방법과 상업 지역을 활성화하는 대책이 필요하다.
3 지방 행정은 주민이 주체적으로 계획에 참여하는 방향으로 진행하는 것이 바람직하다.
4 지자체는 시민의 의견을 조사하면서 '시민을 위한 정책'을 세워야 한다.

문제13 다음은 후지산 마라톤 참가자를 모집하는 것이다. 아래 질문에 대한 답으로 가장 적당한 것을 1·2·3·4에서 하나 고르세요. p.234

69 다음 6명 중, 후지산 마라톤에 참가할 수 없는 사람은 몇 명인가?

	연령	공인 기록	참가 종목	자격 등
1	17세 남자	10km 35분	마라톤 일반	고교 육상 경기 선수, 마라톤에 처음 도전
2	18세 여자	10km 34분	10km 18세 이하	고교 육상 경기 선수, 마라톤 선수를 목표로 함
3	20세 남자	하프 1시간 12분	마라톤 경기자	대학 육상 경기 선수, 마라톤 선수를 목표로 함
4	24세 여자	없음	마라톤 일반	마라톤 3회째, 귀가 잘 들리지 않지만 매번 단독으로 참가함

5	32세 남자	없음	마라톤 휠체어	마라톤 도전 2회째, 지난번 기록은 2시간 3분
6	34세 여자	마라톤 2시간 31분	마라톤 경기자	작년까지 기업에 소속된 마라톤 선수로 국내외 경기에 참가, 현재는 프리

1 2명
2 3명
3 4명
4 5명

70 호주인인 여성 스미스 씨는 지난번에는 경기자로서 참가하여, 기록이 3시간을 넘겨 버렸다. 그래서 이번에는 '마라톤 일반'에 참가하려고 생각하고 있는데, 현재 자택의 컴퓨터를 쓸 수 없는 상태이다. 어떻게 하면 되는가?

1 우선 전화로 엔트리 센터에 연락하여 응모 방법을 상담한다.
2 우선 친구에게 부탁하여 이메일로 엔트리 센터에 연락한다.
3 우선 지정 계좌에 참가비를 입금한다.
4 우선 전용 신청 용지를 입수한다.

후지산 마라톤 참가자 모집

◇종목

(1) 마라톤 (일반 남녀 / 경기자 남녀 / 휠체어 남녀) 제한 시간: 8시간
(2) 10km (18세 이하 / 휠체어 남녀) 제한 시간: 2시간

◇참가 자격

(1) 마라톤: 대회 당일 만 19세 이상
① 일반: 7시간 40분 이내에 완주할 수 있는 분(장애인, 본 대회가 추천하는 국내·국외 분을 포함)
※ 장애를 가진 분 중 단독 주행이 곤란한 경우는 동반 주자 1명과 함께해 주시길 바랍니다.
② 경기자: 국내외의 공인 경기에서 아래의 공인 기록을 내신 분

남자 마라톤 2시간 30분 이내, 하프 1시간 10분 이내, 10km 30분 이내
여자 마라톤 2시간 55분 이내, 하프 1시간 20분 이내, 10km 35분 이내

참가 신청 방법: 성명, 후리가나, 생년월일, 소속명을 기재하여 '경기자 참가 희망'이라는 제목으로 엔트리 센터로 이메일로 연락해 주세요.
③ 휠체어: 레이스용 휠체어로 2시간 30분 이내에 완주할 수 있는 분 총 25명
(비장애인의 참가는 불가)

(2) 10km
① 18세 이하: 대회 당일 만 16세부터 만 18세까지인 1시간 40분 이내에 완주할 수 있는 분 총 275명
② 휠체어: 대회 당일 만 16세 이상, 레이스용 휠체어로 60분 이내에 완주할 수 있는 분 총 25명
(비장애인의 참가는 불가)

◇참가 신청

(1) 방법: 인터넷 또는 전용 신청 용지로 신청해 주세요.
또한, 전용 신청 용지에 의한 신청을 희망하는 분은 ①회신용 우표 ②회신용 봉투를 동봉한 후, '후지산 마라톤 엔트리 센터'로 청구해 주세요.
※ 전용 신청 용지의 경우에는 신청 시에 사무 수수료 500엔의 납부가 필요합니다.

(2) 입금: 당선자는 지정일까지 지정 계좌에 참가료를 입금해 주세요. 입금하지 않는 경우, 당선은 무효가 됩니다.

※ 전용 신청 용지로 신청할 때, 제대로 기입하지 않거나 판독하기 힘든 경우 등은 낙선되기 때문에 인터넷에서의 신청을 권장합니다.

◇참가에 관한 주의 사항【반드시 읽어 주세요】

(1) 마라톤과 10km의 동시 신청·동시 참가는 불가능합니다.

(2) 엔트리 센터 및 사무국으로 전화 문의나 조회 등은 불가능하오니 양해바랍니다.

2교시 **청해**

🔈5회 음성 듣기

5회

문제1　문제1에서는 우선 질문을 들으세요. 그리고 이야기를 듣고 문제지의 1에서 4 중에서 가장 적당한 것을 하나 고르세요.

1번 🔈 5-01

女の人と男の人が話しています。男の人は、このあとまず何をしますか。

女　あら、あなた、その掃除機どうするの。

男　どうって、捨てるんだよ。今日、燃えないごみの日だろ。

女　そうだけど。それ、今日は出せないわよ。

男　え、何で？

女　30センチ以上の大きさのものは粗大ごみになるから、専用のシールを買って、貼ってから出さないといけないのよ。それに粗大ごみの日は来週よ。

男　そうなんだ。じゃあ、シールを買いに行かないとな。どこに売ってるんだ？

女　うーん。近くのスーパーで買えたと思うけど。

男　そうか。わかった。あれ？このラジオには貼らなくてもいいのか？

女　それは大丈夫よ。そのくらいなら粗大ごみにならないから。

男　じゃあ、これだけ先に出してくるよ。

여자와 남자가 이야기하고 있습니다. 남자는 이다음 우선 무엇을 합니까?

여 어라? 당신, 그 청소기는 어떻게 할 거야?

남 어떻게라니, 버릴 거야. 오늘 타지 않는 쓰레기를 버리는 날이잖아.

여 그렇지만. 그거 오늘 내놓을 수 없어.

남 어? 어째서?

여 크기가 30cm 이상인 것은 대형 쓰레기라서 전용 스티커를 사서 붙인 다음에 버려야 해. 게다가 대형 쓰레기 버리는 날은 다음 주야.

남 그렇구나. 그럼 스티커를 사러 가야겠네. 어디서 팔아?

여 음. 근처 슈퍼에서 살 수 있었다고 생각하는데.

남 그래? 알았어. 어라? 이 라디오에는 붙이지 않아도 되는 거야?

여 그건 괜찮아. 그 정도라면 대형 쓰레기가 아니니까.

남 그럼, 이것만 먼저 내놓고 올게.

男の人は、このあとまず何をしますか。

1 掃除機をごみに出す

2 粗大ごみのシールを貼る

3 ラジオをごみに出す

4 粗大ごみのシールを買う

남자는 이다음 우선 무엇을 합니까?

1 청소기를 쓰레기로 내놓는다

2 대형 쓰레기 스티커를 붙인다

3 라디오를 쓰레기로 내놓는다

4 대형 쓰레기 스티커를 산다

2번 5-02

会社で男の人と女の人が話しています。男の人は、このあと何をしますか。

男 部長から加藤さんの手伝いをするように言われたんですけど、何かお手伝いすることありますか。5時からの会議の準備でしたっけ。大変そうですね。

女 うん、まぁね。今ちょうど資料をそろえてるところ。

男 これを分ければいいんですか。

女 あ、そっちはもう済んでるからいいの。置いといて。えっと、あとはこの資料を20部コピーすれば終わりね。

男 じゃあ、僕行ってきましょうか、コピー。

女 ううん、悪いけど、森田くんは倉庫に行ってプロジェクターとスクリーンを持って来てくれる？

男 わかりました。あ、でも、確かスクリーンならそこの棚の中にありますよ。この間、使いました。

女 あ、そうなの。じゃあ、それはいいわね。

男 じゃ、行ってきます。

男の人は、このあと何をしますか。

1 資料を人数分に分ける

2 資料をコピーする

3 プロジェクターを取りに行く

4 スクリーンを取りに行く

회사에서 남자와 여자가 이야기하고 있습니다. 남자는 이다음 무엇을 합니까?

남 부장님께 가토 씨를 도우라는 말을 들었는데, 뭔가 도와드릴 일 있나요? 5시부터의 회의 준비라고 했던가요. 힘들어 보이네요.

여 응, 그렇지 뭐. 지금 마침 자료를 취합하고 있던 중.

남 이걸 분류하면 됩니까?

여 아, 그쪽은 다 했으니까 괜찮아. 그대로 둬. 음, 나머지는 이 자료를 20부 복사하면 끝나.

남 그럼 제가 갔다 올까요? 복사?

여 아니, 미안하지만 모리타 군은 창고에 가서 프로젝터하고 스크린을 가져와 줄래?

남 알겠습니다. 아, 그런데 분명 스크린이라면 거기 선반 안에 있습니다. 지난번에 사용했어요.

여 아, 그래? 그럼 그건 됐어.

남 그럼, 다녀오겠습니다.

남자는 이다음 무엇을 합니까?

1 자료를 인원수만큼 나눈다

2 자료를 복사한다

3 프로젝터를 가지러 간다

4 스크린을 가지러 간다

3번 5-03

講演会の受付で、女の人と男の人が話しています。男の人は、このあとまず何をしますか。

女 講演会の受け付けはこちらです。

男 すみません。東京経営大学の木村祐太郎です。

女 あっ、はい。木村様ですね。すみません、お名前がないようなんですが……。お申し込みはされましたか。

男 はい、しました。

女 メールの返信は届きましたでしょうか。

男 あ、そういえば、来てないような……。じゃあ、申し込みがされてなかったんですか。

女 そのようですね。では、当日分としてお受けいたしますので、あちらで申込書にご記入いただけますか。そのあと、こちらで本日の会費をお支払いいただきますので。

男 わかりました。会場はこの先ですか。

女 はい。パネルディスカッション会場はここをまっすぐ行った左手です。

男 ありがとうございます。

男の人は、このあとまず何をしますか。

1 申し込みのメールを送る

2 申込書を書く

3 お金を払う

4 会場に入る

강연회 접수처에서 여자와 남자가 이야기하고 있습니다. 남자는 이다음 우선 무엇을 합니까?

여 강연회 접수처는 이쪽입니다.

남 실례합니다. 도쿄경영대학의 기무라 유타로입니다.

여 아, 네. 기무라 님이군요. 죄송합니다, 성함이 없는 것 같습니다만……. 신청은 하셨나요?

남 네, 했습니다.

여 메일 답장은 받으셨나요?

남 아, 그러고 보니 오지 않았던 것 같은……. 그러면 신청이 되지 않은 건가요?

여 그런 것 같습니다. 그럼 당일 분으로 신청 받을 테니 저쪽에서 신청서를 기입해 주실 수 있으신가요? 그 후에 이쪽에서 오늘 회비를 지불해 주세요.

남 알겠습니다. 회장(행사장)은 이 앞입니까?

여 네. 패널 디스커션 회장은 여기서 직진하셔서 바로 왼쪽입니다.

남 감사합니다.

남자는 이다음 우선 무엇을 합니까?

1 신청 메일을 보낸다

2 신청서를 쓴다

3 돈을 지불한다

4 회장에 들어간다

4번 5-04

女の人と男の人がオフィス用品を選んでいます。女の人は、このあと何を買いますか。

女 部長、A3のコピー用紙がそろそろ無くなりそうなので注文しようと思うんですけど、よろしいでしょうか。

男 ああ、いいよ。

女 それで、他に何か必要なものがあればいっしょに注文したらどうかと思うんですが、何かありますか。

男 うーん、そうだね……。あ、そうだ、会議室のホワイトボードのペンが書けないのばかりだって誰か言ってたから、頼んだほうがいいね。

女 あ、それでしたら、あと10本ほど倉庫にあったかと。

男 そう？じゃ、それはいいか。あとは…… あ、今度のプロジェクト用のファイルがいるんだったね。

女 そうでしたね。えっと…… いつもの黒いファイルですよね。どのくらいですか。

男 20冊あればいいかな。それから新しいオフィス用品のカタログ、もらっておいてくれる？カタログはタダだったよね。

女 はい。

男 じゃ、頼んだよ。

女の人は、このあと何を買いますか。

1 コピー用紙とホワイトボードのペン

2 コピー用紙とホワイトボードのペンとファイル

3 コピー用紙とファイル

4 コピー用紙とファイルとカタログ

여자와 남자가 오피스 용품을 고르고 있습니다. 여자는 이다음 무엇을 삽니까?

여 부장님, A3 복사 용지가 슬슬 떨어질 것 같아서 주문하려고 하는데 괜찮을까요?

남 응, 괜찮아.

여 그래서 그 밖에 필요한 것이 있으면 같이 주문하면 어떨까 하는데, 뭐 있으신가요?

남 으음, 글쎄……. 아 맞다, 회의실 화이트보드 펜이 쓸 수 없는 것밖에 없다고 누가 말했으니까 주문하는 편이 좋겠군.

여 아, 그거라면 아직 10개 정도 창고에 있었을 거예요.

남 그래? 그러면 그건 괜찮아. 나머지는…… 아, 요번 프로젝트용 파일이 필요했지.

여 그랬었죠. 음…… 늘 쓰던 검은 파일이죠? 얼마나요?

남 20권 있으면 되려나? 그리고 새로운 오피스 용품의 카탈로그를 받아 둬 주겠어? 카탈로그는 무료였지?

여 네.

남 그럼 부탁할게.

여자는 이다음 무엇을 삽니까?

1 복사 용지와 화이트보드 펜

2 복사 용지와 화이트보드 펜과 파일

3 복사 용지와 파일

4 복사 용지와 파일과 카탈로그

5번 5-05

動物病院で男の人と女の人がペットの犬について話しています。女の人は、このあとどうしますか。

男 今日はどうしました？

女 あの、今日台所でかぼちゃを切ってたんですけど、煮物用に切ったかぼちゃを下に落としてしまったんです。そうしたらそれをうちの犬が飲み込んでしまって……。少し噛んでたので大丈夫かと思ったんですけど、やっぱり様子がおかしくて……。

男 そうですか。小型犬には大きかったでしょうから、もしかしたら、どこかに詰まってるかもしれませんね。ちょっとレントゲンを撮って、見てみましょう。

女 はい。お願いします。

………………

男 これが今撮ったレントゲンなんですけどね、この胃の直前に詰まっちゃってるみたいですね。

女 ああ……。

男 口から内視鏡っていう胃カメラみたいなのを入れて、詰まっているかぼちゃを胃に押し込みます。今日、手術をして、一晩入院ですね。

女 一晩でいいんですか。

男 はい。今日はこのまま預かりますので、また明日の夕方以降に迎えに来ていただけますか。

女 わかりました。

女の人は、このあとどうしますか。

1 入院する
2 手術が終わるのを待つ
3 犬を連れて帰る
4 一人で自宅に帰る

동물병원에서 남자와 여자가 반려견에 대해 이야기하고 있습니다. 여자는 이다음 어떻게 합니까?

남 오늘은 어쩐 일이신가요?

여 저기, 오늘 부엌에서 단호박을 썰고 있었는데요, 조림용으로 자른 단호박을 바닥에 떨어뜨려 버렸어요. 그랬더니 그걸 저희 집 개가 삼켜 버려서……. 살짝 씹은 거라서 괜찮을 거라고 생각했는데, 역시 상태가 이상해서요…….

남 그런가요. 소형견에게는 컸을 테니까, 어쩌면 어딘가에 막혀 있을지도 모르겠군요. 잠깐 엑스레이를 찍어서 봐 봅시다.

여 네. 부탁 드리겠습니다.

………………

남 이게 지금 찍은 엑스레이인데요, 여기 위 직전에 막혀 버린 것 같네요.

여 아아…….

남 입으로 내시경이라는 위 카메라 같은 것을 넣어서 막혀 있는 호박을 위로 밀어 넣겠습니다. 오늘 수술을 하고 하룻밤은 입원입니다.

여 하룻밤으로 괜찮은가요?

남 네. 오늘은 이대로 맡을 테니 내일 저녁 이후에 다시 데리러 오실 수 있으신가요?

여 알겠습니다.

여자는 이다음 어떻게 합니까?

1 입원한다
2 수술이 끝나는 것을 기다린다
3 강아지를 데리고 돌아간다
4 혼자서 집으로 돌아간다

6번 🔊 5-06

印刷所で女の人と男の人が話しています。女の人は、いくら支払いますか。

女　すみません。パンフレットの印刷をお願いしたいんですが。

男　はい。承ってますよ。ページ数はどのくらいですか。

女　こんな感じで、40ページあるんですけど。

男　部数はどれくらいですか。

女　100部お願いしたいんですけど、おいくらくらいになりますか。

男　うーん、表紙と中身の紙の種類にもよりますけど、例えばこんな感じでよろしければ、1部当たり525円ですね。

女　ということは、100部で52,500円ですね。もう少し厚手の表紙はできますか。

男　えーっと、そうすると、こんなのはどうですか。このつるつるしてるのは1部につきプラス200円、こっちのつるつるしてないのは100円です。

女　あ、じゃあ、このつるつるのでお願いします。

男　わかりました。

女の人は、いくら支払いますか。

1 52,600円

2 52,700円

3 62,500円

4 72,500円

인쇄소에서 여자와 남자가 이야기하고 있습니다. 여자는 얼마를 지불합니까?

여 실례합니다. 팸플릿 인쇄를 부탁드리고 싶은데요.

남 네. 맡겠습니다. 페이지 수는 어느 정도 되나요?

여 이런 식으로 40페이지 정도 됩니다.

남 부수는 어느 정도인가요?

여 100부 부탁드리고 싶은데, 얼마 정도 될까요?

남 음, 표지와 본문의 종이 종류에 따라 다르지만, 예를 들어 이런 느낌으로 괜찮으시다면 1부에 525엔입니다.

여 그렇다는 건, 100부면 52,500엔이네요. 좀 더 두꺼운 표지도 될까요?

남 음, 그러시다면 이런 건 어떠신가요? 이 매끈매끈한 것은 1부 당 200엔 추가, 이쪽의 매끈매끈하지 않은 것은 100엔입니다.

여 아 그럼, 이 매끈매끈한 것으로 부탁 드리겠습니다.

남 알겠습니다.

여자는 얼마를 지불합니까?

1 52,600엔

2 52,700엔

3 62,500엔

4 72,500엔

문제2 문제2에서는 우선 질문을 들으세요. 그 후 문제지의 선택지를 읽으세요. 읽을 시간이 있습니다. 그리고 이야기를 듣고 문제지의 1에서 4 중에서 가장 적당한 것을 하나 고르세요.

1번 5-07

学校で男の学生と女の学生が話しています。男の学生は何が嫌だと言っていますか。

男 来週の月曜日って、休みだっけ。

女 うん。7月の第3月曜日は海の日だからね。

男 最近連休って多くない？日曜日に祝日が来て、その振り替えで月曜日が休みになるっていうのもあるし。

女 土、日、月って3連休になっていいじゃない。

男 でもその分、月曜日だけ授業が少なくなって、夏休み前に補講があるのが嫌だよ。ただでさえテストが忙しいっていうのに、いつもと違う時間に授業入れられてさ。

女 でも私は祝日に学校なんて行きたくないから、祝日はちゃんと休みにしてほしいわ。でも、どうせなら補講も無しにしたらいいのにね。

男 そんなことしたら、月曜日の授業だけ少なくなるだろ。

女 じゃあ、その分、テストじゃなくてレポートにするとか？うーん。それも嫌ね。

男の学生は何が嫌だと言っていますか。

1 祝日に学校が休みにならないこと
2 授業数が少なくなること
3 補講を受けること
4 レポートが多くなること

학교에서 남학생과 여학생이 이야기하고 있습니다. 남학생은 무엇이 싫다고 말하고 있습니까?

남 다음 주 월요일이 쉬는 날이었나?

여 응. 7월 셋째 주 월요일은 바다의 날이니까.

남 최근 연휴 많지 않아? 일요일이 공휴일이라서 그 대체로 월요일이 휴일이 되는 경우도 있고.

여 토, 일, 월 3일 연휴가 되어서 좋잖아.

남 근데, 그만큼 월요일만 수업이 적어져서 여름 방학 전에 보강이 있는 게 싫어. 안 그래도 시험 때문에 바쁜데 평소와 다른 시간에 수업이 들어와 버려서 말이지.

여 하지만 나는 공휴일에 학교에 가기 싫어서, 공휴일에는 제대로 쉬었으면 해. 하지만 기왕이면 보강도 없는 걸로 하면 좋을 텐데.

남 그렇게 하면 월요일 수업만 적어지잖아.

여 그럼 그만큼 시험이 아니라 리포트로 대체한다든가? 음, 그것도 싫네.

남학생은 무엇이 싫다고 말하고 있습니까?

1 공휴일에 학교가 쉬지 않는 것
2 수업 일수가 적어지는 것
3 보강을 듣는 것
4 리포트가 많아지는 것

2번 5-08

会社の朝礼で男の人が話しています。男の人は、何に気をつけるようにと言っていますか。

男　おはようございます。では今日の朝礼を始めます。まず、私からちょっと皆さんにお願いしたいことがあります。先週、気をつけるようにとお願いした、問い合わせの電話応対ですが、だいぶ良くなったようですので、今後も気を抜かずに続けてください。それから、備品の購入についてですが、最近、毎月の申請締め切りを守らない人がいますので、気をつけてください。備品の購入は注文日が決まっていますので、あとからこれも、というのは受けられません。必ず注文日前に申請してください。それから、今日は粗大ごみの回収業者が来ますので、大きなものは12時までに地下の入り口に運んでおいてください。

男の人は、何に気をつけるようにと言っていますか。

1 電話の応対

2 備品の注文

3 報告書の締め切り

4 ごみの分別

회사 조례에서 남자가 이야기하고 있습니다. 남자는 무엇에 주의하라고 말하고 있습니까?

남　안녕하십니까? 그럼 오늘의 조례를 시작하겠습니다. 우선 제가 조금 여러분께 부탁하고 싶은 것이 있습니다. 지난주, 주의해 달라고 부탁한 문의 전화 대응입니다만, 상당히 좋아진 것 같으므로 앞으로도 긴장을 늦추지 말고 계속해 주세요. 그리고 비품 구입에 대해서입니다만, 최근에 매월 신청 마감을 지키지 않는 사람이 있으니 주의해 주세요. 비품 구입은 주문일이 정해져 있으니 나중에 이것도 주문해 달라고 하는 것은 받을 수 없습니다. 반드시 주문일 전에 신청해 주세요. 또, 오늘은 대형 쓰레기 수거 업체가 오니까 큰 쓰레기는 12시까지 지하 입구로 옮겨 놔 주세요.

남자는 무엇에 주의하라고 말하고 있습니까?

1 전화 대응

2 비품 주문

3 보고서 마감일

4 쓰레기 분리

3번 5-09

会社で男の人と女の人が話しています。男の人は、何が大変だったと言っていますか。

男　この間、新しいプロジェクトで取引先の相手にプレゼンをしたんだけど、散々だったよ。

女　え、どうして？ちゃんと準備しなかったの？

男　ちゃんと準備はしたよ。だけど当日風邪引いちゃってさ。高熱でくらくらしてたけど、他に代わりがいないから、無理を押して行ったんだ。

회사에서 남자와 여자가 이야기하고 있습니다. 남자는 무엇이 힘들었다고 말하고 있습니까?

남　일전에 새로운 프로젝트로 거래처 상대에게 발표를 했는데 엉망이었어.

여　어, 어째서? 제대로 준비 안 했어?

남　준비는 제대로 했지. 그런데 당일 날 감기에 걸려 버려서 말이야. 고열로 어질어질 했는데 달리 대신할 사람이 없어서 무리해서 갔어.

女　そうだったの。大変だったわね。

男　もう途中から自分が何をしゃべってるのか分からなくなってきちゃって。もう散々だったよ。前にも、資料を忘れたり、パソコンが動かなかったりしたことがあったけど、そのときよりずっとひどかったよ。

女　私も前に資料を忘れちゃってすごく焦ったけど、それよりも大変だったって、よっぽどだったのね。

男　うん。部長がフォローしてくれたおかげで、なんとか契約はとれたから、よかったんだけどね。

男の人は、何が大変だったと言っていますか。

1 準備不足だったこと

2 風邪をひいたこと

3 資料を忘れたこと

4 パソコンが動かなかったこと

여 그랬구나. 큰일이었겠네.

남 정말 중간부터는 내가 뭘 말하고 있는지 모르게 되어 버려서. 정말 엉망이었지. 전에도 자료를 깜빡한다든지 컴퓨터가 작동하지 않는다든지 했던 적이 있었지만, 그때보다 훨씬 심했어.

여 나도 전에 자료를 깜빡해서 엄청 초조했었는데 그거보다도 힘들었다니 어지간했었구나.

남 응. 부장님께서 도와주신 덕분에 어떻게 계약은 땄으니까 다행이었지만 말이야.

남자는 무엇이 힘들었다고 말하고 있습니까?

1 준비가 부족했던 것

2 감기에 걸렸던 것

3 자료를 깜빡했던 것

4 컴퓨터가 작동하지 않았던 것

4번 5-10

学校で女の学生と男の学生が話しています。男の学生は、授業を選ぶときに何が一番大事だと言っていますか。男の人です。

女　先輩、今年は何の授業取りますか。

男　うーん、僕は「国際開発原論」と「芸術学Ａ」かな。

女　え、先輩、芸術になんて興味あるんですか。前、「僕は絵ヘタだから」って言ってませんでした？

男　別に絵を描く授業じゃないって。なんか、この授業の先生がすごく面白いらしいっていうのを友達から聞いたんだよね。

女　そうなんですか。私はやっぱり、自分が興味のある授業しか取りたくありませんけど。

학교에서 여학생과 남학생이 이야기하고 있습니다. 남학생은 수업을 선택할 때 무엇이 가장 중요하다고 말하고 있습니까? 남자입니다.

여 선배, 올해는 무슨 수업 들으세요?

남 음, 나는 '국제 개발 원론'하고 '예술학A'려나?

여 어, 선배 예술 같은 것에 관심 있으세요? 전에는 '나는 그림 못 그려'라고 말하지 않았어요?

남 딱히 그림을 그리는 수업이 아니야. 뭔가 이 수업의 선생님이 엄청 재미있다고 하는 걸 친구한테 들어서 말이야.

여 그런가요? 저는 역시 제가 관심 있는 수업 말고는 듣고 싶지 않아서요.

男　内容に興味があっても、やっぱいい先生じゃないと授業受ける気しないんだよね、僕は。あとは、レポートがないと、なおいいね。

女　私は出席を取らないっていうのもいいと思います。好きな時に休めますし。

男　おいおい。でも、ま、確かにそれもあるね。

男の学生は、授業を選ぶときに何が一番大事だと言っていますか。

1 先生がおもしろいこと
2 興味のある内容であること
3 レポートがないこと
4 出席をとらないこと

남 내용에 관심이 있어도 나는 역시 좋은 선생님이 아니면 수업을 들을 마음이 들지 않아서. 그리고 리포트가 없으면 더 좋지.

여 저는 출석을 부르지 않는 것도 좋다고 생각해요. 원할 때 쉴 수도 있고.

남 어이어이. 하지만 뭐, 확실히 그것도 있지.

남학생은 수업을 선택할 때 무엇이 가장 중요하다고 말하고 있습니까?

1 선생님이 재미있는 것
2 관심 있는 내용인 것
3 리포트가 없는 것
4 출석을 부르지 않는 것

5번 5-11

女の人と男の人が話しています。男の人は、どうして1階の部屋が良くないと言っていますか。

女　あ、田中君。ねぇ、ちょっと見て。私、引っ越そうと思うんだけど、この部屋どう思う？

男　駅から５分。へぇ、近いね。鉄筋コンクリートで築7年、１DKで75,000円か。いいんじゃない？

女　でしょう！ここの１階にしようと思うんだー。

男　え、１階？１階はやめたほうがいいよ。２階とか３階にしなよ。

女　え、でも、１階だと１万円も安くなるのよ。上は家賃が高くて。何で１階はダメなの？危ないから？

男　それもあるけど、鉄筋コンクリートの１階って湿気がすごいんだ。うちもそうなんだけど、夏は蒸し暑いし、梅雨どきなんて最悪だよ。窓とかびしょびしょで。

女　そうなんだぁ。

여자와 남자가 이야기하고 있습니다. 남자는 어째서 1층 방이 좋지 않다고 말하고 있습니까?

여 아, 다나카 군. 저기, 좀 봐 봐. 나 이사하려고 하는데 이 방 어떻게 생각해?

남 역에서 5분. 우와, 가깝네. 철근 콘크리트로 건축한 지 7년, 1DK에 75,000엔이라. 괜찮지 않아?

여 그렇지! 여기 1층으로 하려고 해.

남 뭐, 1층? 1층은 그만두는 편이 좋아. 2층이나 3층으로 해.

여 뭐? 하지만 1층이면 만 엔이나 싸진단 말이야. 위층은 집세가 비싸서. 왜 1층은 안 돼? 위험하니까?

남 그것도 있지만 철근 콘크리트 1층은 습기가 엄청나. 우리 집도 그런데, 여름에는 푹푹 찌고 장마철 같은 때는 최악이야. 창문은 흠뻑 젖고.

여 그렇구나.

男の人は、どうして1階の部屋が良くないと言っていますか。

1 家賃が高いから

2 危ないから

3 湿気が多いから

4 夏は暑いから

남자는 어째서 1층 방이 좋지 않다고 말하고 있습니까?

1 집세가 비싸기 때문에

2 위험하기 때문에

3 습기가 많기 때문에

4 여름에는 덥기 때문에

6번 5-12

男の人が電話で居酒屋の予約をしています。男の人は、どのコースにしましたか。

女 お電話ありがとうございます。「花見酒」でございます。

男 もしもし、予約をしたいんですけど。

女 はい、ご予約ですね。ありがとうございます。お日にちとお時間は？

男 来週の金曜日の6時からで。

女 来週の金曜日の6時ですね。かしこまりました。コースなどはお決まりですか。

男「桜コース」にしようと思うんですけど、これって飲み放題はついてるんですか。

女 あ、こちらは飲み放題はついていないので、別に「飲み放題プラン」をご注文いただかないと飲み放題にはならないんです。

男 あ、そうですか。「お花見コース」っていうのは？

女 そちらは飲み放題つきなんですが、「お花見コース」は今週いっぱいのコースになっておりまして……。飲み放題つきということでしたら「桃コース」はいかがでしょうか。

男 あー、値段は手頃でいいんですけど、料理がちょっと少ないかな。やっぱり飲み放題はいいです。最初ので。

女 かしこまりました。

남자가 전화로 선술집 예약을 하고 있습니다. 남자는 어느 코스로 했습니까?

여 전화 감사합니다. '하나미자케'입니다.

남 여보세요, 예약을 하고 싶은데요.

여 네, 예약 말씀입니까? 감사합니다. 날짜와 시간이 어떻게 되나요?

남 다음 주 금요일 6시부터요.

여 다음 주 금요일 6시 말이죠. 알겠습니다. 코스 같은 건 결정하셨나요?

남 '벚꽃 코스'로 하려고 합니다만, 이건 음료 무한 리필이 포함되어 있나요?

여 아, 이쪽은 음료 무한 리필이 포함되어 있지 않아서 따로 '음료 무한 리필 플랜'을 주문하지 않으시면 음료 무한 리필이 되지 않습니다.

남 아, 그렇습니까? '꽃구경 코스'라는 건요?

여 그쪽은 음료 무한 리필이 포함되어 있습니다만 '꽃구경 코스'는 이번 주까지인 코스라서요……. 음료 무한 리필이 포함되어 있는 거라면 '복숭아 코스'는 어떠신가요?

남 아, 가격은 적당해서 괜찮은데 요리가 조금 부족한데. 역시 음료 무한 리필은 됐습니다. 처음 걸로.

여 알겠습니다.

男の人は、どのコースにしましたか。

1 桜コース

2 桜コースと飲み放題プラン

3 お花見コース

4 桃コース

남자는 어느 코스로 했습니까?

1 벚꽃 코스

2 벚꽃 코스와 음료 무한 리필 플랜

3 꽃구경 코스

4 복숭아 코스

7번 5-13

料理番組で女の人が話しています。エビの準備をするときに何が一番大事だと言っていますか。

女 では、エビの下ごしらえをしていきます。まずはエビの殻をむきます。尻尾もきれいに取ってください。次は、背ワタを取ります。背ワタというのは、エビの背中に見えるこの黒いすじのことです。これを取らないとエビが苦く感じられますので、きちんと取りましょう。ここにお酒を大さじ1杯入れます。お酒を入れると生臭さが抑えられます。そして片栗粉を入れて、エビによくまぶします。ここで片栗粉でエビをコーティングすることで、フライパンで炒めた時にうま味が逃げず、硬くなりにくいので、美味しく出来上がります。これは絶対に忘れないようにしてくださいね。

エビの準備をするときに何が一番大事だと言っていますか。

1 お酒をかけること

2 片栗粉をまぶすこと

3 背ワタを取ること

4 殻をむくこと

요리 방송에서 여자가 이야기하고 있습니다. 새우를 준비할 때 무엇이 가장 중요하다고 말하고 있습니까?

여 그럼 새우의 손질을 하겠습니다. 우선 새우 껍질을 벗깁니다. 꼬리도 깔끔하게 제거해 주세요. 다음은 새우 등쪽 내장을 제거합니다. 등쪽 내장이란 새우의 등에 보이는 이 검은 줄기를 말합니다. 이걸 제거하지 않으면 새우가 쓰게 느껴지기 때문에 제대로 제거합시다. 여기에 술을 한 큰술 넣습니다. 술을 넣으면 비린내를 잡을 수 있습니다. 그리고 전분을 넣고 새우에 잘 버무립니다. 여기서 전분으로 새우를 코팅함으로써 프라이팬에 볶을 때 감칠맛이 날아가지 않고 쉽게 딱딱해지지 않아서 맛있게 완성됩니다. 이건 절대 잊지 않도록 해 주세요.

새우를 준비할 때 무엇이 가장 중요하다고 말하고 있습니까?

1 술을 끼얹는 것

2 전분을 버무리는 것

3 등쪽 내장을 제거하는 것

4 껍질을 벗기는 것

문제3 문제3에서는 문제지에 아무것도 인쇄되어 있지 않습니다. 이 문제는 전체적으로 어떤 내용인지를 묻는 문제입니다. 이야기 전에 질문은 없습니다. 우선 이야기를 들으세요. 그리고, 질문과 선택지를 듣고 1에서 4 중에서 가장 적당한 것을 하나 고르세요.

1번 5-14

朝礼で男の人が話しています。

男 えー、最近、共用プリンターのインクの減りが激しいという報告を受けています。コピー機を使ってコピーすればいい書類もプリンターで印刷している人がいるようです。コピー機は場所が遠くてわざわざコピーしに行くのは大変かもしれませんが、プリンターのインクはとても高いので、コピー機で済むものはコピー機でやって、プリンターは使わないようにしてください。本当に印刷しなければならないものかどうか、よく考えて使用するようにお願いします。以上です。

男の人は、何について話していますか。

1 コピー機とプリンターの使い分け

2 コピー機がある場所

3 プリンターのインクの値段

4 プリンターでの印刷方法

조례에서 남자가 이야기하고 있습니다.

남 음, 최근에 공용 프린터 잉크 소진이 심하다는 보고를 받았습니다. 복사기를 사용해서 복사하면 될 서류도 프린터로 인쇄하고 있는 사람이 있는 것 같습니다. 복사기는 위치가 멀어서 일부러 복사하러 가는 것은 힘들지도 모르겠지만, 프린터 잉크는 매우 비싸기 때문에 복사기로 끝날 일은 복사기로 하고, 프린터는 사용하지 않도록 해 주세요. 정말로 인쇄해야만 하는 건지 아닌지, 잘 생각하고 사용하도록 부탁드립니다. 이상입니다.

남자는 무엇에 대해서 이야기하고 있습니까?

1 복사기와 프린터를 가려 쓰는 것

2 복사기가 있는 장소

3 프린터의 잉크 가격

4 프린터에서의 인쇄 방법

2번 5-15

テレビで医者が話しています。

女 今日は「噛みしめ呑気症候群」という病気をご紹介します。この病気は、ストレスや緊張状態により、奥歯を噛みしめることによって、唾液と一緒に空気を取り込んでしまうことで起こります。症状としては、まず、取り込んだ空気により胃が膨らんで、心臓を圧迫しますので、それによる息苦しさがあります。あと、げっぷやおならがたくさん出たり、肩が凝ったりするという症状が出ます。おならは空気ですので、臭くないのですが、こういったことにさらに悩まされて、精神科に通

TV에서 의사가 말하고 있습니다.

여 오늘은 '공기연하증'이라는 병을 소개하겠습니다. 이 병은 스트레스나 긴장 상태로 인해 어금니를 꽉 깨무는 것에 의해 침과 함께 공기를 삼켜 버리는 것으로 발생합니다. 증상으로는 우선 흡입한 공기로 인해 위가 부풀고 심장을 압박하기 때문에, 그로 인한 숨막힘이 있습니다. 또 트림이나 방귀가 많이 나오거나 어깨가 뻐근하거나 하는 증상이 발생합니다. 방귀는 공기이기 때문에 냄새가 나지 않지만 이러한 것에 더욱이 고민하게 되

う患者さんもいます。対処法としては、噛みしめをしないようにマウスピースを着用すると効果的です。

医者は、どのような病気について話していますか。

1 胃が痛くなり、胃に穴が開く病気
2 空気が体内に入りすぎて、苦しくなる病気
3 消化不良が起こり、おならが臭くなる病気
4 心臓が膨らんで苦しくなる病気

고, 정신과에 다니는 환자도 있습니다. 대처법으로는 꽉 깨물지 않도록 마우스피스를 착용하면 효과적입니다.

의사는 어떤 병에 대해서 이야기하고 있습니까?

1 위가 아프게 되고 위에 구멍이 뚫리는 병
2 공기가 체내에 많이 들어와 괴로워지는 병
3 소화 불량이 일어나고 방귀 냄새가 독해지는 병
4 심장이 부풀어 괴로워지는 병

3번 5-16

男の人が就職活動について話しています。

男 就職活動をするにあたって、皆さんいろいろと必要なものがありますね。まず思いつくのはスーツですが、スーツと言ってもグレーや黒などいろいろな色があります。素材もさまざまですから、よく比べてみて、必ず試着しましょう。スーツだけではなく、その周りの細かいものにも気をつける必要があります。例えば、靴やカバンはわかりやすいと思いますが、他にもハンカチやペン、靴下、女性ならストッキングは多めに用意しておくといいでしょう。男性は、ベルトと靴の色をそろえると、センスがいい着こなしになります。ファイルやノートやペンは皆さんカバンに入れると思いますが、ホチキスやクリップ、セロハンテープなんかもあると、何かあった時に便利です。

男の人は、何について説明していますか。

1 就職活動の時のスーツの着方
2 就職活動のためにそろえたほうがいい物
3 就職活動のための便利グッズ
4 就職活動の時のトラブルの対処法

남자가 취업 활동에 대해 이야기하고 있습니다.

남 취업 활동을 함에 있어서, 여러분 여러 가지로 필요한 것이 있죠. 우선 생각나는 것은 정장입니다만, 정장이라 해도 회색이나 검은색 등 여러 가지 색깔이 있습니다. 소재도 다양하기 때문에 잘 비교해 보고 반드시 시착해 봅시다. 정장뿐만 아니라 그 주위의 세세한 것에도 신경 쓸 필요가 있습니다. 예를 들면 구두나 가방은 알기 쉽다고 생각하지만, 그 외에도 손수건이나 펜, 양말, 여성이라면 스타킹은 넉넉하게 준비해 두면 좋겠죠. 남성은 벨트와 신발의 색을 맞추면 옷맵시가 나게 됩니다. 파일이나 노트나 펜은 여러분이 가방에 넣을 것이라 생각하지만 스테이플러나 클립, 셀로판 테이프 같은 것도 있으면 무슨 일이 있을 때 편리합니다.

남자는 무엇에 대해 설명하고 있습니까?

1 취업 활동 할 때 정장 입는 방법
2 취업 활동을 위해 갖추는 편이 좋은 것
3 취업 활동을 위한 편리한 상품
4 취업 활동 할 때 문제에 대처하는 법

4번 5-17

工場で女のレポーターと作業員が話しています。

女　へぇーっ、ここが鉛筆を作っている工場ですかー。あ、これはもしかして、鉛筆の芯を作ってるんですか。

男　はい。そうです。えー、鉛筆の芯は、黒鉛と粘土を混ぜたものです。これを細くして鉛筆の長さに切り、1,000度以上の熱で焼き上げます。鉛筆の芯というと、硬いけどもろくてよく折れるのが特徴なんですが、実は焼く前の芯は、柔らかいのでこうやって曲げることができるんですよ。折れないんです。

女　すごく柔らかいんですね。で、これを木に差し込むんですか。

男　いえ。差し込むのではなく、挟むんです。縦18センチ、横7センチ、厚さ5ミリの板を作り、そこに溝を掘ってその溝に芯を入れていくんです。そこに同じ板を貼り合わせて、1枚の板にします。1枚の板から9本の鉛筆ができるんですよ。

女　うわぁー、たくさんの鉛筆が流れてます！

男　こうしてできたものを12本ずつ箱に詰めて、出荷していくんです。

作業員は、何について話していますか。

1 鉛筆に使う木の特徴

2 鉛筆の作り方

3 1日に作る鉛筆の数

4 鉛筆のサイズ

공장에서 여성 리포터와 작업원이 이야기하고 있습니다.

여　와, 여기가 연필을 만드는 공장인가요? 아, 이건 혹시 연필심을 만들고 있는 건가요?

남　네. 그렇습니다. 음, 연필심은 흑연과 점토를 섞은 것입니다. 이걸 가늘게 만들어서 연필 길이로 자르고 1,000도 이상의 열로 구워 냅니다. 연필심이라 하면 딱딱하지만 강도가 약해서 잘 부러지는 것이 특징인데, 사실 굽기 전의 심은 부드러워서 이렇게 구부릴 수 있습니다. 부러지지 않아요.

여　엄청 부드럽네요. 그래서 이걸 나무에 꽂아 넣는 겁니까?

남　아니요. 꽂아 넣는 게 아니라 끼우는 겁니다. 세로 18cm, 가로 7cm, 두께 5mm의 판자를 만들어 거기에 홈을 파고 그 홈에 심을 넣어 가는 거죠. 거기에 같은 판자를 맞붙여서 한 장의 판으로 만듭니다. 한 장의 판으로 아홉 자루의 연필이 만들어집니다.

여　우와, 많은 연필이 흘러나오고 있습니다!

남　이렇게 해서 만들어진 것들을 12자루씩 상자에 담아서 출하해 갑니다.

작업원은 무엇에 대해서 이야기하고 있습니까?

1 연필에 사용하는 나무의 특징

2 연필을 만드는 방법

3 하루에 만드는 연필의 개수

4 연필의 크기

5번 5-18

日本語学校の授業で先生が話しています。

女　日本の着物は、使われる生地や作り方によって着る時期が決まっていて、表の生地の裏にもう一枚生地がついているものを袷と呼び、これは秋から春にかけて着ていました。裏に何もついていないものを単衣と呼び、これは春の終わりから、秋の初めにかけて着ていました。今でいう冬服と夏服ですね。そして、季節の変わり目に着るものを入れ替えることを「衣替え」と呼びます。これは今でも行われていて、日本人にとっては大事な習慣です。だいたい6月の初めに冬の洋服をしまって夏の洋服を出し、10月には夏の洋服をしまって冬の洋服を出します。最近は温暖化の影響で夏服を着る時期が長くなっていますが、日本の中学校や高校では決まった時期に衣替えを行っています。

先生は、何について話していますか。

1 日本の着物の種類
2 夏服と冬服の違い
3 日本の衣替え
4 中学生と高校生の制服

일본어 학교 수업에서 선생님이 이야기하고 있습니다.

여 일본의 기모노는 사용되는 옷감이나 만드는 방법에 따라 입는 시기가 정해져 있는데, 겉감의 안쪽에 옷감이 한 장 더 붙어 있는 것을 아와세라고 부르고, 이것은 가을에서 봄에 걸쳐 입었습니다. 안쪽에 아무것도 붙어 있지 않은 것을 히토에라고 부르고 이것은 늦봄에서 초가을에 걸쳐 입었습니다. 지금으로 말하면 겨울 옷과 여름 옷이겠네요. 그리고 환절기 때 옷을 바꿔 입는 것을 '고로모가에'라고 부릅니다. 이건 지금도 행해지고 있으며, 일본인에게 있어서는 중요한 관습입니다. 대체로 6월 초에 겨울 옷을 집어넣고 여름 옷을 꺼내며, 10월에는 여름 옷을 집어넣고 겨울 옷을 꺼냅니다. 최근에는 온난화의 영향으로 여름 옷을 입는 시기가 길어졌지만, 일본의 중학교나 고등학교에서는 정해진 시기에 고로모가에를 행하고 있습니다.

선생님은 무엇에 대해 이야기하고 있습니까?

1 일본 기모노의 종류
2 여름 옷과 겨울 옷의 차이
3 일본의 고로모가에
4 중학생과 고등학생의 교복

6번 5-19

テレビで男の人が説明しています。

男　名古屋と四日市の火力発電所が停止したことにより、中部電力の管轄地域では、この夏の電力不足が予想されます。都心部のデパートでは早くもクールビズ商戦が始まっており、オフィスでもクールビズを積極的に導入しています。その中でもエアコンの節電はみなさん注目していることと思います。エアコンは設定温度を1℃上げると10%の節電

TV에서 남자가 설명하고 있습니다.

남 나고야와 욧카이치의 화력 발전소가 정지함에 따라 중부 전력의 관할 지역에서는 올 여름 전력 부족이 예상됩니다. 도심부의 백화점에서는 재빨리 쿨비즈 영업 경쟁이 시작되었고, 사무실에서도 쿨비즈를 적극적으로 도입하고 있습니다. 그 중에서도 에어컨 절전은 여러분이 주목하고 있는 것이라 생각합니다. 에어컨은 설정 온도를 1℃ 올

になります。また、設定温度を2℃上げると、扇風機を一緒につけても15%の節電になるそうです。家庭ではできるだけエアコンを使わないようにしている方もいらっしゃると思いますが、そうすると今度は熱中症が心配です。節電も大切ですが、熱中症になってしまうと大変危険ですので、あまり我慢しすぎず、適度にエアコンも使用して、体調には十分注意するようにしてください。

리면 10%의 절전이 됩니다. 또 설정 온도를 2℃ 올리면 선풍기를 같이 켜도 15%의 절전이 된다고 합니다. 가정에서는 가능한 한 에어컨을 사용하지 않도록 하는 분도 계시다고 생각하지만 그렇게 하면 이번에는 열사병이 걱정이 됩니다. 절전도 중요하지만 열사병에 걸려 버리면 매우 위험하기 때문에 너무 참기만 하지 말고 적당히 에어컨도 사용해서 건강에 충분히 주의하도록 해 주세요.

何について説明していますか。

1 デパートのクールビズ商品
2 効果的な節電の方法
3 新しいエアコンの機能
4 熱中症の症状

무엇에 대해서 설명하고 있습니까?

1 백화점의 쿨비즈 상품
2 효과적인 절전 방법
3 새로운 에어컨의 기능
4 열사병 증상

문제4 문제4에서는 문제지에 아무것도 인쇄되어 있지 않습니다. 우선 문장을 들으세요. 그리고 그것에 대한 대답을 듣고 1에서 3 중에서 가장 적당한 것을 하나 고르세요.

1번 🔈 5-20

女 すみません、こちらは品切れで……。取り寄せになりますが、よろしいですか。
男 1 いいえ。取り寄せます。
2 はい。この色のを買います。
3 そうですか。じゃあ、いいです。

여 죄송합니다, 이쪽은 품절이라서……. 주문을 넣어야 하는데 괜찮으시겠습니까?
남 1 아니요, 주문하겠습니다.
2 네. 이 색을 사겠습니다.
3 그렇습니까? 그럼 됐습니다.

2번 🔈 5-21

男 ちょっと、お客さんカンカンに怒ってたじゃない。まずいよ。
女 1 確かにこれ、おいしくないですね。
2 そんなに怒らないでくださいよ。
3 すみません。謝りに行ってきます。

남 이봐, 손님이 심하게 화내고 있었잖아. 곤란하다고.
여 1 확실히 이거 맛이 없죠.
2 그렇게 화내지 말아 주세요.
3 죄송합니다. 사과하러 갔다 오겠습니다.

3번 5-22

女 ちょっと、電気つけっぱなしじゃない。

男 1 電気？つけようか？

2 あ、ごめん。今消すよ。

3 そうだね。暗いね。

여 잠깐, 불 켜진 채잖아.

남 1 불? 켤까?

2 아, 미안. 지금 끌게.

3 그러게. 어둡네.

4번 5-23

男 あぁ。鼻水とくしゃみが止まらない。なんか熱っぽいし。

女 1 大丈夫？今日はもう帰ったら？

2 もう大丈夫だよ。熱は下がったし。

3 体調悪いから、家で休むよ。

남 아~. 콧물하고 재채기가 멈추지 않아. 왠지 열도 있는 것 같고.

여 1 괜찮아? 오늘은 그만 집에 가는 게 어때?

2 이제 괜찮아. 열은 내렸고.

3 몸이 안 좋으니까 집에서 쉴게.

5번 5-24

男 今日の授業、ないってさ。

女 1 うん。さっき聞いた。

2 じゃあ、授業サボっちゃう？

3 今日って何するんだっけ？

남 오늘 수업 없대.

여 1 응. 아까 들었어.

2 그럼 수업 땡땡이 쳐 버릴까?

3 오늘 뭐 하는 거더라?

6번 5-25

女 ご注文の品はお揃いですか。

男 1 あ、揃ってないとだめですか。

2 あ、もう全部来ました。

3 あ、もう注文しました。

여 주문하신 것은 전부 나왔습니까?

남 1 아, 전부 갖춰지지 않으면 안 됩니까?

2 아, 이제 전부 나왔습니다.

3 아, 벌써 주문 했습니다.

7번 5-26

男 ちょっと、お客さん。このバスは先払いなんですが。

女 1 すみません。どこに入れればいいんですか。

2 さっき入ったんですけど。

3 すみません。まだ払っていないんです。

남 저, 손님. 이 버스는 선불입니다만.

여 1 죄송합니다. 어디에 넣으면 됩니까?

2 아까 들어갔는데요.

3 죄송합니다. 아직 지불하지 않았습니다.

8번 5-27

女 加藤さん、会社お辞めになったんですって。

男 1 いやー、これから仕事なんですよ。

2 ええ、辞めたいんですよ。

3 えっ、そうなんですか。

여 가토 씨, 회사 그만두셨다네요.

남 1 아니, 지금부터 일해야 해요.

2 네, 그만두고 싶어요.

3 앗, 그렇습니까?

9번 5-28

男 いやぁ。今日はあちこち連れまわしちゃって、悪かったね。

女 1 いえ。楽しかったです。

2 いえ。私が悪かったんです。

3 いえ。どこに連れて行きましょうか。

남 휴~. 오늘은 여기저기 데리고 돌아다녀서 미안했어.

여 1 아니요. 재미있었습니다.

2 아니요. 제가 나빴습니다.

3 아니요. 어디로 데려갈까요?

10번 5-29

女 朝、お部屋に新聞をお持ちしましょうか。

男 1 今朝のはもう読みましたけど。

2 はい。お願いします。

3 あ、これ持っててください。

여 아침에 방으로 신문을 가져다 드릴까요?

남 1 오늘 아침 것은 벌써 읽었습니다만.

2 네. 부탁드립니다.

3 아, 이거 가지고 계세요.

11번 🔊 5-30

男 あれ、もうスーツケース買(か)っちゃったの？言(い)ってくれれば貸(か)したのに。

女 1 え？持(も)ってたの？

2 本当(ほんとう)？ありがとう。

3 いいよ。よかったら貸(か)すよ。

남 어라? 벌써 여행 가방 사 버렸어? 말해 줬으면 빌려줬을 텐데.

여 1 어? 가지고 있었어?

2 정말? 고마워.

3 좋아. 괜찮다면 빌려줄게.

12번 🔊 5-31

女 この本(ほん)、50冊(さつ)まとめて、月末(げつまつ)までに何(なん)とかなりませんかねぇ。

男 1 いえ。何(なん)にもありませんでしたよ。

2 はい。50冊(さつ)でいいですよ。

3 分(わ)かりました。何(なん)とかしましょう。

여 이 책, 50권 모아서 월말까지 어떻게 안 될까요?

남 1 아니요. 아무것도 없었습니다.

2 네. 50권이면 됩니다.

3 알겠습니다. 어떻게든 해 봅시다.

13번 🔊 5-32

男 うーん。この本(ほん)、ちょっと子供向(こどもむ)けだったかなぁ。

女 1 確(たし)かに子供向(こどもむ)けじゃないね。

2 そうだね。この本(ほん)じゃちょっと……。

3 この本(ほん)だと思(おも)うよ。

남 음, 이 책, 좀 어린이용이었나?

여 1 확실히 어린이용은 아니네.

2 그렇게. 이 책으로는 좀…….

3 이 책이라고 생각해.

14번 🔊 5-33

女 ねぇ。黒板(こくばん)になんて書(か)いてあるの？

男 1 来週(らいしゅう)は休講(きゅうこう)、だって。

2 チョークで書(か)くんだよ。

3 先生(せんせい)みたいだね。

여 저기. 칠판에 뭐라고 써 있어?

남 1 다음 주는 휴강이래.

2 분필로 쓰는 거야.

3 선생님 같아.

문제5 **문제5에서는 조금 긴 이야기를 듣습니다. 문제지에 메모를 해도 됩니다. 문제지에는 아무것도 인쇄되어 있지 않습니다. 우선 이야기를 들으세요. 그리고 질문과 선택지를 듣고 1에서 4 중에서 가장 적당한 것을 하나 고르세요.**

1번 5-34

デパートのギフト売り場で夫婦が話しています。

女 あ、あった。ここだわ。お中元コーナー。

男 いろいろあるなぁ。何にしたらいいかな。

女 あなたの実家に送るんだから、あなたが選んでよ。お義父さんとお義母さんが好きなものとかないの？

男 うーん。ビールの詰め合わせとか？

女 それはあなたが好きなものでしょ。

男 親父もビール好きだよ。お袋もよく一緒に飲んでるし。

女 そうなの？でも、もう歳も歳だし、お酒はやめた方がいいんじゃない？

男 そうかな？じゃあ、このメロンは？

女 あら、おいしそう。２玉で5,000円なら、いいんじゃないかしら。

男 あ、でも、親父メロンあんまり食べないからな。お袋一人で食べることになると思うけど。

女 それじゃ、ちょっとね……。あ、じゃあ、このゼリーのセットは？

男 うーん、うちの場合はゼリーより羊かんって感じだけど。

女 でも、羊かんって言っても、ここにはないわよ。

男 そうだね。じゃあ、やっぱりみんな好きなものってことで、これでいいんじゃない？

女 そうね。そうしましょうか。

夫婦は何を買いますか。

1 ビールの詰め合わせ

2 メロン２玉

3 ゼリーのセット

4 羊かんのセット

백화점 선물 매장에서 부부가 이야기하고 있습니다.

여 아, 있다. 여기야, 오츄겐(중원) 선물 코너.

남 여러 가지 있네. 뭘로 하면 좋을까?

여 당신 본가에 보낼 거니까 당신이 골라. 아버님과 어머님이 좋아하는 것 없어?

남 음. 맥주 종합 세트라든가?

여 그건 당신이 좋아하는 거잖아.

남 아버지도 맥주 좋아해. 어머니도 자주 같이 마시고.

여 그래? 하지만 이제 연세도 있으신데, 술은 끊는 편이 좋지 않아?

남 그런가? 그럼 이 멜론은?

여 어머, 맛있어 보이네. 2개에 5,000엔이면 괜찮지 않을까?

남 아, 하지만 아버지가 멜론을 별로 안 드셔서. 어머니 혼자 드시게 될 것 같은데.

여 그럼 좀 그렇네……. 아, 그럼 이 젤리 세트는?

남 음, 우리 집은 젤리보다는 양갱이라는 느낌인데.

여 하지만, 양갱이라고 말해도 여기에는 없는 걸.

남 그렇네. 그러면 역시 모두가 좋아하는 걸로, 이게 낫지 않을까?

여 그렇네. 그렇게 할까?

부부는 무엇을 삽니까?

1 맥주 종합 세트

2 멜론 2개

3 젤리 세트

4 양갱 세트

2번 5-35

ゼミの合宿について、先生と学生二人が話しています。

男1 今年もそろそろゼミの合宿のことを考えないといけないね。

男2 そうですね。去年とおととしは人数が少なかったので、今年はもう少し人数が増えるといいんですけど。

女 私の周りはみんな予定が合わないって言ってダメだったので、今年は参加者が決まってから日程を決めるようにしたらどうですか。

男2 でもそうすると、人数が多くなった場合に、後から日程を決めるのは大変だと思うよ。

男1 そうだねぇ。やっぱり日程は予め決めておくしかないだろうね。まあ、それは後で考えるとして、合宿の場所は変えた方がいい？

女 いえ、場所は例年通りでいいと思います。あそこ、すごくいいですよね。

男2 僕、去年、後輩に聞いたら、「なんだか内容が難しそうだから」って言ってやめた子が結構いました。だから、今年はもう少し1、2年生でも参加しやすい内容に変えた方がいいと思うんですよね。

女 あ、それは私も思った。実際、結構大変だったし。

男1 そっか。じゃあ、まず、そこから考えようか。

今年の合宿について、まず何を決めることにしましたか？

1 参加者
2 日程
3 場所
4 内容

세미나 합숙에 대해서 선생님과 학생 두 명이 이야기하고 있습니다.

남1 올해도 슬슬 세미나 합숙에 대해 생각하지 않으면 안 되겠네.

남2 그렇네요. 작년하고 재작년은 인원이 적어서 올해는 좀 더 인원이 늘었으면 좋겠습니다만.

여 내 주위는 모두 일정이 안 맞는다고 해서 못 왔으니까 올해는 참가자가 정해지고 나서 일정을 정하도록 하면 어떻겠습니까?

남2 하지만 그렇게 하면 인원이 많아질 경우에 나중에 일정을 정하는 것은 힘들다고 생각해.

남1 그래. 역시 일정은 미리 정해 두는 수밖에 없겠네. 뭐, 그건 나중에 생각하도록 하고, 합숙 장소는 바꾸는 편이 좋은가?

여 아니요. 장소는 예년대로가 좋다고 생각합니다. 거기 굉장히 좋잖아요.

남2 저는 작년 후배한테 물어봤더니 '왠지 내용이 어려워 보여서'라며 그만둔 애들이 꽤 있었습니다. 그러니 올해는 좀 더 1, 2학년도 참가하기 쉬운 내용으로 바꾸는 편이 좋다고 생각합니다.

여 아, 그건 나도 생각했어. 실제로 꽤 힘들었었고.

남 그런가. 그럼 우선 거기서부터 생각해 볼까?

올해 합숙에 대해서 우선 무엇을 결정하기로 했습니까?

1 참가자
2 일정
3 장소
4 내용

3번 먼저 이야기를 들으세요. 그리고 두 개의 질문을 듣고 각각 문제지의 1에서 4 중에서 가장 적당한 것을 하나 고르세요. 🔊 5-36

テレビショッピングを見ながら、男の人と女の人が話しています。

男1 長かった冬も終わって、あちこちから春の便りが聞こえてきますね。いよいよ旅行シーズンが始まります！今日は海外旅行のプランをお持ちの皆様に、これさえあれば今、すぐに飛び立てるお得な旅行セットをご紹介しましょう。まずは荷物が多くて心配なあなたに、軽やかサイズで中はしっかり大容量のキャリーケース。これ、小さく見えますが、30kgの荷物も楽に入ります！もちろん機内持ち込みOKです！次は最小の荷物で、最大の行動を可能にするトラベルリュック。小さくたためばビジネスバッグくらいに変身しますが、開けてびっくり！ポケットが10個もついていて、なんでも入ってしまいます。この便利なバッグに入れたいのはパスポート、カード、財布など貴重品を一つにまとめるトラベルポーチ。飛行機、バスなどでぐっすり眠れるネックピローという枕。これはセットで買えばずっとお得になります。

Aセットはキャリーケースにトラベルポーチ

Bセットはトラベルリュックにトラベルポーチ

Cセットはキャリーケースにネックピロー

Dセットはトラベルリュックにネックピロー

男2 そうだ、今度の連休は友だちとアメリカに行くつもりだったからちょうどよかった。

女 私もタイに行くんだけど、そんなに遠くないから小さいリュックがあればいいと思ってたんだ。

男2 でも、着替えとかたくさん持っていくんじゃない？

女 それは向こうで気に入ったものを買えばいいでしょ。

男2 そうか。僕は遠いから大きいので行かなくちゃ。飛行機の時間も長いから枕は必要だな。

홈쇼핑을 보면서 남자와 여자가 이야기하고 있습니다.

남1 길었던 겨울도 끝나고 여기저기에서 봄 소식이 들려 오기 시작하네요. 드디어 여행 시즌이 시작됩니다! 오늘은 해외여행 계획을 가지고 계신 여러분께 이것만 있으면 지금 바로 떠날 수 있는 득이 되는 여행 세트를 소개하겠습니다. 우선은 짐이 많아서 걱정인 당신에게 가벼운 사이즈이며 안쪽은 제대로 대용량인 캐리어 케이스. 이건 작아 보이지만 30kg의 짐도 쉽게 들어갑니다! 물론 기내 반입 OK입니다! 다음은 최소한의 짐으로 최대의 행동을 가능하게 하는 여행용 배낭. 작게 접으면 비즈니스 가방 정도로 변신합니다만, 펼치면 깜짝 놀랍니다! 주머니가 10개나 달려 있어서 뭐든지 들어가 버립니다. 이 편리한 가방에 넣고 싶은 것은 여권, 카드, 지갑 등 귀중품을 하나로 정리하는 여행용 파우치. 비행기, 버스 등에서 푹 잘 수 있는 목베개라는 베개. 이건 세트로 사면 훨씬 이득입니다.

A세트는 캐리어 케이스에 여행용 파우치

B세트는 여행용 배낭에 여행용 파우치

C세트는 캐리어 케이스에 목베개

D세트는 여행용 배낭에 목베개

남2 맞다, 이번 연휴는 친구랑 미국에 갈 생각이었으니까 마침 잘됐다.

여 나도 태국에 가는데, 그렇게 멀지 않으니까 작은 배낭이 있으면 좋겠다고 생각했었어.

남2 그치만 갈아입을 옷이라든가 많이 가지고 가지 않아?

여 그건 그쪽에서 마음에 드는 걸 사면 되잖아.

남2 그런가. 나는 멀어서 큰 걸로 가지 않으면 안 돼. 비행기 시간도 기니까 베개는 필요하겠네.

女　カードなんかポケットを探すのが面倒だからパスポートと一緒にまとめたいし、私はこれにしよう！

質問1　男の人はどのセットを買いますか。

1 Aセット

2 Bセット

3 Cセット

4 Dセット

質問2　女の人はどのセットを買いますか。

1 Aセット

2 Bセット

3 Cセット

4 Dセット

여　카드 같은 건 주머니를 찾는 것이 귀찮으니까 여권과 함께 정리하고 싶고, 나는 이걸로 할래.

질문1　남자는 어느 세트를 삽니까?

1 A세트

2 B세트

3 C세트

4 D세트

질문2　여자는 어느 세트를 삽니까?

1 A세트

2 B세트

3 C세트

4 D세트

MEMO

MEMO